国家社科基金项目"当代中原作家群资料整理与研究"成果
河南省哲学社会科学基础研究重大项目"中原作家群资料库建设"成果
本成果出版得到淮河文明研究中心资助

中原作家群研究资料丛刊（第二辑）

吴圣刚　沈文慧　主编

LI ZHUN YANJIU
李准研究

王雨海　编著

河南大学出版社
HENAN UNIVERSITY PRESS

·郑州·

图书在版编目(CIP)数据

李准研究 / 王雨海编著. — 郑州：河南大学出版社，2017.3
ISBN 978-7-5649-2776-9

Ⅰ.①李… Ⅱ.①王… Ⅲ.①李准(1871—1936)－文学研究 Ⅳ.①I206.6

中国版本图书馆 CIP 数据核字(2017)第 068530 号

出 版 人	张云鹏
出版统筹	侯若愚
责任编辑	董庆超
责任校对	胡凤杰
封面设计	侯一言

出 版	河南大学出版社
地 址	郑州市郑东新区商务外环中华大厦2401室
电 话	0371－60993151(人文社科出版分社)
	0371－86059753
网 址	www.hupress.com
印 刷	河南瑞之光印刷股份有限公司
版 次	2017年7月第1版
印 次	2017年7月第1次印刷
开 本	710mm×1000mm 1/16
印 张	22
字 数	407千字
定 价	77.00元

本书如有印装质量问题，请与河南大学出版社营销部联系调换。

编选说明

"中原作家群研究资料丛刊"第二辑的编选是在第一辑的基础上进行的,其体例和编著方式也是相同的。第二辑的编著花费时间将近一年,编著者投入的精力也是较为可观的,因为丛书绝不仅仅是已有研究成果的简单整合。首先,编著者必须通读该作家的所有作品,包括文学作品、演讲报告、论文等,形成对作家作品的感性认识及理性判断,这是编著作家研究资料的基础和前提。其次是收集研究资料,编著者通过期刊、报纸、著作、网络、访谈作家本人及其亲友故交等各种途径获取材料,尽可能做到细针密缕的程度。最耗时、最费力的工作是资料的甄别、遴选和整理,它体现了编著者的眼光和学养,决定了研究资料的学术品质。典型性、历史性、多元性是编著者选文的基本原则,每册研究资料的编著都力求能够展现作家的全部创作活动状况,研究论文选辑则兼顾专家批评和新锐批评,呈现不同时期的文学生态和文化场域。总之,整个编著过程没有捷径可走,编著者花费的多是笨功夫、苦功夫。尽管如此,丛书中的疏漏之处也肯定不少,恳请专家学者不吝指正。

每册研究资料主要分为四个部分,即"自述·访谈·印象记""研究论文选辑""作品年表""研究资料索引"。"研究论文选辑"以时间为线索,以"问题"为中心,先总论、后分论,同一"问题"相对集中,体现逻辑性和层次感,并努力体现作家作品研究的历史进程。对入选的文章,为了出版上的便利,做统一技术处理,删减了摘要、关键词,注释一律改为脚注;出于保存历史氛围的考虑,编著整理中除对一些明显的文字和标点符号的疏误做订正外,其他方面包括注释的不完整、不规范,词语使用的不当等,一律保持原貌。"作品年表"部分按时间顺序排列整理收录,截止时间为2015年12月。作家的作品只列出作品的首发、首印时间,其再版、转载情况不再列入年表,海外翻译版本尽可能列入年表。期刊、著作均按年、月排序,报纸具体到日期。重要散文、发表的重要演讲等列入作品年表,但作家编辑的书目、研究资料等均不列入。"研究资料索引"包括单篇学术论文索引、学位论文索引、研究专著索引三部分,截止时间同样为2015年12月,均按刊发或出版的时间先后顺序编排。

  需要说明的是,由于各种原因,编委会没能与被选用论文的作者一一取得联系,丛书出版后,将赠送样书,以示歉意和谢意!且本丛书仅用于学术研究而非商业目的,想学界同人亦能理解支持,在此真诚致谢!如需稿费,请与编委会联系。

编委会

2017.3.31

总　序

程光炜　吴圣刚

　　新时期以来,中国当代文学呈现为多样、多态发展的趋势。在当代文学的版图中,"文学豫军"或"中原作家群"早已成为中国当代文学的重要现象和重要构成。之所以称之为"文学豫军"或"中原作家群",是因为它呈现出群体性,是一个集合的概念。但是,这绝不意味着这个群体中的个体是孱弱的,没有独立呈现的分量。相反,正是一个个有分量的个体组成了一个有广泛影响的作家群体:姚雪垠、魏巍、李准、叶楠、白桦、苏金伞、宗璞、张一弓、南丁、田中禾、张宇、郑彦英、李佩甫、二月河、周同宾、刘震云、阎连科、周大新、刘庆邦、李洱、柳建伟、孙方友、墨白、邵丽、乔叶、计文君等,每位作家都有不凡的创作业绩,每个人都有自己的独特之处,都是文学中的"这一个"。

　　地处中原的河南,在当代中国政治、经济版图上不是核心地带,但在历史、文化地理图上却是积淀深厚的重镇。这里也在接受全球化的荡涤,也在搭载现代化的快车,但这里与中国当下的经济前沿存在着距离,呈现着现代化的滞后性。因此,河南在时代的节奏中存在着"时间差"。这使得中州大地在现代化的浪潮中还氤氲着农业文明、历史文化的气息,也使得中原儿女在这种相对的"慢节奏"中对历史、现实和文化进行思考,精神和灵魂回归这片土地,并以中原文化的思维方式进行着多种表达。走进历史、走进中原文化是豫籍作家的共同选择。无论是身居河南的作家,还是移居他乡的作家,他们的灵魂仍然栖居在家乡故土,并用他们敏感的触角细腻地联系和感受着中原文化,中原文化是他们精神发生的原点,河南历史和家乡生活是他们创作的源泉。对于这些河南作家来说,似乎只有这片故土和其中的点点滴滴才能够激活创作的灵性。正如阎连科所说:"我家住在一个镇子上,那是一个很大的村庄。那个村庄是我写作取之不尽的生活源泉、情感源泉、想象的源泉。一句话,是我写作的一切的灵感之源。那个镇子奇妙无比,任何现实中的一件事情都可能是荒诞的、合理的。"正是在这种表达中,作家们完成了自己的一个个皇皇巨篇,成就了当代河南文学的气象大观。

　　"中原作家群"不仅是河南的文学现象,也是全国的文学现象;产生于中原大地的河南文学,早已超越了这一区域空间。姚雪垠、魏巍、李准的作品在中国当代文学史上占有重要分量,二月河的作品红遍全国,阎连科、李洱的作品传播域外,在九届茅盾文学奖四十余位获奖作家中,豫籍作家有八位,都说明豫籍作家的作品是全国性的,也具有世界性的分量。这足以构成河南自己的文学史。关于河南文学和"中原作家群"研究,近十年来,随着作家作品的动态性呈现,更多表现为个案化的文学研究,而当代河南文学的整体性、系统性研究则不够。这一方面与河南的经济实力及其对文化提升、带动能力的不足有关,另一方面也与学界、文学界对河南文学在当下中国文化地理学上的地位认识不足有关,特别是与本土学界的研究、推介的成绩有关。弥补这一不足,是一项浩繁的工作。但起步必须从基础开始。

资料整理无疑是学术研究中最基础性的工作。学术界目前关于河南作家的研究资料,主要是20世纪80年代出版的《李准研究资料》《姚雪垠研究资料》等有限的几种。相关研究主要体现在三个方面:一是关于"文学豫军""中原作家群"正当性和合理性的阐述,这方面的研究成果主要有孙荪的《文学豫军论》等,该文系统性地评述了"文学豫军"的由来、构成及文化特征;二是"中原作家群"形成的历史文化原因以及具体作家作品的研究。刘增杰主编的《精神中原》以论文集的形式综合了学界对于中原作家群整体把握和作家研究的成果;张鸿声主编的《河南文学史·当代卷》则是系统描述当代河南文学发展的第一部史著;梁鸿的《外省笔记:20世纪河南文学》以"外省"的视角考察河南文学,从文化的角度寻觅和审视河南文学;何弘的《超越还是重复——中原文学论稿》试图对"中原作家群"或中原文学做出一个整体性的描述。这些研究对于解说一种文学现象的发生、发展是必要的,但都是初步的,特别是对"中原作家群"形成的历史文化原因和整体性特征的研究,远未形成对"中原作家群"完整的、核心的解说,更没有评估、揭示出"中原作家群"的应有价值。因此,就需要有人真正深入下去,沉入到纷繁的资料中去,耐心、细密地梳理,把那些能够反映和体现作家创作实绩、作品价值和当代河南文学整体面貌的资料整理出来,形成完整、系统的当代河南文学的资料体系,为文学史的生成奠定坚实的基础。

信阳师范学院文学院的一些老师近年来致力于河南文学研究,逐渐形成了自己的方向和领域,引起了学界的关注。作为一所本土的有长期人文积淀的高校,研究河南文学、推动河南文学发展是应有的责任。2013年起,文学院整合文艺学、现当代文学和写作学等学科的十几位教授、博士组成研究团队,集中开展当代河南文学研究,并在此基础上,建立了"当代河南文学发展与中原文化建设"协同创新中心,把当代河南文学研究与中原文化建设纳入统一视野,研究的空间更加广阔。这个团队以博士为主,中青年结合,队伍整齐,潜力很大。他们首先从资料整理开始,扎扎实实开展研究工作。第一批选取"中原作家群"中影响最大、创作力仍然旺盛的十五位作家,经过近一年的努力,整理出《白桦研究》(陶广学讲师)、《张一弓研究》(吕东亮副教授)、《田中禾研究》(徐洪军讲师)、《张宇研究》(杨文臣讲师)、《李佩甫研究》(樊会芹讲师)、《二月河研究》(吴圣刚教授)、《刘震云研究》(禹权恒讲师)、《阎连科研究》(方志红副教授)、《周大新研究》(沈文慧教授)、《刘庆邦研究》(杜昆讲师)、《李洱研究》(王雨海教授)、《墨白研究》(杨文臣讲师)、《邵丽、乔叶、计文君研究》(李群副教授)十三卷,2015 年 5 月,已由河南大学出版社出版。资料选编力求翔实、准确、有代表性,中国现代文学馆将其作为当代文学研究的重要著作,永久性收藏入馆。《人民日报》、《光明日报》、《中国青年报》、《中华读书报》、新华网、搜狐网、新浪网等国内主流媒体相继进行了介绍和报道,在文学界和学术界产生了广泛的影响。

  第一辑告罄之后,团队立即启动第二辑的编著工作,又经过一年的努力,整理出了《姚雪垠研究》(禹权恒讲师)、《李准研究》(王雨海教授)、《魏巍研究》(刘家民博士)、《叶楠研究》(陶广学博士)、《苏金伞研究》(樊会芹讲师)、《宗璞研究》(徐洪军讲师)、《周同宾研究》(吕东亮副教授)、《柳建伟研究》(王丹副教授)、《孙方友研究》(杨文臣讲师)、《乔典运研究》(王海涛教授)十卷,目标是把"中原作家群"主要作家的资料完整、系统地拓展出来,真正为当代河南文学的深化研究做些基础性的工作。

  由于编选者的眼界、学识、水平有限,疏漏、不足,甚至差错定然存在,敬请学界批评指正。

目 录

自述·访谈·印象记

- 3　李　准　我怎样写《不能走那条路》
- 7　李　准　我怎样写《老兵新传》
- 15　李　准　一个编剧的回顾
- 18　李　准　从生活中找电影
- 24　李　准　《李双双小传》后记
- 27　李　准　《黄河东流去》开头的话
- 30　李　准　《大河奔流》创作札记
- 37　李　准　创作准备及其它
- 46　李　准　情节、性格和语言——在旅大市业余作者座谈会上的讲话
- 51　李　准　短篇小说的人物塑造及其它
- 55　李　准　从生活中提炼
- 59　李　准　观察生活和塑造人物——同初学写作的同志谈基本功
- 74　李　准　写电影剧本的一些体会
- 82　周民震　一掬抱憾的泪水——祭亡友李凖①
- 85　卜仲康　阳光　土壤　硕果——李准同志访问记
- 90　孙　荪　戏迷——纪念李凖逝世一周年
- 96　郑家真　说说李凖——大荒随笔
- 99　沈太慧　李准其人其文
- 104　孙　荪　怀念李凖

研究论文选辑

- 111　冯　牧　在生活的激流中前进——谈李准的短篇小说
- 120　洪子诚　李准的创作

①李凖，曾用名李铁生，读小学时始用李准为笔名，为尊重作品原貌，有些作品中为李凖，有些作品中为李准。

123	杜田材	李准语言风格述评
133	刘景清	论李准小说的风格
144	刘景清	论李准小说的人物形象和艺术特色
153	殷梦舟	根深叶茂——试评李准的电影剧作
169	孙 荪	情系新人——李准40年创作的一条轨迹
178	陈美兰	值得重新审视的"辙印"——李准创作成败得失漫论
188	孙 荪 余 非	转变时期的李准
197	于黑丁	从现实生活出发表现人物的真实形象——评《不能走那一条路》
204	李 琮	《不能走那条路》及其批评
209	熊坤静	短篇小说《不能走那条路》创作的前前后后
215	李 兰 田 珂 杜 敏	发人深省的艺术图卷——读李准长篇新作《黄河东流去》
227	孙 荪 余 非	黄河流域的大幅风俗画卷——论《黄河东流去》的一个特色，兼谈风俗画在文学创作中的作用
237	徐其超 吕豪爽	侉子群像首创与民族灵魂发现——论李准《黄河东流去》的历史价值
253	朱 兵	《黄河东流去》的民族化特色
265	郭丽君	"集体"场域中的"个体"与性别——以《李双双小传》为个案
273	刘卫东	《李双双》的创作、改编与当时文艺界的问题
279	谭学纯	身份符号：修辞元素及其文本建构功能——李准《李双双小传》叙述结构和修辞策略
290	陈欣瑶	重读"李双双"——历史语境中的"农村新女性"及其主体叙述
302	茅 盾	评《耕云记》——一九六〇年短篇小说漫评（摘录）
303	冰 心	喜读《耕云记》

作品年表

307　李准作品年表

研究资料索引

319　李准研究资料索引

自述 · 访谈 · 印象记

我怎样写《不能走那条路》

李 准

小说《不能走那条路》发表后,我接到不少来信。大家那样诚恳和热情地帮助我、鼓励我,使我内心万分感动。我想着我只是写出那么一点点东西,却受到这样多的鼓励,今后只有加紧学习,认真劳动,为人民多写一些有益的东西,以满足大家对我的希望。

我写小说还是头一次,学习写作也还不到一年。编辑部要我谈一下怎样写这篇小说,我只能就"经过"谈一下,因为我自己还是开始学习写东西,这只能算是和我们通信员同志研究一下,今后他们应当怎样写,并要求对我的小说多提一些意见。

还是在今年六月间,我们村里有我个叔伯哥(他是我们乡里党支部书记)买了二亩地。以后他对我说他爹还打算再买几亩,另外还想叫他在集上开个小成衣局,因为离区上近,生意好。当时我记得安子文部长在一个整顿农村党的基层组织的报告文件中,曾批判过这些东西。因此就劝他不要买。后来我开始考虑这个问题了。我想为什么会有这种现象?这种现象的发生说明了什么问题?因为总路线在那时还没有现在提得这样明确,所以我也没有充分认识这个问题的本质意义是什么,觉得写成文学作品普遍教育意义不会大。后来我和一个税务局同志扯起来,他说:"咱们土地交易税是经常超额完成任务。"我为这句话暗暗地吃了一惊,我想着农民起"分化"了。这时我又回到村里看看,去临汝卖芝麻的、倒卖牲口的和放账的现象都有。另外这时又有一家卖地,一亩地的地价由六十万元涨到八十万元。我觉得这真是个问题了。恰巧这时发表了邓子恢同志的《农村工作的基本任务与方针政策》,里面讲到要防止农民两极分化必须引导农民走共同上升、互助合作的道路。这几段话,使我感到卖地这个问题是个大问题。可是怎样解决这个问题,自己还是不太明确,于是和一些同志研究起来。有的说:"自由买卖是政策,你这样写怕有影响。"有的说:"买卖地多了本来不是好现象,不过正面揭开不大妥当。"从研究中没有得到真正解决,我思想苦恼极了。最后我想:政策准自由买卖土地是不错,不过绝不是提倡,也绝不是坐视其分化。我们农村中党组织应该保证不使农民两极分化,应该引导农民向共同上升的社会主义道路走。同时我也想到赵树理同志曾经说过有些事情不是单凭政策，而是凭教育。主题确定后，人物的影子已经在我的脑子里活动起来。我很兴奋，我准备从这个问题中写出工人阶级思想和农民的自发趋势的斗争，也就是社会主义道路和资本主义道路的斗争。

以上是我这篇小说的主题获得的经过。从这里我感到从事创作的同志们学习政策的重要性。我自己就正因为没有好好学习政策，因而看问题不能及时而准确。我感到学透了政策，就像有了一架望远镜和显微镜一样，既可"远瞻千里"，又可"明察秋毫"。周扬同志说："在观察报写生活时，必须以党和国家的政策为指南，对社会生活中的任何现象必须从政策观点来加以估量。"这几句话是对我们学习写作的同志的很好的提示。

在主题考虑成熟后，接着就考虑我所要写的人物。因为作品里要表现矛盾，要写两条道路的斗争，这是要通过人物来表现的。我对农民的认识是很肤浅的。不过我知道应该正确地表现农民，我力图使自己创造的农民形象能够表现农民阶级的本质。农民是劳动阶级，他们有勤劳、朴素的浑厚的阶级本质，并且在我们长期的革命斗争中贡献出难以估计的力量。因此农民是工人阶级可靠的同盟军，农民能够和工人阶级结成巩固联盟，在工人阶级领导下，接受社会主义改造，不走资本主义道路，而走社会主义道路。我所写的正是要说明："不能走那条路"即资本主义的道路，要走美好的社会主义道路。当然，要引导农民走社会主义道路，就必须与小农经济的自发趋势作斗争，而且，先进思想一定能战胜落后思想，农民是能够跟着党的路线走的。作品里，要写小农经济的自发势力，可是决不能把农民写成顽固不化，写得令人憎恶。

以上就是我写宋老定这类农民时所抱的基本态度。

在写东山这个人物时，原曾打算创作一个正面的典型人物。他是共产党员，他具有大公无私的品质和远大的理想，他把村上的事情，例如庄稼的好坏、农民的生活等等，看作自己的责任。同时我也想到，也不能把东山写得"神化"，使人感到高不可攀、不能仿效。结果这个人物并没有写好，写得比较概念些，他的性格不够鲜明。那就因为我自己没有钻到这个人物的灵魂深处，对于这个人物还缺乏较深刻的理解。

在写宋老定这个人物时，我感到不那么困难了，原因是我在农村住过相当长的时间。后来，在城市工作时，也一直与农村保持联系。因此比较熟悉这里的人物，写的时候，这个人物如同站在自己面前一样。宋老定是个劳动人民，爱劳动，朴素，有阶级同情心。可是他是从旧社会过来的，长期在一家一户的小生产下进行耕作，虽然现在已参加了互助组，而这个小生产的思想意识不是一下子能改变的，因此他"想叫儿子分家时多分几亩地"，"孩子们提起来知道他是个置业手"。虽然他并不是一上来就想剥削人，可是我们知道小农经济的自发势力必然逐渐发展到剥削人的道路上去。在刻画这个人物时,我把握了这一点,着力地写出他内心复杂的矛盾和斗争。

其他像写张栓这个人物时,我本来一开头就写出他在贩牲口碰壁之后的凄凉景象,也就是对他的批判。因为在农村中吃飞利、跑生意、不好好劳动这种人是有的。不过在后来对他的教育是写得不够的,这是我受了作品中的结构上单线发展的限制,着重写宋老定,因此这个人物没有写好。

在创作人物时,我用了一些细节,并力求赋予他们和自己身份相称的独特性格。在过去我曾写过一些小东西,把人物变成背政策的机器,他们说的那些话,如果换成老年人也行,换成年轻人也行。总之,在作品里看不到人。过去写作是先找事、后找人,是由故事产生人,不是由人产生故事。当然不能把他们写成活生生的人了。我觉得我们写作主要是研究人、观察人。如果说创作也是一门学问的话,也可以说是"人学"。因为只有了解了各种人的思想感情,把他们挖透,然后再通过形象把他们表现出来,才能够叫别人读后感到真实。例如有些农民看了这篇后说:"这宋老定怎样和我一样!"这个可能就是因为宋老定这个人物写得较为真实生动。

我想谈一下结构问题。这篇小说原来分了十一节,后来压缩到八节。写好后我还想把第一节删去,可是觉得还有必要,就保留了。我注意不使作品"臃肿松弛",使每一节中都有它的独立内容,并且又是全篇中不可缺少的一部分。以前我也曾"信手写来",想到哪里写到哪里,这样反而"返工"很大。我感到在写作之前,必须对情节有严密的安排。哪一段放在前面,哪一段放在后面,哪些可以拆开分成两段,经过安排后再写,这样人物就会在故事里自然地、合乎情理地行动着。

总之,结构是和高度的概括分不开的,结构要求严谨,但也不能吝啬使用文字。我就正因为只注意严谨,所以在有些段落中没有造成"气氛",有些情感没有充分写出来。我想以后写东西,需要更加周密地布局,使我们的作品能够从正面看五色缤纷,从背面看则井井有条。

最后,我想谈谈语言。我这篇小说中用的是豫西口头语,我很喜欢这种语言,它是那样的精练、生动而又能准确地表达思想感情。我也经过选择,并不敢把只有当地人才懂的方言搬上去。我觉得我用的这种语言,也是我平常所说的语言。有时我用嘴先说说再写,看看是否顺嘴。我也不用长的句子,不用长的附加语。当然,在语言上我用的功夫还不够,这篇小说中有些语言还嫌"文"了些,有些语言还不准确、生动有力。

以上是我写这篇东西的经过和一些体会。在这里需要说明的是,我到开封后,参加了省文联和《河南日报》编辑部的两个座谈会,又在编辑部看到一些来信，我心中有说不出的感激。会上大家热烈地讨论了这一篇作品，大家给我的鼓励，并对作品中一些缺点提了正确的意见，给我很大的帮助。我记得今年在全国文代会闭幕时，我读了《人民日报》的社论《努力发展文学艺术的创作》，看到我们党和政府对我们文艺工作者爱护之深和期望之切。我只有刻苦地奋勇地努力学习创作，才能报答党和政府对我的期望。我们的祖国已经进入一个新的历史时期，我们的任务又是如此重大光荣。我希望我能够和我们全体通讯员同志在省文联的帮助下，在我们国家过渡时期总路线的灯塔照耀下奋勇前进。

1953 年 11 月

原载《长江文艺》1954 年 2 月号

我怎样写《老兵新传》

李 准

一九五六年春天,松花江两岸还残存着积雪,我来到"北大荒"草原。

火车穿过了重重叠叠的小兴安岭,穿过了像绿色长廊一样的森林地带,一个辽阔的大草原突然展现在我的眼前。一眼看不到边的黑色沃野,平静得像大海一样,但又觉得她比大海浑厚得多、美丽得多。我想到在解放前,在关内农村里,农民们为争一垅土地,曾经打架拼命,现在看到这样宽阔的土地,我简直有点惊异了。

在这样的草原上走着,使人感到我们的祖国是这样伟大、瑰丽,特别是看到农场里飘着红旗时,使我更怀念着那些来创造英雄业绩的人们——来征服草原的人。

我到了一个农场,那里简直是个"农业城"。在那里我听了很多带点浪漫色彩的动人故事。《老兵新传》这个故事就是我最为感动的一个。这里有一个分场场长,他是我们国家第一个农场的场长。还是在一九四八年,当我们解放军取得辽沈战役的胜利,往关内挺进的时候,他和一个老红军战士、一个通信员小鬼,三个人冒着大风雪最早来到了草原。他们在冰天雪地中一个日本鬼子修的破碉堡里,安下了"办公室",挂上了我们新中国农场的第一块牌子。他们在马棚里吃了过春节的第一顿饺子后,就开始了在草原上从无到有的艰难创业。结果他们胜利了,是他们第一批打开了"北大荒"这个粮仓的大门。

这个故事使我极为感动。我在草原上访问了很多领导同志和年轻的拖拉机手,看到很多朝气勃勃的人。在这些同志中,我发现了在草原垦荒的同志们的一些共同特征,那就是坚强、勇敢、刻苦的精神和充满着革命乐观主义的顽强事业心。在那里,人们都喜欢谈未来,不喜欢谈过去,因为过去只是一片荒草,而未来则体现了每个人对新生活的伟大理想。

人们这些新的精神品质,对我教育很大,感受很深,我也开始感到它是宝贵的。可是,那时候,它在我脑子里还没有形成具体的形象,真正有了难以抑制的创作冲动,还是见了那位农场场长以后。我记得我们第一次见面时,他对我谈起在一九四八年办农场时的感想,他说:"来到草原上就是斗争。你得和天斗,和那些落后脑袋斗。"听起来这只是闲聊天中间的一段平常话,可是我觉得它的分量重极了,它是一场不平常的斗争的总结。为了消化那些动人的谈话,我反复想了好多夜晚,后来,它就成了我写这个剧本的主题。

在那个农场和他共同生活了一个短时期。我发现一个很重要的特点,就是农场的工人、干部,乃至炊事员都非常喜欢他,甚至连我自己,虽然相处时间不长,也开始非常喜欢他了。他虽然和别人谈话时,老是不客气,有什么就说什么,可是人们在谈起他的时候,总是笑着。我仔细研究了以后,发现他这个人除了有着大家都有的那些共同特征之外,还具有一种非常坦率、明豁、机智和强烈的革命事业心的性格。惊人的坦率,使全体工人们很容易了解他,而且信任他。他能够在每一件工作中,和大家相互"交心"。我记得有一次我碰到这样一场情景:他和一个新工人在谈话,谈的是"大骨节病"。

"听说这里的水喝了,会害大骨节病?"那个工人问。

"难说? 没有的事。我来了快十年了,就没害过。"

"人家说是小孩子。"

"哎!"他好像要找一个有说服力的解释,"你等一等!……"这时他却突然从办公室跑到院子里,在院子里找到一个小孩。他把小孩子抱进来放在桌子上,拉开他的小腿对那个工人说:"你看,没有吧,他是在草原上生长的。"

这么一场小小的喜剧,对我后来塑造老战这个人物是有所启发的。另外,从这位农场场长身上体现出来的艰苦朴素的生活作风和永远不知道疲倦的劳动,都使我看到老一代党员同志们优秀的品质;而过去我的一些老领导同志,他们的艰苦精神、对人民事业无限忠诚的一颗赤心,都曾经使我感动,使我积累了不少这方面的素材。可是,到了草原以后,在那个浩瀚的背景气氛中,在那个"向地球开战"的斗争中,我才找到这根红线头,把这方面的生活源源不断地扯了出来。

经过那一段生活后,我开始研究素材,对生活加以提炼。我曾经试想把这样一个人物,放在其他战线上描写。但是,总觉得没有写开垦荒地征服草原那样协调、强烈和切合。一望无际的沃野,像海洋一样的庄稼,特别是在收获时候,粮食像从地下涌出来一样。我觉得,创造"老兵"这个人物,只有在这样的背景中才更相称;好像不放在草原上,"老兵"那个伟大的性格就盛不下似的。因此,最后我选定了以垦荒为背景。一九五七年,我第二次到了"北大荒",那一次访问,使我发现了我们农垦事业惊人的发展和变化,并且获得了较为全面的素材。

剧本的第一稿,只写了一万多字。当时我对电影这个形式不熟悉,还缺乏信心。虽然在电影讲习班学习过两次,听过很多前辈电影艺术家的讲课,但是具体写起来,总还觉得有些困难。第一稿拿出来时,只是写了有关老战去"北大荒"时的几个情节,可是,却出乎意料地得到了党和前辈艺术家的很大的鼓励。他们告诉我:"这是个非常好的题材,一定要下决心把它搞好。"在这样充满爱抚的关怀下,我才又开始写第二稿。

第二稿写成后,就老战这个人物来说,比第一稿揭示得充分一些了。但是也产生了严重的缺点。这个缺点主要表现在剧本的后一部分,老战和农学家赵松筠的斗争上,显然有些过火,在某些情节上,对老战这个人物起了嘲讽的作用,而赵松筠这个人物,则放到了不恰当的地位。产生这个缺点,反映了我的政治水平差,也反映出我还不能指挥如意地驾驭这个题材。缺点产生了,当时很苦恼,具体怎么样改,我还没有考虑成熟。就在这时,党和有关方面的领导以及广大读者都及时地给了我很大帮助和鼓励。

大家对这个剧本寄予这么大的热情和关怀,使我重新认识到这件工作的责任重大。特别是在我知道这个剧本决定由有着丰富经验的前辈艺术家沈浮同志导演、崔嵬同志主演时,我感到万分高兴,又一次感到党对我们青年作者创作的重视和支持。而在这一次的合作中,不论就政治思想还是艺术的表现技巧来说,对我都是一次难得的学习机会,使我深切地感受到前辈艺术家们对艺术严肃认真的态度和踏踏实实的工作作风,都是值得我努力学习的。

在这一阶段中,我又读了一些书,和上海电影界的领导同志们在一起对刘老战这个人物又作了较系统的研究和分析,思想较明确了,信心也坚定了,使我敢于大胆地去刻画剧本中的主人公。在一九五八年元月写出了第四稿。

通过这个剧本的创作,使我又一次深切地体会到党的领导的重要。党像阳光和雨露一样滋养着我们,给我们极大关怀和支持。像这个题材,才露出土的时候,只是一个幼小的苗子,但是当党发现了它以后,就用一切力量使它成长壮大起来,并且健康地开花结果。

同时,我深切他感到,这个剧本的创作,也体现了群众集体的智慧,不但导演和演员同志们作了很多有意义的修改,而且在修改剧本的过程中,广大群众的来信所提出的宝贵意见以及他们的关心和愿望,也给了我很大的启示和帮助。

创造"老兵"这个人物,是我的一次学习,也是一次尝试。多少年来,党一直号召我们努力创造光辉的英雄人物形象,每次听到这个号召,心里总是有点负疚的感觉,可是限于政治水平和表现能力,只有在生活锻炼中慢慢提高。但是,有一点我感到很重要,就是要有创造的精神,要敢于写出自己在生活中感受最深的新鲜活泼的人物。"老兵"这个人物是我在思想上酝酿较长时间的形象。我很想写这么一个人物,现在剧本中这个人物,也是一个"合金"的综合人物。过去我跟过的很多老领导同志,和他们生活的那个阶段,给了我很多终生不能磨灭的印象。所以在老战这个人物身上,有"北大荒"农场场长的影子,也有我的一些老首长们的影子。在具体研究这个人物性格时,我首先很注意为什么大家非常喜欢这么一个人的特点。我曾经思考过,在我国古典文学作品中,有很多人物形象,读者是那么欢迎,一谈起他们的故事,大家总是笑眯眯的,好像和那个人亲热极了。又想到古典作家能创造出他们那个时代那么光辉的人物,我们工人阶级应该创造出本阶级的使人更加热爱、更加喜欢的人物形象。

基于这一点,我首先考虑到像老战这样类型的人物,在生活中所以受人喜爱,为人津津乐道,他们的性格特征首先在于对党对人民忠心耿耿,忘记个人的那种伟大献身精神和进取力量。正因为他们有这么一颗伟大的心,所以当他们出现在文艺作品或电影中时,特别受到读者和观众的喜爱,群众总是对他们表现出非常的关心和爱戴,同情他们所做的事业,关心他们的命运。《老兵新传》是反映一名战士在我大军南下的解放初期,到"北大荒"为生产粮食开垦荒地而斗争的故事。这个事业是我们国家建设的开端和信号,也是"从无到有"、"平地起凸堆"的极其光荣艰苦的事业。因此,我选择了这个故事。我觉得在这个斗争中,可以把这位老党员、老战士为人民事业奋不顾身的精神,把他顽强的革命精神和充满着乐观主义的理想,较为充分地揭示出来。

在解放初期,我看到过很多老同志在走上新的战线时,所表现出来的那种对人民事业热爱的乐观主义精神,也看到草原上大家对这个新事业所表现出的那种高尚的感情。在剧本里有这样一段描写:

雪橇走到了一块辽阔平坦的地方。

老战喊着:"停一停,停一停!"

老头儿:"又干什么?"马停住了。

老战跳下雪橇,用手迅速地扒着雪,又用腰刀挖了一把黑油油的泥土——这是团粒结构的黑钙土。

"嘀——"老战高兴得用鼻子嗅着。

老头儿:"走吧,多的是。你走十天十夜也走不到边儿,尽是这种土。"

老战跳上雪橇,老头儿吆喝着马,雪橇又向前跑了。

老战:"老伙计,这儿真过瘾哪!"他拍着老头儿的肩膀……

在他们选择好那个破碉堡安下"办公室"以后,还有这么一段描写:

小冬子:"老战同志,我们在这儿打算待多久?"

周清和也留心听着老战回答。

老战:"问这干嘛?"

小冬子:"我是说,我们在这没有人烟的地方,打算待多少年?"

老战:"我呀,我昨天把坟地都看好了。"

我想，描写老战到冰天雪地的荒凉草原上，倾注了他对草原那样的热爱，也就是表现了他对革命事业的热爱和乐观主义精神。关于这一点，我们知道，这正是最根本的一点。在我们社会主义国家里，衡量一个人的标准是他对集体劳动的态度，说得具体一点也就是他对改变我们这个"一穷二白"的面貌的感情和态度，所以我觉得老战这一方面的性格，也正是弹到大家所希望听到的心弦。

还有，怎样去表现老战这个人物的坦率和机智？在设计老战这个人物的性格时，曾经多次考虑了这一点。为了把人物的个性写得鲜明一点，是有很多素材能够把老战这方面的性格充分表现出来的。我感到，像老战这样的人物，在生活中所以受人欢迎，也是由于他那种直爽坦率的性格。中国有句古话是"君子坦荡荡，小人长戚戚"，而对于我们今天的革命者来说，因为我们有着光辉的理想，我们相信人民群众，所以我们总是"心情舒畅"，和人民相互交心。正由于此，人们都关心老战、热爱老战，大家好像都了解他心里的一切。

我们没有资产阶级虚伪的客客气气那一套，我们不避讳我们的爱和憎。在生活中碰到这种素材是很多的，但是具体把这种性格形象地体现在这么一个人物身上，的确是很复杂的。我想这里举个例子，就是老战从草原回到城市招收工人那一段，他急切地盼望有些技术人员，但是在刚解放后，"北大荒"又那么荒凉，一些老司机们都不愿去。老战在一个小酒店门口，向一群老汽车司机说：

"……你们在这儿有什么意思，是真正的工人，应该有志气干革命，到草原上去，去开荒！"

一个叫程国亮的说："是不是叫我们去开拖拉机？"

小冬子急忙说："就是叫你们当拖拉机手。"

程国亮："没有开过啊！"他有点作难。

老战："没关系，什么不是人学的。会推磨就会推碾，都是里边冒烟的东西。"

这一段从画面的气氛上和语言上，可能有人会觉得：把一个领导同志写成这样，钻在工人窝里，这样说法，是否有伤"大雅"。其实，在我看来，这正是我们的这一类型的英雄人物的"本色"。也正是从这些环境和语言中使我们了解到他们的心情，嗅到他们从劳动人民群众中成长起来的满身生活气息。

在生活中我曾经碰到不少这样的人物，他们看起来很平常，但是他们的智慧是惊人的。长时间的革命锻炼，使我们这些老同志具备着敏锐的观察事物的能力。如果他们在一个作业生产队转一圈，可以马上提出几个很重要的问题。在学习技术上，因为是用党的马列主义观点学习，往往在极短时间就掌握了某一方面的要旨。生动的讲话、善于判断和富有预见性，都可以充分表现一个人的智慧。所以在处理老战这个人物时，也特意安排了这方面的情节。像他创造的"流动车间",像他的学习技术,都是在这方面所作的刻画。

作为表现老战这个人物,这只是一些小细节,而且不一定是很好的细节。但是我感到创造一个人物,凭借这些细节描绘的有机融合,更能丰富人物的性格。作者在表现人物时,不可能都通过大的场面、大的斗争来表现,有时,一个动作、一句话,也肩负着表现一个人物多方面性格的任务。

为了从多方面来刻画人物性格,我写了老战的忠诚、乐观、坦率和智慧,我也写了老战在群众关系上,爱护同志、关心同志的优良品质,在写剧本之前,对一些素材也曾作了选择和研究。

老战对同志、对下级,特别是对青年们的热爱和帮助,这一点是我感受较深的一点。在这个剧本中,我着重地写了他和小冬子这个小通信员的关系这一条线的戏。在我们的革命队中,由于阶级感情和长期的战争生活,使我们的同志间建立起一种极为高贵和真挚的革命感情,这种感情有时超过父子兄弟。这一些细小事情上,都表现了同志间的关怀和热爱。不过,在生活中的感受是很零碎的,同时,有些素材还需要加以提炼。老战和小冬子的关系,我只是在这几段中表现的。

在一个月夜里,草原上放满了新来的拖拉机。小冬子在背着枪巡视守卫着这些拖拉机。老战把小冬子叫到跟前。

老战:"小冬子啊!我和你商量一件事,你学技术吧,党需要学开拖拉机的。你也背了这么几年枪了。"

小冬子为这喜讯高兴得几乎流下泪来,这正是他所巴望的。他性急地说:"老战同志,我……是不是行呢?"

老战:"怎么不行,能打日本鬼子,能放轻机枪,还干不了这个?"

小冬子:"可是……可是你怎么办,你不能不要通信员啊!"

老战:"我要什么通信员,现在开荒种地,不是打土匪!……我也要学呢!"

小冬子:"老战同志,我太愿意了,可是你生活上好比打饭什么的,总得有个人哪!"

老战:"我又不是病号!……从明天起开始学吧!枪给我,夜里我替你站岗了。"

小冬子犹豫了一下,把枪交给老战,敬了一个礼跑了。

在这一节中,是企图表现他们这种高贵的感情。另外,像小冬子平素批评老战同志,有时拉老战一下,采取的所谓"紧急措施",我希望通过这些细节可以表现出他们之间的亲密关系。

最后,我还想谈谈关于写这个人物时,涉及人物的一些缺点的问题。对于素材中人物有些缺点,是有意把它们忽略了,但是,有些缺点我还是把它们保留了下来。

比如急躁和在某些问题上的轻信,我在剧本中仍然写上。老战曾经禁止学生们跳舞,并且责备过他们;他也曾在发现周清和贪污之后,几乎是目眦欲裂地把他赶出去。这两场戏,都表现了他的某些缺点。但是我感到这些缺点并不损害人们对他的热爱。我觉得当他大声禁止学生们跳舞时,当他愤怒地斥责周清和时,观众脑子里所发生的反应,恐怕不仅是这个人粗暴,而主要是这个人物爱护青年的心情和疾恶如仇的品质。在某种程度上说,也许可以更加深刻地发掘这个人物的性格。当然,生活上某些偏见、轻信、用人不当,是不好的,是缺点,可是这些情节都无损于这个人物的重要方面。

同时,在处理老战身上的缺点时,也反映了这个老战士的成长和成熟的过程。如当李主任对他批评教育以后,他立即改正,勇敢地对待自己的缺点,并向赵松筠说出自己的心事和决心,使大家看到他可爱的一面。

除了以上谈的几点外,我还想谈谈创造老战这个人物时,在运用对话这一方面的粗浅体会。我觉得就创造这个人物所使用的力量来说,在动作和情节的安排上,虽然起了一定作用,但是运用得并不熟悉和自然,而更多的是依赖语言对人物性格的刻画。

过去有些写劳动人民的作品,让人物讲些粗俗的方言,以为这就是性格化的语言,我觉得这只是形式主义的东西。真正的语言精华,要求具有严格的真实性和必要的简练,而具有时代和性格特征的语言则是最重要的了。

语言代表一个人的性格、感情和思想,也表现一个人的智慧以及对生活的态度和看法。作者在生活中,每天可能接触大量的、各种各样的语言,但是,他必须对一些闪耀着时代特征和性格特征的语言具有特别的敏感。因为一不注意,就会使这些语言溜掉。在接触到生活中像老战这样的人物时,我觉得他们的语言最大的特点就是朗快、生动,并且闪耀着智慧的光芒。在剧本中,像他回答小冬子要在草原住多长时间时说:"我把坟地都看好了!"说汽车和拖拉机的内燃机,"会推磨就会推碾,都是里面冒烟的东西"。这些语言,在生活中乍听起来似乎很平常,但是仔细想想,这里边蕴藏着他们多么丰富的感情,同时也表现出来他们对生活现象有着多么敏捷的概括能力。

电影不像小说那样,作者可以出来讲话,他只能退在幕后完全凭"白描"来写。而对话又容纳那么少,所以选择真实的、精练的、具有性格特征的语言,就更为重要了。应该做到在这个人物口中说的话,放到别的人物口中说就不行;在这个场合气氛下说的话,放在另外一个场合讲也不行。在这个剧本中,人物对话方面虽然作了些努力,但是还极不均匀、极不准确。现在只举两段来说说。一段是农学家赵松筠来了以后,老战和司机们在聊天议论的一节。

小冬子好奇地问:"老战同志,像咱们赵场长,他要念多少年书?"

刘成光接着说:"最少有二十年。"

朱流庆:"我看他还懂外国语。"

小冬子又问:"老战同志,你要是读那么多年书怎么样?"

老战笑了笑说:"我呀,那我就成了发明家了,我要发明一种十用拖拉机,能犁地、播种、拉大车、拉磨子,还能送老娘们串亲戚……"

在这一段中是描写老战和大家谈天时的心情,也写他在心里希望和想做到的事情。他和大家讲话的神态、心绪是那样平和、抒情。可是当农场种的第一季麦子坏了,有些司机怕过冬天没粮食,就要开小差,老战这时拦住了他们,在剧本上,他在最气愤和着急的情况下,话是这样讲的:"怎么不放心哪!"他拍着自己的胸膛:"跟着我们,不能亏待你们。有两碗饭,咱们一人吃一碗,有一碗饭,你们先吃,我们共产党人就是这样……"

这一段话,我企图表现这个人物的真挚感情和宏大胸怀。这里,导演和演员同志们根据人物的性格加以丰富了,影片上是这样的:

老战:"他们既然不愿意留在这儿,就叫他们走吧!"

全场肃然。老战走向群众,戴眼镜的青年和女拖拉机手,默然立在那里。

老战:"朱流庆,他不喜欢我提将来,可是我这个人啊,要是不提将来,哎,活着就没劲。我们革命的传统就是从无到有、从小到大,不怕任何困难,白手起家!……我们农场的将来,你们看,我又说将来啦(众笑),哎,我就是要提将来。将来我们要做到一年的收成,可以供一个一百万人口城市的一年粮食,也就是说,可以叫一百万国防军吃一年。同志们哪,你们说这样的工作,还不觉得光荣,还不觉得有意义吗?"

这就更充分地表现了老战这个人物的革命乐观主义精神,表现他对未来充满了信心。

以上是我对语言方面的一点体会。就整个剧本来说,缺点还是很多的,如描写人物笔墨不够均匀、准确,只着意在老战这个人物身上,对周围人物的刻画不够。另外,时代气氛和背景交代不够明确、不够形象等,都是较明显的缺点。

如果说这个剧本写出了一点人物影子,这是党具体帮助的结果,也是前辈艺术家、导演和演员同志们不断修改、不断再创造和丰富的结果。这篇文章中的一些体会,可能有错误之处,有待同志们的指正和批评。

原载《人民日报》1961年3月2日

一个编剧的回顾

李 准

中华人民共和国成立三十五周年了,作为一个和新中国同时成长的电影编剧,在这个令人激动而又思绪万千的节日里,我想说几句话,但又讲不出来,我只能对着天安门上那条巨幅"中华人民共和国万岁!"标语,默默地进行祝愿……

一个人都有他的时代,二十世纪的下半个世纪,在中国这块土地上,历史演出了一幕幕波澜壮阔的悲壮戏剧,中国人民第一次看到了自己晴朗的天空,同时,也第一次经历了历史上所罕见的暴风骤雨。整个中华民族的生命力在经受着严峻的考验,从某种意义说,它是一次决战,是科学和愚昧的决战,是先进和落后的决战,人们从来没有流过这么多汗水,从来没有流过这么多眼泪,也从来没有思考过那么多问题,从来没有看到过那么多"史无前例"的事情……因此,我觉得二十世纪下半叶,是整个中国觉醒的时代、新生的时代,这个时代的声音,就是一曲悲壮的颂歌。

因此,我热爱我的祖国和我处的时代。我不以我所经历过的坎坷道路而懊丧,也不以我身上和心灵上的某些伤痕而委屈。在海上经历了惊涛骇浪之后,看见一轮安静的明月会激动地掉泪。在今天,我们毕竟看到了我们的航标,看到了我们民族的精神在振兴,看到了我们党的生命力。"衣带渐宽终不悔,为伊消得人憔悴",我从一个精力充沛的青年,变成今天发秃齿落的伧夫,但是我觉得我在心境上变得年轻了,起码我不那么愚钝了,我学会用自己的眼睛去观察问题和用自己的脑子去思考问题,我感到这是一种幸福。

一个人的力量是微弱的,但是一个集体的力量是强大的。我获得这一点觉悟和信心,是党给我的。我深深地感谢党,感谢党的三中全会路线,我能够在"文化大革命"后,继续写出新的作品,和人民同步前进,这是全党觉悟和勇敢进取精神给我的教育和启示。存在的问题固然还很多,比如说我们的电影的生产结构需要彻底改革,有很多"左"的框框还需要我们去冲破,但是,我感到我们是能够胜利前进的!因为我们有党中央无微不至的关怀,有"高瞻远瞩"的文艺方针,所以我们的电影也一定会出现"大团结、大繁荣"的崭新局面。

在回顾三十五年的创作经历时,我感到十分惭愧。人民给了我们那么多荣誉,还给了我们那么大的信任。我是一个制作"情神食粮"的厨师,想一想自己奉献给人民"精神食品",确实有点"汗流浃背"的感觉。限于我的文化水平和思想水平,"文化大革命"前的十七年中,我写了一些电影,像《李双双》、《老兵新传》、《龙马精神》等,虽然也粗略地勾画出几个人物轮廓,但给予观众的深刻思想启示和审美享受,都是很不够的。

"文化大革命"十年,我被攫夺了创作权利,我每天在屈辱和愤慨中过日子。就年龄来说,那是我精力旺盛的中年。但是我的一生中没有"中年劳动"。"文化大革命"后,我怀着再生的感情进入了一个新的天地。我变成了一个欢欣雀跃的孩童,也变成了一个思考型的人。大概是由于性格上的缺点,我不是"闻鸡起舞",而是"闻鸡即舞","舞"得太早了,也遭到一些爱睡早觉的人的申斥。但是,我跃然醒来了,再叫我去睡觉是痛苦的。这大概也是我不会"审时度势"的弱点表现。但是,我仍然感到告慰,打也好,骂也好,我毕竟看到了祖国在走上一条康庄大道。

这五六年我写了几部电影,它们是《大河奔流》、《牧马人》、《双雄会》和《高山下的花环》等。我高兴地看到这些电影在社会上受到的各种批评和检验。

我是浅薄的,而性格又是懦弱的,在今天电影创作新人辈出的乐队里,我不是一个鼓手,也不是一支嘹亮的唢呐,我大约是一把笙,我只能发出一点低微声音,和大家一道来愉悦观众的耳目。我现在还没有完全变成一管"滥竽",等到变成"滥竽"的时候,我会自觉地收拾起来我的乐器。

一个人总要被他的时代打上各种各样的烙印,就我自己的道路来说,仍然是在现实主义这条轨道上探索前进。我热爱现实主义,提起"现实主义"这个词汇时,总是产生一种庄严的感觉,这可能是我的一种局限。但我觉得我只要能在现实主义道路上走向完善和纯美就很满足了。

我是一个不大愿意"回顾"的人,我觉得"回顾"是一种痛苦,老是向后看往往表示一个人的创造性临近终点。我总喜欢生活有点新的变化、新的内容,要不然就像一个年轻的爸爸,把孩子送进自己住过的幼儿园那样别扭。因此,我仍然迫切希望我们的电影事业有所发展,有所前进,有一个大的改革。

建国以来,我们的电影事业取得了伟大的成就。特别是打倒"四人帮"后的近几年来,出现了一派欣欣向荣的生动活泼景象,能够出现《不该发生的故事》这样尖锐揭露社会重大矛盾的作品,能够出现《人到中年》、《邻居》、《天云山传奇》这样惊世骇俗的作品,同时还出现了《被爱情遗忘的角落》、《乡音》、《风吹唢呐声》以及《城南旧事》等等这样深刻揭示传统伦理和风格舒徐隽永的作品,在过去是很难想象的。应该说我们的电影走向"大繁荣"的好势头已经出现了,但是如何保护和发展这种势头,却是一个值得重视的问题。

我们现在已经不能满足广大观众对我们的期望和需求。特别是近一年多来,从广大观众对电影和电视所选择的趋势来看,电影的体制改革更迫在眉睫。

我们的电影必须面向观众。说起来好像是笑话,电影本来就是给观众看的,怎么会不面向观众?其实,我作为一个编剧的体会,在我们有些电影厂安排拍摄题材时,并不完全是面向观众,有不少电影是拍给领导看的。电影是一种最具有广泛群众性的艺术,它不通过广大观众的选择淘汰和检验,是无法提高质量的。

这里也有一个对观众的看法问题,也就是群众观点问题。我们应该相信人民群众的鉴别能力和欣赏水平。难道说广大群众能鉴别自行车和缝纫机的优劣,能创造人造卫星和夺得奥运会十五块金牌,就是看不懂电影的优劣,这恐怕说不过去吧!其实,绝大部分观众对国外和香港一些打斗片、推理片并不是那么欣赏,现在如果把《车队》、《少林寺》再重放一下,绝不会有那么多观众,其根本原因是他们不能忍受我们某些电影的虚假和粗制滥造,不得已而选其次。

由此而引申到对"票房价值"的看法问题。长期以来这一直是个有争议的问题,我不能唯"票房价值"来评定优劣,但是"电影票"也是一票,它里边包含着人们对审美的选择。为什么《不该发生的故事》这样反映农村生活的影片,在上海第一轮放映有一百万观众?为什么有些主题严肃的影片,在我国城市、农村和部队已经达到两三亿观众?我想,我们还是应该相信人民。

从农村改革的经验来看,单是一般号召不行。电影在管理体制和发行制度方面必须有一个彻底改革。首先要打破"大锅饭"和"铁饭碗",让电影参加市场,受到市场的检验和制约。另外,还要看到电影界的"平均主义思想",必须实行严格的淘汰制度,对那些不学习、不钻研的庸碌无能人员,不能让他们继续粗制滥造;对那些因循守旧、"但求无过"、缺乏创造精神的人,要通过改革和民主选举迅速调整下来。

我们还要看到,长期以来一些"左"的思想和做法得不到克服,也和不能充分发挥电影生产力的落后体制有密切关系。农村为什么这几年瞎指挥少了,一平二调的共产风刮不起来了,正是因为对生产管理体制进行了根本的改革。"皮之不存,毛将焉附",这很值得我们去研究。

最近党中央号召我们文艺工作者要"大鼓劲,大团结,大繁荣",要对文艺体制进行改革,要像全国其他战线一样,认真反对"左"的思想,我觉得这是一个英明的号召,是说出全国广大人民从心里要说出的话。三十五年过去了,我殷切地盼望能够认真贯彻中央的指示精神,在建国四十周年时,我国的电影事业,能够出现一个万紫千红、百卉争艳、蓬勃繁荣的新局面。

原载《当代电影》1984 年第 3 期

从生活中找电影

李 准

在全国人民进行新长征的号角声中,《电影新作》创刊了,值得祝贺。

多一个园地,就能够使更多的优秀电影剧本和读者见面,同时,也就能够多培养一些电影剧本作者。希望刊物每一期都能有新鲜活泼的面貌,不但有新剧本、新作者,还有新题材、新风格、新样式的不断探索,为繁荣发展我国电影事业,作出应有的贡献。

一

最近,广大观众对电影的期望和要求的呼声越来越高了,迫切地希望我们多出影片,出好影片。观众的这种渴望心情是完全可以理解的。打倒"四人帮"两年了,各条战线上都出现了生机勃勃的新局面,电影确实是落后了一步。一方面因为电影生产周期较长,她需要"隔年下种",不像诗歌、话剧、小说的创作那么迅速及时。另一方面,应该看到,万恶的林彪、"四人帮",对电影的破坏太严重了,特别是"内伤"较重。从扼杀大批优秀的革命电影到炮制《反击》和《盛大的节日》等,林彪、"四人帮"的流毒在电影界是深入到骨髓和血液中的。

我们必须彻底打破这一小撮反革命分子强加给我们的精神枷锁,治疗我们在创作思想上的创伤。其中最重要的就是让强大的生活洪流,冲洗我们思想上的毒雾和尘埃。只有这样,才能较迅速地改变目前的电影状况,才能繁荣发展我们的电影事业。

林彪、"四人帮"的流毒给电影创作种下最严重的恶种:一个是"虚假",一个是"模式人物"。这是当前广大观众最痛恨的。长期以来,"四人帮"以"主题先行"和"高大完美"这两堵墙,把文艺工作者和生活隔离开来,使文艺创作走进了死胡同。我们今天必须拆掉这两堵墙,提倡到生活中去,从生活出发提炼主题,从生活出发塑造人物。

作家的幻想能力再强,编故事的能力再大,但是,生活还是你的"法官"。必须从生活出发,受生活的制约和检验,也就是说必须真实。我们不是提倡自然主义地描写生活,而是强调真实地反映生活,用真实的语言和细节来塑造人物。作品只要准确、真实,就有魅力,就有生命力。"真、善、美",真是第一位的,真实才能产生美。真实是善美之首,虚假是丑恶之源。

最近,看了话剧《于无声处》,感想很多,要向作者学习的地方也很多。比如严谨的结构、戏剧冲突的缜密安排、语言的洗练和时代感,但是最重要的就是"真实"。

我在整个看戏过程中,没有感觉到有虚假的地方。看这个戏有强烈的"身临其境感",就好像看到确实有这么个家庭。另外,在演出结束后,我是在观众的人流之中,没有听到对某一个人物、某一个情节提出"可能吗?""瞎编的!"这种批评。

"可能吗?"这种批评可能是最简单的、最初级的一种批评,但是就衡量一部作品来说,它是一个最重的秤砣。

一部作品成功或失败的关键,就在于作者能不能和敢不敢讲真话。《于无声处》所以在全国引起这么大的反响,就在于作者讲了真话。他讲了一个天安门革命事件中的"逃亡者",投宿在一个朋友家里所发生的真实故事。作者通过这个故事,把人民要说的真话说出来了,把人民中真实的情绪表现出来了,所以它引起观众深刻的共鸣。它揭掉了蒙在天安门革命事件上的第一层纱幕。一个戏产生这样的历史影响,是光荣的。

另外,这个剧本产生这么大的影响,不单是它的主题新鲜和时代感强,它塑造出来几个真实的艺术形象,像何是非、何为、欧阳平、梅林等这些人物,都达到了一定的艺术典型的水平。这是作者对生活长期积累和观察所得来的,所以他们有血有肉。作者写了他最熟悉的人,观众也看到了自己身边最熟悉的人,这就是生活对艺术的作用。

二

下边我想谈一点观察生活和积累生活的问题。有很多青年同志是业余作者,本身就在生活之中。对观察生活有两种困难:一种是"身在宝山不识宝",总觉得我这个单位偏僻、闭塞,不能从生活中寻找出要写的题材和人物;另一种是人家写出来了一个电影或一个戏,一看觉得这种故事和人物我这里也有,可是人家写过了,又不能再去发现新的人物和新的题材。

应该说这种情况是常见的。我自己学习创作也有过这种苦恼的经历。解决这个问题,首先是加强自己的责任感。

观察生活，提炼生活，要站得高一些。比如你是个农民作家，当我们看社会问题的时候，我觉得应该像一个省委书记一样，要有这个责任感。你省委书记负责几千万人，我小干部肩上也挑着几千万人。加强责任感，眼界、胸襟就扩大了，不要老陷在那个小单位里，一叶障目，要有这个胸怀、这个气魄。要和我们的国家、我们的人民息息相关，血肉相连。一个好作家总是有几百条看得见和看不见的渠道，和广大人民感情联在一起。高尔基说契诃夫眼睛像个钻子一样，可以说是入木三分。为什么他观察那么深刻？就是他对那个社会有深入的了解，大家都不注意的他能注意到。我们应该有一支高屋建瓴的文学创作队伍。

我在河南黄泛区住了四年，村子叫屈庄，我当了四年农民，但是没有发现我要写的题材。哪有那么多的英雄恰好都在这个村子，这是不可能的。但是以后我到了另外一个村子，到扶沟县一个大队，过去也是黄河的淹没区，受过很重的水灾，这个村子有三百户人家，死绝了就有一百多户，现在仍然没有恢复到黄河发水以前的情况。但这个大队从六九年起，每年上交粮食一百五十万斤，最近，一季给国家贡献二百万斤粮，而且是小麦细粮，这相当不容易。到那个地方后，我看到队里一间新房没有盖，就是全大队也只有几辆破自行车，群众中也有那么十几辆，说明他们是很艰苦奋斗的。过去，受过那么严重的灾害，死了那么多人，现在就是这些人作出这么大贡献。他们卖余粮，国家一去就是二三十辆汽车拉粮食，一拉就几天，好像粮食是从地下冒出来一样，口袋摆一场，有几万个口袋。就看了这个景象，我才下决心要写《大河奔流》，要表现我们中国农民在新的社会里作的贡献，以及他们在旧社会所受的苦难。进一步再提炼主题：通过黄泛区的巨大变化来写劳动人民的品质，写历史是人民群众创造的。主题获得以后，过去的生活，全都涌出来了。这里面讲一个什么问题呢？就是我在劳动的生产队，住了四年，没有写成。我到海岗大队去了不到十天，就构思了一个上下集的电影，一部长篇。海岗大队的同志可能奇怪，他来十天就能写一部长篇，怎么回事，看来作家也不太费功夫了，只要半个月的生活就能写一部长篇。如果这样理解就错了。其实我写的那些人物，还是我在那里劳动了四年的那个屈庄村的人物，有的人物，甚至是我在"文化大革命"前就积累下来的人物，比如李麦，这是我从幼年起，就留下深刻印象的人物。在创作过程中，同志们也有这个感觉，在写一个东西时会有偶然得之这个情况，生活中露出一个线头，给予一个启示，一下子把你的生活感受和想表现的东西扯出来了。这就是说偶然得之并不奇怪，但是要没有积累生活，也不可能有偶然得之，因为对这个地方根本不熟悉，也就不可能有较深的感受。比如我要不在屈庄当四年农民，我到海岗大队看一圈也就不会有什么感受，因为我不了解他们的基础，不了解他们过去的苦难,就看不到他们今天贡献的可贵。没有比较,感受就达不到这个境界,也不会感受那么深。要写,也产生不了这个愿望。没有生活,就是有了这个主题,也写不成。觉得光是感动,太好了,太激动了,太不得了啦,只是这个"太",用什么具体东西把它们表现出来呢?就是要生活嘛。文艺创作,需要的是对生活的具体描写,是用生活来表现人物的,用生活来表现主题的,所以生活就更重要了。

三

最近,我和有些同志谈到如何能把人物写得准确,特别是性格的准确。这个问题,在前几年我和大家一样,吃了很多苦。当时,"四人帮"那一套"三字经"流行,在创作中不能讲性格,特别是不能讲个性,所以把人物都写成千人一面。今天我们应该探讨这个问题,这几乎是创作人物的精髓。

我们提倡塑造出各种不同性格的人物,性格越鲜明,就越具有典型意义。要使性格写得准确、鲜明、生动,全靠作者积累大量生活素材。比如我们最近看《望乡》,这部电影开头有一个细节,就是那个搞社会调查的青年妇女,在小饭店中第一次见到阿崎婆时,给了她一支香烟。阿崎婆接到香烟后,看了看,又放在鼻子前闻了闻,对那个青年妇女说:"好烟哪!"就拿这一个细节来说,第一,这表明衣服褴褛的阿崎婆,过去抽过好香烟,因为她认出这是好香烟。第二,又说明她多年没有抽过这样好的香烟了,她的动作和表情是那么珍视这一支香烟。就是开头这一个细节,把阿崎婆的四十年沧桑经历、职业和生活烙印全带到幕前来了。

写人物,主要手段就是靠细节和语言。有的人物即使出场不多,也要选择几个最准确的细节来表现他,有的甚至只用一个细节,人物也就出来了。我举个例子,比如我认识一个朋友,和他在一起工作二十年,如果写他,总不能把他一言一行都写上,那样五百万字也写不完,而且决没人看。我要用一万字把他这个人物写出来,其中就要选择最典型的细节来刻画他。说到底,创作人物就是这个道理——怎样把你二十年熟悉的一个人物,写在一万字里。如果出个题目,要你用五千字把你爱人这个形象写出来,那你就必须要挑最典型、最能说明她性格的细节,这样一说可能就清楚了。

怎么样把人物性格写准确,我还有个体会,就是给人物写小传。写小传就需要对人物有系统的了解,就需要知道他的"来龙去脉"。也就是说,需要熟悉、了解形成他性格特征的各方面因素、影响和烙印。

比如我在《大河奔流》里写了两个比较落后的农民,一个是王跑,一个是四圈。为了避免他们性格的雷同,我就给他们写小传。

王跑呢,他是个中农,他家是个三代自耕农的家庭。他庄稼种得好,又会木匠手艺,小生产者的特点在他身上表现得突出一些。他能干、灵活、狡黠而又爱沾沾自喜,总想发财但又比较胆小怕事。至于四圈呢,他是个破落户子弟,他爹是个吃喝嫖赌的破落地主,最后一份家业输光,揭房子卖瓦,最后把老婆衣服也偷出去卖了。四圈是在这个家庭长大的,在他十多岁时他爹死后,他妈又嫁给城里一个卖江米甜酒的小贩。他跟去了两年,给城里人称米买酒,他吃不饱肚子,就又跑回老家,给村里富户打个短工,帮闲度日。这就形成了他的性格:他不会计算经营,能受屈辱。有钱能花,没钱能受。他也胆小,但有时又有几分亡命之徒的脾气。

总之,四圈和王跑是不一样的,同一个类型的人物可以有完全不同的个性。所以只要掌握了他的家史,对他的性格形成原因了如指掌,他不管在故事中什么地方出现,他总会有他自己的独特语言和动作。

这就要靠平时对各种人物生活的大量积累。我有个习惯,和朋友、同志、农民、工人聊天时,喜欢了解他的家庭。有时有些素材是作者根本想象不到的。比如,我最近和一个同志谈天,谈到他的母亲的死。他母亲是个农村妇女,没有文化,他父亲是个旧知识分子,在旧社会曾当过铁路上职位较高的职员。她母亲平常最大的恐惧就是怕他父亲遗弃她,后来竟然精神分裂发疯了。发疯时有个细节,就是每天拿着一根筷子在地下乱画,画时对街上的人说着:"我识字!我识字!"像这个细节是多么深刻啊!我们今天有很多作品中,写疯不像疯,写梦不像梦,这就是生活贫乏的表现。

我们提倡深入生活,就是要在生活中掌握大量的生活素材,只有掌握了大量生活素材,才能运用自如而不会捉襟见肘。深入生活,积累素材,是作家的基本功。我感到只要认真去生活,认真作调查研究,生活决不辜负人。一天有一天的收获,一月有一月的收获,一年有一年的收获,总有用得着的时候。要熟悉各种人,研究各种人。要注意个性、差别,要从每一句对话上、每一个动作上来揭示性格。

举一个最常见的例子。比如你要问一个人:"你贵姓?"他回答:"敝姓陈,耳东陈。"这人起码是个五十五岁以上的老知识分子。如果你再问一个人:"你姓什么?"她回答:"我姓王,我叫王冬花。"那么她一定是个农村的妇女,而且性格还比较爽朗。如果你再问一个小孩:"你爸爸叫什么?"他回答:"俺爸爸叫爸爸。"那么这个小孩肯定在三岁以下,而且家里兄弟不少。

像这些细小差别,都是构成性格的重要组成部分。有时看起来是闲笔,其实它并不闲。有深刻观察能力的作家,总是能够把生活中揭示性格最闪光的素材撷取出来,塑造出活生生的人物来。

强调真实,从生活出发,并不是要每个情节必须在生活中实有其事。相反,根据我自己的经验,好多最生动、最为人乐道的情节,都是创造出来的。但是它是从大量生活素材中创造出来的,它是建立在对各种人物熟透的基础上提炼出来的。我们提倡从生活出发,是要求作者熟悉大量生活,然后严格按照规定情景来塑造人物,把素材提炼升华到更准确、更生动的高度,不是让在生活中拣一个鼻子、拾一个嘴巴,安上就是人物。

我们党和国家解决了林彪、"四人帮"这个大祸害,太了不起了。现在我们已进入了把全党全国工作的着重点转移到现代化建设的时期。在这个伟大的转变年代,我国政治、经济、文化必将有一个大发展,一切要从这里开始。这里面的主题太丰富了,以前好多问题谈不透、看不远,现在看得比较清楚了。很多事情都可以成为文学的主题。我本来是个土作家,可是现在处在新的历史条件下,我自己觉得应该重新学习。今天的工农兵不同于过去的工农兵了,农村的女孩子都会开拖拉机开汽车了,生产队也要讲经济管理,公社一级干部要懂得计划经济和市场活动的关系,大队里都有良种小组。如果你还写老把式摇耧、富裕中农偷往自留地上粪这些老故事,读者会觉得腻了。我们必须研究在新的历史条件下的新的矛盾、新的主题、新的人物。文学的生命力就在于它的时代精神。时代精神越强,越能经得起时间考验。当然,我们文艺为新时期总任务服务,不是叫你给电子计算机和经济管理做广告,仍然是要写人,写人的精神,也就是反映在新的历史时期所需要发扬光大的时代精神。不管写历史题材,还是现代题材,心里要有个数,就是为新时期总任务服务。这是时代给我们的光荣任务,也是广大人民对我们的迫切要求。让我们为进一步繁荣发展我国电影事业,努力作出新的贡献吧。

原载《电影新作》1979 年第 1 期

《李双双小传》后记

李 准

出版社同志告诉我：要再版一批"文化大革命"前的小说，让我把过去的几个短篇小说集子，编选一本。我用了十几天时间，选出这个集子，中短篇共二十六篇。

在编选过程中，我有机会把十多年前的旧作重读一遍，内心是很感动的。这些天，正值党的十届三中全会召开的公报发表，街上的锣鼓声、鞭炮声连明彻夜地响着，甚至在倾盆大雨的夜里，雨水顺着鼓槌流，但是吟吟的大鼓声，仍然在大街小巷里，传达着人们内心痛快的欢笑。

在这振奋人心的鼓声中，我编着这个小说集。我受到"鼓舞"，我感到兴奋，我更感激党中央。要不是党中央领导全国广大人民，坚决、果断地粉碎了万恶的"四人帮"，这个小说集，恐怕很难和读者见面了。所以，我这些天，看着报纸，看着电视，看到中央领导同志和老一代革命家的精神奕奕的面貌，眼泪总想往外边涌。我们的社会主义祖国，避免了一次大倒退；我们的人民，避免了一次大灾难；我们党的无产阶级文艺事业，也得到了拯救。从阴霾满天的"山穷水复"到晴空万里的"柳暗花明"，全国都像风樯阵马一样准备着新的跃进。我们今后也要坚决地跟着党中央干革命，而且要更严格地改造自己，满怀信心地为工农兵服务，为全国广大人民服务，为使我国走向昌盛的"大治"服务。

"四人帮"肆意践踏党和人民的文化事业和疯狂迫害文艺作者的时代一去不复返了！"尔曹身与名俱灭，不废江河万古流。"他们在历史上留下的一页，是一片唾声！

"四人帮"肆意篡改毛主席的革命文艺路线，把过去出版的这些小说几乎全部打成"毒草"，要进行销毁，把作者的创作活动，都变成"罪行"，这是不符合求实的，也是不公正的，混淆了是与非，颠倒了黑和白。这不但是对一个作者问题，它影响了党的文艺事业发展，也影响对作者的思想正确改造。

在我整理这小说集的时候，心里也感到很惭愧。我是在解放后开始学习写作的。这个集子所收的作品，是从解放初期到一九六四年，大体上说，也就是十七年。就我自己来说，在创作上，确实有缺点、有错误，也走过一段曲折道路。通过"文化大革命"，我自己认真总结经验、教训，我觉得有几个基本东西应该正确保持。那就是：一、热爱劳动人民。二、坚持革命现实主义和革命浪漫主义相结合的创作原则，坚持用劳动人民生活语言进行创作，努力反映革命的新生事物，为社会主义革命服务。三、学习毛主席的文艺方针，来进行创作。坚持从生活出发，从生活中提炼。四、不断地改造自己的思想、感情，改造自己的世界观。我自觉后期的作品比之前期的作品要健康一些，在艺术上也成熟一些。这说明总还是逐渐在进步。

在我重读这些小说时，我深深感到生活对创作的重要。我读着这些旧作，好像又回到我的那些老朋友、老邻居、老大伯、老婶子、大嫂子和小侄儿们中间。这些年，是他们教育了我，培育了我。也是在我最困难的时候，他们鼓励了我，帮助了我，坚定了我继续工作的信心。广大劳动人民要我，不丢弃我，这是我内心最感激的一点。"留得青山在"，就要给人民以柴烧、以火炬！

这几年来，我觉得"四人帮"对文艺创作危害最深的，就是倡导创作可以不要生活。他们否定生活是创作的源泉，凭概念出发，把创作推向唯心主义的死胡同。什么"三突出"、"三陪衬"、"高大完美"，这些鸦片不但把广大作者毒害得苍白无力，而且把作品的土壤，也完全践踏了。

这二十几篇小说，大多数是短篇小说。综合编在一起，却也可以粗略看到一点我国农村社会主义革命的缩影。从土地改革后，农民要走什么道路，到一九六四年前后，巩固发展人民公社，这十多年间，是充满着革命严峻斗争和生活蓬勃发展的过程。广大劳动人民在斗争中创造着新的革命精神和道德风尚，同时也创造丰富着社会主义制度。而这十几年是处于社会主义改造的时期，很多故事中，是反映他们怎样把"旧中国"的"旧"字，换成"新中国"的"新"字。大部分作品是带点喜剧色彩，也就是农民在新的生活斗争中的乐观情绪和幽默感。江青之流声嘶力竭地要把笑声赶下舞台，这只能说明他们根本不了解新生活，不了解劳动人民。

这本小说的编排，大体上是按时间的顺序。质量是不整齐的。为了节约读者同志们的时间，如果要选看，我自己认为不妨先读这几篇：《耕云记》、《两匹瘦马》、《李双双小传》、《冰化雪消》、《两代人》、《野姑娘》、《农忙五月天》、《一串钥匙》、《三月里的春风》、《清明雨》等。这些小说大部分是我在一九五八年以后写的，也是我尽力克服自己的缺点——写中间人物多的毛病后创作的，写新的英雄人物力求丰满一些、生动一些、真实一些。

早期写的一些小说，像《不能走那条路》、《白杨树》、《冬天的故事》等，有的是在生活中提出了一个比较重要的问题，有的反映合作化中的一些问题，但是偏重于落后一点人物的形象描写。有的立意也不够深。从今天看来，仍然是我创作上的缺点和弱点，作为记录过去那一个时期的巨大变化，我还是收了进来，也想使读者看到一个作者自我改造和提高的过程。

其他还收集了一些像人物速写一样的小短篇,如《林业委员》、《参观》、《在大风雪里》、《姜恩老头》、《人比山更高》等。都是写一两个人物,尽量传达出他们的声音笑貌,传达出一点新生活的清新气息。

在"文化大革命"前的十多年中,除了写的一些电影和剧本外,小说可供挑选的,就这么一点东西。我深感有些作品写得太肤浅了,而且数量也太少了。至于这十几年,我几乎没有写什么东西;从前的一个青年作者,几乎没有经过中年的创作劳动,便接近老年了。不过,这不是我自己的过错,是"四人帮"把所有创作力量都禁锢起来了。

现在,"四人帮"被打倒了,为了补偿"四人帮"干扰夺去的时间,我将珍惜每一页日历,珍惜每一分钟,加倍地、朝气蓬勃地为人民劳动、为人民工作。近来我写完了电影《大河奔流》,又接受了改编电影《李自成》的任务。之后,还要写小说,我觉得我自己还是写小说顺当一些。

党中央坚持毛主席指出的文艺方向,落实了党的文艺政策,为我们开辟了新的创作道路。建设一个繁荣昌盛的社会主义新中国,灿烂阳光已经普照着中国大地。通过"文化大革命"的锻炼提高,我自己更有信心地、更坚定地要拿起笔,为写出更多更好的作品奋斗。

1977年8月,北京

选自《李双双小传》,人民文学出版社,1977年

《黄河东流去》开头的话

李 准

　　这本小说就要呈现给亲爱的读者们了。我的感情却是这么难以平静,甚至还有点惶愧。因为我在创作实践上想作一点新的探索,我不知道它适合不适合读者同志们的口味。

　　打倒"四人帮"后,我们这个伟大的国家得到了新生,民族文化得到了拯救。在创作上很多旧的框框被打破了,很多新鲜的思想产生了。我自己像被关在一个阴暗地下室里的囚徒,突然看到了明媚的阳光,呼吸到带着露水和泥土味的新鲜空气。我第二次感到了"解放"这两个字的意义,虽然这次强烈的阳光把我照得眼花缭乱,但我还是吸收了她的"热能"。

　　在这个伟大的时代里,我看到奔腾前进的时代潮流。它是那样的汹涌澎湃、浩浩荡荡。我们整个中华民族在一场浩劫之后,大家都在思考了:思考我们这个国家的过去和未来,思考我们为之付出的带着血迹的学费,思考浸着汗水和眼泪的经验。我作为一个作者,思考不比别人更少,这两年来有多少不眠之夜啊!……

　　"思考是一种快乐",当脑子里边"天光云影"流动翻卷的时候,总会得到一种"觉"和"悟"的快慰。现在,我们的全民族都在思考,形成了伟大的"思考的一代",九亿人民的思考,肯定会对人类社会作出积极的贡献。我这一本小书,就是在"思考的一代"的序幕中产生的。这本书的名字叫《黄河东流去》。但她不是为逝去的岁月唱挽歌,她是想在时代的天平上,重新估量一下我们这个民族赖以生存和延续的生命力量。故事写的是抗日战争时期国民党反动派扒开黄河,淹没四十四个县造成空前浩劫的事件。在这个大灾难、大迁徙的过程中,我主要写了七户农民的命运。写了他们每一个家庭的悲欢离合,写了这次大流浪中,在他们身上闪发出来的黄金一样的品质和纯朴的感情。

　　电影剧本《大河奔流》只是着重写了李麦一家人的命运,小说写了七家。几乎有四分之三的情节不同了。更重要的是我在创作上作了一些探索。

　　多少年来,我在生活中发掘着一种东西,那就是:是什么精神支持着我们这个伟大民族的延续和发展?从一九六九年起,我在黄泛区又当了四年农民。通过我听到的一些动人故事,看到的一些人物的悲壮斗争场面,我觉得好像捕捉到了一些东西,那就是历史是人民创造的。这些故事告诉我,我们这个社会的细胞——最基层的广大劳动人民,他们身上的道德、品质、伦理、爱情、智慧和创造力,是如此光辉灿烂。这是五千年文化的结晶,这是我们古老祖国的生命活力,这是我们民族赖以生存和发展的精神支柱。

我是多么想把这些故事讲给我的读者和朋友们听啊!我希望通过这些故事,让大家热爱人,热爱人民。人们只有在热爱人的基础上,才能够热爱大自然,热爱祖国,热爱自己创造的社会主义制度,热爱我们的党。也就是,首先树立对人类的信心,然后才能达到对国家的信心、对革命的信心。我朦胧地感觉到,这是文学艺术的最基本的功能。

我自知我的思想太肤浅了,表现能力也很低。我扛不动我在生活中挖掘出来的这些宝贵矿石。我只能指明这些都是人类极为需要的好矿石。我等待着后来者,我期待着那些生机勃勃、深刻锐利的青年文学大匠。

在这本小说的人物塑造上,我也作了一些探索,那就是"生活里是怎么样就怎么样"。"十年一觉扬州梦",我决不再拔高或故意压低人物了。但我塑造这些人物并不是自然主义的苍白照相,她"美于生活"、"真于生活"。我认为一个真正的典型,是需要更严格地提炼的。造酒精容易,造"茅台酒"难。酒的好坏不是光看它的度数,还要看它的醇和香。

所以在这本小说里,几乎看不到叱咤风云的"英雄人物"了。但他们都是真实的人,他们每一个人身上,都还有缺点和传统习惯的烙印,这不是我故意写的,因为生活中就是那样的。

我最近在思考电影中的李麦为什么没有李双双亲切生动。这就是我也在提炼"酒精"了。在"文化大革命"中,为了"中间人物"这一条,我不知挨了多少批判,挨了多少拳打脚踢,但结果我也受了帮气影响,作为一个五十岁年龄的作家,我感到内心痛苦,我感到对不起读者,我感到惭愧……

还有,是关于幽默感的问题。我自信我这个人还是有点幽默感的。在"文化大革命"前我的一些小说里,字里行间还有一点"幽默"。可是经过"文化大革命",我的幽默感没有了。江青把笑声赶下了舞台,把幽默也放在她的漂白粉缸里漂得苍白了。因为十年没有笑过,整天是眼泪和长吁短叹,哪里还有幽默感?打倒"四人帮"后两年中我还没有"延醒"过来,这表现在写《大河奔流》电影剧本中。一直到去年,我才感到我的幽默感恢复了。在这个长篇小说中,我的笔又在笑声的锣鼓和雷电中行进着,而且比"文化大革命"以前笑得更响了。

心灵上创伤的平复多么困难啊!

我认为幽默是一种高尚的情操,是人物的信心和智慧的表现。而且人民是需要幽默的,不光是为了笑,还在于它能以潜移默化的手段来美化人们的灵魂。

  以上所说的这些探索,在这本小说中我并没有达到,但是我是在实践中,我坚信我的道路是正确的。让历史的长河去考验吧。

一九七九年七月二十日

选自《黄河东流去》,北京出版社,1979 年

《大河奔流》创作札记

李 准

编辑部的同志们要我写一点关于《大河奔流》电影文学剧本的创作札记，目的是用实践例子谈谈创作上的问题。三四年过去了，有些同志既然让我谈，我还是从命。一方面拆一拆这部"机器"，是好是坏，可以更全面地就教于读者同志；另一方面谈谈从生活到创作的过程，破破"四人帮"的框框。如能对青年同志有一点参考价值，我就很欣慰了。

一、黄泛区

一九六九年，我带着全家插队"落户"到周口地区西华县一个生产队里。这个小村子叫屈庄，在这里我开始了新的劳动生活。

这里是黄泛区。一九三八年蒋介石扒开黄河花园口，淹没了几十个县，造成一千多万人流离失所，一百多万人死亡。事情已经过去三十多年了，解放后经过恢复和建设，这里已面貌一新，可是这场大灾难留给人民的创伤和教训是深刻的。

在这里住的三年半时间里，我逐步理解到这里的劳动人民为什么这样热爱党、热爱我们的新中国，一句话，因为他们在旧社会受的苦太深了。同时，我也理解了毛主席说的"人民，只有人民，才是创造世界历史的动力"这句话的深刻含义。在这场历史上罕见的灾害中，人民在党的领导下，战胜了黄河，战胜了国民党反动派，战胜了封建地主的土匪武装。另外，也战胜了资本主义，在荒芜的沙原上重建了一个新的世界。

在这些可歌可泣的斗争中，我也深刻地理解到中国人民是"勤劳勇敢"的这四个字的含义。在濒临生命绝境，在人被扭成像"席花"一样后，劳动人民在斗争中所显示出来的高贵品质、所闪发出来的道德光辉，是令人感动的。我认为这就是我们民族的灵魂、国家的脊梁、历史的动力。

以上是我离开黄泛区时的感想，也就是我要写《大河奔流》的主题，我含着眼泪离开了将近四年给我很多教育的老师、朋友和同志。

二、家常理道

光有感受，或者强烈的感受，并不一定能写成文艺作品。一个作品是靠再现生活来表现，而不是靠一连串的感叹号。

沙汀同志告诉我，鲁迅先生修改自己的作品，总是把作者自己感叹的部分尽量删掉，把描写人物行动、对话的部分留下。我想了想，这就是鲁迅先生提出的"白描"，也就是让生活事实说话。

鲁迅先生对"白描"手法下的定义是："有真意，去粉饰，少做作，勿卖弄。"这几句话我经常写于座右。我觉得这不但是谈"文风"，而且也是做人的"作风"标准。

"四人帮"的"文风"恰恰和鲁迅先生提出的相反，空话连篇，装腔作势，言之无物，盛气凌人。江青这个人讲话和作风，就是集粉饰、做作、卖弄之大成。粉饰、做作都是没落阶级的表现。这说明他们生活空虚，他们不敢讲真话，所以注定要灭亡。

反对"四人帮"的文风，在创作上就必须从生活出发。作者要说明一种思想、一种感受，不是靠作者的说教，更重要的是靠人物自己的行动和语言。所以，这就需要熟悉大量的"家常理道"。

《大河奔流》里我写了三四十个人物，没有一个是以我住的生产队里的真人真事做模特。但是，所有人物的对话、动作及各种各样人物关系的表现，又几乎全是取材于我住的那个村子里。

我在农村插队时，全家住在一个饲养院里。几个老饲养员，就是我的生活老师。每天夜里在牲口屋里聊天，说过去黄泛区逃荒的悲惨故事，谈刚回来时重建家园的甘苦，也谈他们在建社时，怎样去掉"小农经济"对他们的可笑羁绊。听是一回事，更重要的是看，看各种人物关系的特点。比如他们家里人来叫他们回家吃饭的叫法都不一样。老伴来叫是个样子，儿子来叫又是个样子，儿媳妇端来饭又是个样子，何况各家人的经济情况、性格又各有差异。

周立波同志说，他土改时在东北农村，住得久了以后，才发现有一匹马的中农和有两匹马的中农说话的口气就不一样。

作家不但要善于发现人物的共同点，更重要的是发现人的不同点。通过各种人物的差别，反映出各个阶级、各个阶层的不同典型人物来。

张瑞芳同志在《大河奔流》中扮演李麦，她说，接到《大河奔流》的剧本后，光是李麦在剧中的一句话，就练了十几天。其实这句话并不是剧本中的所谓"核心唱段"和"核心说段",而是一句很普通的"家常理道"。当黄河水淹没了村庄的时候,全村男女老少都跑到沙岗上去了,只有一个七十多岁的孤老婆申奶奶不走,房子快塌了,她仍然不跑。李麦的儿子天亮强把她背了起来,她却用手打着天亮不让背。大家看着这个老婆婆,又难受,又气她糊涂。李麦这时无奈,从地上拾起一个小柳枝说:"婶子,你用这打他!"这句话里边包含着她既理解申奶奶不想再活下去的绝望心情,又疼儿子的挨打;可一时既不能说服这个长辈老婆婆,又不能护自己的孩子。就在这种复杂心情下,她拾起一个小柳枝,说了那句话。这就是在那个环境中,农村劳动人民长期生活在一块形成的传统关系和当时李麦"这个"人物必然要说的话。张瑞芳同志是老演员,她选择了这一句话,从这里入手研究这个人物的性格,熟悉这个人物的"基调",同时,也就是熟悉人物在生活中最基本的"家常理道"。

我觉得熟悉各种生产、生活方式,不断积累这些材料是作家创作的基本功,就像建筑师盖房子要积累建筑材料一样。

三、"长期积累,偶然得之"

作者需要长期深入生活才能进行创作,单靠读几本书,就要写出好作品是困难的。同时,作者需要认真地学习马列主义,学习毛主席的著作。不学习理论,就不能深刻地发掘生活、提炼生活。听张光年同志说,我们敬爱的周总理对于长期积累生活和获得作品主题的过程,归纳成两句话,即"长期积累,偶然得之"。

我自己体会,写《大河奔流》的过程就是如此。我在西华县住了几年,关于黄泛区的材料,听到的、见到的确实不少。特别是那几年在农村,除了劳动外,没有多少事。农民们、邻居们大都不知道作家是干什么的,但都知道我识几个字,这样就有一件事用得上我了,就是村子里死了人,要开追悼会,就让我写悼词。当时农村的追悼会,还是新旧参半,也穿孝服,也读悼词。第一次让我帮他们写的是村东头一个老贫农。他逃荒到陕西后,靠宰牛生活。当时他把一大锅牛肉汤,散给逃荒去的同乡们喝。就这样救活了一百多口人。他自己一辈子也没有讨过老婆,可是给自己三个兄弟都成了家。他有个小兄弟,她娘卖出去两次,他追去抱回两次。后一次,他找了三天,后来发现他兄弟的一个印花布小棉袄,搭在一家门外绳子上晒着,才找到了。他的事迹还很多。我把这些事写成"悼词",大家在会上念了念,很多人都哭了。以后就传出去了,都知道有个写祭文的老李,就这样,我写了三里五村不少"祭文"。其实这都是一部部真实感人的家史。

后来,我又访问了黄泛区的通许县、中牟县、淮阳县、花园口公社,收集家史不下二百家,可我仍旧写不成一个作品。只是写写旧社会受的苦,有什么大意思呢?这时候,我就像弄了一大堆材料,但是"理丝无绪"。

后来,我到了扶沟县海岗大队和通许县百里池大队,特别是到了海岗大队一下子激动得我几晚上没有睡着觉,我觉得"豁然开朗"了!这些年所积累的素材,找到了一条线,得了一个"灵魂",所有的素材都像长了腿似地活起来,而且它们自己跑着去站好它们的队。

这个大队,在旧社会是黄泛区的腹心地区,村子本身就是黄河故道。村子里死绝了几十户,卖儿卖女的几乎不隔门。可是他们现在是这个地区卖余粮最多的大队。连续五六年,每年光交给国家的小麦就是一百多万斤。每年夏罢交售公、余粮时,国家开来几十部汽车拉。粮食好像从地里涌出来一样。这个大队贡献这么大,可是全大队只有几辆破自行车,群众住的还都是草房。他们过着艰苦朴素的生活,而对国家却拼上命大力支援。支部书记告诉我:"咱们这儿不能开诉苦会,一开诉苦会,人就像疯了一样,国家要什么给什么……"

从这里,我开始懂得了黄泛区人民对党的感情,对国家的热爱。从这里我也看到了"翻天覆地"的变化!这里原来是最穷的地方,现在却变成中原大地的一个"粮仓"。从前的要饭孩子,现在变成公社书记、拖拉机手、农业技术员、赤脚医生。我好像看到了我们国家的缩影,也看到了前进的道路。

写什么?写变化,写农民和土地、农民和黄河的感情,与农民用他们的劳动、斗争在创造新的历史。

故事也有了。从黄河花园口讲起,到黄河花园口结束。

我在西华县黄泛区农村住了三年半,在扶沟县海岗大队只住了三天。但是打开生活仓库的钥匙,是在海岗大队找到的。可是我写的那些人物的音容笑貌、抬手动脚的细节,仍然是西华农村的。

我觉得生活积累得越丰富,"偶然得之"的机会就越多。马列主义的理论学习得越好,感受的能力就越深刻。一桶汽油,碰到一个火星就会燃烧;一桶水,火星再多仍然燃烧不起来。

四、把情节的船只放到自己最熟悉的生活河流中去

当《大河奔流》初稿写成后,我让一些同志和朋友看了看。他们很担心,因为当时正是"四人帮"把持文艺界的时候,朋友们看了后说:"还是不拿出来好。

因为你这个和现在流行的作品不一样!"当时我是很难受的。"不一样!"这一点我知道,我也不愿意和那些什么"三突出"、"三陪衬"、"起点要高"等等一样。另外,离开从生活出发,我也不会用别的手段去讲我的故事。

这时候,河南省搞会演。外省很多青年作家去家里看我。有内蒙的,有安徽的,有山西的。他们激动地含着眼泪说:"难道你们这些老作家(当时我只能算中年)就看着文艺这样发展下去吗?你们应该拿作品,写出和他们不一样的作品。"这里又提出一个"不一样"。当时艾芜、管桦同志写点东西发表,都相继受批判了。压力确是有的。但是,我仍把《大河奔流》拿出来了!我当时这样想:批判就批判,无非是再去当农民;但是最好把《大河奔流》发表了,让它和群众见见面再批。在那时,我对广大群众就是这样信任。这倒不是说我写的作品好,而是"四人帮"那一套太脱离人民了。像我这样的人,原来并没有读过多少书,字也识得不很多,解放后才写东西。今天所以能写点作品,完全是党和人民的培养教育,也可以说是在毛主席的文艺学说的哺育下成长的。"相信群众相信党"这七个字也是毛主席教育我们的。

出乎意料,电影剧本的第一遍详细提纲拿到北京读了读,却得到谢铁骊同志、田方同志、崔嵬同志和其他很多老同志的热情肯定和坚决支持,而且主张拍宽银幕上下两集。当时,有一句话大家没有说出口,那就是"准备让他们批"!这也是后来"四人帮"的亲信于会泳之流,那么残酷迫害谢铁骊等同志的因素之一了。

在剧本写成之后,很多老同志认真、负责地提了意见,这些意见有些是很有启发的。《大河奔流》原稿十七万字,现在只剩十万字左右。一方面是因为电影的长度限制,另一方面就是有不少败笔。比如原来曾有李麦在黄泛区打游击、支援淮海战役等情节。因为我缺乏这方面的生活,写得比较概念,谢铁骊同志让我删去了。水华同志讲得更具体,他说:"剧本中的黄河决口、逃荒、农民相互间的阶级感情、对土地的感情,乃至解放后重建家园和走社会主义道路的斗争等情节,你都达到了一个水平了。但是写黄泛区打游击、土改等情节,还没有超过'文化大革命'前一些作品的描写。"这些意见都很中肯。他们提的这些,正是我没有生活过的。由此可见创作是讲不得一点假话的。一张稿纸铺在你面前,首先就是对你生活的考试。为了"避其所短",我把这些章节都删掉了。崔嵬同志曾经告诉我,他不喜欢"金谷酒家"中和国民党第一战区司令长官蒋星文斗争那几场戏。他说:"不是你的风格。"我当时还舍不得去掉,总觉得有戏剧性。后来曹禺同志把剧本看了三遍,他说:"从整个剧本看,是他创作中一个高峰。就是'金谷酒家'那几节戏有点跳出他的风格。"这些同志对我们是多么关心,看法又如此一致。这些生活正是我没有直接经历过的。这使我再一次体会到:必须把情节的船只,放到自己最熟悉的河流中去。在这个河流中,可以左右逢源,可以纵横驰骋,也可以"去粗存精"而不会"捉襟见肘"。

五、语言

每一个作者在进行创作时,都有他自己的手段,有的善于组织情节,有的擅长刻画人物。但是语言对于创作来说,是共同的手段,必须在语言上下功夫。

"四人帮"把持文坛的时候,"帮八股"的恶劣文风流毒很深。在他们提倡的那些文艺作品中,除了空话连篇、装腔作势外,把多年提倡的新鲜活泼和群众喜闻乐见的语言风格也破坏了,他们写的对话,只是一些空洞抽象的概念和口号。

华主席指示我们:"要把被'四人帮'糟踏破坏的我们党的优良学风和文风恢复起来。"我觉得这对于我们搞文艺创作的同志来说,是更加迫切、更加必要。

反对"四人帮"的"帮八股"文风,有一条最简单和有效的办法,就是马克思说过的怎么说就怎么写,怎么写就怎么说。

毛主席在《反对党八股》一文中曾经指出:"现在中党八股毒太深的人,对于民间的、外国的、古人的语言中有用的东西,不肯下苦功去学,因此,群众就不欢迎他们枯燥无味的宣传,我们也不需要这样蹩脚的不中用的宣传家。"这说明我们必须要下功夫向群众学习语言,向外国、古人的作品学习语言。我到一个县里,只要时间稍长一点,总要交两个说话生动、掌握群众语言较多的朋友。和他们交谈,听他们讲话、发言。学习群众语言,不光是学"歇后语",还要学习他们的形象、生动、活泼的语言。我在写《李双双》时,用了一句"鸡子叫天明,鸡子不叫也天明"这句话,事实上是一位老大娘讲给我的。有时候,一句性格化很强的语言,可以呼出一个人物来。《大河奔流》初稿上曾有一节戏,是写李麦带着儿子天亮去梁老汉家,送他去跟着梁老汉学撑船。李麦说:"前两年他还小,我不能叫他只添个嘴来。如今能帮你干个活了,我才把他送来。就是麻烦小晴了,见天得多做一个人的饭。"这时梁晴才十三四岁,她在一边笑吟吟地用手比着说:"俺家还有这么大个碗哩!"作为梁晴这么大个年纪,她对天亮印象又特别好,"这么大个碗",表示了她的欢迎。这句话刻画出了这个天真、朴实而又聪明的农村小姑娘的性格。

语言的标准,是"准确、鲜明、生动"。我觉得准确太重要了,首先是准确了,就会产生一种质朴的美。

我自己在写《大河奔流》时,虽然对"四人帮"那一套"高调"深恶痛绝,但是,另一方面却也受到一些影响。因为时间长了,不知不觉就受到影响。这方面,导演谢铁骊同志给我很多帮助。他用了两个办法来检查语言是否生活化、是否真实。一个是先把台词说一遍,凡是不上口的,不像生活中人说的话,一律删掉或改过来。另一个是人物对话,他要求如果两个人在说话,一定要像生活里那样,是说给对方听的,而不是说给观众听的,或者像"聋子对话"一样自己只管说。经过这两条手续,语言比较准确了、生活化了,而那些"高调"就很自然地被淘汰了。

以上这些都是对语言的起码要求,主要是准确,也就是从生活化入手。

感谢党中央粉碎了"四人帮",不但我们的国家得救了、人民得救了,文艺创作也得救了。我们要立大志,鼓干劲,努力写出更多更好的文艺作品来。

原载《十月》1978 年第 1 期

创作准备及其它

李 准

今天我谈谈自己的一点体会,我也没有总结好,因为我们正处在一个思考的时代,思考一些问题,有的想得多一点,有的想得少一点,有些问题还有待于实践。

先谈谈创作的准备。一般我们讲创作的准备,大致分三个方面:第一个是生活的准备;第二个是对生活理解认识的准备;第三个是表现生活的准备。这三个方面中属于第一位的、最重要的是生活的准备。

作家要创作出深受读者欢迎的优秀作品,没有厚实的生活底子是不成的。作品要上去,作家要下去,这一点近年来没有引起足够的重视。我们今后的作品要更向前推进一步,就需要更密切地和群众的斗争生活联系起来。当然,以前有些做法,通过十七年的实践,有的就不一定那样做了。比如说,"长期地、无条件地"深入生活,这是毛主席讲的,是强调生活和文艺的关系,这是必须的。但我们有的同志,到鞍钢担任党委书记,一当二十年,这个我不赞成。如果一个作家当二十年党委书记,即使写出一部作品,或二三部作品,我觉得这个作家的时间有点太浪费了。所以,深入生活,我是主张点面结合的,有个点,经常系统地了解那个地方的情况。另外就是要看到面上,多跑一跑,广泛地接触、熟悉生活。我所以能够持续不断地写点东西,主要的一点就是能够注意点面结合。而有的同志下乡当农民,挣工分,挣工分挣成愚民了,他连字都不会写了,我看了很伤心。这说明,在安排长期地、无条件地深入生活的时候,要注意到另外一些教训。文化这个东西毕竟是要有个环境、有个条件,如果只是放在一个地方,长期地埋在土里边,能成为一个大作家?这是不可能的。一般说来,担任职务也还是有好处的,像北京的一些作家,我跟他们讲过这个问题,你当教师也好,你搞一个工厂也好,一个合作社呀,一个门市部呀,有那么三五个点,经常和那里的同志聊一聊,有这么个关系很有必要。总之,要比较广泛地了解社会。

"文化大革命"以后,我写了个电影,就是《大河奔流》。我是反对"四人帮"那一套的,我觉得要写一个同他们不一样的东西。因此,我注意写人,写人情,写英雄人物掉眼泪,我写儿女情、夫妻情,自己觉着和八大样板、和其他一些作品是不相同的。但写出来和大家一见面,认为还是有些帮气帮味。可那时我就觉得不一样了嘛。毕竟还是受了影响。但这对我来说应该是个好事,毕竟引起了我的思考,从《大河奔流》我看到自己受到的影响。对过去简单理解的文艺要配合政治任务,我是深恶痛绝的。我觉得这对我们国家文化的发展危害太大了,我们这些人几乎是遍体鳞伤。今天我老实坦白谈这个看法,像到我这个年龄,写不出什么大作品来,但起码我要把我的教训、经历告诉大家。我建不起高楼了,还可以作一块地基,我把我这个地基打扫打扫,让后来者建起高楼。以前简单地理解,老是把文艺当作宣传、鼓动,老是写着、丢着,写完,也丢完了,这是公式化、概念化对我们的影响,这是从《大河奔流》的教训中悟出这么些想法。从去年到现在,我才写了一点短篇小说,这也涉及生活问题。我感到,我们以前了解的生活不够了,比如我一直在农村,对农村生活比较熟悉,如果现在不到农村去,仍然写不出作品来。去年我下去感到这个问题要解决了,比较兴奋,农村这个思路摆开了,新题材可以写了,这也仍然是研究生活的结果。最近一期的《人民文学》发表了我的《大年初一》,写一个农村的支部书记。这个支部书记我认识好多年了。我下放劳动时,这个支部书记对我还相当不错,说俺不管你什么派,只要到这都是我的社员,对我的监督还比较宽一些。春节前我到他家里去了,他说:"老李,你在你的郑州,别看你的酒多,你不一定有我家酒多,你想喝茅台、五粮液、大曲……"我说:"当然,你是个支部书记,你这个大队又有当工人的,又有当解放军的,那可能……"这是个好支部书记,就是爱喝点酒,好咋咋呼呼,也大胆。年初二我到他家去了,家里只有几瓶河南酒,他脸上很红,吹下大话、夸下海口了嘛,说是家里有多少酒。我倒是带了一瓶酒。说起这事我就骂他。他说:"今年没人给我送酒了,要是往年送的就多了。"就这一句话,我觉得就是个伟大的变化。我可以想象得到,年三十、初一,他怎么把门开个小缝,看着外边,等待别人送礼、送酒的急切心情,看了半天,也没有人来送……所以我就写了个《大年初一》。这反映了个什么东西呢?在河南责任制这个东西见效很大。它不但有经济意义,农民多分上几个钱,多打上一点粮,还有它很深刻的政治意义。去年我写了一篇特写:《农民有了自由感》。有的同志说,这个提法好,又敢提自由,又敢提自由感。我觉得,那么多的农民,老是在奴隶制下面、牛棍子下面劳动,这不可能闹得好。老是队长一打钟,先点名,后吆喝,提个牛棍子,谁上工慢,给他两棍子,这能算正常劳动吗?现在有责任制了,就是那几句话:"气没少嫚,钱没少赚,亲戚没少串。"我包了几亩地,我高兴什么时候去,就什么时候去。明天我想到闺女家串一串,今天我就多干一会儿,起码有了这点自由了吧。农民有了这点自由,就减少对队干部的依赖性、依附性,这是个很大的变化。即使有这么一点变化,也应该歌颂。这些变化必须去收集、研究。最近我听到一件小事,也很发人深省。有这么个队长,是个好人,没有贪污过,也没有其他什么问题,就是厉害,社员见了他就发怵,比如上河工,下大雪,只要他一到,任务就完成了。他是管敲钟的,每天他都起得最早,当当一敲钟,社员都得掂个锨往田里跑。现在人家不让你敲钟了。什么时候开个会,有个集体活动,敲敲钟这是应该的。可他呢,每天早上照敲不误,敲钟已经成为他不可改变的生活习惯了。有个小伙子想,现在又不干集体活了,你干嘛还敲钟啊!他个子矮,这个小伙子就把钟往高吊了一尺,他一敲没敲住,就生气了,把旧镢头扔了,把钟砸掉一大块皮。就这么点东西,也是个变化,这个东西很深刻。我们当然不能埋怨他,因为有些干部,就是老要管人,似乎除了管人,别的就再没有什么了。这个小事情也反映了一些东西,农村现在的变化大极了,连豆腐坊都变化了。有个队长每天早上起来到豆腐坊先喝上两碗热豆浆,甜豆腐吃上那么一碗,再把热豆腐拿上一块。现在人家是联产计酬了,专业承包了,豆腐坊包给一个老头了。这个队长又去吃,头一天去吃,人家不吭。第二天老头就说话了:"队长,是记账呢,还是拿钱呢?""怎么回事?""这我包下了。"这就行了,他就不大去吃了。这些都是新情况,这些生活小事只要留神,就能看出生活在变化。这里边还涉及一个问题,就是对生活系统地了解。我敢说,你如果对农村生活没有系统了解,对十七年中农村的干群关系没有系统了解,他也没有向你作任何介绍,老头说"队长,是记账呢,还是拿钱呢?"这件事就是碰到你鼻子上,你也绝不会觉得这是小说题材,还会觉得是个很平常的事情。但是如果你熟悉,你知道农村中过去干部和群众的情况,你就会觉得这个事太深刻了。所以系统地了解太重要了,它包括着观察生活,不光是理解生活。

我认为作家在深入生活时,要放下架子,无论对任何人,不管是干什么职业的,五分钟,一个短时间内,让他觉得你比他家里人还要亲,要有这个本领。我写《大河奔流》时,到西安去访问。西安那里逃荒去的人很多。我去访问一个老太太,她有六七十岁。头一次见面,我看她穿的黑平绒衣服、戴的金耳环,我以为弄错了,怎么这么个打扮,不像个贫农,不像个逃荒要饭的。我没有理解,她是个烈属,她儿子还是个团长,牺牲了。老太太穿这个衣服,戴个金耳环,是为我们国家穿的、戴的,是表示解放后的幸福。以后我们两个就谈了一天。街道上的同志嘱咐,这个老太太有高血压,不能谈得时间太长,我就主动地说:"就这吧。"老太太说:"不行,你舅来了,我要同你彻底地谈谈,我这一辈子还没有向别人说过。"她把我当成她孩子的舅了。哎哟,我感动得受宠若惊呀!她把什么见不得人的话都拿出来了。不到这个程度,她怎么能给你谈这么些话呢?所以,要体验生活,就要诚恳,要虚心,要甘当小学生。

最近,我和一个青年一起下去深入生活,想反映农村的新人物。农村现在的新人物,应该是个什么样的新人物呢?有实事求是的作风,有联系群众的作风,有经济管理的水平。像这样的新人物在农村已经出现了,这些人是我们中国农村未来的骨干。但基层单位有很多老同志看不惯这些人。我见到过这么个人,他高中毕业,也没有什么后门,也没有什么办法,当工人、当兵都当不了,在家待了两年,感到实在没出路,就当了生产队长。因为他经常看些书,什么南斯拉夫啦、匈牙利啦、经济管理啦……他就来了个井田制度。他们也不知道什么是井田制度,他把田分作公粮田和私粮田,把地的一半划作口粮田,一口人一亩半,我就不管你了,你自己管你吃的,你别什么小粮本呀,叫我给你囤销粮食呀,你自己打自己吃。还有剩下的二百亩地是公粮田,我们大家都在这劳动。很多办法哩,教员如不愿劳动,可以,卖给你粮食,按国家牌价,他挂牌价哩,粗粮细粮兑换,弄了各种的经济政策,就像个小国家一样。公社书记、工作组都认为这是胡闹,是走资本主义道路,而且走得还特别奇怪,来个井田制度。多次要罢免这个队长,结果这个队长就是选不掉,罢免了三回,选上了三回,又强迫说不准选他,就选了个张秀当队长。县委那个工作组长也是官僚主义,张秀就是那个队长的老婆。以后工作组长又到队上去了,看到那个人来开会,就说:"你又不是队长你怎么来啦,队长是张秀嘛。"他说:"张秀是我家里的。"气得没办法。现在人家这个队搞得最好,把他那个县里的大寨队比下去了。我对和我一块下去的青年说,你把它写写吧,这是个好题材,写正面人物还容易发,现在是热门货啊!写是写了,结果退回来了。我看了看,他就是照我刚才说的素材写的,我看了也觉得是从概念到概念,都是些报纸上的语言,为什么素材完整到这么个程度,写出来还是不行?这个小青年也考虑问题了。他说,有时候说一两句话,我可以写个小说,人家可能给我发,这个故事完整到这么个程度,我写了,反而不能发,为什么?我看我们的一些作者碰到这一类的问题不会少,有时候就一两句话,一两句话写个小说都比这强。生活故事完整到这个程度,写出来反而没写好,这就涉及我们所说的对生活的提炼、对生活的艺术化。比如我们的老师茅盾先生,他写《春蚕》,就是看了一则消息:《浙东蚕茧丰收蚕农破产》。他熟悉这个生活,当然很清楚了,为什么呢?这是因为帝国主义原来收蚕茧,又猛一停,不收了,蚕农的蚕茧卖不出去了,就破产了。所以他就写了个《春蚕》。如果是我,就是看十遍消息也不行,我没有那个生活。茅盾先生有这个生活,他太熟悉他那个故乡了。所以他看了这则消息,他的老通宝等人物形象就全出来了,连细节都有了,人物都活起来了。所以他就可以写。这就是说,看起来一两句,它比完整的事件需要更多的生活,比你原来说的那个已经很完整的故事,需要更大量的生活。我们现在写东西也是这样,有时候是昨天听到的,有时候是我三十五年前在学校遇到的一件事情,它也会出来的。这就是说,它不是需要你这几天的生活,它需要你整个一生的生活。这就是对生活、生活艺术的认识。

所谓访问、采访、作家体验生活，全在作家自己的观点、看法，也不是都长着眼睛、都能看到的，就是我刚才说的，看到个吃豆腐的怎么就会有感受呢，他都是按照自己的观点捕捉他需要的，他此时就是这样体验生活的。

再一个，创作准备中读书的问题，这是锻炼我们表现生活的能力。作家读书的范围要广。我是个初中一年级的学生，我的文化是很可怜的，但我还有另外一个好的条件，我的祖父是个老教书先生，他在一个大地主家里做家庭教师，教了四十年。我放学以后，还可以跟他学，我家还算是个耕读世家哩，当教员不纳税，老人们就希望儿子也还教书，当然我也没教成书。当时他们认为读"四书"、"五经"作用不大了，就让我读古文，说古文开心窍，特别是《左传》。我幼年时读了些古文，什么《古文观止》等等，有时他们也给我选一些，也背了几百首。幼年学的这些东西很重要，现在我才知道这是我最大的一部分财产。那时不懂，只要会背，慢慢就会领悟了。悟这个东西，比有些听到的东西还记得牢一些，因为自己消化了。现在我们接触古典文学，先是读一点唐诗啊、宋词啊、元曲啊等，古文也读一部分，我觉得这很重要。中国的作家还是要读点中国的东西，没有坏处。我这个人受中国戏曲、民歌、儿歌、民间音乐的影响很大。戏曲确实有叫人讨厌的地方，咿咿嗻，那么慢，半天说一句话，青年人接受不了，但它里面确实也有精华，这些精华是需要吸收的。比如讲语言，《白蛇传》的语言。我看过京剧《白蛇传》、越剧《白蛇传》，在"托孤"一场，它的语言是很厉害的，用最普通的语言说出了最不普通的感情。白蛇要被压在雷峰塔下了，她把许仙的姐姐请来了，说："姐姐，我把他交付于你了。"是说她的儿子。鞋给他做了几十双，衣服给他做了几十件，有他穿的，有他用的，希望姐姐能把他养大。这是很感动人的，要被压在塔下了，还把鞋做了几十双，衣服做了几十件，这叫人看了掉泪呀！地方戏比京剧更厉害，一些老艺人对人情味琢磨得更深。越剧怎么说的呢："姐姐，我把他托付于你了，我希望你代替我多打他几顿，替我多骂他几句。"它没有写鞋子几十双、衣服几十件，却说替我多打几顿、替我多骂几句，实际上是说别打他、别骂他，这是个反话。这后一个形象比前一个重得多，前一个叫人眼圈红，后一个叫人掉泪，这个分量就不一样。关肃霜演《玉堂春》，那可是不一样，比如苏三在公堂上跪了半天，起来抚摸着自己的膝盖说："这一场官司没受刑。"这句话很普通，但你要联系到苏三在洪洞县、太原府，没上堂，先挨打，也不知打了多少次，就这一次官司没挨打，就让人觉得很感动。最后，苏三见到了王金龙说："四公子，你为什么不叫我呢？"这都是些最大的白话，这里边的感情太深了，这些东西有它表达感情的特点。再一个，鲁迅先生特别让我们读些外国小说。现在我们被束缚了多少年，对外国缺乏一个基本认识，英国的、俄罗斯的，他们创作的那些作品，对我们来说，都是应该有所借鉴的。我们要写一点东西,没有这方面的修养,是根本不可能的,总要喜欢那么几家,认真研究那么几家。十九世纪很多伟大作家的作品、现代的作家的作品我们都可以读一些,你不管它意识流不意识流,也可以接触一下。我解剖一下自己,起码我自己有这么个感觉,我的东西、我们这一代作家的东西,因为在这么个范围内,用白描的方式写人物、写性格、写细节,应该说中国有一批作家,达到了相当突出的水平。我可以用两句话写一个人物,只要两句话,这个本事我有。比如《大年初一》,我试试只用两句话写一个人物,叫他有性格,行不行,也行。那个老支部书记看到家里没有人送酒来,他有个独生子,他就让儿子去看看给别人送了没有。他儿子说:"我不去,跟当特务一样。"这就是一句话,让儿子去侦察人家。再一个就是老支书发脾气,好啊,我给谁谁办过事情,不来看看我!老婆劝他。儿子说:"你管他呢,他想喝酒。"这两句话,是一个人物,也是一个性格。就是说这孩子比较娇,是独生子,在他老子跟前也敢说话,平常直来直去的。"我不去,跟当特务一样","你管他呢,他想喝酒",它也是个性格。中国这样的作家有的是,因为憋得没有办法,就在这一条道上,都在这方面下功夫,写人物,写性格,写细节,看谁写得准确。现在这一点是不错的,但在其他方面应该说就做得很差了,我现在有这个感觉。比如心理描写,我们都是些白描了,是从"三言二拍"、《红楼梦》上接受下来的,这些都不大注意心理描写。外国作品就特别注意心理的描写。这个我们一点不用不行,非吸收不行。

再一个,就是作者的见解,带一点政治性的议论。我们这些作品都是很朴素的,退避三舍,一点也不讲,完全让我们的人物去动作,让人家去看。必要的完全可以讲,你又不是讲不出来,这样更丰满,这也是需要的,简练不是简陋。《从奴隶到将军》,就有这么个问题。王炎是我很好的朋友,他这个人很质朴,戏也很质朴,总是欠几分,不让多几分,比较稳,我看了就替他难受。《从奴隶到将军》整个是朴素的,但真有几场戏,需要真正放开抒发一下感情。可是他没有,总让人觉得缺一点什么东西。这就需要我们多读一些现代的外国作品,借鉴一下。另外,有人看了我的小说后讲,你这还是想叫人家哭、想叫人家笑,还是用你廉价的情节,看到情节的痕迹。我觉得这还是讲得有点道理。我们这些人是从"三言二拍"下来的,写作品就像数钱一样,咱们中国的小说往往如此,有这个毛病,所谓最高的技巧就是无技巧,最高的技巧就是非常逼真,没有哗众取宠之心,就是把外皮剥得干干净净,把灵魂拿到手里让人看。写小说像写戏一样,总要追求那点戏剧性,这也是毛病。所以在这些方面,我虽然五十多岁了,我还要从头学起,从零开始。有的同志说你还保持那个"张家庄有一个张大娘"的风格,你就不要变了,你就这么个风格,我们大家都买你这个票。总还得有个进步吧,总不能老是停留在一个水平上,所以我要思考,要吸收一些东西。我们国家的保守是太了不起了,赵树理他也有了这个觉悟。赵树理是我非常崇敬的作家,可以说我是把他作为我的老师看待的。他写的很多小说都是好的,但他应该达到一个更高的水平,他应该把我们这个国家的文艺创作引导到一个更新的水平,但是他没有做到。当然,这不能怨他了。像赵树理这么个作家,他的知识是很渊博的。讲卖寡妇,赵树理就可以讲七八个,山西卖寡妇、河南卖寡妇、陕西卖寡妇,怎么写契约,怎么写人,七八种。讲算卦的,讲一二十种,怎么算,怎么属相,怎么测字,什么神相,咱们这些青年作者写的东西把神汉和巫婆都弄到一块了,一锅粥。他这不是一般的了解生活,他知道一些大家不大了解的生活。如果不搞这么多政治运动,赵树理写长篇可以超过巴尔扎克,赵树理的功底是非常厚的。但是他没有写出来,"四人帮"把他打死了,他把一大堆生活素材带到棺材里去了,没有给人民留下,这是个悲剧。

现在谈谈关于塑造人物。这个问题我自己也没有很好解决,谈谈我这几年的感受。打倒"四人帮"以后,英国有个作家叫格林,他有个内部讲话,对我们中国的文艺作品,他有批评,说作品把人物简单化了,好人都变成神,坏人都变成狗,甚至连狗都不如。他看了《闪闪的红星》这部电影,说像胡汉三这样的人物,如果在外国电影中所谓对立面人物连狗都不如,那就讨厌了,就不能看了,那就没有资格和正面人物斗争了,外国作家的作品一般不这么写的。我们这是两种绝对不同的颜色,只要是正面人物一定要把他编成神,坏人一定要把他编成狗。外国现在很多家都在养狗,用狗这个代名词来代替人物形象,他们觉得有些屈就。人物简单化这个东西破坏性很大,是文艺创作的很大障碍。"文化大革命"中批判我,说我是中间人物,我想现在还是不变,还没有觉悟,我的作品之所以还能让人家接受,还能让人家觉得亲切,有点真实感,是不是和这也有些关系!塑造人物,就是要考虑真实地表现人物,最近我是实践我这个诺言的。我曾写了一篇很次的小说叫《芒果》,那就是我的英雄人物。那个老头去看芒果,看掉了一只鞋,回来就把老婆打了个耳光,能打个耳光就是英雄人物。我的英雄就这么一点英雄。不管叫正面人物,还是叫什么人物也好,从他的道义上、感情上是我们这个社会中坚的、优秀的,是代表最大多数人民感情的,我以后还要在实践中试一试。日本电影《野麦岭》,对我们很有启发。这个《野麦岭》,如果让我们中国作家来写,比如把夏衍同志的《包身工》拍成电影,我们这些编剧一定和人家处理不一样,资本家怎么打鞭子,工人怎么受罪、怎么哭,作些斗争,又怎么被打,大概比诉苦会高明不了多少。《野麦岭》反映了很严重的阶级斗争:女工被剥削,最后吐血累死到煮茧的锅里,被强奸,坏的方面揭露了。但它也写了另一方面,写那些挣一百块钱的小姑娘过年比衣服,你穿着花衣服,我也穿着花衣服,它甚至可以写,这个女工和资本家的少爷睡了觉,那个女工可以吃醋。中国作家敢不敢这样写？但它是真实的，并不妨碍对资产阶级的揭露，感人更深刻。它也写了资本家在有些场合和工人一起敲大鼓啊，但并没有减弱资本家剥削的残酷性。《野麦岭》反映的生活是很严肃的，教育意义也是很强烈的。我们写人物往往是一面的、单面的，所以，这些技巧我们都可以借鉴。要写好人物，应该注意运用生动的细节、形象的对话。我们就挑日本电影《望乡》的一个细节来说。那个女记者，说她搞社会调查也好，她想吃饭，看见一个小饭店，比较脏，有那么几张破桌子。她有些犹豫，吃不吃呀？正犹豫着，房角坐着一个老太太，鸡皮花发，端着碗大口吃着，米粒往下掉着，说："吃吧，这个饭不错，我经常在这吃。"这时候，女记者就坐下来了，给老太太一支烟。这一支烟的细节写得太好了，老太太拿着看了看，又闻了闻，就说了三个字："好烟哪。"这三个字就说明了三个问题：第一，这个老太太抽过好烟，当过妓女。当妓女，多少外国的资本家、水兵都伺候过，好烟抽过，见过大世面。第二，再闻一闻，就很珍惜，人老珠黄不值钱，起码十年没有抽过这烟了。第三，她没有讲自己的身世，但使我们感到她身世的变化。电影就是通过这些细节来表现的，几乎把三个方面的东西从这一句话中带出来了，它是准确的，这些东西是很值得我们借鉴、吸收、学习的。我们写东西就是写人物。比如说有个人要写我，他和我交往三十年，他写一百万字、二百万字也不成呀，如果用二千字能把我这个人物写出来，就要选择最代表人物性格的细节。比如张贤亮同志写的《灵与肉》中的秀芝，最代表她本质的有几个细节：一个是带着包袱来看床，一个做土坯、鸡鸭司令，再一个数票子。就这么几个，但大家就好像很熟悉了，如在眼前，呼之欲出。

下面讲讲批评家和作者的关系。从事文学创作工作，需要一个更好的、团结的气氛。我个人的成长是受到国内很多批评家的帮助的，当然也有些批评家跟着鼓动。但总起来，我们从事业出发，要团结。比如我在河南，我的一些同行，我很感激他们，我不过比他们发表的东西多一点，但我的作品中也有他们的东西，他们对我的帮助是很大的，有时候给我当了人墙。搞创作要经常互相切磋，互相琢磨，互相吸收。以文会友，经常谈一谈，我们不叫"沙龙"，但作家、艺术家、搞文艺创作的要经常在一起，有个谈话的气氛，互相研究，谈自己的感受，读本书，看一篇东西，一定要有这个气氛。人的智慧能力相差是很大的，环境特别重要。十九世纪，法国出了那么多作家，他们的朋友都是作家。扬州八怪、郑板桥等，出现那么多人，他们都是天才吗？天才就那么多吗？他们就都出在扬州吗？他们就是互相交往多，感受多，就会出现一批。我们的作家都是一群群出来的，一批批出来的。互相讨论呀、探讨呀，要建立起这个关系，甚至忘年之交，总之，要有这个气氛。

最后谈谈为"四化"服务的问题。我觉得要把文艺为"四化"服务的面理解得宽一些。宁夏那个城门楼就可以为"四化"服务,玉皇阁也可以为"四化"服务,它们都可供人看,供人欣赏。可做的工作太多了。我写新的题材,我就不去套人家的。我有一点认识:在一个愚昧、落后的国家里要搞"四化"是不容易的。但精神建设的需要是非常广泛的。需要大炮,也需要步枪,各种各样的武器;需要唢呐,也需要笙,各种各样的乐器。这个东西无论如何不要搞得太狭隘,最怕把大家一轰,又轰到一条路上去了,这是最最要命的。如果我写银川风情,我就写写你这个黄土房子,我觉着对"四化"有作用。为什么?起码是在启发人们的智慧吧,起码可以作一个品种吧!你说文艺有什么作用,我就说天安门和你们那个玉皇阁,结构上就有作用。这是非常广泛的,绝不是说你提倡写什么,我就写什么,你提倡节育,我就写计划生育,当然这也需要,但都写,这也就麻烦了。各种题材都应该欢迎。最近我们在北京开了一个"农村题材电影座谈会"。有个同志谈了个意见我觉得很好。他说:我这一辈子大概只能写农村的,我觉得农村有意思、有生气、有变化,一接触大自然人就不一样,它是个大宽银幕,一会儿绿了,一会儿黄了。农民和自然接触多了,他们人和人、人和自然的关系也不一样,但也有很多美的东西值得我们去观察、去吸收。他在农村看到一个小媳妇,大概才结婚,他丈夫傻不叽叽地坐在窗户里边,脚蹬着桌子,看着他小爱人推碾子。丈夫看了一晌午,他看着她笑笑,她看着他笑笑,就这一段,我看也不错,它毕竟是那么纯洁的爱情。你说这对"四化"有什么作用,我看有作用。人看这些东西多了,大概小流氓就少了。对于题材问题,即使我们欢迎和提倡写最新的题材,但也要写得深刻,不要概念化。概念化把我们害苦了。总起来说,题材范围宽广一点,才能为"四化"建设服务得更好。(整理者姚力)

摘者附记:一九八一年五月,著名作家李准同志为将我区获奖小说《灵与肉》改编成电影,前来宁夏银川地区访问。在此期间,李准同志应宁夏作协分会和《朔方》编辑部的邀请,于十五日向我区部分文艺工作者介绍了自己的创作经验。本文是这次讲话的节选,是根据录音整理的,未经李准同志审阅。

原载《朔方》1981年第8期

情节、性格和语言
——在旅大市业余作者座谈会上的讲话

李 准

　　同志们希望我结合自己的作品，谈谈创作人物问题，经验不多，随便谈谈吧。
　　先谈谈塑造人物时情节和细节描写的关系。有的同志提到《耕云记》，现在看，我觉得这篇东西有不少问题，写得不好。那是一九五九年上半年发现的题材。在这之前，我就有一个愿望：想塑造一个农村新青年的形象。我感到我们在作品里反映的农村青年，多是爱说爱笑、天真活泼的，而富有毅力、有坚定的信心、有心计的、沉静的青年在作品里却很少见，我就想写这样一种人。一九五九年，我和一位记者到一个公社去，听说他们建了一个气象站，但路较远，我们也没打算去访问。有一天我们路过那儿，看见一个姑娘拿着量雨器站着望什么，我们便走上前去问："明天能下雨不？"那时天上有三条箭形云。她说："暂时不能下，后天有雨。"回答得很肯定。我们又问为什么，她说："那不是有荚状云嘛。"当时我想：她又不是城市气象站的，竟说得那么肯定！结果到了第三天真的下起雨来了。我们便觉得这个女孩子有两下子，有一天便请她来谈谈。她不爱说话，大约十八九岁，高小毕业生，住过半年气象学校。我们谈了一会儿，我有两点发现。第一点发现是她有着惊人的记忆力，她从今年的旱象讲到去年的天气情况，她说去年七月十五日下了一场雨，从那天以后又一连下了几天，八月几日又下了几天……哪月哪日下了多少雨都说得非常清楚，就像小说前边那一段一样。这说明了她对工作的钻劲，她是把精力全放在这上边了。第二点发现是她的工作责任心很强，而且很有主见，大小事情都认真负责。后来党委一同志说，他们村上边有个水库，在抗旱时，她的气象预报对水库的作用是很有帮助的，这就是小说中最后的那一段。生活材料给予我的就是这些。那女孩的外貌很平常，不引人注意，很沉静，好像有些冷，不大好笑，也不爱讲话，但，看出她是个有心计、有毅力、坚强的人。这是一种性格，是农村青年一种新的性格。光凭这些材料是写不成小说的。我又根据过去熟悉的一些同类人物，集中、概括了一下，就结构了《耕云记》这么个故事。写作时遇到不少困难，首先是个年龄问题：她是个十八九岁的女孩子，要表现出她的有毅力、坚强的性格，又有主见，很容易写成老声老气，不大像女孩子，不如说说笑笑天真活泼那样的好写，容易表现青年人的特点。本来那个女孩子在工作中是没遇到什么矛盾、斗争的，但是我在作品里却给她安排了一个哥哥，并成为她的斗争对象。一般说，妹妹在哥哥面前很容易表现出稚气的。我把矛盾斗争和性格冲突放在兄妹关系上，就容易表现她性格中的另一方面，天真、调皮、活泼、稚气就比较容易描绘出来。如肖淑英的哥哥在院里急得直喊："这雨在哪儿？……"她就是不理他，还哧哧笑呢。对这样一个天真的农村女孩子，通过这样一些细节安排，是容易表现她的特征的。另外，小说开头时也有些困难。怎么开好呢？我读李笠翁《一家言》里有一段写雨天的：很多人都在一个篷下避雨，有人叽叽喳喳说话，有人在拧湿衣服，后来走过一个少妇，靠一边站着，不言不语，也不拧衣服。一会儿，雨小了，大家都走了，她仍站在那里未动。雨又大了，大家又都回来了，她又让开地方站在一边，始终是那样娴静。作者写出了她的安静的美。这和我的人物有些吻合，开头我就采用了这样白描的手法，安排了这样一个细节，让人物一出场就给读者留下一个印象。

在作品里，一个细节、一个情节、一场戏对表现人物性格都是同等重要的。一个细节虽是一刹那，但有时更为重要。它在揭示人物性格特征的作用上，有时和一个情节、一场戏肩负着同样的作用。譬如电影《夏伯阳》里，夏伯阳在桌上摆土豆那么一个细节动作。夏伯阳问："列宁是第几国际？"那么一句话，对突出夏伯阳的性格却起了极重要的作用。它对表现夏伯阳这个人物来说，不亚于一场战斗、一场戏。再譬如《红楼梦》里黛玉进贾府，黛玉出场几个亮相，给人留下了很深的印象。第一次是黛玉刚到贾府时吃饭后用茶，作者写"当日林家教女以惜福养身，每饭后必过片时方吃茶，不伤脾胃。今黛玉见了这里许多规矩不如家中，也只得随和着些。接了茶，又有人捧过漱盂来，黛玉也漱了口。"这就表现出黛玉是个很有心计、很懂事的女孩子，虽刚十五岁，却非常懂规矩、懂礼节。第二次是宝玉和黛玉见面，宝玉问过了林妹妹的尊名以后，又问黛玉："可有玉没有？"这里作者写了一笔："众人都不解。黛玉便忖度着'因他有玉，所以才问我的！'便答道：'我没有玉。你那玉是稀罕物儿，岂能人人皆有？'"这一笔作者写得太厉害了。当时在场的迎春、探春等那么多和宝玉在一起长大的女孩子，都不了解他这句话的意思，连养他的贾母和生他的王夫人也不理解他，只有林黛玉回答得那么恰当。这初见面的一笔，就写出只有黛玉能理解宝玉，看出他们真是心心相印的天涯知己了！所以说，使人物性格突出，细节的积累、细节描写是很重要的。读者在作品里熟悉理解一个人物是不知不觉的，而真实的生动的细节，是突出人物形象的一个有力手段。

注意了细节描写，人物就容易有立体感。旧戏里宫廷布景的柱子多半画的是龙。我看过很多这种画龙柱子,画得好的不多。有一次我倒看到一个宫柱上的龙画得真好,我便去问那位画家怎么画的,他说:主要是有明暗,要它有立体感。他的话,对创造人物形象很有启发。写人物也要有明暗,有立体感。作品里有大情节,也有小细节,有叱咤风云的大事件,也有淋漓尽致的家庭小事,没有暗则明不突出。我写《老兵新传》时就考虑过这一点,想在这方面探索一下。写老战开垦荒野时的勇敢、战斗精神,也在生活方面,特别是在一些生活细节上写了几笔,就是为了避免人物单一化。当然没有搞成功,还有很多缺点。

再谈谈表现人物性格的丰富性。文章要简练,但不等于简陋,单纯不等于简单。最近我想写吉鸿昌,看了些资料,感到吉鸿昌这人是蛮复杂的。他大胆、豪爽、坦率、勇敢,但又很爱流泪,感情饱满极了,一点即燃。他很粗犷,是叱咤风云的英雄;但又很细腻,谁的表坏了,他都会给修好。他憨厚、直率,又很机智。抗战时他到过美国,有一个美国记者曾问他:"日本人有飞机大炮。你们凭什么抗日?"他答:"我们凭四亿五千万人民的鲜血!"接着他问:"你们拿了日本人多少钱,净替他们造谣?"记者说:"我们是新闻记者,是有闻必录。"他道:"你们是狗嘴吐不出象牙来!"这些语言表现了他的性格。吉鸿昌年轻时也有不少笑话,他三十二岁便留长胡子,要学关云长,找个姓周的大汉,扛着大刀,骑上高头大马,跟随在他身后装扮周仓。这类细节是不能写到文章里去,可是对你理解人物是很有用处的。这个人那么勇敢、机智、爽朗、坦率,而又细腻、浑厚、富于感情,十几种特征都集中在一起,但互不矛盾。这样,人物的精神状态就丰富了。对这些,要在观察生活、研究生活时就随时随地注意到,然后才能表现出来。

《李双双小传》是一九六〇年写的,但在搞合作化运动时我就想写这样一个妇女形象。时时看到很多妇女翻身后当了组长、社长,很能干。在土改时,她们都是一见生人捂上脸就跑的,带一股傻呆呆的劲儿呢。现在当了干部,人也聪明、机智了,模样也漂亮了,这是我们中国妇女性格的大解放,所以我想写她们。一九五八年,我在乡下住在一个贫农家里。这家有个当妇女队长的儿媳妇,不在家,屋子打扫得很干净。我进去看了看,屋里贴了很多小纸条,上面写着:"我真想学习呀,就是没有时间。""水库的库字,就是裤子的裤字去掉一边的衣字。"等等。写得不怎么好,字也歪歪扭扭。桌上摆了几本书,有的折了几个角。看出这个妇女是多么热心地学习文化。我在那待了几天,她一直没回来,但是这个没见面的妇女却给我留下了很深的印象。我在村子里打问了一些人,他们给我讲了她的很多故事。以后我在村头汽车站等车,见一个村妇联主席正和几个男的说说笑笑。她说:"你们'农会',就是不行,上水库上不去,我们'妇联'又修水库,又能在家生产。""农会"指男人,"妇联"指妇女,这是我们那儿在土改时留下的通用词。她们那一顿玩笑,也给我留下点印象。后来我到南阳去,访问了几个食堂。访问了大约十几个人,所谈的都是有关食堂的一段材料,写报道可以。临走那天,忽然来一个青年妇女,穿戴挺干净,很开通的样子。见面就说:"听说你们是找炊事员来的,我来谈谈。"我们就请她坐下了。她抬起头看看天棚,便说:"你们这顶棚裱得不好,只糊些白纸,连个梅红纸剪的云字钩(指剪纸图案)也没有。"听她突然冒出这么一句,我不免想笑,觉得这人有点傻气。接着她便滔滔不绝地讲,食堂怎么不好办,他们管理员怎样贪便宜,小孩子过生日,该领十三斤面,他拿走了十五斤,她给他提了意见,回家后,她男人还不让,说你管人家干啥。听她讲得怪有意思,我们便要去看看。她说:"你们去了,访人时对人可不能一样看待,管理员不好,他不是无产阶级;我男人也不好,他可是无产阶级呀!"这人立场蛮鲜明,还净讲新词呢!第二天我们到了他们队,先打听那个妇女怎么样。有个老农说:"咱食堂全仗她呢,谁想多吃口、占点便宜办不到,她不让!人们都叫她'二炮风',其实心眼好使哪!"以后又了解:她的出身很苦,十六岁被卖。丈夫是扛大活的,攒了两石麦子买了她,从前经常打骂她,后来他打她,她就还手打他,渐渐地丈夫也不大打她了。我们了解、分析,觉得她大公无私、维护集体利益方面的事迹很突出。这是一个新人物,旧意识在她身上残留得不多。过了几天,我走了,也没写什么。以后在一个村子,又遇上一个很能干的妇女。他丈夫不爱劳动,好玩鸟笼子,还好唱戏,这妇女却是个党员队长。按理说两口子是不相配的,可是人家两口子很好,丈夫在台上演戏,她在台下看,还很得意。他们平常有斗争,但又是那么相爱、信任。这就产生了喜旺这个人物。我写双双和喜旺有矛盾,但两人又相得很好。喜旺很信服她,他很天真、憨厚,又有点自私,好浮夸。譬如他问:"人什么时候没私心?"这不很天真吗?常有人说:从前多半是先结婚后恋爱,相处得也很好嘛!这是有其内在原因的。这篇小说后半部写得不好,将来还要改改,但我对这两个人物还是喜欢的。喜旺很和善、很憨厚,又有小缺点,自高自大,还有男权思想。他的性格是复杂的,有鲜明的阶级特色,又有旧习惯势力的烙印。所谓表现人物的复杂性,就是从多方面挖掘,挖掘得越深,人物的立体感也越强。

最后,讲讲写人物的动作和语言。写人物,一般是作家介绍,再者是通过人物自己的语言和动作表现。语言很重要,要严格地性格化,什么样人讲什么样话。《红楼梦》里写了那么多同类人物,他们又是有差别的,讲的话绝不一样。运用群众语言要自然、要贴切,不要故意炫耀,要通达、明快、流畅。这一方面就不多谈了。此外,人物的动作也很重要,比如费定有一个短篇小说《列宁的素描像》,完全写动作,写列宁在台上怎样比手势,怎样和人握手,怎样走路,等等。听不到他讲话,却把列宁崇高的形象表现出来了。前边说夏伯阳摆土豆那场戏，也是动作，那场戏在电影里对表现夏伯阳这个人是很重要的。语言很少，但人物的性格、内心活动却非常鲜明地表现出来了。我们看电影时倒对他的性格、心情完全了解了，可是它只用了那么少的对话。我们应该向生活学习，向群众语言学习，向中外古典文学中的精华学习，学习他们用最简练的语言和动作表现人物性格特征的技巧。

时间很短，就零零碎碎地讲这些，请同志们批评。

一九六二年八月

原载《鸭绿江》1963 年 1 月号

短篇小说的人物塑造及其它

李 准

这次来参加短篇小说创作座谈会,心里很激动。十来年了,这是第一次参加《人民文学》召开的创作会议。因此,心里特别感激以华主席为首的党中央。要不是打倒了"四人帮",大家根本不可能齐聚一堂,认真学习、讨论毛主席的无产阶级文艺方针、路线,更不用说讨论研究发展无产阶级的文艺创作问题了。

多少年来,"四人帮"用法西斯专政手段,对文艺创作进行肆意的践踏。他们鼓吹那一套唯心主义、形而上学的创作"原则"流毒很广、很深,所以必须进行细致深入的批判。

我感到破坏文艺创作最严重的是创作不要从生活出发,而是要"从路线出发",所以就产生了"题材投机"、"分配主题"、"矛盾公式"、"人物概念",以至于"空话连篇"、"声嘶力竭"的文风。所以不管他们再拿出多少东西,都是那么面目可憎。

当前首先要提倡从生活出发。只有从生活出发,才能清除概念化、公式化的流毒,才能真实地塑造艺术典型,才能深刻地发掘主题,才能使风格多样,达到百花齐放。

伟大领袖毛主席为我们提出了革命现实主义和革命浪漫主义相结合的创作方法。为了清除"四人帮"的流毒,现在首先要恢复创作中的革命现实主义基础,同时,要以诚相见,要把自己作为他们中的一员。土改和"四清"时都有这样的规定:工作人员下去要和农民同吃、同住、同劳动。这种做法,深得农民欢迎。只有在共同生活、并肩战斗中,他们才能了解你,你也才有可能去了解他们。其次是到农村去,最好是担任一定的职务,或者是担负一定的工作任务,这比单纯去体验生活好处多。你不是去做客,你要完成你肩负的任务,就必须去调查研究,接近群众,和群众共同想办法出主意。群众也就不把你当客了,他有困难、有问题、有建议,也就要找你来谈。在这些交往中,自然而然互相就了解熟悉了。再其次是,文艺创作可能要描写到各种各样的人,那么我们在生活中也就要了解各种各样的人。但重点还是要去了解那些先进人物,因为他们才是现代中国农民以及农村干部的真正代表,也是我们文艺作品应该描写的主要对象。不仅是要深入了解一个这样的人物,而且是要了解很多个,这才有可能集中、概括,去创造文艺作品中的典型人物。如果只了解一个,这也就谈不上什么集中、概括了。

最后还想说一点意见。有的同志讲:毛主席《在延安文艺座谈会上的讲话》发表之后,解放区涌现出一批优秀的文艺作品,其中很重要的一个原因是当时广大文艺工作者响应毛主席的号召,深入工农兵生活。我非常同意这种说法。因为这是历史事实。当前,以华主席为首的党中央提出了"抓纲治国"的伟大战略决策。全国亿万军民意气风发,斗志昂扬,正在为建设"四个现代化"的祖国日以继夜地战斗。我们广大的文艺工作者,应当立即掀起一个"到工农兵群众中去,到火热的斗争中去"的新高潮,写出一大批无愧于我们这个伟大时代的作品来。也要反对假的冒牌的浪漫主义。敬爱的周总理曾经准确、生动地解释说:革命现实主义是基础,革命浪漫主义是主导。我觉得很有启发。一个文艺作品的思想,总是靠人物去体现的,塑造人物的基础则靠真实、准确的细节来完成。所以必须从生活中提炼,而不能从概念出发去胡编。"四人帮"霸占文坛时期,他们提倡的作品,为什么那样令人憎恶讨厌?除了主题反动之外,在艺术处理上也是违背生活,生搬硬套,以至于到后来雷同化泛滥,走入创作的死胡同。

我们主张创作要从生活出发,并不是赞成对生活自然主义的描写。作品总是要反映思想的,作者塑造人物典型化的程度,取决于作者的思想高度和对社会生活认识的深刻概括。"四人帮""从路线出发"的谬论,在哲学上是形而上学的,在文学上既破坏了革命现实主义,也歪曲了革命浪漫主义。

关于题材问题。

就目前情况来说,题材还是太狭窄,应该扩大。"四人帮"为了达到篡党夺权的目的,在题材上搞的是反革命的实用主义,到后来甚至只准写一种题材,就是所谓写"走资派"。我自己就曾受到这个反动谬论的影响。现在要把我们作者的眼界扩大开来。我们的文艺作品不仅应该反映当前现实斗争,也要反映革命历史题材,科学方面、教育方面的题材,也应该大力提倡。只要有利于以华主席为首的党中央提出的"抓纲治国"的总方针,我们都应该去反映。我们的国家面临着一个波澜壮阔、万马奔腾的工业化前夜,文学艺术的责任就是要反映这种时代精神,要造成风气,要推波助澜。中外历史上的经济繁荣和文学昌盛总是双胞胎。不可能设想在一个人民精神很低下的情况下,能建成一个强大的工业国。政策很重要,精神发扬光大也很重要。只有"九州生气恃风雷",才能"千树万树梨花开"。

关于人物塑造问题。

在"四人帮"把持文艺时期,创造人物不准谈"个性"。他们把文学创作中写个性和资产阶级的"人性论"混为一谈,挥舞大棒,颠倒黑白。结果有些作品里的人物变成一种概念的录音磁带,毫无感人的力量。不仅正面人物概念化、虚假,连反面人物也都是一模一样。这个戏里的中农,可以跑到那个戏里去演,只要把台词稍加改动。这个戏里的"英雄人物"和那个戏里的"英雄人物",连说话时挥手姿势都得一样,衣服上补补丁的地方都得一样,更不要说年龄、职业、习惯这些一般特点了。

作为一个无产阶级作家,仅仅观察和研究人的一般的阶级属性,是非常不够的,他还要更深刻地研究一个阶级内的各个人物各自的特点和差别,以及形成这些差别的社会根源和烙印。人物个性的深度表现了作家对现实中人物研究的深度。《红楼梦》中写了一百多个丫头,她们虽然都属于丫头这一阶层,但个个都有自己的个性。鲁迅先生的《祝福》和《离婚》写了两个封建时代受压迫的妇女形象。可是祥林嫂和爱姑却有着各自鲜明的个性,至今给人的印象还是那样深刻。历史小说《李自成》中的崇祯皇帝这个人物,是非常复杂的典型。作者没有把他简单化,更没有把他"漫画化"。他只有二十几岁,可是由于他处的阶级地位和长期使用封建"权力",养成了他刚愎自用、自作聪明和独断的性格,可是由于他处在明王朝土崩瓦解的时期,客观的压力又使他性格中具有懦弱、易变、易怒的一面。他是封建政权的反动头子,可是在生活上却"宵衣旰食",经常不吃肉,不要宫廷乐队,五更上朝。他越是这样,越是显示出来明王朝必然覆灭的深刻意义。崇祯这个典型,说明了他既是一个封建皇帝,又是封建皇帝中的"这个"。

"四人帮"不让谈文艺创作的细节描写,把细节描写说成是自然主义。

没有细节就不可能有艺术作品。真实的细节描写是塑造人物、达到典型化的重要手段。作家的责任就是把生活中的人物,集中、概括起来,造成艺术的典型。比如我认识一个同志,和他相处二十年了,要把他写进一篇小说里,是无法把二十年我听他说过的八百万句话、见过的几万个动作都写出来,而要在较短的篇幅里把他介绍给读者,就必须选择最有代表性的语言和动作(也就是细节)去描写他。

有时候,一个准确生动的细节描写,不亚于一场戏对人物刻画所起的作用。《聊斋志异》中的《苗生》这一篇,在开头几十个字中,就将苗生的性格基调写出来了。龚生在客店"沽酒自酌。一伟丈夫入",即苗生。下边写龚生"举卮劝饮,客亦不辞"。接着,龚生"言噱粗豪,偃蹇遇之。酒尽,不复沽。苗曰:'措大饮酒,使人闷损!'起向垆头沽,提巨瓻而入。生辞不饮,苗捉臂劝釂,臂痛欲折。生不得已,为尽数觥"。作者在这里用了"白描"手法,通过让他喝酒,不推辞坐下就喝,酒完后自己又拿钱打了一大坛,劝酒捉臂等三四个细节,将苗生粗豪爽直的性格刻画出来,使读者熟悉了他的性格以后,再把他放到自己的故事情节里去。

这些年,我和一些电影导演同志们合作,向他们学到了不少东西。他们有时候在研究分析人物时,列一个表。一个人物有一个括弧,括弧下边写这个人物的几个基本细节。比如《李双双》,把两次踢喜旺的脚也作为一个重要细节。他们把一个重要细节和一场戏等同地看作塑造人物的重要手段,这是很有启发的。《聊斋志异》中《婴宁》这个短篇,把一个少女写得那么天真烂漫、生动活泼、栩栩如生,拆开来看,不过是十二个不同笑声和四五句性格化对话。沙汀同志在座谈会上说:"找故事容易,找零件难。""零件"就是细节。只有我们长期地深入生活、熟悉生活,有了丰富的生活积累,写起来才能得心应手。在生活中,不但要听,更重要的是看,细致观察。

原载《人民文学》1977 年第 11 期

从生活中提炼

李 准

近来读了一些青年同志们寄来的作品,同时也接到不少来信,大家都希望谈谈艺术加工问题。对于这个问题,我自己不管从政治水平或艺术修养来说,都是谈不好的。但是,问题总得有人谈,特别是现在,业余作者像雨后春笋一样,大批大批地涌向我们新的文学战线上来,有的对于这一问题固然早已解决了,也还有一大部分同志,则迫切需要了解一下内中的情况。鉴于此,就写了这篇东西,有时也不免结合一点自己不完美的作品,只作为和一些青年习作者交换意见。

首先,我们知道,一切文学作品的情节,都是来源于社会生活。一个作者,当他开始构思一篇作品时,不管他的主题思想和人物故事,是在什么样情况下受到启发,但是组成这个故事的情节,都是来源于生活。这些情节,有时虽然来自四面八方,作者从生活中汲取出这些情节的时间也不尽一致,但他仍然必须是以生活中的某些事实和现象作基础,并且大多还是他最熟悉的生活。

作家从丰富的生活中汲取素材,并不等于照着生活原型那样去抄录,去照相。记得去年有一个青年,他拿了一篇小说让我看,内容是写一班学生帮助公社收麦的故事,完全是以真人真事写出的。我看后就提出可以再集中概括一下,把人物去一些,主题内容更突出一点。他说:"我们不编瞎话,我们就照真正人真正事去写!"当然,就真人真事的作品来说,也有写得很成功的。同时,演一演,也还是有它的教育作用。可是,我们不能否认,一般经过集中概括,把素材经过选择和提炼,写出来的东西要生动得多。作者摆脱具体生活事情的制约,再根据生活展开丰富的想象,把大量的事实集中提炼出来,只能使作品的主题更突出,故事更紧凑,人物更光辉。这些人物尽管在生活中还找不到户口,但是,它会使读者感到"比真实更真实"。毛主席曾经明白告诉我们:"人类的社会生活虽是文学艺术的唯一源泉,虽是较之后者有不可比拟的生动丰富的内容,但是人民还是不满足于前者而要求后者。这是为什么呢?因为虽然两者都是美,但是文艺作品中反映出来的生活却可以而且应该比普通的实际生活更高,更强烈,更有集中性,更典型,更理想,因此就更带普遍性。革命的文艺,应该根据实际生活创造出各种各样的人物来,帮助群众推动历史的前进。"这就是文学典型化最根本、最全面的理论。

艺术加工不仅是个技巧问题,而且更是个鲜明的政治问题。对每一件生活素材的取舍、强调和回避，对每个人物的突出和合并，都包含着作家的政治观点和阶级观点。这也是对一个作家党性的考验，对生活观察能力的考验，对素材情节的权衡和组织能力的考验。我们通常说："找典型事写。"当然，这个"找"的本身就包含着作者的立场问题。而且，即使找来了典型事，提炼也还包含着政治观点和立场。打个不大恰当的比喻，作者的头脑就好比一座小高炉，拣来的任何优质矿石，也不能叫铁，只有经过这"小高炉"焙解冶炼后，流出的铁水才叫铁。所以说我们要经常学习马克思列宁主义，经常修理自己那个"小高炉"，才能保证炉炉流出好铁水，才不致把很好的矿石炼成了渣。

现在，摆在我们一大部分业余作者面前的问题，我觉得首先是敢于提炼集中，敢于虚构。虚构不是"编瞎话"，作家也不会"发明"题材和情节，但是根据今天鲜灵活泼的丰富生活加以概括、集中，把矛盾斗争典型化，使作品更突出更强烈地感染读者，这完全是必要和应该的。典型化的意义并不在于机械地综合材料，而是以鲜明的政治观点，赋予作品充沛的内容。

我们也可以举些例子来谈谈。就以《三国演义》来说吧。我们知道，《三国演义》是一部所谓"七分事实，三分创造"的长篇小说。可是在前几天，《人民日报》的一篇短文中统计了一个有趣的数字。那就是在"赤壁之战"时，周瑜那年是三十四岁，诸葛亮却是二十七岁，鲁肃是三十七岁。按年龄来说，周瑜当时差不多算"老周郎"了，而且据《三国志》上说周瑜的性格还是"雅量高致，气量很大"。诸葛亮在当时却是一个青年后生。可是在作者的笔下，为了烘托诸葛亮的足智多谋、老成持重，周瑜变成了英姿翩翩的青年，而且胸怀极窄，诸葛亮却被作者渲染得有声有色，近于神仙式的人物了。

记得在一九五五年，有一次听茅盾同志给我们讲课。在谈到《春蚕》创作过程时，茅盾同志说，他最早产生写这篇短篇小说的动机，是因为看了当时报纸上一则消息。那个消息大概意思是："浙东今年蚕茧丰收，蚕农相继破产！"看了这则消息后，思想上就产生了强烈的愤怒感情。后来，茅盾同志就根据他所熟悉的浙东农民生活，以及帝国主义在中国残酷盘剥农民的历史事实，写成了那篇在当时具有极大政治意义的短篇小说。

当时我们听了，感到受启发很大。一个作家在具备了某一方面的丰富生活或正确的政治眼光，每一次的写作冲动和情书孕育都是不尽相同的。茅盾同志所以在当时能够写出《春蚕》，正因为首先他有着丰富的浙东农民生活，再加上他高度的政治水平，那一则消息好像展出一个线头一样，帮助启示作家引出了那一方面已经孕育成熟的丰富生活。我们可以肯定说，老通宝这一家人，是不会找到他的户口和住址的，但是，他们一家人的破产经过，却是旧中国千百万户农民生活的写照。它不但是浙东蚕农的遭遇，同时也是河南烟农、陕西棉农的命运遭遇的写照。

《春蚕》中的具体故事情节，不一定就是生活中的原版，而它所揭示出来的真实意义，却要比有些真人真事深远得多。典型化的意义也就在这里。

其次，我还想结合自己的几篇作品谈谈，就以《不能走那条路》来说吧。最早的写作动机，是从一个农村税局干部谈到当时土地交易税剧增而产生的。当时是土地改革运动后，从土地交易税增加中看到农村买卖土地增加了这个事实，农村中的两极分化开始了。当时只是这么想：我们革命的目的是为了社会主义和共产主义，使大家过共同富裕的生活，而现在产生了两极分化，这样下去将来还不是有的穷、有的富！并且也初步意识到农民所以产生两极分化，是由于没有组织起来，小农经济没有抵抗自然灾害的能力的结果。有了这么一个意念之后，这个主题就好像在心中燃烧起来一样，好像不写出来就有点负疚的感觉。

有了这个思想后，平常在生活中碰到这方面的生活画面，就接踵而来地在脑子里头显现出来了。但是，这篇小说的具体情节也是虚构的。也有些事实根据和人物模特儿，像东山这个人物，就是有我一个堂兄的一点影子，他是我们村的党支书，他父亲从黄龙山回来，带了些钱，却由他母亲坚持，已经买成了二亩地。像作品中的宋老定生气时说的有些话，却是他母亲说的。另外，就宋老定这个人物来说，也是"合金"。他的俭省节约、热爱劳动的本质则是根据我的舅父一些影子写成的。如平常进城卖菜，总是捎两个馍，吃一碗五分钱的豆腐汤，舍不得吃一碗羊肉泡馍。这些情节，则是在解放前我小时候看到的情景，可是在创作时，它居然成了宋老定因为买地和儿子闹气后的行动。

有些情节，则完全是根据故事情节的发展、人物性格的进一步揭示而自然流露出来的。像宋老定在反复考虑斗争着要不要买张栓的地时，他走到"一杆旗"地边，抓起了一把土看了看，地是那样肥，就由不得去步步人家的地看还够不够二亩。正当步时，突然触目惊心地发现了张栓他爹的坟！……像这些情节，现在回忆一下，很难说这就是从哪个人身上汲取出来的。他只是在熟悉很多这种人物之后，把这种人物放在典型的矛盾斗争中，让他自己说他自己要说的话，做他自己必须做的事情。

《孟广泰老头》也是这样。我在农村碰到过很多爱社如家、大公无私的老贫农。他们赤心为社的高贵品质，时时在感动着我。特别是黄河农业社一个老饲养员，他是老独身汉，他的很多爱社事迹，使他在社员中享有很高的威信。但是那些零碎的素材，还不能使我把它们用一条线串起来，构成一个故事。偶然有一天，另一个年轻的饲养员偷了一块豆饼，拿到家里喂猪，这个事情被别人揭发了。另外，还有一个老婆私自把社里一把茶壶和一把镰藏起来，后来经过教育在大会上也坦白了出来。这三个人本来是各不相干的，但是通过偷豆饼这一条线，我把他们三个人"合户"了：老独身汉饲养员变成了孟广泰，年轻饲养员变成了他的儿子孟天祥,那个老婆变成了孟广泰的老伴。另外,需要说明的是,我平常了解那个老饲养员的一些先进事迹材料,在小说中一点也没有用上。在故事中,有不少的具体描写都是他本人没有做过的,但是我想,他如果真碰到这样事情,是会这样做的。

每一篇小说、每一个故事,使作者最早产生写作的冲动不同,虚构的程度也不尽相同。有时,生活中提供给作者的素材,本身就是很完整的。像最近我写的一篇小说《一串钥匙》,内容是反映公社化后社员家庭的变化、家长制的消灭和新的家庭关系的建立(后一部分没有写得完美)。这篇小说的前两段,差不多就完全是照着生活中所发生的事情写的。这篇故事是我在七里营人民公社构思的。有一天我和社长到棉花地看,就是碰到一群摘棉花的妇女,在谈论她们家的公公和婆婆。她们说着笑着,那种从家庭中解放出来的喜悦心情,表现得充分极了。其中有一个年轻妇女就笑着说:"社长,我得向您告状哩!"我们问:"告什么人?"她笑着说:"告俺老公公,叫他'权力下放'吧!……"一句"权力下放",却刺激我想这篇小说的整个故事。当时,我们答应她晚上去给她开家庭会。可是这个会并没有开成,因为她的老公公那天上新乡去了,所以小说的后半部是根据已经熟悉的那些人物行动,虚构写出来的。也可能因为这篇东西酝酿时间较短,对这样崭新的生活把握得还不够准确,所以后边显得不够完整。

但是,即使像这样完整的素材,也少不了典型化的过程。像那个老头带着十二把钥匙的这个细节,就是从登封县一个老头身上移植到七里营那位"家长"身上的。另外,关于这个主题的选择、人物的安排、语言的运用,也都力图使它更典型,更集中,更具有普遍意义。

我举以上这些例子,并不是说真人真事就不能写。而是打算说明,一个作者,突破真人真事的写法以后,学会虚构,善于正确虚构,会使作品的政治意义更强烈地去感染读者,会使自己的丰富想象得以舒畅如意地发挥;同时,不局限于某一个生活事件去写,也可以使自己平素积累的生活,得到充分运用和突出表现。

比如说,昨天我在地里看到两件事情:一个贫农赶着驴子去驮煤,因为怕压坏驴子,让驴子只驮了一百多斤,剩下的几十斤他自己背在肩头背了回来;另一个中农在犁地,卸犁回村的时候,他自己不想扛犁,却把犁子挂在牛脖子上,把牛压得抬不起头,碰见我们,他才红着脸把犁子取下来了。像这样生活中两个片段,却说明两个人物对待公社财产的两种不同态度。当然,这两个小情节,现在连一个小故事还构不成,不过它对于我是有用的。至于他们将来怎样在读者面前出现,我现在自己也不知道,也可能他们两个人一道去驮煤。

一九五九年二月四日写于马寺庄
原载《奔流》1959 年第 5 期

观察生活和塑造人物
——同初学写作的同志谈基本功

李 准

最近我们开了很多会,对林彪、"四人帮"的所谓"文艺黑线专政论"作了比较彻底的批判。原来被林彪、"四人帮"破坏的我们这个国家的精神食粮严重缺乏的情况,已经快要解决了。但是现在我们碰到一个情况,叫作青黄不接,老作家经过十几年,有的被迫害、被打击,现在他们虽然重新拿起笔来,但有的身体看起来很明显地不行了,有的即使还能写点东西,到工农兵中间去,也还是比较困难的。所以在这个情况下,我们需要大批年轻的同志来参加写作工作,把我们的报纸、刊物都繁荣起来。

我想同志们是有共同感觉的,前几年不管你们是在什么地方,在什么战线上,我们国家这个严重的文化生活缺乏的情况你们恐怕感受是很深刻的。我也有这个感受。在"文化大革命"中,我们这些人当然是受了很多冲击,也受了很多教育,我下放到河南黄泛区一个农村,到那里去落户,当农民。我当了四年农民。原来我对农村就还有点生活,这一次又当了四年农民,每天打钟就上班,一天三晌,拉架子车、挖河,这些活我都参加过,这很不错。但我不感谢"四人帮","四人帮"对我是迫害,对我有一句口号,叫作"打倒李双双,打倒李准",非把这个李双双批倒以后,才能打倒我,所以不知道开了我多少次会,要批倒。我想这个李双双还是批不倒的,人民群众是最可靠的,群众这个天平是最公正的。当时还批判我写的《龙马精神》,放着电影批判,叫我到剧场陪斗。有人还说你要注意,弄不好群众中的中间人物,愤怒了会打你! 我也很担心。开演前,掌握会场的人讲,大家不要上李准的当、中李准的毒,看电影要严肃,不要笑。可是开演后,观众照样笑,大家憋不住,听了一句台词就笑。我暗暗数着,三十多次,跟平时这个电影的效果一样,一次不少。另外就是哭,快到哭的地方他们又打招呼,叫大家不要中毒,不要哭。结果还是哭了。在郊区批判时,放完电影喊口号,除了喊打倒我,还要喊打倒电影中的人物韩芒种,说他是典型。可是群众却喊:"向韩芒种学习!"他们说弄翻啦,怎么能这么喊呢? 可是群众照喊,也就说明问题了。通过这几次"批斗",我明白了。我本来是戴个大草帽,后来扔了,不需要再遮脸了,没有什么见不得人的。像这样的工农兵观众、这样的人民,我们不为他们服务为谁服务？经过"文化大革命"是越斗越胆大,风光无限好,深刻地认识了人民的力量,有几亿人民给你落实政策。同时也说明"四人帮"太愚蠢了,尽办些不得人心的事情。

在"文化大革命"那几年中,我把我的生活补充了一下。那时我感觉到,我们这个国家被"四人帮"糟蹋得不成样子。文化生活严重缺乏,有很多情况我们是很难受的。比如,我回到郑州,到马路上看,电线杆下面是打扑克的,公园也是,工厂也是,打扑克有翻跟斗、脸上贴纸条的,输了就翻跟斗。年轻人好说一点,有五六十岁的人也翻跟斗、钻桌子。这个情况我们看到了很难受。还有一个事例:我们那里有个农场,离我住的村子大概有十来里地,有一次要放一部外国片子,叫作《卖花姑娘》。因为是宽银幕,农村不能放,只有农场能放。所以就轰动了半个县,都要去看。当时我是在当农民,我的子女也督促我说:"爸爸你去看这个电影吧,平常样板戏你不大爱看,这个外国电影你可要去看一下。"当时我也就去了,因为都是在晚上看,我去了以后发现大概有一两万人。去就听说县里什么煤建公司和什么工作单位的汽车相撞了,有六七人受伤。当时我也去了,也是几万人之一。为了维持秩序派了民兵去,每个民兵拿一根高粱秆子,用高粱秆子打人的头。我在下面当然也要被打。维持秩序到十二点以后,电影仍然放不成,说是人太多,后来宣布一下:"今天晚上不放电影了。"意思是要弄走一部分观众。有些人给我说:"你不要走,后半夜还要放。"所以我就等了。等到三点,等到四点,等到五点,等到东方发白,结果这个电影我还没有看成,直到现在我还没有看过《卖花姑娘》。当时人散以后,有两堆东西对我刺激太深了。有几个人打扫场地,由于一夜中间来回挤,有一大堆鞋子、一大堆小板凳腿,鞋子可以拉三板车,挤坏的板凳腿也可以拉两板车。对着这两堆东西,我作为一个中国的作家,心里觉得非常内疚的。《卖花姑娘》这样的电影在我们中国来说,我们这些导演、我们这些编剧,也能搞。我们等了一夜,遗留下来的是一大堆鞋子、板凳腿。这个情况说明那几年有很多人有能力,但不能从事这个劳动,群众如饥似渴也得不到一些精神食粮。这也说明由于"四人帮"的严重破坏,我们过去的,从《在延安文艺座谈会上的讲话》以后的一些好的传统被丢掉了。现在应该重温毛主席的《讲话》,应该把我们的好的传统恢复起来。

关于观察生活

作家的幻想能力再强,编故事的本领再大,但是,生活还是你的法官,必须受生活的制约,必须从生活出发,错一点儿都不行。当然我不是说要自然主义描写。要用真实的细节和语言塑造人物,作品只要准确、真实,就有魅力,就有生命力。我们讲"真善美",真是第一位的。真实才能生美,虚假是丑恶之源,真实是善美之首。有的农村同志说,怎么他一来,就有东西写了,我们在这里住了多少年也没有写出东西,这是经常碰到的情况。我这里举一个例子,就讲《大河奔流》的例子吧。原来写《大河奔流》,是和我"文化大革命"中在河南黄泛区的那几年生活有很大关系。这个电影算是搞完了,最近可以上映。这个创作我把它解剖一下,看看里面有个什么东西,就是周总理讲过的,叫作"长期积累,偶然得之",指的是生活和创作的关系。我们写东西,包括写特写、写报道,文艺作品更不用说了,第一必须有生活,这是千真万确的,没有生活不行,就是凭生活。最近魏巍同志写了一部长篇小说,叫作《东方》,《人民文学》发表了十章,同志们有机会可以读一读这本书,我认为是"文化大革命"以后最好的一部长篇,那是公论的。前天我给他写了一封贺信,我很激动地说你写特写和你这个人一样热情奔放,好像抚摸着你的特写就可以烧手,但是写小说又娓娓动听,生活气息就这么浓。我跟他是老乡,我总想他是城市长大的,以后到了解放区,在冀中部二十多年了,怎么农村生活这么熟啊。比如写挂在门口的辣椒,他写的时间是八月,八月就是要摘辣椒晒红的时候。再看晒茄子干,他写的都对,很准确。我在河南黄泛区住了四年,村子叫屈村,我一去就说,跑到屈原后代这个村子里来了,但是没有发现我要写的题材,哪有那么多的英雄恰好都在一个村子,这是不可能的。但是以后我到了另外一个村子,到扶沟县一个海岗大队,过去是黄河的淹没区,受过很重的水灾,这个村子有三百户人家,死绝的就有一百多户,现在仍然没有恢复到黄河发水以前的情况。但这个大队从六九年起,每年上交粮食一百五十万斤,最近,一季给国家贡献二百万斤粮,而且是小麦细粮,这相当不容易。到那个地方后,我看到队里一间新房没有盖,就是全队只有一辆破自行车,群众中也有那么一两辆,说明他们是很艰苦奋斗的。过去,受过那么严重的灾害,死了那么多人,现在就是这些人作出这么大贡献。他们卖余粮,不是像《龙江颂》用挑子挑的,国家一去就是二三十辆汽车,一拉就几天,好像粮食是从地下冒出来一样。口袋摆一场,几万个口袋。支部书记拿大锨去每一个麻袋里再添五斤,成了二〇五斤,说支援亚非拉多给五斤,非常豪爽嘛!就看了这个地方,我才下决心要写《大河奔流》,要表现我们中国农民在新的社会里作的贡献、在旧社会他们所受的苦难,进一步再提炼就是写历史是人民群众创造的,是通过巨大变化来写劳动人民的品质,这就是主题。主题获得以后,过去的生活,全部涌出来了。这里面讲一个什么问题呢?就是我在劳动的生产队,住了四年,没有写成。我到海岗大队去了不到十天,就构思了一个上下集的电影,一部长篇。海岗大队的同志可能奇怪,他来十天就能写一部长篇,我住了半辈子了,怎么回事,看来作家也不太费功夫了,可见半个月就能写一部长篇,这就是"长期积累"和"偶然得之"的关系。这话是周总理讲的,我们的总理在生前关心各个方面,特别是对文艺工作,他精辟地、正确地指出了生活和创作的关系。这是个真理。你没有"长期积累",也就没有"偶然得之"。当然,资产阶级讲什么"灵感",这个东西比较抽象,但这个偶然得之是经常有的。在创作过程中,我想同志们也有这个感觉,你们在写一个东西时也会有偶然得之这个情况,生活中露出一个线头,给予一个启示,一下子把你的生活感受和想表现的东西扯出来了。这就是说偶然得之并不奇怪,但是你没有积累生活,你也不可能有偶然得之,因为你对这个地方根本不熟悉,所以你也没有更深的感受。比如我要不在那个地方当四年农民,我到海岗大队看一圈也就不会有什么感受,因为我不了解他们的基础,不了解他们过去的苦难,就看不到他们今天贡献的可贵。没有比较,在生活感受中就达不到这个境界,你不会感受那么深,也感受不到这个主题,你要写,也产生不了这个愿望。生活也是这样,你没有生活,就是有了这个主题,你也写不成。觉得光是感动,太好了,太激动了,太不得了啦,只是这个"太"。用什么具体东西把它们表现出来呢?就是要生活嘛。特别是文艺创作,更需要这样,是用生活来表现人物的,用生活来表现主题的,表现你的思想,所以这个东西就更重要了。北大有个工农兵学员,在"四人帮"时期写过《理想之歌》,最近她妈妈领她来找我。这个事情很有意思,我还没有读过她的那个《理想之歌》,据说当时很轰动的,"四人帮"拿他们这几个当招牌,说谁说工农兵大学生不行,《理想之歌》相当好。这个女孩子自己表现还是不错的,"四人帮"对她吹捧,她有看法,有抵制,以后她跟"四人帮"决裂。北大毕业后,把她分到北京市委写作组,她不去,就自愿到延安南泥湾去当农民。现在当了四年了,看她样子劳动挺不错的,晒得那么黑,手上长那么多茧子。她的妈妈说:"我这个女孩子欢喜写作,当作家很适宜,从北大出来的学生也没有几个当作家的。我的女孩子这么大了,她当作家到底行不行?有点担心。"但她女儿的决心不动摇。当时我就说,可以谈一谈,就问了问他们那个队里边全年吃多少麦子、水平线多少、养猪的情况。她对答如流,非常熟悉。我说你在大队干什么?她说在大队当副支书兼一个队的会计。这就行,这就很不错。她说:"我的会计已经当了四年了,谁去拉柴油谁去买机器……这些我都熟了,就是写作没用啊。"当时我对她讲,要耐下心来,还当你的会计,生活决不辜负你。现在我们大批作者就是没有这一套,没有这个基本功,因为写作就是靠这个,靠生活,靠具体描写来打动人、感染人。特写是这个样子,就是白描的部分最动人。什么是白描呢?鲁迅给它下过一个定义:"有真意,去粉饰,少做作,勿卖弄。"最近《人民文学》发表了一篇非常好的小说，叫作《班主任》，写教育方面的，《光明日报》、《人民日报》作了评论和介绍，在全国各地都有反映，写得是比较好。他所以写得好，就是因为作者是个教员，他有这个基本功。我就不行，因为学校的什么班主任、团支部书记、教研室主任，这一套我全不清楚，同学们怎么做、团小组会怎么开啊，还有谁怎么帮助谁啊，这一套我没有，我绝写不了这个小说。鲁迅是一贯提倡白描的。作者退避三舍，有机会就让人物自己对话，作者不要说，作者在一边老说下去他怎样、怎样，是最烦人的，读一会就不那么生动活泼了，就疲倦了。人物有对话、有动作就生动，如果同志们有时间，可以去研究一下，每一篇好的东西都有这个特点。当然白描也是靠生活去提炼的，没有生活根本白描不成，你就不知道人家话是怎么说的，怎么能白描成呢？我还问当会计的女青年，你读过旧诗词没有哇？她说没有，我们在学校读得很少。这就是一个严重的弱点、严重的不足。作者写东西，特别写诗，没有读过中国的旧诗歌，那么多好诗你没有读过就根本不行。现在可以这么说了，如果"四人帮"时期我还不敢说根本不行。如果想写诗，起码要背一千首，没有这个训练是不行的。前些天《人民日报》发表了一篇林林同志纪念杨朔同志的文章，我读了以后很有感慨。杨朔同志是我们的朋友，他的散文大家都读过吧，如《荔枝蜜》、《雪浪花》啊，这些东西多好啊，当时我还不了解他。以后，通过林林同志介绍我才知道杨朔同志中国古典文学的底子那么深厚，二十一岁写的旧诗已经相当有水平了，所以他的散文是诗化的。它那么有意境，写得那么细致、那么秀丽、那么自然、那么流畅，就是他把诗化成散文了，如没有那个功夫是不行的。我还问那个女会计读过历史书籍没有？通史啊、《资治通鉴》啊，就是最薄的本子吧。"文化大革命"中出的《史纲评要》读过没有？她也说没读过。我说让你妈妈先给你买几本《史纲评要》读一读，这些知识太重要了，看起来没关系，其实有关系。鲁迅先生就提倡多读文学以外的书。我家里买了两三套《史纲评要》，希望小孩拿着随便读。为什么我们要读一点历史呢？读历史，加强我们的历史知识，熟悉历史，知道过去也就知道现在。有历史感的人眼睛是不一样的，他们能看到东西。过去一位同志讲，契诃夫的眼睛像钻子一样，看东西钻透了，叫作入木三分。这不夸大，契诃夫的作品确实像钻子一样。我们的眼睛不要说像钻子，就像凿子吧，观察要深刻，要站得高一些。比如你是个农民作家，但当我们看社会问题的时候，我觉得应该像一个省委书记一样，要有这个对人民的责任感，你省委书记负责几千万人，我小干部肩上也挑着几千万人。加强责任感，眼界、胸襟就扩大了，不要老陷在那个小单位里，一叶障目，要有这个胸怀、这个气魄。要和我们的国家、我们的人民，息息相关、血肉相连。一个人民的作家总是有几百条看得见和看不见的渠道，和广大人民感情联在一起。再举一个例子，我打算写一个《大江北去》，就是南水北调，我去看了看。隋炀帝当年开运河,我的印象运河一直是向南流的,现在到那里一看是运河向北流了,这就给我很大的激动,江都排灌站,现在有四百个流量的水,通过运河向华北流去了,这不是伟大的改造山河吗?运河北流就等于长江向北流了,黄河比长江高九十米,把长江水引到黄河。长江的水就可以送到华主席身边,送到首都,这当然是个了不起的事情,太伟大了。过去南粮北调,光送粮的船只就不得了。现在送水不送粮,把长江水给华北送去,水会变成粮食,就产生那么天翻地覆的变化,从这个角度考虑太了不起了。北方的水不解决,就是中国的大包袱,仅淮海平原就居住着两亿人口。这两亿人口要彻底改变面貌,当然是了不起的事情,所以这个题材我想写,也希望同志们写。我刚才讲这一段是什么意思呢?就是观察生活的问题,不要局限于你们那个单位。比如我只看我这个坑是怎么掘的,当然也可以,就是你把它和整个国家命运联系起来,把你的工作和当地农村的情况联系起来,和世界对中国的看法联系起来,和历史上隋炀帝联系起来,看法、想法、眼界、胸怀就必然不一样了,就可以洋洋数千言了,就有话可说。我说的意思就是非读一点书不可,我们宣传,包括报纸,我们训练记者、编辑,没有这些东西,他们怎么能睁开眼睛呢?就只看见四百个流量,别的他毫无感受,就不能举一反三,一下子融会贯通。所以契诃夫的眼睛像个钻子,并不是他长着像个钻子的眼睛,我觉得他是读书多一点,对历史熟悉一点,对他的祖国的人民和山河熟悉一点。所以要把书读活,把书用活。

下面我介绍《李双双》。这个电影剧本是有缺点的,我现在看了有些情节还坐不住,觉得写得太幼稚了,其中两个演员不错,就是张瑞芳同志,还有演喜旺的同志,他们的表演挽救了一下。电影《李双双》,是五八年以前就有启发,认为中国妇女变了,不大一样了,但还捕捉不住这个具体形象。六〇年我到一个公社当社员,到一个队里蹲点。六〇年是困难的时期,经常换会计,我去了以后下决心把队里干部改选一下。在改选的晚上,正准备选会计,突然有一个女的,抱了一个孩子,拿个红萝卜吃着,来找我了。对我很不客气,叫我:"老李,你来选会计了?"我说"是"。"你要选会计就选俺小孩爸爸,别人不行。"她就这么说,当时我还不敢表示赞同也不敢反对,我也不了解她小孩爸爸是谁,我说看群众吧。她说小孩他爸这个人好,大公无私,公正,就是脸皮薄一点,怕得罪人,他账头还清,还有什么、什么的……她走了以后,我向支部书记、大队长说,刚才一个小媳妇直接给我推荐她丈夫,他当会计怎么样?支部书记说我们就是想选他,这个人行,这我就知道这个女的推荐对了,她不是瞎吹的。以后叫群众投票,果然就是选上她的丈夫,她也带头鼓掌。这个事,揭示着很深刻的意义。当时我一晚上没有睡着觉,我想现在农村妇女真不得了。过去我们讲共产主义道德风尚不以亲其亲,大公无私。列国不是有个故事,推荐他的儿子给国王,别人说你儿怎么能推荐,"我儿子只要好就推荐"。另一次推荐他的仇人,别人说:"他不是你的仇人吗?你怎么推荐他呢?""只要他有能力,我就推荐他。"几千年传为美德。现在在我们农村普通妇女中间有这个事情,而且比起来还直爽。如果叫我推荐老婆当会计,我没她那两下子呢,我还得转个弯、抹个角。人家就仗仗义义地对你推荐,毫不感觉到私字在里面,说这是我丈夫。她的这点思想到了共产主义了,是我们新中国经过共产党十多年的教育,劳动人民经过教育产生出来的花朵,这就是新人。《李双双》这个电影开始就是这么多东西,加上我平常积累的东西,所以就编了个电影。我的意思是生活中间有很多这种东西,很多不被人注意的东西,你要去深思它,研究它,反复考虑它。在电影写成以后对我有更大的教育,拍出来后,上海有人说这个电影得三分,好像不怎么样,他们也不太了解农村,我那时想三分就三分吧。谁知这个电影周总理看了以后很喜欢,总理说:"百花奖,今年我投李双双一票。"马上请张瑞芳到家里吃饭,是八月十五,说:"今天我不是请你来吃饭的,我是请李双双来家里吃饭。"总理高兴的感情真是无可形容,讲了多次,教育帮助我们,让我们好好地深入生活,一辈子都要牢记。这说明我们的领袖和人民的心是相通的,息息相关的,感情上完全一致。凡是我们广大劳动人民所喜欢的东西,我们的总理都喜欢,都是一致的。可能不被某些人注意,认为这些片子嘻嘻哈哈的有什么了不起。但总理很重视它。以后一个日本作家叫松冈洋子,她看了这个电影很激动,专门到郑州去找我。我说这个片子有什么了不起啊,你们看了日本拍那么多片子,大工业片几百吨重的机器,那么大的场面。她说不,我就看上这个。她说不光一个,我们好多外国大使馆看了都很有兴趣,有一些反对中国的人称很害怕。我说你们怕什么,李双双又不是原子弹,是个围着锅台转的人物。她说是这样,你领我们看到了一个中国的家庭,你给我们解剖了八亿中国人民的一个细胞,工业水平我们能看得到,但占中国绝大多数茅屋里边的农民两口子说的什么话,我们不知道,你现在展现给我们了,就是说一个国家的妇女解放的水平,代表了这个国家的生命力。一个农村妇女家庭过得这么有原则,我们看到了中国的力量,看到中国的未来了。这就是力量,就是每一个细胞里面都渗透着我们新社会大公无私的光芒。这是最基本的力量,是中国的脊梁。当时我写的时候没有她想得那么多。只要认真地对待生活,按照生活写的,就会达到这个效果,忠实地反映生活就是这样。

现在处在新的历史条件下,我自己觉得应该重新学习。今天的工农兵不同于过去的工农兵了,农村的女孩子也会开拖拉机开汽车了,大队里都有良种小组。如果你还写老把式摇耧、富裕中农偷往自留地上粪这些老故事,读者觉得腻了。我们必须研究在新的历史条件下的新的矛盾、新的主题、新的人物。文学的生命力就在于它的时代精神。时代精神越强,越能经得起时间考验。当然,我们文学为新时期总任务服务,不是叫你给电子计算机和激光做广告,仍然是要写人,写人的精神,也就是反映在新的历史时期所需要发扬光大的时代精神。像实事求是、艰苦奋斗、注意调查研究、关心群众生活、发扬人民民主、强调法制精神、刻苦学习、善于团结等等,这些都应该成为我们文学创作的新鲜主题。总之,我们不管写历史题材,还是现代题材,心里要有数:就是为新时期总任务服务。要为实现新时期总任务服务,首先要深入、熟悉、了解新时期的生活,把这个写作的基本功练好。

关于表现生活

现在谈谈第二个问题,就是表现生活的问题。我这一段写电影剧本多一些,由于胃口大,人民也需要,所以电影厂老让写电影剧本。我的本行是写小说,而且我还想写小说。但现在就没有这个时间,最近我想写长篇小说,提纲都有了。现在我很想把这个长篇写出来,已经写了几章。这里面有一个比较严重的问题:怎么样表现生活?当然,文艺作品包括特写,需要写人物的。大家最近读了徐迟同志写的一篇文章,是写陈景润的。《哥德巴赫猜想》写得相当好,反映也很强烈。如果说水利战线上有这样一个人物,你怎么来处理他,你就可研究这篇特写了,相当感动人。我读了以后眼泪几乎掉了两三次。我们这些人是画匠不给神磕头,也容易感动,也不容易感动。你写得不像的时候,我就不感动,有很多认为可笑,我们是笑不出来的,我们是制造笑声,也制造眼泪的,但真实的东西都感动我。他真实,所以真实特别感人。真实在报道特写里面更重要,不要忽视"真实"这两个字。我就猜想徐迟同志为什么感动了我。我现在脑子里就记起陈景润是什么人啊,我没有见过他,但他有两句话"谢谢你,我很好",就这两句话我记住了。我猜想,有那么一个人,瘦瘦的,还带着神经质的样子,边幅不修,扣子也掉了两三个,别人问他怎么样,"谢谢你,我很好,我很好"。可能大概是这个味。但他有他的精神世界,他有他的王国,他就是搞数学。所以这些东西,就是徐迟抓住了这个人最基本的东西,这个东西相当重要,由于他一句话准确传神了,这个人就立在你面前了,所以读者能读下去,读得有兴趣,被你征服。要把万把字的特写看完,而且看得不骂你,还觉得这个作家不错,你的本领就在这,这就是我刚才说的具体描写,他把最代表他的性格的东西拿出来了。一两句话就可以使我们好像见到这个人,如果我是画家的话,我可以想象画出陈景润的样子了,这就传神。我们在写作一个对象的时候,往往要注意这个问题,注意最代表这个人本质的细节和语言,有两三句话,就呼之欲出。美国有些记者很注意这个,你们读《参考消息》的时候要注意,他抓住各种人不同的特点写他的特写。去年卡特竞选的时候,《纽约时报》的记者抓住了特点,把这个人最典型的性格语言写出来了,他把"我叫吉米·卡特"放在篇首,突出这一点,观众就不知不觉地被你吸引了。电影也是如此,小说也是如此。一篇小说是要有点大的悬念,才能引人入胜,戏里叫"反动作"。没"反动作"你就写不下去。有一个大的反动作,引人入胜,很重要。要能引人入胜,就要不间断地揭示人物性格。就像京戏《杨门女将》,本来是祝寿的,忽然边关报警,元帅死了,这就行了,戏的整个生命就有了,所有的情节都可以产生了。怎样告诉老太君,新的元帅要找谁?一下就行了。过去"四人帮"时,有些电影大概我们看过,有一个套子,出来马惊了,几乎要压上人,马车在疯狂地奔跑,突然有个转业军人上去抓住它,马跳了两下子不敢跳了,英雄人物就出来了。人物到底出来没有呢?没有出来。还有舞台上英雄人物要高大完美,就给他腰里挂着绳子吊着出来劈山干什么的,这个都白搭。观众要叫你在开幕五分钟,一篇文章开首五百字,必须用你的各种手段打掉他的虚假感,让他相信你是真的,不是假的。是真的,所以他才能笑出来,他的眼泪才能掉下来;他老觉得根本不是这么回事,他怎么能掉眼泪呢,怎么能驱使他把你的东西读完?根本不可能。所以真实相当重要,达到这个境界,一定要重视本来生活的素材,根据他的本来面貌来提炼。再举个例子:有一年县里把我弄去整知识青年的发言材料,我发现写作组那些人真有本领,他们能把各种不同的人写成一样的,几千种几万种不同的人都写得一样。他们有一套,也写得快。比如写一个知识青年代表,"他会启发"让她谈,什么你怎么把麦苗当韭菜,你第一次担粪桶觉得特别脏吧?都是这一套。把所有的人都写成一样,这也是本事。我曾问一个发过言的下放学生,她的发言是否真实?她的发言内容是:在城里没有劳动过,下乡后,拉架子车拉不动,腰酸腿痛,想回城里。我问她是不是这个样子。她说:不是,是县里记者叫这样说的。她说:"我在家劳动过,我爹是卖菜的,我经常帮我爹拉架子车,比这个车还重呢。"这就不大一样啊。但是这个青年另有真体会,她说我在家拉车,是为我爹拉的,俺家姐妹多,不过为了养家糊口;这里我是为社会主义建设拉的。所以我觉得同是一根绳,意义不一样。这不很好吗?本来很生动的东西,非要写成千篇一律。所以咱们下去了解生活,尽可能不要受骗。像打太极拳一样,好半天才能列出真东西。这是"四人帮"恶劣文风的影响。他们把先进人物糊上一层他们颜色的泥巴,我们采访时就要把它剥掉。作家的本事就是写不一样的人,写矛盾的特殊性,写差别,写个性,现在我们反对"四人帮"就是这一点。要提倡写个性,提倡写差别,提倡写细腻差别。周立波同志讲了一句话,他说他在东北住了一个阶段搞土改，两匹马的中农和一匹马的中农说话就不一样，他们的经济基础不一样，所以出来说话表现就不一样，这才是作家看到的细腻的不同和差别，才能达到宣传的目的。《红楼梦》如果要让我们县里整理材料的那几个人写，那中国也产生不了《红楼梦》。《红楼梦》写了一百多个丫鬟，一百多个样子，曹雪芹所以伟大，就是在一百多个丫鬟，同一个阶层、同一个级阶命运的人物里面写出不同性格，这难道不是我们的国宝吗！你看看那个晴雯和袭人，差别多大，都是丫头，包括那些小丫头，还有《红楼梦》是值得我们自豪的。毛主席讲中国地大物博，还有《红楼梦》这本书我们搞写作的同志应该熟读它，里面有无穷无尽的东西学习，特别是写人物。生活中的人物都是具体的，具体的人物都是千差万别的、各不相同的。所以一定要忠实于生活原来的情况，人家本来就生动，生活本身是美丽的，改造一砍一旋，反而把他弄得不像了，就是干巴巴，人云亦云。这个东西也很有启发，如果徐迟把陈景润写成自我表态豪言壮语，那陈景润这个特写就要失败，所以他就写了个不同。要具体地描写，找他的差别，找他的不同点，善于抓住这些东西，生动活泼有生命力。

关于细节和语言

过去不敢强调细节，我只敢谈情节。我觉得细节对塑造人物是很重要的。现在就要谈细节。有一次我与郑君里同志谈心，他是有思想的电影导演。他说老李，我啊，根本不是搞文艺的，在中学，我爱数理化，一考作文我就烦。我这个脑子是很机械的，最没有形象。可是我有一个笨办法，拿到剧本以后就来个大括弧、小括弧。比如说拿到这一个剧本，就先找这个人物，塑造他性格的有几个主要细节，是十个还是八个。我导演时就抓住这十个细节，这十个细节表现出来了，这个人物就出来了。他谈的很有启发。我写人物，主要手段就是细节和语言。有的人物五个细节，有的三个，有的甚至只用一个，人物也就出来了。比如我认识一个朋友，和他在一起工作二十年，如果写他，总不能把他一言一行都写上，那样五百万字也写不完，而且决没人看。我要用一万字把他这个人物写出来，其中就要选择最典型的细节来刻画他。说到底，创作人物就是这个说理——怎样把你二十年熟悉的一个人物，写在一万字里。

在我国古典文学中，有很多人物的塑造是值得借鉴的。比如张飞这个人物，应该说是塑造得最鲜明的人物之一，其实你要画一个括弧统计一下，也不过那么几个重要情节和细节：怒鞭督邮，写他的快直；三顾茅庐要烧诸葛亮的房子,写他的粗鲁;喝断当阳桥,写他的神勇;古城会,写他的忠贞;大战张郃,写他粗中有细;义释严渊荐庞统,又写他重视知识分子。性格还有发展。这个形象千百年来,赢得了多少观众的笑声和眼泪,是无法统计的。

又如《红楼梦》,特别是前八十回,分析一下太有意思了。像贾宝玉与林黛玉两个人见面,林黛玉初进贾府,第一个细节是喝茶,十几岁的女孩很聪明,很有心计。平常饭后根本不喝茶,但她来到这里,看到大家都喝,就悄悄端起茶杯呷一口。呷字多准确啊!有时闲笔不闲,也是铺垫。第二个细节是来了贾宝玉。宝玉出场就不简单,一上来就是没头没脑地说:"这个妹妹我认识。"性格就出来了:又傻又痴,又有点蛮,又天真。本来没见过面他怎么会认识呢?第二句话,也只有他能说。他问黛玉:"你有玉没有?"更没头没脑。这时众人都不解。生他的王夫人、养他的贾母和众姐妹、丫鬟等一大堆人,都不知他的话是什么意思,可是林黛玉懂。她说:"这东西不是人人都有,我哪有玉?"她第一句话就理解他的话,中国叫作心心相印,所以他俩有共同语言。第一章写两个主要人物见面,个性化高到这个程度,一个字都取不下来。所以说曹雪芹是大手笔。写人物,稍微借鉴一点,人物马上就活起来了。

语言问题。只要是搞写作的,都要接触到这个问题。林彪、"四人帮"把我们祖国的语言、群众的语言,把我们党的传统、好的文风破坏得非常严重。我记得七〇年我听过一次报告,回去后我觉得饭都吃不下了,因为我不会这一套语言,这一套一连串的什么"血往忠字上流,心往忠字上献"等等,都是一样,我说这个我不行了,我要改行了,但这些语言最后群众把他抛弃了。文风也是这样,也是有阶级性的,像江青这么一个人,她一辈子也不懂得朴素是什么东西,她怎么懂得朴素呢,她经常出来穿个黑衬衫,穿个米黄色的裤子,加上马靴,还戴一朵花。她的文风,和她这个人非常相似,和她喜欢的东西也非常协调,她就是这一套封建加资本主义的没落的东西,她这个人的爱好是很低级的。现在我们讲文风,最近看报纸很令人高兴,大有转变。其实在文风上一句最普通的,也是最治病的。马克思讲,你怎样说就怎样写,文章一口语化就大不相同了,就可以删掉很多没有用的东西,就啰唆不成。甚至知识分子腔调,用嘴一说也可以纠正过来,第一步治病就是要这个,你怎么说就怎么写。当然,前一段"四人帮"时期大部分人说的语言不能说这个。有些老作家,如茅盾同志啊、曹靖华同志啊,他们偶尔写一篇文章,回忆鲁迅两三事啊,一读起来就觉得不一样,舒服极了,行云流水。我们就要学这个本事,看起来很朴素,其实它内在的东西要丰富得多。最近我们舞台上有几个大的毛病,电影剧本有这个毛病,文章也有这个毛病。有两种:第一种叫聋子对话。好像说话的是两个聋子,你说你的,我说我的,你怎么说的我没听见,你说的嘴不动了,我就说我的,这是一种。第二种是给观众听,说给读者听。他的文章不是两个人特定环境中的对话,而是故意说给观众听的,念起来不是那回事,这太普遍了。我说个例子,比如你说吃午饭没有,我说"吃过了",这是真的。如果他说,你吃过饭了没有,我说"吃过了。今天我吃了两个馒头,当我们吃馒头的时候,我们要想到我们伟大的农民,要想到他们制造粮食,我们不能浪费一点……"什么什么!这就完了,这就是说给别人听的。这种毛病相当普遍,现在电影上、戏剧上大量还有这种毛病,包括我的作品。《大河奔流》里也有。所以这一次同谢铁骊、张瑞芳、赵丹同志研究剧本,他们说这里边还有帮气,咱们念剧本,念一点,把凡是说给观众听的拉掉,结果一下子删掉几千字,不真实嘛!语言的第一步就是准确、鲜明、生动六个字。这是毛主席讲的。我自己体会准确是第一,第二还是准确,第三是鲜明,第四是生动。把准确应当强调到这种程度,必须准确。我们说朴素并不是不要文采,这是辩证统一的,写得很干巴巴的,一点生动文字也没有,那人家读起来也没有什么味了。我们当中学生的时候写二十页就觉得不错,可是以后写东西就不能这样了。鲁迅写他家院子里有两株树,一株是枣树,还有一株也是枣树,他就这么说,开头就这么说几句,语言就到了老而辣的程度了,炉火纯青。这和他的文章的内容完全是符合的。表现也是这样子,第一步是少,词儿穷,没词儿。第二步是多,特别多,什么蔚蓝天空、地平线!第三步是由多到少,多到少的过程就是逐渐成熟了,这是很有启发的,要确实达到从多到少的过渡,他的文章是简练极了。过去有人不是讲嘛,讲诗和写文章一样,诗宜朴不宜巧,然要大巧之朴;诗宜淡不宜浓,然要浓后之淡。这也是辩证的,就是文宜朴不宜巧,写的文章朴素一点,不要机巧,然要大巧之朴,不是不要巧,而是把巧含到里面去了,外面看看朴素,就是一个。诗宜谈不宜浓,就是要淡一点,不要浓,但是说浓后之淡,不是淡得像白开水一样,当然是淡,是要浓后淡。浓后淡是什么意思呢?我们河南有一道菜叫浓后淡,河南接待外宾上来一碗汤,叫高汤,就像一碗白开水端上来了,我们以为是刷勺子的水,结果尝了一口,很不得了,味鲜美极了!我就问他们的汤是怎么做的,他说,我们这个汤用的是两只三斤重的老母鸡,煮了一夜,把肉捞出来,再把油撇干净,然后再用生鸡脯、砸碎给汤里洒一点,再把鸡脯捞出来。这个汤,我们看起来像清水一样,可喝起来就不得了。写文章也是这样子,看起来很淡,里边也要有两只老母鸡,可见非大量掌握材料不可。语言我们要向三方面学习。一是向群众的语言学习。群众语言是极丰富的。我现在已经五十岁了,现在还是小学生,在群众面前我是个小学生,到每个地方,蹲的时间稍长一些,我就要交一个相当能说的朋友。我发现他讲得特别生动,有些人不要稿子,在会上大家都要竖起耳朵听他的。我就要跟这个人交朋友,要跟他三天。我想他妈妈或者老奶奶一定是特别会说话的,要把他的话挖干净,吸收他的语言,当他的学生,这个太重要了,这一点我们中间有很多作家是很有成就的。举个例子,赵树理,他的群众语言基础太雄厚了,就是浓后淡,看起来挺通俗平实,没有什么文采,一没有蔚蓝的天空,二没有地平线,但读起来叫人口腔舒服。如他的《田寡妇看瓜》:"南坡庄上穷人多,地里南瓜豆角常常被人偷,最常偷人的是田玉生,最常被人偷的是田寡妇。"读起来有对仗,有音节,每个字安的是地方,掉一个字不行,添上一个字也不行,他就懂得中国语言的旋律,你们写文章的一定要有这个东西。他有上下韵,仄声字平声字放在什么地方,他都有位置,所以文章读起来流畅。赵树理的作品在外国最受欢迎。我们洋腔洋调的东西,外国人并不欢迎,他说我们也会,我们比你高明,他说赵树理这一点我们没有。第二个就是向外国的语言学习,这个也很重要。我是写农村的,一般人认为我是个土作家,我声明,我不光土,我还是注意吸收外国语言的。如果你们注意《参考消息》,也可以学到不少东西,特别是西德《世界报》和法国《世界报》,这两个世界报的记者写的东西很漂亮简练。所以这个外国语言也要学。外国四五百字的消息,能包括那么多内容,在文学行文上我们要学习他用形象的文字,也不要闭关自守。外国有外国人的长处,比如李普曼这个人,好多语言是他创造的,如苏美两霸,他有最形象的语言,就是一个瓶子里的两个蝎子,一下子就形象地说出了。比如远距离传球、边沿竞赛,都是他们创作的。就连丘吉尔这样的资产阶级政治家,内部出的《丘吉尔传》,你们不妨看一看,这个人是反动的政治家,但是他的文学很不得了。吸收他们的东西,他们为什么用一句话,概括力那么强,这也是一个方面。再一个就是向古典学习了。这个太重要了。中国的古典文学,现在在我们看到凡是有成就的作者,几乎没有一个人不是在古典文学中间吸收到丰富的营养的,大概如此,包括一些青年作者在内。我自己就是《乐府诗选》、《文选》加上河南民歌和河南戏曲的汇合,我的大学就是从这里开始的,这就是我的大学。我国有几千年的文化历史,这么悠久,特别是在几个全盛时期,我们和外国都有文化交流,从唐代开国,到武则天六十七年,这么灿烂,吸收了佛教文化,吸收了西域各国音乐的东西、绘画的东西,所以它才那么丰富。我们中国有很强的胃,消化了那么多东西,所以这个时期,才有那么多伟大的作者、伟大的著作。这是我们必须读的,不是没有用,完全有用,即使你写特写写报道也有用,不是要你用原始句,是研究运用文字的简练和结构。另外就是古文,《古文观止》就不错。我近来买了一部《古文观止》,回来翻了翻,我自己笑了。这部书本来是十八岁时念过,我发现我现在的文风、知识、掌握的词汇、叙事的方法,很多是从这些文章中来的。我和一个老画家谈这个感受,他说他这些天也翻了这几篇文章,感受完全一样。我暗暗想着《古文观止》这本书,是个精练的选本,很流行,它几乎影响了多少时代的人。

读读古文是大有好处的,不管是《左传》,是《史记》,还是唐宋八大家的文章,都可以开阔胸襟,增加知识,甚至在塑造人物、描写环境上也有许多可借鉴的东西。比如《过秦论》是个青年作家贾谊写的,二十七岁就死了。他的《过秦论》气势雄伟,文采斑斓。一开头就是:"秦孝公据崤函之固,拥雍州之地,君臣固守,以窥周室。有席卷天下、包举宇内、囊括四海之意,并吞八荒之心……"一个二十几岁的青年,把一个秦王朝的兴亡放在手心里分析,气派是很了不起的。另外像"席卷"、"囊括四海"、"并吞八荒"这些形象生动的词汇,都是他的创造,读起来又那么铿锵,节奏感非常强,这就看到他的功力。我们今天不做文言文,但是语言的形象、语言的节奏、语言的流畅,都应该借鉴。

我在电影和小说中,有时是间接地吸收古文中的精华,有时是直接的。比如"鸡声茅店月,人迹板桥霜"这样的意境,我就直接写在《大河奔流》里,写李麦起五更上洛阳,儿子送她,就用了这样的情景。另外,像"星垂平野阔,月涌大江流",借来写黄河夜景。再如"近乡情更怯,不敢问来人",这种还乡的心情,直接用在嫦娥回家的情节里。特别是那个"怯"字上,让它形象化。古人这些东西,也是从生活中长期观察、体验而来的。有的不能用,有的就能用;即使不能用,也可以见识见识他们塑造人物的方法。

再如《史记》这部书,它本来是历史书,却又是一部极好的文学作品,写短篇不读《史记》不行。司马迁创造了那么多人物,长久在人民中流传,在中国文学人物的历史画廊里,司马迁是一个罕有其匹的大师。像《项羽本纪》这一篇就是非常值得研究的好作品。他写项羽起陇亩、杀宋义、破釜沉舟一些情节时,确实是个英雄人物,及至写到入关背约、归都彭城、罢范增、困垓下以至自刎等情节,又淋漓尽致写出他的狭隘、自矜和刚愎、悲壮的性格。我平常读这一篇总是要下泪的。他没有把人物简单化,所以读起来就感染力强。过去有人只看《霸王别姬》的京戏,不了解项羽前一段的历史,所以还不那么感动。可是经过"四人帮"这些年摧残文化,不但《史记》看不到,《霸王别姬》戏曲也看不到,所以就很难融会贯通。小孩们在舞台上看到项羽,只知道他是个大花脸,仅此而已。司马迁刻画人物,总是寥寥数笔,便极为传神,这是他的本领。像他在《管晏列传》中写晏婴这个人物,只用了两个情节:一个是用马赎越石父,一个是通过他的"司机"(赶车的)的老婆的观察来烘托。他写晏子为齐相,有一天坐车上街,"司机"的老婆在门缝里偷看。他看到丈夫"拥大盖,策驷马,意气洋洋",神气得不得了,而晏婴是矮个儿,身为宰相,却非常谦逊朴实。因此这个女人要和"司机"离婚。这个"司机"听了老婆的批评,以后就不敢骄纵了。像这类例子是极多的,都可以作为我们描写人物的借鉴。这些东西,我们时时要读,即使学语言结构,也需要的。毛主席讲的革命浪漫主义与革命现实主义是辩证的统一,"四人帮"既破坏了革命现实主义,更破坏了革命的浪漫主义,现在一切都在恢复。我们要纠正我们的文风,把大量群众的、外国的、古典的生动语言运用出来,把文章写得很真实、清楚、明白、流利,言之有构,实事求是,这就能够成为自己的武器。

原载《〈解放军报〉通讯》1978 年第 13 期

写电影剧本的一些体会

李 准

《电影创作》编辑部约我谈谈从写短篇小说到写电影剧本的体会。这真是难题。我虽然学习写过几个本子，但始终还没摸着电影的特性。搞成的都是经过和导演的合作，以及领导和同志们的帮助，因此，谈不出什么经验，只能随便说说我怎样学习写电影剧本的。

记得我开始接触电影，是在一九五五年参加电影剧本创作所举办的电影讲习会。会议期间，看了些电影，听了很多报告。洪深同志也曾来给我们作了一次报告，他谈到电影的容量时说：电影拆开来没多少东西，有五六十节戏，五六十节戏中要有七八场重场戏，字数大约五六万，其中有七八百句对话。他的这番话给我留下的印象很深。虽然他所说的，只是根据他自己的经验提出的一般电影容量，不能作为绝对的标准，但却给我这个初学电影创作的人很重要的启示，破除了一点迷信。电影在篇幅上有较严格的要求，不像小说可长可短，比较起来，小说的情节发展较缓慢，表现的手段也较多，矛盾冲突发展到一定阶段可以插进一段作者的抒情或者叙述描写。电影就不同，它只能容纳那么多东西，因此必须要有紧凑的情节，矛盾冲突不能中断，也不能发展太缓慢，必须从头到尾紧紧吸引观众，而且它用的都是"精料"。像小说《苦难的历程》的开头，光写彼得堡市街环境就用了好几千字，如果改成电影，介绍环境、交代时代背景五分钟还不进入戏，观众就会感到太长。根据这一体会，以后我在写电影剧本，或选择短篇小说改编时，总是要求故事性较强，人物有交锋，斗争有几个回合，剧情有起承转合，心理刻画较多、戏剧性不强的小说我从来不选。一般来说，白描多的小说较好改电影，像张天翼同志的《清明时节》、柔石的《为奴隶的母亲》、赵树理的《小二黑结婚》，从结构和容量上看都较接近电影的要求。

过去，我看电影不多，特别是外国电影看得更少。因此，我学习写电影剧本受外国电影的影响不大，更多是向中国的进步电影和中国古典戏曲学习。为了使电影这种外来的艺术形式让中国广大人民群众能欣赏、能接受，除了在内容上，力求反映群众所熟悉、所关心的问题外，在结构形式上，我向中国古典戏曲方面作了一些学习和探索。中国古典戏曲的结构严谨，重点突出，过程简练得惊人，故事发展有头有尾，一条线贯串到底，而在剧情发展中一个悬念接着一个悬念,很引人入胜。这些不仅合乎我国广大人民的欣赏习惯,也很符合洪深同志所讲的对电影的要求。如《白蛇传》之所以比较吸引人,因为每场戏都经过精心设计,除几场重场戏外,也有二道幕前的小戏为重场戏铺排,但作者的功力主要还是在写好几场重场戏。像《白蛇传》中的"断桥",在半个多钟头的演出时间里,把许仙和白素贞从相识到离别这一过程中,两人的感情变化表现得淋漓尽致。电影也是这样,需要五六场重场戏来着力揭示主题,刻画人物性格;但为了情节的继续发展,为了突出重场戏,也需要像戏曲中的二道幕前的小戏(即过场戏),甚至比戏曲还多一些。《李双双》也不过六七场重场戏,吃面吵架,选记工员,摔包袱讲五个条件,评救济粮等。其他如帮助淑英解决婚事、大树下……都是为重场戏铺排的过场戏。过场戏最难写,写时没戏又不得不写,不写连不上,写不好往往会分散观众的注意力,写好了有助于戏剧冲突的发展。我觉得写过场戏应该学习戏曲处理二道幕前戏的方法:有戏则长,无戏则短,精心地设计,使过场戏为重场戏服务,使剧本中波澜起伏兀峰时现,把不必要的过程简练到最低程度,这可能是电影剧本所要求的。我所写的几个电影剧本,其中《小康人家》比起其他几个本子在结构形式上较完整些(《老兵新传》就比较散),它更接近民族戏曲。重场戏五六场,二道幕前戏三四十节,起承转合,四大段较分明,一开头就进入故事,整个戏注意了起伏、跌宕、高潮、张弛,人物之间的矛盾斗争有几个回合。而其中人物关系的变化、人物性格的发展,都通过买烧饼油条和麦子搬家把它贯串起来。刚开始买四副烧饼油条,那时矛盾还没展开,潜伏着;第二次买三副,矛盾发展了;第三次买两副时,矛盾发展到高潮,二对二成对峙局面;第四次只买一副了,"全知道"被孤立;最后矛盾解决,全家人重归于好,又买四副。这种结构方法也许还不够新颖,可它有一个好处,比较接近民族戏曲的叙事方法,层次比较分明,容易看懂。

　　戏剧的情节结构,一方面是根据生活、根据事物发展的必然逻辑,另一方面也必须根据人物思想性格的发展。电影和戏曲都讲究情节的引人入胜。我们看过的许多电影,都是善于用悬念引导着观众的注意力,一场扣一场。如《偷自行车的人》、《逃亡者》这一类戏,则是把一个大的悬念展开后,使情节牢牢吸引住观众。像小说《西游记》结构最终目的要取到经,《死魂灵》的目的是买"死魂灵",自始至终都表现了作者要表现的东西。这种结构方法处理好了,写起来比较容易。我在创作上的很大弱点,是不善于组织情节、制造悬念,我更多的是依靠人物的成长和发展、人物之间性格的冲突来吸引观众。我所写的电影剧本,没有一个是故事情节很曲折离奇、一开头就把观众牢牢吸引住的,总是从类似日常生活一般的画面里起首,像讲述一个平凡普通的故事那样慢慢诱导观众去关心主人公的命运,使观众渐渐走入你所表现的生活里去。如《李双双》、《老兵新传》《小康人家》，我都是在一开始着力展现生活的时代气氛和人物性格，把人物放在一种和他的性格完全不协调的环境中去突出他。李双双这个好管闲事、爱社如家、公而忘私的妇女，正碰上一个胆小怕事、又有点自私的丈夫；春妞这个性格开朗、纯朴、热爱劳动、热爱集体的姑娘，正遇上一个只顾自家、看重私利、有资本主义思想的婆婆；老战这个爽朗、乐观、充满战斗精神的老战士，正遇上有丰富经验、比较墨守成规的农学专家。这样安排，观众会感到下边准有交锋，他就必然关心戏将来如何发展、人物之间的矛盾将如何解决。这样说，绝不意味着这种方法是最好的，依我看，不论是以情节的曲折，还是以人物之间性格冲突来引人入胜都无不可，完全应该从生活题材来选择确定，问题是无论采用哪种艺术手段，都应该围绕着塑造人物这一中心课题。

以上我侧重谈了写电影剧本在情节结构上怎样向古典戏曲学习，但这并不等于说，可以忽视电影艺术的特性，把编戏的一套搬过来就行了。大家都知道，电影是视觉形象的艺术，它在塑造人物、表现人物性格时主要是通过具体的动作（也包括语言）介绍人物。戏曲可以用独白，来一番自我介绍；小说作者可以站出来说话，来一段描述；电影就不行。像小说《奥勃洛莫夫》写了将近一半，主人公还在床上，没穿拖鞋下床，这样的小说就很难改成电影。我觉得选取鲜明准确的动作来刻画人物性格是电影的特性，也是电影的长处。有时小说或戏曲需几十句对话、几千字描写才能交代清楚的问题，电影只需几秒钟的时间，通过人物一个或几个动作就可揭示出来。《李双双》开头，小说为了交代双双和喜旺的关系、两个人物的性格、他们在家庭中所处的地位，用了大段描写，而改编电影时，只用了双双在河边洗衣服，喜旺下工回来路过，顺手把身上穿的小褂脱下来扔给双双，双双接过来便洗。这样一个动作，银幕上只不过两个画面，代替了小说中的大段描写。另如《龙马精神》中芒种和爱人蔡秀贞为了养马的事吵翻了，蔡秀贞一气之下要回娘家去，刚走又回头来故意当着芒种的面把一群鸡唤来，"一、二、三、四、五"大声数罢，看了芒种一眼抱着孩子掉头走了。观众凭借自己的生活经验，完全可以理解这个动作说明什么，如果再写上对话"我这是五只鸡，你可得给我看好了，丢了一只我回来再和你算账"，就显得多余了，而且没有余味，太露了，这是电影所忌讳的。我觉得能够用动作表现的东西，应该尽量用动作而不用对话。

通过动作不仅可以代替小说中或戏曲中的一些描写和对话，同时通过动作还可以弥补心理描写的不足，可以揭示人物性格中的内在冲突。如《李双双》中，双双和喜旺经过几度争吵、和好的一场戏，我是这样表现的：

村街上，大风拿着空扁担对双双说着："喜旺嫂子，他们回来了。"

双双："噢！"她向东院望了一下，又向自己家走去。

突然,从喜旺家里传出一阵清脆的劈柴声,这声音吸引住双双,她加快了脚步。

劈柴声继续噼啪、噼啪地响着,双双几乎像飞跑似地向家门口冲去。

推开大门,院子里的情景使她呆住了。

喜旺光着膀子,抡着大斧,正在劈柴。他好像要把这阶段负疚、惭愧、暴躁的心情,都劈在这块木头上似的。

小菊在一旁帮着爸爸,拾着地下的碎柴火。

双双为此情景深深地激动,她无力地将手扶着门框,又把头倚在手上。

小菊发现双双,迎上去叫着:"妈妈,妈妈!爸爸回来了!"

喜旺听见小菊的叫声,停住斧子回过头来,惭愧地期待地望着双双,斧子从他的手中滑下掉在地上。

双双下意识地顺手抱起小菊,浑身发战地深情地看着喜旺……

整场戏我用了一系列动作来揭示人物的内心活动,我并没有描写喜旺如何去向双双承认错误、检讨自己,也没写双双原谅他之后,对他进行一番劝导。我觉得在这里,用动作比用语言更能揭示此情此景中人物的复杂情感。劈柴的动作,不仅抒发了蕴积在喜旺内心的负疚、悔恨的情绪,同时也像是劈开了阻隔在他们之间的那堵墙,让对方看透自己的心底。这比语言更说明问题。电影就有这个好处,只要动作找准了,它可以胜过最好的文学语言的描绘,而产生不可思议的力量。但也不要为动作而动作。动作不仅要合乎人物性格,合乎人物思想发展逻辑,而且必须写出产生这种或那种动作的特定情景。就像双双和喜旺,如果没有写出他们之间的几次冲突,没有交代清楚喜旺和双双的性格,以及喜旺在一系列事实面前所深受的教育,那么劈柴这一动作也就失去了它的内在意义,变成一般的家务劳动了,这样的动作,不可能产生动人的力量。

前边我只是举例说明动作的表现力,实际上动作从广义来说,不单是指的人物外部动作,同时也包括人物的内心动作和语言。我理解,电影强调动作并不排斥对话,有人说,对话是电影的敌人,这是把动作和对话完全对立起来了。语言也是电影刻画人物、揭示主题的重要手段,是一种不可忽视的手段,它的功能也不是动作所能代替的。我在写老战这个人物时,主要是凭借语言的力量,来加重性格色彩。《李双双》中的李双双和喜旺的性格刻画,除动作外,很大部分是依靠语言来完成的。如第十四节喜旺被选为记工员后,第一次下工回来他们的一段对白:

喜旺:"唉!浑身上下都零散了,今天可把我累坏了。这脑力劳动活儿不能干!"

双双:"看你那个手,人家写字往纸上写,你怎么写到手上来啦!现在是除

'四害',要清除'五害'就得也连你给除了。"

喜旺:"你没有写!别看它一杆笔小,掂起来比锄把子还重。"

双双不服气地说:"我写过字。我要当记工员,绝不会像你这样哼啊哈呀的。"

喜旺:"你当记工员啊,你能把人都得罪完。这都是你给我揽的好活儿。你知道吧,这个记工员,可不简单哪,是个得罪人的事。"

双双:"那有什么?他干多少活你记多少分嘛。立得正站得直,不偏一个不向一个,谁敢说你什么!"

喜旺:"你说得倒轻巧。"

双双:"可人家选你呀!说你比我强,说你是好人,说你算盘好,心里清楚……"

喜旺忽然高兴起来:"小菊他妈,可真的,人过留名,雁过留声,咱们村老少爷们,没有一个人敢说我不是。俺爷,俺爹……"

……

双双:"又是背你的老家谱,说你人老几辈没给人家吵过嘴。"喜旺咽了口唾沫:"那可不是。"

……

通过这场对话,不需要再增加什么说明,观众完全可以透视出喜旺和李双双两个不同的思想性格、两个对待事物截然不同的态度。而这种效果又是用动作或其他表现手段难以达到的。不过,由于能力所限,还嫌长和多了些,没有达到最精练的程度。这方面夏衍同志写作的剧本很值得我们学习。他是最讲究锤炼语言的。贺老六在《祝福》中是很重要的人物,这个人物留给我们极其深刻的印象,但我们翻开剧本看看,这个人物一共才二十几句对话,而且都不长。电影由于它主要是诉诸视觉的艺术,应该尽力避免过多和冗长的对话,而要求更准确、生动、精练的语言。

我在写对话时,首先要求是准确、切合人物身份,其次才要求鲜明、生动。因为本来对话就不多,一有对话就更得考虑是否和人物身份性格情绪吻合。《老兵新传》中老战的语言,我曾和导演沈浮一起反复琢磨,他要求我要做到每句话必出自老战之口,换了别人说就不行。可惜后来搞得还很不够。其中有一场戏是这样的:麦子第一次被霜打了,有些汽车司机怕冬天没粮食吃,想开小差跑回家。原来老战对他们所讲的一段话是这样:

老战气愤地说:"怎么不放心哪!"他拍着自己的胸膛:"跟着我们,不能亏待你们,比如有两碗饭,咱们一人吃一碗;有一碗饭,你们先吃!我们共产党人就是这样……"

这段话听来只是一般老干部所讲的话,虽然也能表现老战这个人物的直率坦荡的胸怀,但个性色彩不够,后来经过和导演、演员的研究,改成:

老战:"他们既然不愿意留在这儿,就叫他们走吧!"

全场肃然。老战走向群众,戴眼镜青年和女拖拉机手默然立在那里。

老战:"朱流庆,他不喜欢我谈将来,可是我这个人哪,要是不提将来,哎,活着就没劲。我们革命的传统,就是从无到有,从小到大,不怕任何困难,白手起家!……我们农场的将来,你们看,我又说将来啦(众笑),哎,我就是要提将来。将来我们要做到一年的收成,可以供给一百万人口城市的一月粮食,也就是说,可以叫十万军队吃一年。同志们哪,你们说这样的工作,还不觉得光荣、还不觉得有意义吗?"

这比原来的对话,更丰富了人物的性格,不仅表现了人物心胸广阔,同时揭示了他高度的革命乐观主义精神。这就更高一点,更性格化一点,合乎老战这么一个充满理想、具有革命浪漫主义精神,而理论水平不高、文化修养不够的具体人物的身份。这是只有从老战嘴里才能讲出的话。

再有,人物的语言还应尽力做到朴素、通俗易懂。平时我比较注意农民的地方语,常常记录一些,但决不乱用,必须经过提炼。有的人用大堆的歇后语和方言,结果显得臃肿、不自然、不朴素。我觉得歇后语和方言能用则用,不贴切的和广大群众不易接受的坚决不用。语言要讲究自然流畅,符合人物性格,找不到适当的宁可用一般的语言。语言不能走调,一走调观众听了很难受。有一次我看一个剧团演出的《赵五娘》,赵五娘一出来,头两句:"上山擒虎易,出门做人难。"这个话让武松出场来说还可以,出自赵五娘这样一个人之口就不大贴切了。

有些农民的语言确实好,是对新生活经验的总结,有时还带点哲理味道。用得好有光彩,但也是难用。在《李双双》中,我尝试着用了一些,如喜旺和金樵上城拉完木材回来,把金樵他们半路替人拉瓜的钱私分了的事告诉双双。双双一听急了追问他,他忙解释:"这回我可没沾边,你给我打的那么多防疫针,我都记着哩!"双双:"没有你难道就算了?"喜旺:"哎,我是雪白袜子不往泥里跳,心里没鬼不怕喝水!"这句话虽然没有多大光彩,但用来表现喜旺当时的心情我觉得还可以。语言无非是要准确生动地表达人物的思想感情,有的话听了不过瘾,主要因为没有把感情表达出来或表达得不准确,像我刚才所谈的《赵五娘》就是这样。

硬找成语、歇后语倒容易,要用得天衣无缝,听起来不别扭,恰到好处却困难,只要有一点点使人感到作者在玩弄炫耀语言就坏了,它会使人感到一个人把兜里仅有的一些钱都掏出来了。

语言要做到有选择，就要注意平常多收集多积累，免得到时候几个人都说一种话。《李双双》中选记工员一场，大家纷纷议论工分，我努力使每个人的语言切合每个人的身份，一个人有一个人的说法。譬如喜旺讲："记工分是一手托百家。"大风则说："工分又不是亲爹亲娘，离了它，我就不能过啦！"双双说："有些社员不大好，工分牵着鼻子跑。"都是说工分这个事儿，但每个人说的不同。

语言除要求性格化之外，还得有时代感，有生活气息。如前边我提到的喜旺跟双双说的"你给我打的那么多防疫针"，还有双双对支书说的"孙有可不一样，这个人鬼主意多，他不是无产阶级，我们家是无产阶级"，都是解放后，不断接受了党的教育、提高了文化的农民所讲的半新不旧的话。这些语言都是从生活中提炼得来的。

以上我只是谈谈写作电影对话方面的一些体会，不一定恰当。总之，我觉得语言是电影创作中的重要环节，电影的对话应该做到少而精，因此，需要花更大功夫去提炼。我自己在这方面还有许多缺点，常常对话写得太多，不够精练，有些不该说的地方也说了。

写电影文学剧本和写小说或其他文学艺术形式的作品，最好都能用上抒情这个表现手段。而电影的很大不同点还在于：它的形象抒情手段主要通过画面的组织，电影文学剧本中所描绘的人物和场景应该是一幅幅连续的、可以心视到的优美动人的画面。因此，剧作者在进行构思创作时，不能没有银幕感。尽管剧作者仍然是通过文字来表达内容，但他所作的文学描写，必须考虑到能否变成可拍摄的画面。这就要求我们平常在观察、体验生活时，除熟悉人、了解人这一头等任务外，还必须要善于摄取生活中充满诗意的画面。如我在生活中看到这样的情景：一个十二三岁的农村小姑娘，坐在自家院子里一小板凳上，石榴树上挂一面破了但已用线缠好的小镜子，小姑娘对着小镜子梳又黑又长的小辫，旁边围着一群鸡在啄食，小姑娘一边梳头，一边撒一把食喂鸡。我想这是多好的电影画面，一幅多好的农村小景，如果能把它写到电影剧本中去，那是很有抒情诗意的。一个剧本中有那么一二十个充满浓郁生活气息的画面，农村生活的诗意和美就完全可以烘托出来。当然，画面绝不是孤立的，它必须是整个戏剧情节中不可或缺的一部分，是和表现主题、刻画人物性格紧紧相连的。如《龙马精神》中喜鹊去叫芒种上会的那组爬墙、闻葵花香味的镜头和画面，就不单纯为了点缀农村生活的诗意，而是通过一幅幅真实的生活图景，把喜鹊和蔡秀贞两人不同的性格和人物关系，以及他们生活的环境交代出来。

电影是通过一幅幅连续的画面来揭示主题、表现人物的，但并不一定所有画面都是直接揭示主题或推动情节发展的，有时它只起到烘托的作用。如《老兵新传》中,我写老战他们刚到荒原的情景:"尖利的寒风怒吼着,大雪向草原上倾泻着,整个草原被纷飞的大雪弥漫得混沌一片,远远望去,碉堡显得更矮、更小了,它渐渐地变成了个小黑点。"这里虽然没有出现人,好似只是自然环境的描写,但通过这样一个画面,却把茫茫大雪的草原和老战他们住的小碉堡形成鲜明的对照,让人们从画面的形象中感觉到环境的艰苦,从而更显示出碉堡里的人们那种敢于征服自然的决心和意志。

电影画面的表现力是很强的,有时可以通过画面直接地把作者要表达的东西告诉观众,有时也可以通过画面使观众产生联想。如写农村题材常常会碰到"丰收"的场面,如果写一大群人在田里收割或稻谷堆成山,这也无不可,只是比较常见、一般化(纪录片中也拍了不少)。我曾见过在麦熟时候田野上一群姑娘有说有笑走着,她们淘气地不时用镰刀削着路边的荆棘和野草,来试试刀快不快,或一群小伙子在大树下磨镰刀的情景。我想通过这些画面,不是也可以使人联想到丰收气氛吗?

生活当中充满诗意、富有表现力的画面是很多的,只是我们要善于观察、摄取,善于把它组织到剧情中去。

要写好电影剧本,无疑最根本的是主题思想发掘的深度和广度,是人物形象的鲜明和生动。而这又都有赖于作家对生活的熟悉程度。这些我在《向新人物精神世界学习探索》一文已谈过,不再赘述了。最后,我只想重复提到一点,也是这些年来感受最深的一点:一部电影要在广大群众中流传开、被群众喜爱和接受,掌握技巧、熟悉电影的特性固然重要,但最根本的是要熟悉生活,提高思想。只有在思想修养提高和生活丰富的基础上,才能具有敏锐的观察能力,才能把技巧运用得恰当、贴切。

1963.10

(此稿由李准同志口述,文椿同志整理)

原载《电影创作》1964年第2期

一掬抱憾的泪水
——祭亡友李凖

周民震

我国著名的乡土作家李凖驾鹤西去之后,我对他的思念与日俱增。文友情缘固然常常萦绕脑际,更有一件令我抱憾不已的未了情结,搅动我的心绪。

记得 1997 年春,我在北京参加全国政协八届五次会议。会议结束时,少数民族委员与党和国家领导人在大会堂宴会厅举行隆重的联欢晚会,我和李凖、玛拉沁夫有幸重逢,便单独围坐在靠后的一张小桌,难得老友们在这样的特殊意义的时间和地点相聚,感到格外欢快,当然也就无心观赏节目,大家倾诉别来的情况,畅谈新时期以来民族文学创作的动态,各抒感慨。

我与李凖已有四十年的交往,知道他不仅文如其人,而且也字如其人,他那平实、稚拙、内功极深的书法,近年来在书坛上声名鹊起,我便向李凖索要墨宝一帧,他慨然答应了。就在他离世前两年吧,认认真真运笔特书一联并及时给我寄来——"松性淡逾古,鹤情高不群",我请人精细地装裱好,挂在书房的醒目处。每日赏心悦目,以其情高趣雅之文意,陶冶我的性情。这是永久的友谊纪念。我曾多次写信问他,我能给他些什么可作纪念的表示?他想了很长一段时间,这时他好像已在病中了吧。他给我来了一信说,听闻广西素称奇石之乡,如得一方奇石玩赏余愿足矣。于是我到处托人寻觅奇石,欲找奇中之奇者,但东挑西选,总不太满意。有些奇是奇了,又因太大太重,一时难以托人带去,这样就耽误了些时日。决然没有想到,在还没有收到我的奇石之时,他便悄然离世了。也许他在弥留之际,早已忘掉了这件小事,可是我却永远忘不了这件使我抱憾终生的大事!

我和李凖文缘不浅,当我们还年轻的时候,结识于那个清纯的 1957 年,我在上海电影制片厂修改《苗家儿女》,李凖也在那里修改《老兵新传》。我们相邻而居。他虽然比我年长几岁,但品性相近,文气相投,写作之余,神聊无边,开心畅怀。当时我在文坛还是个初出茅庐的"绒毛鸭仔",而他已是初有名声的蓝天飞雁了。但是在上海那样的超级都市里,一位来自河南农村里的乡士,和另一位来自边远壮乡的小伙子,都显得有些"土气",也许正是这点土气把我们系在一起。经过几个月的修改、讨论、再修改,当我们的作品完成的时候,我们的友谊也就结成了。

过了几年,真是"无巧不成友",我去北京电影制片厂修改儿童片剧本《三朵小红花》时,李準突然闯入我的房间,我们情不自禁地拥抱起来,原来我们又相邻而居,他来修改电影剧本《龙马精神》。此时彼此已"触电"多次,少不了都有一肚子的酸甜苦辣,共同的语言更多了。两次带"电"作业中"狭路相逢",不能说没有点缘分呢!

在"文革"后的文艺复苏时期,我们又在各种创作会议上见面,每次都肝胆相照,欢谈甚笃。1982年,在首届中国电影文学学会成立时,我们同被选为副会长,交往的机会就更多些了。

说真的,在交往中,我向他学到了许多书本上没有的活鲜鲜的东西,他向我讲了许多至今还认为是比较经典的创作经验。就拿人经常挂在嘴边的一句座右铭来说吧,这就是看似轻易而实重如山的五个字:"生活的浓度"。他说,有人以为文学作品最难的是编故事的能力和表达它的文字功夫,其实不然,最难的是作品的生活浓度,生活有多少"浓度",才是衡量作品高低的不可缺少的标准。所以他常用一分的时间和精力来编织故事,而用九分的时间和精力来搞生活的浓度。他说生活的浓度不是一种技巧,而是体现在作品的各个方面的生命线。比如主题思想的鲜明度、选择题材的切入点、人物形象的立体感、故事情节的自然流泻,以及语言、细节、风格、氛围等等,生活的浓度无所不在、无所不包。如果说"生活是创作的源泉"是个原则,那么,他的这个经验,则是在创作实践中具体操作的方法了。生活不大可能从书本上学来的,也不是可以由教师教会和传授的,它是基于作家长期丰富的人生经历,又与他的艺术敏感和美学趣味水乳交融,逐渐形成的感情和气质的自然流露。这是他多次和我谈起过的话题之一。我想从他的代表作品《李双双》和全部小说中就可以窥觅出他那生活观的精髓来。

其实李準本人就是一部我国中原乡村生活的百科全书,不仅各种人物形象烂熟于心、呼之欲出,而且这些人物的俗话俚语,信手拈来,皆成文学。他曾幽默地对我说过:我出身农家,长在乡村,不修边幅,又黑又粗,咋看起来少点斯文,有些导演和演员初识时以貌取人,颇不以为然。但他们只要与我交谈一小时后,就会完全改变印象。靠什么?靠的就是我那个身上散发的和口中倾吐的"生活的浓度"呢!这时他那精练的河南方言又出来了:"就这,没啥!"

他还对我讲过一件事:香港中文大学请他去讲了一堂文学课,竟把在座的教师和学生震呆了,说从来没有听过如此新奇而生动的课,用生活把理论讲透了、讲活了,强烈要求他继续讲下去。如痴如醉的大学生一连听了一星期,才放他回来。临行时,一位学生问他,像你一样浑身上下充满生活、知识和幽默感的作家,在内地没有第二位吧?李凖大笑道:像我这样的作家在内地作家群中俯拾皆是,我算老几啊?说得香港的大学生个个惊叹不已。

还有一例证,可以说明他的生活观。"文革"后,他把别人的小说改编成好几部电影,如《牧马人》、《高山下的花环》、《清凉寺的钟声》等,都很成功,影响很大。有次我问他,你这大作家,又不是不能创作,老去改编别人的小说,毕竟不是自己的原创作品,将来收入文集都不好办。他颔首,却诚恳地对我坦言:"老弟,说老实话吧!我是一辈子写农村的,可是'文革'后,我已不熟悉现在的农村了,我的'生活的浓度'不够用了,我不能胡编乱造啊!"

是的,这是一位严肃作家的肺腑之言。如今像他这样的作家艺术家少了,许多作品中的"生活的浓度"也就淡之又淡了!于是,我倍加怀念起文友李凖,如果你还健在,给我们年轻的作家上它一星期的"生活的浓度"课有多好啊!

呜呼!此刻,我只能借这篇追念的小文,向九泉之下的亡友,洒下几滴祭奠的泪水,以表我内心的哀思和深沉的抱憾吧!

原载《民族文学》2003年第1期

阳光　土壤　硕果
——李准同志访问记

卜仲康

一九七八年的最后两个月里,我们三次访问了李准同志。时间虽然过去半年了,他同我们见面的情景,至今依然历历在目,谈话的主要内容更是久久不能忘记。

李准是大家熟悉的我国当代著名的作家。"文化大革命"前,他写了近五十篇小说、十多个剧本,同时,写了不少散文、特写,算得上当代文学创作上的多面手。粉碎"四人帮"以后,他获得了第二次解放,更加激发了创作的热情。仅仅两年的时间,他完成了电影剧本《大河奔流》的定稿,修改了旧作电影小说《壮歌行》,改编了电影剧本《李自成》(第一部),写了近二十篇的散文和论文。他真称得上我国当代文坛上一位辛勤的耕耘者。

我们访问他的时候,正是他在紧张地创作他的第一部长篇小说《黄河东流去》的时候。这部长篇小说,预计写三十万字。当时已经完成了二十万,接近胜利竣工,他更加奋笔疾书,日夜赶制。最初的访问,我们事先没有来得及和他本人联系,直接找上了门。但是,当他知道我们是远道寻访而来,还是停下了笔,很乐意地接待了我们这些"不速之客"。

这是十一月中旬的一天清晨,我们迎着东方升起的霞光,穿过繁华喧闹的干道,来到偏僻幽静的小街,走进一幢落成不久的招待所。在这幢楼房最高层的一间房间里,见到了李准。他魁梧健壮,精力充沛。他上身穿着一件深色的对襟布料夹袄,白色衬衣的领口和袖口露了出来;下身着一条浅色的大脚管裤子,圆口布底的单鞋,道地的一身豫西农民的装束。他朴实浑厚,不讲客套,和我们一见如故。环顾室内,房间面积不过十一二平方米。这里既是他的卧室,又是他的工作室,现在还做了他的接待室。屋内除一张铁制单人床外,只有一张两斗办公桌和一张木制靠背椅。我们坐的凳子还是临时到隔壁借来的。雪白的粉墙上,贴各式各样、大小不一的水墨速写和铅笔漫画。这是室内唯一的装饰。一幅大笔泼墨画,特别引人注目。一只粗壮的老水牛,身子和头角都藏在水池里,只有嘴和鼻露在水面。嘴巴在不停地咀嚼,鼻子在有节奏地呼吸,仿佛是辛勤劳作之后主人让它休息而它自己却不愿休息。龙飞凤舞的题词——"博得李准一笑",落款是赵丹。我们虽不识画,却感受到了幽默的情趣。

我们怕影响他的写作,再三表示抱歉。李准以"既来之则安之"的话语打开了话匣子。他说:"我是'躲'到这里来的,还是被人发现了。你们'跟踪'而来,改日不如今天,我们现在就谈。"我们同李准素不相识,初次见面,他就如此爽直诚恳、开朗热情,给我们留下了深刻的印象。听我们陈述了许多渴望得到解答的问题之后,李准就猜中了来意,乐呵呵地说:"噢,要我谈谈生活和创作。"话题就这样拉开了。

他从正在创作的长篇小说谈起。他说:"这部小说,并不是我的真正的第一部长篇。早先的长篇手稿,'文化大革命'中被抄走了。""文化大革命"中,林彪、"四人帮"推行法西斯文化专制主义,残酷迫害李准同志。政治上给他套上一顶顶吓人的大帽子,到处批斗,直至公开点名,下放劳改,肉体上也备受摧残,常被打得鼻青脸肿,直至流血昏倒,经济上财物被抢走,工资停发,扫地出门,全家靠领取生活补贴过活。然而,他从未消沉过。他说这是"缴了学费,学到了东西"。但是,当谈到他的那部长篇小说的不幸遭遇时他却有点心疼,眼里噙着泪花。"一九六一年下半年,在北戴河休养,我是带病孕育这部长篇的。几年中,写了十几万字,虽未问世,名字也给它起了,叫《沧桑路》。被人搞丢了,至今下落不明,我对它也不抱什么希望了。现在的长篇是重新怀胎的。"林彪、"四人帮"夺去了李准近十年的时间,这正是他创作精力最旺盛的时候。然而,经过这一番折磨,他却更加成熟了。《沧桑路》虽已夭折,但《黄河东流去》不久将在新时代的滚滚浪涛中降临人间。

在谈到新的写作打算时,李准说:"明年是新中国成立三十周年,我也五十挂零了。目前要抓紧时间,埋头苦干,拿出作品,贡献人民!"他每天很早起床,很迟才睡,常常是废寝忘食,吃饭睡觉有时也要别人提醒或强迫。《黄河东流去》还未脱稿,又和叶楠同志(《甲午风云》作者)合作,以无锡市一个真实的冤狱事件为素材创作了一部反映民主与法制的电影剧本《祝你幸福》。长篇脱稿后,准备立即着手写以天安门事件为题材的另一个长篇《龙年纪事》,以反映这一年在我国发生的伟大革命运动的历史面貌。他说:"'文化大革命',各种打上阶级烙印的人都把自己的灵魂拿出来展览。我观察了这场斗争,参加了这场斗争,对人的认识和分析,比过去深刻得多。天安门事件,我看到了祖国的脊梁,更认识了伟大的人民。作家要多接触重大的现实的主题,多为当代英雄们立传。"

几年来,我们初步读了李准同志的小说和剧本,粗浅地感受到他的作品所反映的时代精神。从《不能走那条路》、《李双双》到《大河奔流》,贯串着一个共同的主题:社会主义到处都在胜利前进。他的作品,着重描绘了我国农村社会主义建设的历史画面,生动地塑造了许多我国社会主义农村的新人形象。当我们向李准谈到自己的这个学习体会时,他把话题又转到另一个方面。他说:"我觉得自己能够写点东西,主要是由于党的培养和群众斗争生活的教育。""文化大革命"前后,李准都曾总结过自己这方面的创作经验。他始终认为,党的培养像阳光雨露一样温暖和滋润着他,群众斗争的生活像土壤和肥料一样培育着他。每谈起这些经验,他总是有说不完的深情话语,可见他对此感受之深。

李准是新中国成立以后培养出来的一位作家。但是,李准受到党的培养并不是从新中国成立后才开始的。他说:"一九四八年,洛阳解放前,我的一个亲戚在洛阳地区做地下工作,常讲太行解放区的消息,讲革命斗争的故事,带来马、恩、列、斯、毛主席著作,《大众哲学》、《社会发展史》、《辩证唯物论》、《新民主主义论》、《在延安文艺座谈会上的讲话》等书,就是那时读到的。"党的关怀、革命导师的言论,对一个稍有书本知识、尝过生活甘苦、走在十字路口的青年来说,仿佛在黑夜的长途中,忽然见到了光明。革命的真理,从此激发了他求知的热情,照亮了他前进的道路,指引他走上革命的航程。在党的培养教育下,他参加了革命工作,以后又加入了中国共产党。从业余写作到专业创作,从写生活故事到写电影剧本,从写短篇小说到写长篇小说,一天天成长。"提供条件武装思想,纠正错误。没有这一切,我是一篇文章也写不出来的。"李准是这样地怀着诚挚的心情,向我们诉说他对党的培养教育的感激的。

李准的作品发表以后,多次得到了党和人民的鼓励,特别使他感动的有两次。第一次是一九五三年十一月,他发表了短篇小说《不能走那条路》。他说:"当时,对小说也有争论,后来党中央毛主席非常关怀和支持,于是《人民日报》转载并写了按语,各地报刊也纷纷转载。"另一次是一九六三年,电影《李双双》的上映。当时,上海有人说:这个电影只能得三分。但是敬爱的周总理看了电影后,多次在会议上表扬《李双双》的创作,肯定了作者的创作道路。周总理曾说过:电影《李双双》、《槐树庄》都是好的,都描写了新人新事。电影《李双双》,最初是通过公共食堂来写的,今天宣传办食堂不合适,好在李准同志熟悉农村生活,作了修改。《李双双》之所以能够创作出来,就因为李准同志长期在农村生活。百花奖,今年我投《李双双》一票,等等。李准说:"毛主席的关怀,周总理的教导,给我巨大的鼓舞,指明了我前进的方向,我终生不忘。"

"文化大革命"中,林彪、"四人帮"一伙为了打倒李准,先要批臭他的作品。在他们的操纵下,一些人把《龙马精神》诬为"诬蔑社会主义",把《信》诬为"宣扬战争恐怖论的大毒草",《李双双》被诬为"中间人物论的典型",一九六一年他在大连会议上的发言被污为"恶毒攻击",等等。而且他们批判的手段,极其卑劣。李准在剧本中写了"胸中自有红旗路",他们说:"红旗是革命的象征,怎能装在肚子里?"李准在剧本中写了"不怕烈日干革命",他们说:"毛主席是红太阳,用烈日比喻,是恶毒攻击。"等等。李准说:"我这个人,不是没有缺点错误。但说《李双双》不好,我不承认的。说我有罪,我更不低头。'仰天长笑两三声,获罪却未愧书生。'那时,没有答辩的权利,只好回家偷偷写诗明志。"李准经受了十年的考验,硬挺了过来,多么不容易!他说:"党的长期培养,毛主席、周总理的亲切教导,共产主义的美好理想,是支撑自己力量的源泉,照亮自己心灵的火炬。"

谈到在群众斗争的生活里受到的教育,李准说:"我没进过高等学校,群众斗争生活,就是我的大学。"新中国成立以来,他四次带着全家到农村当农民。一九五四年第一次到荥阳县司马村落户,一九五八年第二次到登封县马寺庄落户,一九六〇年第三次到郑州市郊区祭城公社落户,一九六九年第四次到西华县西夏公社屈庄生产队落户。每次三四年,这样二十年中差不多有一半时间跟农民同吃同住同劳动,保持了和群众的血肉相连。他说:"群众是最好的老师,说我是个土作家,土就土在这里。"李准的作品,从《不能走那条路》到《黄河东流去》,都是在群众生活中受到了教育、得到了启发之后写出来的。但是在深入生活中,也有人没有受到教育,写不出什么东西。问题何在呢?李准说:"做群众的知心人,才能做群众的代言人,要和群众知心,先要向群众交心。"近几年在黄泛区的生活,更加深了作家的这一认识。在农村,他自觉参加劳动。他说:"只要生产队打钟,即使饭没有吃饱,也放下碗筷就走。队里挖河,我也跳到泥坑和大家一起挖,汗水把衬衣和棉袄湿透了,劳动把我与群众的心贴近了。"由于李准的一片诚意真心,群众都愿意和老李聊天,给老李讲黄泛区人民过去逃荒要饭的遭遇,讲解放后重建家园的斗争。远近群众还来请老李写家信,做祭文。许多老人拉着老李,把多年来积在心里的话倾倒出来。李准说:"我在那里和他们谈起话来,连孩子们叫他们回去吃饭,也不肯回去。他们说:'让俺给叔叔好好说说。'那股亲热劲儿,就像我是他娘家兄弟一样。"作家因此常常从群众的知心话里,受到了生动深刻的教育。

向群众学习语言,也是向群众学习的一个重要方面。李准说:"我是在河南农村土生土长的,河南群众的语言朴素、家常、形象、生动,我喜欢这种语言。解放初,读赵树理的作品,感到他把群众的语言写成文学作品,逼真、亲切和生动,于是产生了学习和使用本地群众语言的愿望,但真正地自觉地向群众学习语言,是在听了两位老前辈的开导之后。"李准向我们介绍了有一次和茅盾同志谈作家语言的情况。他说,茅盾同志认为:中原作家得天独厚,那里群众语言非常丰富生动,有时,把生活语言直接放到作品里,便朴素真切、妙趣横生。李准说:"茅盾同志的意思是要我好好向群众学习语言。"李准又向我们介绍了他与另一位老诗人徐玉诺先生的交往。他说:"每次见到他都给我背诵民歌,什么'板凳倒，狗娃叫'、'月亮走，我也走，我给月亮赶牲口'。他要我从这些朴素民歌中，学习群众语言的节奏和内在旋律。记得徐老临终前，还叫我多到南阳一带采风。《李双双》中的一句话'鸡子叫天明，鸡子不叫天也明'，便是去南阳时学到的。"根深叶茂，河通水活。李准的作品语言活泼清新、幽默诙谐，有着浓郁的乡土气息，正是因为它扎根于群众之中，找到了活水的源头。

阳光雨露育新人，肥沃土壤结硕果。李准是在党的培养和群众的教育下成长的，他常常把自己对党对人民的感情直接倾注到作品里。他说："'文化大革命'中，我受到残酷迫害，从未流过泪。现在，泪流在稿纸上了。在党和毛主席的领导下，旧社会水旱蝗汤没有把人民压服，林彪、'四人帮'的淫威也决不能把人民压服。我国有五千年历史，有九亿人民，我党有五十多年的历史，有三千万党员，这是不可战胜的。有党的领导，有人民的支持，四个现代化也一定能实现。我要写中国共产党的伟大，要写社会主义制度的优越，要写人民群众的智慧。总之，想增长中华民族的志气，增强人民创造历史的信心。"

告别时，我们已无心再去欣赏他早先为我们拉开的窗帘外的景色，但他为我们拉开的生活的窗帘，使我们透过时代的窗口，看到更多更多的东西。我们也来不及再看一眼赵丹为李准画的引人发笑的"塘牛图"，而鲁迅为人民留下的诗句"横眉冷对千夫指，俯首甘为孺子牛"，却在我们的耳边轰鸣，并且响得很久很久。

1979年4月

选自《中国当代文学研究资料·李准专集》，江苏人民出版社，1982年

戏迷
——纪念李凖逝世一周年

孙 荪

离李凖老家下屯村三里远有个麻屯。这是个热闹的小镇。这镇上有几个老戏迷，每年都要张罗邀请各地戏班来唱戏。虽然没有剧院，只有垒土为台的土台子，不能卖票，只能各家摊派管饭，再加起一点钱粮，以作薄酬。但戏迷们对演唱水平要求颇不低。几个老戏迷同时也是老戏筋，如果唱不好就被他们抠住了。因此，麻屯唱戏附近有名。外地差一点的戏班害怕出乖露丑，不敢轻易来。来麻屯唱戏的，都有个"差不离"，在水平线以上。漯河的曲子，济源、孟县的怀梆、二黄，都来这里唱。

李凖很早就成了戏迷。从幼年以至少年青年，只要麻屯有戏，他都是每戏必看，一场不少。张飞、关羽、诸葛亮、程咬金、高怀德等形象，都是从舞台上熟悉的。穆桂英、佘太君等杨家将的戏，常常使他流泪。

李凖活泼好动。特别好表现的天性，使他不安于做一名看客。他急迫地渴望充当一个角色，到舞台上露露脸，或者自己也来编一出戏。

机会来了。

麻屯镇上有一个卖豆腐老头，既不会说，也不会唱，唱起戏来嗓子连个弯也不会拐。但他酷爱唱戏，是个真正的戏迷。他十分热心于麻屯镇也能出个戏班排排戏。正好这时组织了一个业余戏班，排现成的本子或者改编旧戏演唱，这老头热情邀请戏班到他家排戏。老人家自愿跑前跑后，白赔灯油。

李凖参加了这个业余戏班。不仅他的表演才能得到了发挥，而且尝试了编剧的实践。

这段时间，李凖广泛接触了中国民族戏曲和民间曲艺，差不多背会了几十出戏曲。他改编了一出曲子叫作《陈步云中状元》，被搬上了麻屯戏台。

李凖的整个艺术活动正是从戏剧开始的，他的文学活动则是从编剧开始的。

这培养了李凖对艺术的强烈爱好，唤醒了蛰伏在内心深处的艺术感觉，帮助他日后小说创作和电影创作的成功；同时，也成为他的一个拖累。中国传统戏剧的情节结构方式，特别是使戏剧成为戏剧的"戏剧性"，往往使小说故事滑进一种套路,成为弱化小说文学性的消极因素。摆脱戏剧传统的影响,这几乎成为他中年文学创作突破的一个关键。

作为作家的李凖,在演戏编戏过程中的更大收获,是自然而然地接触了民间艺人。

对戏剧的爱好,使他对民间艺人怀着浓厚的好奇和深深的敬意。

李凖见到的第一位著名豫剧表演艺术家是崔兰田。那是崔兰田当少年演员时,随戏班到麻屯演戏。那时李凖才十一二岁,崔兰田也不过十三四岁。李凖看了崔兰田的演出,被崔兰田的风采惊呆了。

当时,崔兰田已经是豫剧界有名的"十八兰"之一。她唱腔委婉细腻,咬字特别真。她那时在《哭秦庭》、《游龟山》等戏中唱须生,后来改唱青衣。她的《对花枪》唱得尤其好。

几十年后忆起当时的印象,李凖用了这样几个短句:

那个漂亮劲!

大辫子!脸跟二层鸡蛋皮一样!

在麻屯看过崔兰田的演出,李凖又追到洛阳看过几次,后来到西安当流亡学生,尽管囊中羞涩,也去买票看了一次。

50年代初,李凖成为作家,和崔兰田认识了。有一次和崔兰田说话,李凖说:

"兰田同志,我看过你的戏。"

"咦,啥时看过?"

"我不说。"

李凖以自己丰富的人生经验知道,从旧社会过来的演员,一般并不喜欢别人知道自己的历史。但后来李凖和崔兰田有过一次深谈,才知道崔兰田作为一个女演员的一生,却堪称冰清玉洁。

那次李凖和崔兰田都住在解放军总参谋部第四招待所。李凖帮助她修改了几处《桃花庵》和《对花枪》的唱词。崔兰田有机会深谈了自己的演艺生涯。那一次谈话几乎一气说到快天明。一些情节片断刻印在李凖脑海里。

崔兰田出名以后,到洛阳演戏,当时她正值妙龄,光彩照人,但性格刚烈。一些商人军官带大钱厚礼以求一见,但她一概谢绝。她心中悬下一个理想目标:嫁个知识分子最体面。后来,这个理想实现了,她和一个高中生相爱。母亲不同意,打她。她在一个师妹帮助下跳墙而跑,私奔了。

但是,结婚只一年,她却发现丈夫是个军统特务。但她矢志实践戏曲上唱的"好女不嫁二夫男,好马不配双鞍桥"的信条,实际上是受着封建思想的束缚,就这样跟着他。怀孕后,她把一切羞涩都丢掉,啥也不怕了。后来抱着孩子在大街上走,学着吸烟喝酒,说粗话骂人。丈夫蹲监狱,她仍然守着他。可恼的是,丈夫出狱后,又和别人发生两性关系,她有时恨极而悔:当初咋不嫁个大掌柜呀!但事实上她一生接触的男人就是她的丈夫。

对她的遭遇,李凖充满同情;对她的人格,李凖极为钦佩。

"爱爱就是她呀!"

李凖有一次泄露了秘密。《黄河东流去》中爱爱的故事情节,虽然不是崔兰田的,但其神韵格调却是,的确是摄其魂魄。

李凖喜欢崔兰田的艺术风格。他一直记得崔兰田表演的《桃花庵》中一些唱词。比如张才的妻子对尼姑唱的:

不怨天不恨地也不怪你,

死张才害杀了咱俩个活人。

另一句尼姑对着不认其母的儿子唱的:

哪怕是我跟你爹在床头站过一夜,

你也应该对待我像生身母一般同。

李凖常常一边咀嚼一边赞叹:"这种语言了不得!太厉害了!干净利落,一点也不拖泥带水,一个字砸一个坑。既通俗又厉害,谁都懂,谁都弄不来。"

李凖还脱口说过这样的话:"这些戏符合我的味道。"

这当然指的是心灵深处的认同。

在这种一拍即合中,一方面我们看出李凖对豫剧艺术特别的感悟能力,另一方面也可以看出李凖对自己艺术追求的发现。

多少年后,崔兰田艺术生涯50年纪念活动时,李凖曾托当时的河南省文联主席南丁送去了一副对联:

含蓄朴素真高格调,

流畅自然独树一帜。

含蓄朴素流畅自然,这八个字,说是李凖对自己作品风格的夫子自道,是一点也不勉强的。

李凖因为喜爱豫剧艺术,而和许多演员建立了很深的友谊。著名豫剧表演艺术家常香玉记得李凖对她说过的一段话:"听你唱戏我很能感动。一听《断桥》,我就流泪。一是剧情好,二是声音特别好。一听止不住掉泪。"

李凖不愧为豫剧艺术家的知音。常香玉深情地记得60年代排演李凖根据自己的小说改编的豫剧《李双双》时的情景。

李凖和常香玉他们共同通过李双双获得了认同感。

李凖说:"常香玉,你本身就有李双双性格。"

常香玉说:"一看到《李双双》剧本,我就非常喜欢。她性格鲜明、开朗。我的唱腔有突破,也赖于排演《李双双》。"

常香玉喜欢河南戏的乡土气息。李準对她说:"如果没有乡土气息,地方戏就没有骨气了。"

最令常香玉感动的是,她总是能和李準谈得来。

"李準这人懂得人的心理。能说到人心里去,关键时几句话就能把人心里说开。这样的朋友能够永远交下去。人一生能有几个这样的朋友?谁能这样理解人?"多少年以后,常香玉这样深情地回忆说。

十年动乱中,李準和常香玉都作为"黑帮分子"下放到西华县劳动改造。他们分住在邻近的村子里。李準每次拉煤拉粮都要拐到常香玉那里去,想法见上一面,和老诗人苏金伞、老画家谢瑞阶一起聚一聚,说说知心话。

常香玉当时思想压力太大,不知希望在哪里。

但是,李準对她讲:"香玉同志,你赙放一百条心啦!你绝对不会被打倒。你是个演员,没有掌什么权,这是第一;第二,你出身很苦。你是全国有名的大艺术家,如果你将来去做衣服、当保姆,那就没有世事了,那就不成个社会了!你有出头之日。"

"你还得坐小汽车!"李準接着开了个玩笑。

当然,他们在一起也有争论的时候。

李準最喜欢的豫剧演员,还有陈素真。李準认为,陈素真有文化,有审美见解。尤其她的豫东老调纯正极了。她演的《抢柴》,有这样普通的两句唱:

出门来羞答答,将头低下,

哭了一声爹,叫了一声妈,

啊呀!啊呀!我的乳娘啊!

李準感到,那真是清丽婉转,如饮醇酒。每当他自己想唱豫剧时,李準总是首先唱它。

李準和地方戏曲民间艺人的不解之缘,拓宽加深了他对中华民族传统艺术的了解和体悟,也拓宽和加深了他对人生境遇的体验。构成《黄河东流去》两条重要情节线索的唢呐情话和爱爱说书,几个人物如蓝五、雪梅、爱爱等呼之欲出,跃然纸上,正是源于他这方面的生活经历。

如果统计一下,李準小说和电影作品中涉及的传统地方戏曲,会是一个长长的单子。仅以长篇小说《黄河东流去》而言,就有30余出豫剧大戏、说书段子、唢呐坠子进入故事情节,成为烘托人物性格的艺术因素。

诸如:《李天保吊孝》、《秦香莲》、《对花枪》、《穆桂英挂帅》、《铡美案》、《蝴蝶杯》、《南阳关》、《双刀劈杨帆》、《老羊山搬兵》、《桃花庵》、《二进宫》、《小二姐做梦》、《三上轿》、《抱琵琶》、《敬德打虎》、《天河配》、《林冲发配》、《海公大红袍》、

《五女兴唐》、《雷公子投亲》、《杨家将》、《金沙滩》、《周老汉送女》、《偷石榴》、《宝玉哭黛玉》、《百鸟朝凤》、《十面埋伏》、《千秋岁》、《上轿调》……

大概因为李準这方面的知识太丰富了，他常常忍不住在情节中嵌进，或在行文中冒出一出出一段段一串串戏来。围绕唢呐艺术家蓝五和说书名角海爱芹牵涉多少剧目？即使像海四圈这样的"戏盲"和关相云这样的附庸风雅之徒，也扯出不少著名唱段和对著名艺人的评论。

这些片断汇合起来，简直可以看作中原地方戏曲曲艺小百科。

李準是一个作家，戏剧曲艺作品和表演艺术家之所以对他具有巨大吸引力，最重要的是其本身具有的文化和文学价值。

李準发现，中原农民的精神、心理、性格，渗透着戏曲曲艺宣扬的原则、语言，乃至情感行为方式。豫剧之所以了不起，就是因为它与这片土地上的人的性格有关系。

这一带人的个性乐观、幽默、痛快，表达感情淋漓尽致，大哭大笑，大悲大喜。于是，才有这样的豫剧，才有这样的艺术家。

李準还发现，豫剧的编剧、演员、导演，都十分懂得农村生活。虽然舞台上演的是帝王将相，但都是被农民化了的，是一群穿着帝王将相衣裳的农民。他们的家庭生活、行为方式，基本上都是农民的。

这是中国农民文化的一个重要特色。中国的农民文化，在很大程度上，是戏剧曲艺文化。大多是文盲或者识字很少没有读书机会的中国农民，基本上或者主要是通过地方戏曲曲艺这个"课本"作为中介和桥梁，来接受圣人之言、古人之训的。中国传统文化之丰富和芜杂，以至成为一个混沌的庞然大物，戏剧在其表达中，把民间的意识一点点加了进去，是一重要原因。

中国的传统文化通过戏剧和曲艺的通俗方式灌输到农民大众中间，也是中国文化农民化、民间化的过程。诚如鲁迅、瞿秋白所言，中国老百姓的人生观、世界观是在剧场、书场、唱本和阅读通俗小说中形成的。

这种形成过程，是通过形象化的途径长期地潜移默化，一点点渗透进入到意识深层，以后到了"习焉不察"的无意识境界。

在鲁迅的《阿Q正传》中，有两个极富戏剧性又极富内涵的情节。

一个是阿Q在想象中造反了，未庄人都臣服在他脚下，他一边高兴地走一边喊道：

好，……我要什么就是什么，我喜欢谁就是谁，得得，锵锵！悔不该，喝酒醉错斩了郑贤弟，悔不该，呀呀呀……得得，锵锵，得，锵令锵！我手执钢鞭将你打……

阿Q的理想只能是戏台上那些为所欲为的为王为将者流。他把戏曲中的唱词连锣鼓点都借用过来，成为抒发他当时情绪的现成载体。他也实在找不出比这些现成的戏文和乐曲更合适的话语和表达方式来。

二是等到阿Q因被诬为造反而判斩,绑赴法场的路上,阿Q忽然很羞愧自己没志气:竟没有唱几句戏。这时候,他的思想仿佛旋风似地在脑里回旋。《小孤孀上坟》欠堂皇,《龙虎斗》里的"悔不该……"也太乏,还是"手执钢鞭将你打"吧。他同时想将手一扬,才记得起两手原来都绑着,于是"手持钢鞭"也不唱了。

"过了二十年又是一个……"阿Q在百忙中,"无师自通"地说出半句从来不说的话。

在李準的小说中,特别是赤杨岗的贫苦农民,他们选择生活道路、判断是非善恶、劝人的说词,以至个人在私下里琢磨心思,其文化参照都来自这种以戏曲曲艺及话本小说口头传说之类的通俗文化。

《黄河东流去》中的雪梅,这个春闺少妇的人性甦醒,几乎全赖于这种曲艺的启迪和诱发。一出河南坠子《林冲夜奔》,她能够一字不漏地背诵,对英雄的悲剧命运她心领神会,感同身受。用唢呐吹出的《小二姐做梦》,她虽然不会背戏词,但整个旋律,一个春闺少女向往爱情生活的强烈情绪,她听起来完全是倾吐自己多年来的积郁。

然后,就有了这样的场面:这个少妇离家出走,要和唢呐手"私奔"。

李準从这个故事深刻地认识到,通俗文化不只是浅层次娱乐宣泄,更有深层次移人情性的力量。

小说写蓝五所在的朱家班,班主朱全水是个"老江湖,经过的事情多",他一见一个少妇站在路边盯着他的唢呐班子,立马就作出一个肯定的判断:又要发生一起桃色事件。

因为这种事已经不止一起两起了。

就是这个蓝五,在雪梅被逼到自杀以后,决心以死殉情,在决绝的关头,小说有这样一个细节:

"人活到一百岁,不也是死吗?"也不知道是从旧戏上,还是从鼓词上,蓝五记起了这句话。

这句话此刻却是如此具有魅力,帮他下了最后的决心,他以自己的生命实践了这句"格言"。

另一位悲喜剧人物四圈也有类似的思路。当他走投无路的时候,相好刘玉翠来找他问他:"日后打算怎么过?"四圈的回答是:"沟死沟葬,路死路埋!"

这是豫剧《秦香莲》中的两句台词。

(此文为作者《风中之树》之一章,本刊发表时有删节)
原载《东方艺术》2001年第1期

说说李準
——大荒随笔

郑家真

前些日子,《农垦日报》发了一条消息:李准重访北大荒。显然,名字弄错了。来访的是李準,著名作家、电影剧作家;不是李准,文艺评论家。由于汉字简化,人们往往把"準"字简化成"准"字。但,这对李準来说,是含糊不清的。他曾专门为此登报作了声明。为什么这样做?除了怕张冠李戴,也许还有别的原因。

这次李準重访北大荒,意义非同一般。他是我国文坛上第一个在银幕上塑造了北大荒人光辉形象的作家。《老兵新传》在建国十周年时被评为优秀影片,影片中的主人公战长河(农场场长,人们都亲切地称为"老战"),以栩栩如生的人物性格博得了广大观众的喜爱,更博得了北大荒人的赞誉。此片后来还获得了莫斯科国际电影节奖。当时,郭小川曾为此发表了评论文章,指出老战这个人物形象的独创性,突破了当年塑造英雄人物的某些框框,具有鲜明的真实性。连当年身为农垦部部长的王震将军,也著文极力推荐,说:"我非常喜欢这部宽银幕彩色故事片,《老兵新传》是从胜利的武装斗争走上生产战线的千千万万革命战士的光辉形象,影片中的老兵——场长战长河的形象是有普遍性的,但他又是集中的典型。老战同志在北大荒可以找到,在新疆、青海、海南岛、江西及其他地区都找得到。他的新传是一篇动人的真实的传记,使人激动心弦。他的一些缺点是纯朴的,是在前进中不断地克服着的……"而三十多年,北大荒已从当年艰苦建场阶段进入农业现代化的改革开放阶段,人们正殷切地期待着这位电影大手笔在银屏上再创九十年代北大荒人的光辉形象。

李準是一位自学成才、博览群书的人。他出生在河南洛阳的一个村子里,从小生活在农村,念完初一就辍学了,在家一边劳动一边跟着他的祖父学文识字,浏览古典作品。后来,他在学徒生涯中用微薄的工资租了一个小书店,涉猎了小店里几乎所有的中外名著。十八岁那年,他在小镇的邮政代办所做邮递工作,一边投递书信,一边抽空阅读经他手的几份报刊。总之,他是一个锲而不舍、自强不息的人。四十多年来,他的著作甚丰,除创作了一系列反映新农村的中短篇小说外,光是电影创作就是二十来部,有《老兵新传》、《李双双》、《龙马精神》、《小康人家》、《耕云播雨》、《大河奔流》、《壮歌行》等。党的十一届三中全会以后,他与著名导演谢晋合作了四部电影,即由他改编的《牧马人》《高山下的花环》《清凉寺的钟声》《老人与狗》。在这些脍炙人口的影片中,他为广大观众展现了新中国的广阔画卷和绚丽多彩的生活。

这次重访北大荒,李準回到了阔别三十八年的友谊农场。他告诉我《老兵新传》的构思经过。原来当年他是以《人民日报》特约记者的身份来搞报道的。邓拓给他交代任务:写报道,不要写作品。当时,友谊农场以机械化生产而闻名全国,报纸需要这方面的文章。可是,他来了后,采访中听到了周光亚的事迹以及关于这个人物的独特性格的一些趣闻,他就按捺不住创作的激情了,就以周光亚为模特儿塑造了场长战长河的人物形象,《老兵新传》这部电影从此脱颖而出。长期以来,人们以为《老兵新传》是李準去通北农场采访周光亚而写成的,其实不然,他是1956年5月去友谊农场采访写成,当时,通北农场已不存在,周光亚已调友谊农场任分场场长。早年,采访通北农场的是周立波,他曾写了一篇报道,名叫《前进中的通北农场》。

在友谊农场,李準终于见到了当年接待他的团委书记刘焕高。当年,他俩都是二十多岁的小伙子,如今都已年过花甲、头发斑白了。刘焕高激动地拿出当年的照片,向李準一一指点:谁已调走,谁已去世,留下来的老人只有他一个人。抚今追昔,两人不觉感慨万千。座谈会上,两代北大荒人——老兵和他们的第二代,向这位阔别三十八年的作家倾诉了他们的心声:农场的成就和曲折,个人和事业上的风风雨雨。当参观了五分场二队——农业现代化的窗口,聆听了这个生产队十多年来改革开放带来的大农业、大科技的效益,李準不禁欣然命笔:"老兵白发,北国级野。"继而,他又泼墨成诗,写下了:"亿吨粮,千吨汗,百吨泪,十吨歌!"

李準对文学创作有着刻意的追求。他重真实,讲真意,去修饰。难怪茅盾评价他的作品风格是"洗练鲜明,平易流畅,有行云流水之势,无描头画角之态"。的确,他的语言朴素、清新、自然、流畅,字里行间洋溢着一片真情。因是同行,我俩不免交谈文学创作的甘苦,他对我说:文学创作,第一是真实,第二是真实,第三还是真实,第四是鲜明,第五是生动。真不愧是经历四十多年创作实践的经验之谈。从他众多的作品中,我们可以发现他是刻求真实、讲求真情的。他善于在生活中发现和提炼具有时代意义的人物和主题,并通过富有特征的典型环境和动人的细节描绘,刻画出人物性格,塑造出一系列栩栩如生的人物形象。陪同期间,我才知道他老伴原来小名也叫双双,后来《李双双》出了名,他才将老伴的名字改了。可见《李双双》的形象诞生,不仅是由于他在河南农村发现了一个颇有传奇色彩的妇女形象,萌发了创作的激情,也包含着他在人物塑造上吸取了众多的妇女形象,连同他的老伴在内——她不也是从文盲开始,靠几本字典识文断字,渐渐成长起来的吗？……听说《老兵新传》公映后很长时间,有一次王震专门请李準上他家吃饭,席间,将军夸奖影片写得好,忽地问道:"老战这个人物,是不是写的我呀?!"李準听了,笑而不语。

这次重访,李準还参观走访了八五三农场、雁窝岛、庆丰农场、八一农大和虎林、密山两座县城。他还专门去虎头看了看负有盛名的乌苏里江,当游艇在平静的江面上划过,空气里弥漫着静谧和清新。他对这如诗如画的景色大加赞叹,心胸顿时开阔起来。他告诉我:他正在构思一个关于乌苏里江姑娘的故事——看来他一路上像蜜蜂采蜜一样地酿造着人物形象和故事。他在寻找灵感的触发点——我省悟了。为什么他一再央求我要看一看这条江,要亲自体验一下这条介于两国之间的界江？我也想起了他向我推荐的一部外国影片《国际女郎》的构思,想起了他在虎头之行与一位导游姑娘的即兴采访,想起了他与一位饭店女老板打趣地说:要是你把饭店的名字改成"李双双饭店",保证生意兴隆……

短短的八天的时间,李準风尘仆仆,走访了三个农场、一座大学和两座县城。一路上,天公不作美,秋雨连绵,但,这并没有影响他的兴致和热情。他一再对我说:北大荒是块神奇的土地,她又是一块取之不尽、用之不竭的文学素材的宝藏。这里发生的事、这里生活的人,都是非常生动、感人的。对于北大荒,他过去写过《老兵新传》,现在要写,应该重写第二代北大荒人了。我赞同地点点头。他兴致勃勃地又加了一句:"北大荒的素材,俯拾皆是,丰富多彩,不仅可以写一个本子,还可以写好几个!"我听了,脑际不觉涌现出他为北大荒题写的诗句:"亿吨粮,千吨汗,百吨泪,十吨歌!"这是他三十八年后重访北大荒的日子里的所见所闻、所感所想,这从当今北大荒生活中提炼的诗句,兴许是他在酝酿着的北大荒题材的电视连续剧的"主题歌"……

我们殷切地期待着李準在银屏上再次塑造北大荒人的光辉形象。

原载《北大荒日报》1994年12月15日

李准其人其文

沈太慧

一

因为工作关系,我曾多次采访老作家李准。

在我的接触和印象中,李准坦直朴实,聪明勤奋,才华横溢而虚怀若谷,成就卓著而从不满足。从小生活在底层的李准,没有受过系统的专门的训练,但是他读了古今中外很多文学名著,并从中吸取了丰富的营养,为他日后的创作打下了良好的基础。

李准博学多才,他对历史、文物、绘画、音乐、书法都很喜欢。他在《自叙传略》中说:"构成我这风格的来源是民歌、民间故事、中国戏曲、乐府诗选、古文及古典诗词,还有鲁迅先生、茅盾、巴金、赵树理和其他一些老作家作品的影响。中国的音乐和绘画对我也有影响,特别是石刻、写意画、唢呐和筝的音调旋律、民间排鼓和铙钹的明快节奏。"

李准出生在一个封建意识浓厚的"书香门第"的家庭里,很小就读了不少书。《古文观止》、《古唐诗合解》、《诗经》、《乐府》等什么书都读,而且颇有自己的见解。

李准有丰富的历史知识,他创作过历史题材的电影剧本《荆轲传》,根据历史小说《李自成》改编的电影剧本有《双雄会》、《南原大战》。几乎每次见到他,他都给我讲一点历史故事。

才华横溢的李准是虚怀若谷的,试举几例。笔者读了他的中篇小说《瓜棚风月》后撰文提及作品的不足:安排外地来的改革者住在寡妇家里以及后来闹出的种种"是非"是落套的。常言道:寡妇门前是非多。读者读到前面就知道后面定有"是非"。他后来对我说:"你批评得有道理。"一次,我对他说短篇小说《一串钥匙》的结尾,社员们"休息日"到"水上公园"游玩,是虚假的、粉饰生活的。那时的农民既没有"游公园"的习惯,也没有"公园"供农民游玩的条件。他当时一边点头,一边说:"你说得对,你说得对。"1981年他为四川人民出版社编的《李准小说选》,就把《一串钥匙》结尾处的"水上公园"之类的词删掉了。

"文章千古事,得失寸心知。"生活是严肃的法官,作品要受生活、受时间的检验,这是毫无疑问的,但作家对自己作品的分量还是心中有数的。

李准自信心很强,这或许是他取得成功的一个重要原因。电影《大河奔流》上座率低,在观众中印象不佳,他自己后来也承认是"失败了"。而根据《大河奔流》的素材另起炉灶的长篇小说《黄河东流去》的命运如何?上卷出版后,读者的反映并不强烈,但李准却很自信地说:反映不强烈,不受读者注意,只是暂时的现象,只要他读完作品,就会发现我诚实地、全力以赴地在探索、在前进,表现了我对革命现实主义的进一步思考,对民族化所赋予的新的生命力。果然,《黄河东流去》名冠第二届茅盾文学奖之首。

一次他对我说,即将发表的短篇小说《王结实》,是继《李双双小传》后自己比较满意的作品。笔者认为,此篇堪称作家新时期创作的最好短篇佳作,其语言、其笔调,都是作家自己特有的。

他改编《高山下的花环》,是在小说引起强烈反响,受到普遍好评,根据同名小说改编的电视剧、话剧二十多台早就上演的情况下进行的,其"上座率"还会高吗?为此,笔者也把自己的担心告诉了李准。他似乎非常自信,带着肯定的语气对我说:"我有些新的东西,戏是有看头的。""剧本增加了十几节重场戏,突出人性、人情美,展示了中华民族赖以生存和发展的道德力量和凝聚力。"自信带来了成功,电影《高山下的花环》获得第二届百花奖、最佳编剧奖。

李准还对笔者说:《李双双小传》、《黄河东流去》都不是他的代表作,真正的代表作还没有写出来哩!这或许是谦虚之说,抑或是肺腑之言,因为作家很有潜力,计划要写的东西还很多,诸如反映"文革"的长篇小说《龙年纪事》以及唐明皇与杨贵妃的故事,等等。但遗憾的是他前两年得了脑血栓,现在尽管基本上康复了,但智力、精力、视力却大大不如从前了。今年初夏的一天我去看他,他的目光略显呆滞,他告诉我他的眼睛只能朝前看,两侧就很模糊,这两年一直没写什么东西,也谢绝了一切约稿,好好养病。他说他本来想开"笔戒"写点东西,诸如短小的散文之类还是可以写的,但目前尚未"开笔戒"。我觉得他恢复得不错,神志清楚,说话有条有理,不像得了脑血栓的病人,但李准说这场病对他的"打击"是沉重的,目前与别人谈话只能谈一个小时,时间久了就不能"自主"了。临别时我祝福他好好养病,待完全康复后再为读者为人民写出优秀的作品来。

一个人要自信,还要自省。每个人都不可能一贯正确、没有失误。可贵的是李准不断反思,不断自省,常常解剖自己,一分为二地对待自己。

他承认自己在"文革"中搞过"运动文学",而"运动文学"是没有生命力的。

他说,他五十年代写的批判"小脚女人"、批判"右倾保守"的作品,今天拿不出来,就是不真实。回头看看真惭愧,心里很难受,这是我要永远记取的教训:粉饰生活的虚假的东西好写,但是短命;反映生活真实的作品难写,但有生命力。

在粉碎"四人帮"后到1980年几年间,在解放思想的时代潮流中,李准对过去的创作进行了一番总结。其间,他说了一些偏激、片面的话,说了一些前后互相矛盾的话,曾引起读者议论纷纷。

李准在解放思想的时代潮流下,在总结过去的经验教训时的一些言论,哪怕是一些偏激的、片面的,甚至是前后互相矛盾的言论,我以为都是可以理解的。因为每个人对问题的认识都有一个过程。总的来说,他的总结、他的思考是严肃认真的,也是有益的,正如他在《黄河东流去·开头的话》中说的:"思考我们这个国家的过去和未来,思考我们为之付出的带着血迹的学费,思考浸着汗水和眼泪的经验。"这样不断地"反思",有什么不好呢?

二

李准是在我们党一手培养下成长起来的新中国第一批作家,也是当代勤奋多产的作家之一。他的作品很多,在小说、电影剧本、话剧、戏曲、诗、歌词、散文、特写、报告文学等领域均有涉猎,而成就最大最有影响的是小说和电影剧本两个方面。

李准在短篇小说创作中是引人注目的很有影响的作家。他在电影文学剧本的创作方面也属佼佼者。在新时期文学中,李准的作品不算很多,计有短篇小说《芒果》(《人民文学》1980年第10期)、《飘来的生命》(《十月》1981年第1期)、《王结实》(《莽原》1981年第1期)、《大年初一》(《人民文学》1981年第5期),中篇小说《瓜棚风月》(《人民文学》1985年第2期),长篇小说《黄河东流去(上、下)》(北京出版社,1978年、1984年)。

电影文学剧本有《大河奔流》(人民文学出版社,1977年12月)、《壮歌行》(《十月》1978年第1期)、《荆轲传》(《电影新作》1979年4月号)、《中州十梦》(《电影文学》1980年第12期)、《牧马人》(根据张贤亮的短篇小说《灵与肉》改编,《电影新作》1981年第5期)、《南原大战》(根据姚雪垠的《李自成》改编,《电影剧本园地》1982年第3期)、《双雄会》(根据姚雪垠的《李自成》改编,《电影新作》1952年第12期)、《高山下的花环》(与李存葆合作,根据李存葆的同名小说改编,《解放军文艺》1983年第11期)等。

除上面的作品外,李准还有两本谈创作的书,一是《情节、性格和语言》(河南人民出版社,1963年和1978年先后两次出版),二是《李准谈创作》(中国文艺联合出版公司,1983年)。

李准之所以能取得如此重大的成就,其原因是多方面的,我以为最重要的原因是他深入生活,熟悉生活,能"从生活中找阶梯",才不断有新作问世。

他深知观察、体验、感受、表现生活,是作家创作的四大要素,只有深入到现实生活中去,接触新的生活、新的群众,才能及时发现新问题,包括处于萌芽状态尚未被人们普遍注意的问题。所以他1954年8月、1958年年初、1960年年初、1969年先后四次带领全家到农村去"落户"。在他看来,"安家落户"比"走马观花"、"下马看花"能更好地观察、体验、感受、表现生活,创作出真正来自生活的作品。尽管1969年到1973年的四年间,他是被"押送"下去"劳动改造"的,但是从另一方面来看,它对充实、丰富作家的生活是有好处的。他以"劳改者"的身份,从另一个角度观察和体验了人生,也丰富了自己的生活仓库,仅这一阶段,他就留下了记满生活素材的三个笔记本,为电影剧本《大河奔流》及长篇小说《黄河东流去》的创作积累了丰富的素材。

早在"文革"以前,李准的创作就形成了自己独特的艺术风格。他在创作之初,就喜欢"朴实、平易、家常的文风",以后就逐渐形成了清新、自然、朴实、浑厚、幽默风趣的风格。茅盾说他的作品"洗练鲜明,平易流畅,有行云流水之势,无描头画角之态"。他大多数作品都洋溢着一种喜剧气氛。他用幽默风趣的人物语言,来表现人物的风趣性格;用幽默轻松的叙述语言,来表现作者鲜明的倾向。读他的作品都会产生一种幽默感。

李准近几年在文风、艺术手法上有些变化,这是他新时期艺术探索的结果。过去,李准的作品是靠"白描"手法取得成功的,他不爱也不愿在作品中发议论,总是让形象去说话,用农民生动的语言和细节塑造人物、刻画性格。

近几年,李准有了更多的艺术追求。他在总结过去的创作时说,作品"缺乏现场感","心理描写太少"。他近几年在坚持我国文学优良传统的基础上,借鉴和吸取了外国文学的表现手法,以丰富和提高自己的表现力。电影剧本《牧马人》就注意了人物的心理剖析,长篇小说《黄河东流去》也有一些成功的心理描写。作者说他"尽量向人物的心灵深处探索"。同时,他也在作品中发议论了,如《黄河东流去》写到关键时刻,总要发表议论。在下卷里,春义和凤英这对青年夫妇在逃荒中,凤英帮人开饭店,跟人家打打闹闹,春义看不惯就生气走了。其实,凤英的生活作风并没有问题,但春义的封建思想却与她过不去,不容她这般"开化"和"疯闹"。这时作者就借此发了一通议论:像春义这样的年轻人的封建思想是从哪里来的呢?很可能是环境对他的影响,甚至从小就养成了这个习惯,形成了这个心理。这或许就是构成我国人民的民族性格和民族心理的一个特殊因素,或许这就是我们这个国家和民族的思想包袱。像这样在关键地方,适当发一点议论,能起到画龙点睛的作用,以引起读者注意并促使人警醒。另外,在《黄河东流去》下卷中,作者尽量摒弃了戏剧情节和夸张手法,使作品真实、自然、质朴。电影剧本《牧马人》叙述方法上就打破了时空限制,不再采用那种按事件发展的时序和性格冲突式的戏剧性情节来结构作品了。应该说,李准创作上这些变化和特点,是他在创作实践中不断思考和探索的结果。

李准对现实主义和民族化传统是坚定不移的,但现实主义也要前进,也要充实,要吸收其他创作方法的优点和长处。对于民族化传统,也要赋予新的生命。

关于坚持民族化的语言和风格问题,李准说过这样一番话:基于我国目前广大读者的欣赏习惯和水平,我尽量写得通俗明朗。另外,我国文学"仓库"里的东西既没有用完,也没有过时,中国文学史上可供我们吸取的营养太多了,我相信它会发出新的光辉。同时,我不是一个国粹主义者,也不只是个"土作家"。作家应该是"开放型"而不应是"封闭型"的,要广泛吸收,要有多方面的知识。我们现在看到的李准,就是一个乐于也善于吸收国外有用的东西,从而摒弃我们传统写法的弱点和不足的"开放型"的作家。

1987年8月3日于北京天坛
原载《当代文坛》1988年第2期

怀念李準

孙 荪

人世总是有无穷多的遗憾：戊辰之龙李準（农历戊辰是龙年，即阳历1928年，李準是年出生），在离庚辰龙年（2000年为农历庚辰龙年）还有3天，急匆匆地走了，终于没有吃上人生第72个新年的饺子！

老李走得太早了，虽然不能说是英年早逝，但对于他这样强壮的身体素质，这样好的医疗条件，在当代人均寿命普遍提高的情况下，他在这样的年龄，是绝对不应当走的！

80年代以来，我每一次见到他，都会听到他雄心勃勃的声音："我最好的作品还没有写呀！在创作上，我是一辈子不画句号的人。"可他竟然这样急匆匆地把他的智慧和天才带走了！

由于创作《黄河东流去》所付出的巨大心血，80年代初他被累倒了，高血压、糖尿病，然后又加上脑血栓，一向强壮的身体成了"问题"。在这种情况下，按照医生的要求，也是按照生命规律的要求，他应当好好休息，颐养身体。可他又是那样一个充满激情的人，一个以写作为生命的人，这是一个巨大的矛盾。这个矛盾最后还是以一个错误的处理方式解决了：在他病后，又有电影新作一部接一部奉献给观众，而他的脑血栓一犯再犯，结果是加快了他同读者和观众告别的时间。

真是无法想象，身体强壮的李準，就这样早地停止了创作，停止了生命。同时，我觉得有些奇怪：作家的逝世和一般人不怎么一样，由于他们的作品在，他们的精气神总好像还与从前一样存在于生活中，一系列的画面活跃着其音容笑貌。他们的生命仍然在继续。

1996年12月全国作家代表大会上，我感到，老李準又恢复了往日的机敏。10多年来，由于脑血栓而留下的困扰，似乎得到了解除，他的精神调养过来了。我见到他时，先问身体怎么样啊，他说他刚从澳大利亚探亲回来不久，笑着伸出宽厚的大手握着我的手说："还用问吗，你看看怎么样啊？""精神恢复了！"我说，"我看见了，我感到你的神情很清爽。"

半年以后，我在京参加《河南新文学大系》座谈会，听他发言和几次聊天，我感到，健谈的李準又回来了。"谈笑风生"四个字，不时在我心里重新涌出。

了解李準的人都知道他的健谈，尤其是新时期以来，他的思考愈益广泛和深刻,因而谈锋更健。

有人会觉得这样评论一个作家很可笑:难道作家还有不好思考的吗?但是,了解我们曾经经过的时代的人应当知道,这个时代图解、演绎、模仿之作是怎样泛滥于文坛,不用自己的大脑思考的懒汉是何等的多,就会知道具有"自己"特点的独立思考是多么可贵。

"揭开河南作家群产生的秘密,是很值得探讨的一个问题,长期以来我一直很关注。"

座谈会上,李準提出了这个话题。他这样追问:"河南过去那么穷、那么落后,现在名声也不那么好,但是,作家却一群一群产生。为什么?"

这不过是个设问。他接着摆开了自己的思考。

"我看,这同黄河大有关系。黄河,对河南,害处很大,但我还要歌颂它。黄河带来无数苦难,但却给了河南人乐观与大气。"

他看着坐在旁边的魏巍说:"50年代初,魏巍一篇《谁是最可爱的人》,振臂一呼,全国应和。魏巍的皮肤摸着也是烫人的呀!"然后他停顿了一下,接着说道:"苏金伞去世前,我去看他,我们抱头痛哭。这是个一辈子不说假话的人。谢瑞阶、李蕤等等,都是这样的人。在古代,我们河南最好的文章是贾谊的《过秦论》,把秦始皇放在手掌心上分析。一个年轻人竟然有那样大的热情和气魄!"

"是黄河给了我们热烈的性格。谢天谢地! 这是头一条。而热烈的情感,是创作的基本条件。最近二月河的出现说明河南大地确实有很多东西,河南还要出大作家。"

通常就是这样,李準只要一说起来,就是滔滔不绝,一派雄辩家的气势。"再一个,河南人有个外号叫'侉子'。什么叫'侉'? 我琢磨就是:看上去笨笨的,脸黑黑的,实际上内心透亮。外表有点傻、有点笨,却是内藏狡黠,有的简直是绝顶聪明。茅盾文学奖,一次有3名河南人,为什么? 这还得感谢黄河。黄河的性格里有一个变字,黄河是多变的,变则通。以变看问题、看文学,这其中的奥秘不得了!"

因为是座谈会,发言往往是即兴式的,把观点提出来不能展开论述。李準说了河南作家群的产生与黄河的关系以后,又把话锋一转说:"我们河南也有缺点。"他着重说了一个字:躁。

"戒骄容易,戒躁难。大作家产生不出来,就是因为这个:躁。"

李準这样问道:"我们经常说我们中州古代出过多少人才,但是北宋以后以至近代呢?"

他以自己亲自考察的常熟市为例说,常熟只有10万人口,可是元朝以后出过7个宰相8个状元465个进士,现当代又有一批国家级的教授学部委员院士。究其原因,得益于那里的读书风气浓厚,学风正派,学问做得扎实,读书方法也得当。

"和人家比,我们河南不能骄傲,应当向人家学。我们现在还是沉默不起来,沉不下去。因而,不是厚积薄发、深思熟虑,不可能出大作品大作家。"对河南的关注,不只是所谓乡党乡情,而是体现了他对当代文学的总体思考。李準座谈会上这番话,使我想起座谈会前我到他家里去看他时的情景。

一见面,我还没坐下,他就说,《河南新文学大系》编得不错,很有价值,使我得到一个重新检点家底、重新学习和思考的机会。

他接着说到自己:我过去的一些作品不值一提了。中篇卷选的那个,我都不知道写的啥了。

我说,那是历史啊,历史是不能更改的,只能看历史上同时代人曾经达到了什么高度。

说到这里,李準停顿了一下,眯起下眼睑,陷入沉思的状态,然后昂起脸来,郑重地说:

"现在回顾我的创作,有三个人的三句话令我不能忘记。

一个是胡风,他在监狱里读了我的全部小说,后来他对我说:'李準呀,你把生活写得太甜!'是啊,说得准啊。我就是这个德性!像李双双、李麦那样,再难也不耽误我笑。我小时候母亲就经常骂我:'笑啥笑,成天吭着两个大门牙,就会笑!'

再一个是沈从文。沈从文对我好着呢,他给我写过两幅字。他读了我的小说后说:'李準,你写得太少了。我们年轻时候一年起码写十篇八篇,你一年写三篇两篇。'这批评也很准。我们年轻力壮正当年时确实写得太少了。不过那时写多了也不行啊。

第三个是栾星。栾星先生是有学问的,他57年受难以后有大觉悟。粉碎'四人帮'以后,有一次他见到我说:'李準,再也不要写那些速朽的东西了。文学不能老是紧跟政治。'这作为对五六十年代的经验总结,是很在理的。而且是真正关心我。

这三句话只有四个字:甜、少、速朽。从教训的角度,可以说很切合我。"

据我所知,李準曾经反复总结过前期创作的经验教训,最著名的是对五六十年代的所谓"运动文学"的概括。尽管为此惹得不少人不快甚至批评,作为个人看法,也不免有些情绪化,但绝对是痛陈时代弊病的箴言。上面这番话,尽管是引用别人的话,实际上是他理性思考的延伸,其意义不限于他本人的创作,颇具时代价值。

同李凖谈话,最容易让他兴奋的是关于创作的话题。90 年代初我曾听说他准备创作剧本《唐玄奘》。我问他:"玄奘写得怎么样了?"这一下等于挠到了他的痒处。

"玄奘这个人太可爱了!"一旦李凖发这种感慨的时候,下边必有高谈阔论。"他是我们偃师人,也算洛阳人。我们洛阳就常常出这样的人。"

我笑了,这是李凖的天真之处:他常常为他的乡梓而自豪、而辩护。"这个玄奘,第一是雄辩家。不论见到谁,他都能把他说服。第二是漂亮。我们洛阳地区就出这种气派人:高大,苗壮,潇洒,如玉树临风。第三是执着。他的性格与《西游记》上完全不是一回事。"

李凖大概有点见了老乡就格外对河南的话题有兴趣。他看见我听他说玄奘时只笑不搭话,就又提起一个话题:

"广举呀,我们河南人到哪里都不丑气,看的人愈多我愈有信心。我到台湾和焦仁和的一段时话你还不知道吧?"

我已经在媒体上看到了报道,但我当然乐意听他亲自讲一讲这个故事。前年,李凖带 18 名大陆作家到台湾访问。台湾海基会的焦仁和来会见大家。他和大家握了握手,就借口忙,要离开,让他的副手同大家谈。

这时李凖望着他转过的背影说:

"焦先生,你就要走吗?"

焦仁和听到后转过身来。

"请问一个问题:焦先生你的大名是谁起的?"

焦仁和在焦急中带着不耐烦,回答道:"祖父起的。"

"请问是什么含义?"李凖又问。

"老家是河北省仁和县,就以县为名。"焦仁和再答。

"恐怕不这么简单!"李凖强调地说,然后又设了一问:

"你知道你这个'和'字是什么意思吗?"

这不免有点挑战意味,李凖的用意是想留下他,就自己答说:

"'和'字的大写右边是'禾',左边是'龠'。'龠'字是'人'字下边三个'口',表示它是中国很古老的一种用竹管编成的乐器,叫作'笙'。'笙'在中国传统乐器中最不响亮,但它一吹起来就造成了和谐。笙的功能就是造成和谐,'以和众声也'。笙有两种:'大者名巢,小者名和'。笙就是生。人和就是笙,也就是生。你在海基会负主要责任,常常有 3 亿人看到你的形象,你是佛光照耀。我希望你在两岸关系中起到'笙'的作用。"

焦仁和站定了,眼睛看着李凖,激动地说:

"说得好!我一天平均接待 6 个大陆代表团,都是一看一握就走。想不到今天听到你这番话,足见大陆作家文化底蕴深厚。"

李凖又说:"这是咱们中华文化比西方文化高明的地方。我们讲'和为贵','和气生财'。'和'才是人类的最高追求,才是人生目的,而不是'争'。海峡两岸应当立足于'和',而不要再'争'下去了。'争'的结果对双方都不好。'天地之气,莫大于和','天地之美,莫大于和','德莫大于和'。"

焦仁和先生听了这番话,表示赞同,并说,一定要为祖国的统一多作贡献。从台湾回来后,李凖每年都在生日前夕收到焦仁和先生寄来的"李凖先生华诞贺卡"。

李凖是个重感情的人。每次相见,他往往要问到河南文坛的老前辈。他常说他很喜欢河南的先师先贤,很注重从他们身上吸取营养。他认为,对于他的血型来说,他们适合他。有一次席间,他突然插进来问:

"谢瑞阶谢老怎么样啊?"

"身体还不错啊。他的书画集首发式上,我看他气色蛮好,面有红光,讲话时思维清晰。九十几岁的人了,这样有精神,很难得了!只是眼睛不大济事了。"我说。

在场的王成法同志接过了话题:"谢老的眼睛确实不大行了。有一次我陪人去见他,趁他高兴的时候,请他写字。写完后,他拿起放大镜,眼睛瞅着说:'写上了没有?写上了没有?'"

"这话是谢老的话。'写上了没有?'这话像他说的。"

李凖被这个细节激动起来,他品味着谢老的话,同时打开了记忆仓库似地说:"在郑州,我对谢老是以父辈对待的。我们原来住在一起。我调到北京后,他常在上午上班时,在门前怔怔地站上半个小时。问他干啥?他说我在这儿站一会儿也好受!他的意思是站着看我去上班已成习惯了。但过去是实际,现在是在想象中。"

"谢老这个细节有雕塑感。"我也品味着说,"它使我想起一个类似的细节。老于部长一生嗜烟如命,逝世前,有一位老朋友去看他,他们是'烟友',于部长此时已经不能说话了,就伸出食指和中指到他面前,什么也没说,意思是烟,要烟!"

我的话引起了在场的于先生的首肯。老于部长是他的父亲。于先生说:"确实是这样。老头说过:'先断气,后断烟。'这一下,实践了。"

我评论说:"这一切,用在文学作品中是很精彩的。"

"不得了,编是编不出这样的精彩的。"李凖说。

这一切,都像刚刚发生的一样。李凖仍然生活在文学豫军中间。

原载《牡丹》2000年第3期

研究论文选辑

在生活的激流中前进
——谈李准的短篇小说

冯 牧

在我们青年一代的作家里,以擅长描写农村斗争生活为读者所熟悉的李准同志,应当说是劳动辛勤而且收获丰硕的一个。几年来,除在电影以及其他方面所做的值得重视的努力以外,他发表了将近四十篇短篇小说。在不久前出版的短篇选集《车轮的辙印》,收入了他的创作当中较有代表性的一些作品。虽然这本选集还不能说是很完善的,其中一个重要的缺陷,是有些代表作者较高创作水平的作品(例如《两匹瘦马》)被遗漏了,同时又选入了个别较差的作品,但是,我觉得它大体上还是可以被看作足以显示李准创作的主要成就和艺术特色的一个缩影。

作者把他的作品题名为《车轮的辙印》,应该说是意味深长的,能够表明作品的主要内容和主题思想的。在读过了作者的全部反映农村生活的短篇作品之后,在我们思想中首先闪现的一个想法是:这些作品,尽管在艺术质量和思想水平上还存在着高低精粗的差异,然而,它们却可以说是相当生动地、完整地和准确地反映了我们广大农村几年来所经历的无比激烈而深刻的社会主义改造和社会主义革命运动的基本进程。这是一些富有时代特征、时代精神的作品,是一些通过丰富的艺术形象为我们描绘了几年来广大农民的生活面貌与精神面貌的发展变化的作品。它们是新时代和新事物的颂歌,它们是滚滚前进的历史车轮所遗下的鲜明的辙印。

李准同志的全部短篇作品可以使我们清晰地看到一位在新社会成长起来的青年作家,在孜孜地探寻着创作道路时所走过的坎坷和曲折的历程。那些在不同时期所写成的不同内容与不同特点的作品,都表明了作家在党的指引下如何终于为自己确定了一个健康而坚定的发展方向。这位作家在开始走上文学生活的道路时,由于他和农村劳动人民长期和密切的联系,他就为自己选择了一条正确的路向。他最初的一些作品,部是充溢着强烈的革命精神和政治热情的。他的著名的短篇《不能走那条路》对于现实生活所发生的实际影响,说明了作者是和人民当中的先进力量紧紧站在一起的,是让自己置身在社会主义的潮流中间,把文学作为推动工作的战斗的武器来运用的。其后,虽然作家在思想上和艺术上也有过一个短暂时期的迷误,由于没有得到思想的改造,受到了几年前曾经泛滥的资产阶级文艺思想的冲击,他的创作曾经一时地染上暗影,写出过像《灰色的帆篷》那样的倾向不良的作品。但是在党的关怀和批评教育下,作家很快就回到了创作上的康庄大道,而且是日益坚定地和日益熟练地掌握了文学创作的武器。他的创作方向是明确而健康的,他的逐渐趋向成熟的每一篇作品,都显示了这位作家在创作上的一个最为触目的特点:他总是自觉地和主动地把自己的创作活动同当前的革命斗争和政治动向紧密地结合起来;他能够满怀热忱地置身在斗争生活的漩涡中间,让自己的生活和思想的根须深深地植入到劳动人民生活的底层中去;他常常是力争做到敏锐而迅速地把现实生活中的一些巨大的变革和斗争、一些新生事物的滋生和茁长,通过艺术形象表达出来。

就是这样,在不长的几年之间,在我们面前就出现了这样一些无论在质量上或数量上都值得重视的作品。这些作品,从每一篇的角度看来,也许只不过描写了农村革命斗争生活的某一个时期和某一些侧面,但是,整个看来,它们却足以构成一幅巨大的生动地反映了十年来农村生活的日新月异的崭新面貌的鲜明的图画。

关于李准的短篇作品的艺术特色,在许多方面都是值得深入探讨和谈论的。在其中,我以为表现得比较强烈和突出的,主要的恐怕是以下这样的一些方面。

善于在农村日常生活中敏锐地发掘新事物并且热情地反映新事物在斗争当中的巩固和发展,是李准创作当中的一个最为突出最为可贵的特点。李准是在我国完成了土地改革、广大农村进入伟大的社会主义革命时期,才开始自己的创作劳动的。在以后的几年间,在农村中就展开一场激烈、深刻而又广泛的斗争,这就是社会主义和资本主义两条道路的斗争,无产阶级思想和资产阶级思想以及一切旧思想旧习惯的斗争,蓬勃生长的新事物和负隅顽抗的旧事物的斗争。正像毛泽东同志所说的:"社会主义这样一个新事物,它的出生,是要经过同旧事物的严重斗争才能实现的。"作家李准就正是在这场激烈而丰富的斗争中学会掌握了文学创作这一战斗武器的。根据他自己的叙述,在他开始创作的时候,"是很少存在着什么想要成名成家或是其他属于个人目的的想法的。而只是根据自己的生活经验,根据自己在亲身参加实际斗争生活中所产生的不可抑制的政治热情,根据自己想要用写作工作来对实际生活进行具体帮助的朴素的愿望,才动手创作小说的"。他最初的两篇产生了广泛教育作用的作品《不能走那条路》和《白杨树》就是在这样一种愿望下写出来的。这两篇作品,尤其是前者,可以说是最先运用了艺术形象在文学领域中为我们揭示了广大农村中两条道路两种思想的尖锐冲突的作品。而这一决定了农民生活命运的矛盾和斗争,在作家创作出这两篇小说时,由于合作化的高潮还未到来,还不足以发展得十分明显和激烈,因此,还不是所有的人在当时都能够正确而深刻地看到和理解这一斗争的重大意义的。但是,李准同志却以一种敏锐的观察发掘了这一重大的主题思想,并且以一种坚定地维护和支持新事物、推动社会主义事业发展的炽热情感,通过相当生动和富有说服力的艺术形象体现了这一主题思想。这样,就使这些作品在艺术上已经很成熟和臻于完美了。当然,应该说,在艺术上还是显露了不少粗糙的痕迹的。作品的主人公(表现了有浓厚的农民自私保守观念的董守贵和他的先进的儿子进明)的个性还不是丰满的,并且多少还可以从他们身上窥见《不能走那条路》当中一些人物(如宋老定和他的儿子东山)的性格的影子。但是,在这里重要的不在这一点,重要的在于这些作品,以一种敏锐的政治洞察力为我们发掘了我们生活当中重要的矛盾和斗争,展示了我们生活中间正在成长着的(即使目前还是萌芽的)新事物和新思想——而这种新事物和新思想,不管遇到的抵抗是多么顽强、多么固执,最后将推动人们奔向新的生活方向——社会主义和集体化的方向。

从李准最早的一些作品里可以看到这种艺术特色。这种艺术虽然还不够成熟,但却表现了一个艺术家对于生活的敏锐感和高瞻远瞩的观察力量的可贵特色,在作家以后的创作当中,是继续被贯彻下来了,而且,在有些优秀的作品里还得到了进一步的发扬。作为一个自觉地投身到群众运动和斗争生活的激流当中的作家,李准从来都不仅不回避,并且常常是十分主动地及时地以自己的创作来为实际斗争和革命任务服务。看来,在他的创作中,也从来没有产生过任何创作与"配合任务"的"矛盾"。这一点,如果我们读了李准的全部作品,就丝毫不会感到诧异了。他的作品的题材和主题,几乎都是反映农村中新事物的成长以及新旧意识的矛盾斗争的。而这些斗争,也只有在各个时期、各种不同的重大任务和群众运动里才会得到鲜明而集中的表现。因此,作家的艺术构思和人民生活中的政治运动实际上总是自然而然地、水乳交融地结合在一起的。只是,随着作家在斗争生活中的更加深入,随着他在思想上和艺术水平上的不断提高,他对于这类题材和主题思想的观察能力和概括能力,也表现得日益成熟了。假如说,在《白杨树》中间,对于集体化思想与个体农民思想之间的冲突的描写,还遗留着某种简单的痕迹,那么,这种弱点,在作家以后的许多接踵发表的优秀作品里,就不大容易觉察到了。他依然是时常使他笔下的人物置身于尖锐的新旧思想的斗争之中,但是,他们行动在其中的生活环境,比起以前的某些作品来,却是无限地开阔和大大地丰富了。同样是对于自发势力和资本主义思想的批判,我们在《陈桥渡口》这篇作品里所看到的,已是另外一番景象了。这篇篇幅虽短,却是寓意深长的喜剧式的作品,只用了寥寥笔墨,就如遒劲的速写画似地描画出了两个生动的人物肖像:一个满脑子资本主义投机思想的社干部刘二喜,另一个是忠诚精明、对集体事业充满了主人翁的责任感的社员金岭。他们之间的冲突并不是以正面的长篇辩论的形式出现的,而是通过了一些富有戏剧性的行动和个性化的明快的对话来鲜明地表现出来的,同样是对落后农民的旧意识和旧习惯的针砭。我们从那篇深刻地揭示了农民精神面貌变化的作品《一串钥匙》里所看到的,却又是另外一派生活场景,在人民公社化以后的日子里,所有的人从生活习惯到思想都得到了彻底的解放,而人们就是在这样一种充满信心与欢乐的气氛中来埋葬着一切旧意识和旧事物的。作为旧思想旧习惯的代表人物白封举,他是一位有二十几口人的家庭的"家长"。在共产主义思想的推动下,全家人都在欢欣鼓舞地向着美好的生活前进,而他却一直在恋恋不舍地(虽然也是徒然的)保守着他的"家长权力"。那"家长制"最后残余的象征——十几把钥匙紧紧地挂在他身上,压得他几乎寸步难行,无法和人们一同前进了。但是人民公社具有无比强大的思想力量,他终于无可奈何地一把把交出了他的钥匙,同时也交出了他残存在头脑中的陈旧的"家长制"思想。乍一看,这篇小说似乎只不过是篇批判旧事物的作品,但是,在这篇作品的字里行间,却又分明地闪烁着那欢呼社会主义制度的强大生命力量和歌颂新事物的伟大胜利的思想的光芒。从这篇短小而轻松的作品里,人们可以毫不迟疑地得出这样的结论:在人民公社的光照下,人们头脑中的新思想正在蓬勃生长,而那些残存在某些人头脑里的旧意识,正在节节败退、逐渐消亡。这是一篇新的喜剧式的作品,而这出优美动人的喜剧的主题思想,却并不仅仅是为了嘲讽,也不只是为了鞭挞,而是像马克思所描述过的那样:这种喜剧的目的是"为了使人类笑着同自己的过去告别"。

随着社会主义革命和社会主义建设在农村中一日千里地进展,各种标志着新的社会特点的新事物,像雨后禾苗般地蓬勃生长着。这些新事物在刚刚萌芽时,往往是不容易为人们辨识和接受的,但生活的发展法则却决定了这些萌芽的新事物的无限强大的生命力。李准同志可以说是满腔热情地毫不置疑地从许多方面来歌颂和促进着这些新事物的成长。在人民公社成立的几年前,他就以一种炽热的信心和敏感,在小说《农忙五月天》中描写了带有共产主义萌芽性质的新事物——农村托儿站的生长。小说里的主人公是一位积极而忠诚的女社员周东英,为建设事业的崇高理想所鼓舞,在党支持下她决心采取办好托儿站的办法来增强社里的生产力量。她遇到了不少旧意识和保守思想所带来的阻碍,但终于使自己的事业取得了胜利。这篇作品并没有多少曲折的情节,但却有着一种朴素而真切的说服力量。人们会情不自禁地为女社员周东英不屈不挠的工作精神所感动，并且毫不置疑地相信：像托儿站这类在生活土壤中产生出的新事物，目前虽然还只是嫩芽，但它们在社会主义的阳光雨露下必将成为参天大树。另一篇题材相近，但艺术感染力却更强烈的作品《三月里的春风》，以一种欢快而明朗的笔调，通过对人民公社敬老院的动人描绘，从人民生活福利这个角度为我们展现了人民公社的耀目的光芒。如果说，我们在《农忙五月天》里所看到的，还只是社会主义新事物如何在排除艰难地生长，那么，我们在《三月里的春风》里所看到的，已经是满园春色和一派社会主义的灿烂阳光了。在这里，我们可以深切地感到，崇高的共产主义思想，不仅可以使人们建立起一个崭新的社会制度，而且也能够使人们在生活中建立起一种新的社会关系和道德风尚。

在近两年里，李准同志为伟大的人民公社的建立和发展贡献出了大量的篇章。在他的许多反映公社生活的作品里，《人比山更高》不能算是在艺术上最成熟的一篇，从形式上来看，它也许只能算作一篇特写，而且对于人物的刻画还没有达到很丰满的境地，但是，它却能够使人感到，这是一首对于人民公社的热情澎湃、豪迈壮丽的颂歌，是一幅散发着理想主义光彩的、描绘人民公社的美好生活前景的动人的图画。从这篇作品里，你可以感觉到，人民公社具有何等巨大的改造生活、改造大地的威力，它在人们的精神生活中产生了多么深沉而崇高的战斗力量。

李准不但对于新事物的成长唱出了热情的颂歌，并且对于新的人、新的性格的成长，也唱出了他的热情的颂歌。我们综观他的全部短篇作品就可以看出，不论作品的题材和内容如何，作家在他的大多数小说中总是力图创造和反映出新人的形象和新的性格的成长。诚然，他在这方面的创造并不总是获得了成功的，他的有些作品的人物形象还是缺乏血肉的（比如《白杨树》、《野姑娘》、《五部水车》等），有些作品还存在着反面人物形象的艺术光彩盖过了正面人物，而还有一些作品在人物形象的塑造上则是失败的（比如《没有拉满的弓》），但是，应当说，他的多数作品，在塑造劳动人民的先进人物形象方面，却是贡献了富有创造性的劳动。在许多优秀作品里，尤其是近两年发表的作品里，他成功地塑造了许多生动、性格鲜明的正面人物的形象。我们粗略地回忆一下，这许多人物形象便会立即出现在我们的记忆中。在他们中间，我们自然会首先想到那刚正无私、以社为家的孟广泰老头和《两匹瘦马》中的勤劳淳朴的韩芒种来，我们也不会忘记那两位全心全意献身给群众事业、具有共产主义风格的青年人——复员军人吴忠信（《三月里的春风》）和女社员周东英（《农忙五月天》）。接着，在我们的印象里也会出现《信》中那位母亲的坚毅的身影和《雨》当中的忠心耿耿的饲养员张存厚在大雨中驰马飞奔的雄姿。《小黑》里面的陈小黑的朝气蓬勃的身影会引起我们的无限喜爱和关怀心情。而《两代人》当中的两位新型妇女——母亲高秀贞和女儿高珠珠,则会让我们发出欣悦的微笑来。自然,李准在他的小说里不只刻画了普通劳动人民的光辉形象,并且也成功地塑造了一些思想上存留着浓厚的传统观念的老一代农民的形象,其中著名的一个就是《不能走那条路》里面的宋老定。但是,在他所创造出的人物群像中占据了主要行列的,却是那些能够反映新的农民精神特征和新的性格特点的英雄人物的形象。

是的,对于我在这里毫不犹豫地提出的"英雄人物"这样的字样,也许,有人会发出这样的疑问来:这些人物也可以算作英雄形象吗?他们既没有经历过生死存亡的重大斗争,又没有创立过杀敌立功的业绩,这难道也算是英雄人物吗?的确,我们在李准的作品里看不到黄继光式的英雄,但我们却看到了另外一种英雄——那种把自己的全部精力和行动、全部热情和决心都贡献给祖国建设事业的英雄,那种全心全意、勇往直前地为社会主义事业而劳动着的英雄。这些貌似平凡的普通劳动者身上,难道不正是极其突出地体现了我国人民的干劲冲天、壮志凌霄的英雄气概吗?

前面已经提过,李准所创造的正面人物形象并不是个个都是深刻而丰满的。然而他们却大多数是既有鲜明的思想特征又有活跃的个性的。在这些人物身上,除了那些各自相应的人物个性(比如孟广泰的耿直刚强,韩芒种的乐观随和),他们大都表现了一些共同的突出的特点,一些足以显示我国的新农民或者说是正在无产阶级化的农民的特点。在李准的小说中,我们不是时常可以遇到这种神采焕发的人物的画像么!他们都是正直善良的劳动者,身上禀赋着我国劳动人民的种种美德:勤劳勇敢,坚韧顽强,热爱劳动,对未来充满了信心和希望,他们又都是伟大革命事业的忠诚的拥护者。而这种崇高的政治理想和他们身上的美好品德结合起来,就立刻闪发了新的夺目光彩。这是一些忠心耿耿、为公忘私的人们,这是一些干劲十足、敢想敢做的人们,这是一些勤劳纯朴、埋头苦干的人们。我们来看看孟广泰老头,表面看来,他仿佛只不过是一个正直而孤耿的老头子,但是他的这种正直和孤耿却完全是建立在一种崭新的思想观念和道德观念的基础上的,他的一言一行都带着一种主人翁的气概,他的刚直和忠诚、他的大公无私,都是在一种新的道德信念下的自然流露,而这正是这个人物形象的深刻感人之处。另一个光彩奕奕的人物韩芒种,有着和孟广泰截然不同的个性,他也是坚强而正直的,但他在日常生活中所表现出来的个性却又是平易随和的。他是个乐天派,甚至当着人面也会和他老婆开个无伤大雅的玩笑。但是,在发扬革命干劲这一点上,在努力增进集体利益这一点上,他却是一个无比坚强和执着的硬汉子。他身上具有那种传说中的愚公的毅力。在生活中,他可以完全不为一些琐事末节而斤斤计较。但在工作中,他却顽强地保持着一个观念:伟大事业是从一点一滴、一砖一瓦积累而成的。因此在执行着这样的神圣的职责中,他是锱铢必争的。你说他是个平凡的庄稼汉吗?但是,他却有着多么了不起的雄心大志:他决心使他们的穷队富裕起来。他甚至做出别人认为不可能的事来:他要让两匹奄奄待毙的牲口起死回生!他终于胜利了。这是共产主义风格的胜利,这是社会主义事业的胜利,这是我国劳动人民新的性格的胜利。我认为,说韩芒种这个人物,是一个深刻地体现了我国革命农民的新的性格特征的出色的艺术形象,是一点也不过分的。假如说,在韩芒种身上,我们所感受到的更多的还是一种农民的气质(虽然是一种新型的农民气质),那么,《三月里的春风》中的吴忠信带给我们的印象,便是一种已经无产阶级化的劳动人民当中的先进分子的性格和气质了。就人物的性格来说,吴忠信不像韩芒种那样写得笔酣墨饱的,但是,这个人物却能够以他的行动使人深切地感到一种扑面而来的蓬勃的革命朝气。在吴忠信身上,已经不大能够找到那种属于农民意识的些许痕迹,其实他也是这样来看待自己的。他已经脱下了军衣,可是他不是在另一个岗位上执行着他的战斗任务吗?党要他办好敬老院,这对于他,不啻是让他执行一次夺取新阵地的战斗任务一样的重要和不可动摇。而这一切又都描写得那样质朴而自然,使人不禁会深深相信:在我们的广大农民中,正在成长着新的性格。这种已经完全摆脱了旧意识的沉重影响的新的劳动者的性格,在吴忠信身上已经发出了悦目的光彩。

　　我们还可在其他作品中的人物身上发现这种性格的闪光,但是,我们也许不必再一一赘述这些人物的各自的性格特色了。在这里值得我们注意的是,在李准许多的作品里,对于这种正在我们新的社会条件下成长的新农民的性格,都进行了或深或浅的探索与创造。有些作品,就全篇来说,还不能说是很成功的,但我们也还是可以像发现某些艺术品中成功的细部似地,从中看到一些描写得生动的革命农民的肖像。我认为《冰化雪消》就是如此。作为一篇力图揭示出农业合作化发展中出现的复杂的矛盾的作品,《冰化雪消》不能说是写得深刻而生动的,我觉得这是一部在艺术构思上还不够成熟、在生活细节的描写上也缺少血肉的作品。但即使如此,这篇作品里的主要人物之一郑德明——一位淳厚无私、胸怀磊落的农村共产党员的形象,应当说还是写得真实可信、轮廓分明的。

　　李准能够在发掘和反映革命劳动人民新的生活面貌与精神面貌方面取得值得重视的成就,主要是得益于哪些方面的努力呢?无疑地,这自然首先应当归功于这位作家对于农村革命运动和斗争生活的饱满的政治热情,归功于他和广大农民的持续而密切的联系以及由此获得的丰富而深入的农村社会生活知识，归功于他对农村劳动人民从思想情感一直到语言风俗的熟悉。但是，同时我以为也要归功于作者在探索一种宜于表现农村生活的、尽可能群众化和民族化的艺术形式和艺术风格方面，所做的卓有成效的辛勤努力。在李准的几十篇小说中，在艺术上并不全是完美的和具有自己独特的风格的，但是，它们中间的多数作品所达到的显然是日益趋向成熟和丰富的艺术特色，却说明了作者在艺术上是在不断地开拓着新的境界和不断地提高着自己的水平的。他在几年来发表的一系列作品，正好标志着一位作家从摸索走向成熟所经历的一段艰辛的历程。假如说在李准最早的几篇作品中，还表现了那种青年作者所难以避免的疏粗的缺点的话，那么，在他近两年所写出的一些作品里，便已经开始显露了一种比较稳定和鲜明的富有性格的艺术特色了。当然，还不能说，作为一位小说家的李准已经树立了自己的独特艺术风格。但是，根据他的那些优秀的作品，我们却有理由提出这样的殷切的期望来：我们希望作家在经过今后的长期艰苦努力之后，能够使自己的艺术特色获得进一步的巩固和发展，并进而建立起自己的健康而完美的独特艺术风格。

但即使如此，我们从李准目前的创作当中，也还是不难发现一些值得我们重视的鲜明的艺术特色的。李准是一位善于从日常生活中摄取精粹并把它们编织成娓娓动听的故事的作家，是一位善于通过日常劳动生活来反映出时代脉搏的跳动的作家。他在艺术形式上所竭力追求的，是那种异常的平易和朴素。他的有些作品的语言和结构，使人感到简直就像农民一样本色和淳朴。但他在作品中所运用的艺术手法却绝不是单调和贫乏的。尽管写的大都是农民日常生活当中所发生的事件和矛盾，但它们却常常具有各自不同的气氛和特色。他能够从许多不同的角度和场景来表现生活。他有时让他的人物在一个生活的横断面上出现，让他在刹那间闪现出性格的火花，如《雨》和《陈桥渡口》所表现的那样；他有时让他的人物身处尖锐的思想冲突之中，让他们在一种激动的情绪中把心灵袒露在我们面前，如《一串钥匙》和《"三眼铳"掉口记》所表现的那样；他有时仿佛对他的人物做着正面的个性的考察，让作品里的一切故事和细节都紧紧地跟着人物性格的发展而发展，如《两匹瘦马》和《两代人》所表现的那样；他有时又把他的人物和故事笼罩一层浓烈的抒情色彩，这时，作品仿佛又变成了一曲轻曼委婉或是激昂壮美的生活颂歌，如《小黑》和《人比山更高》所表现的那样。

是的，李准在艺术上的特色是朴素而浑厚的，但又是丰富而多样的。自然，由于艺术上的不够成熟，他对朴素的追求有时做得有些过分了。这就使他的某些作品显得过于质朴无华了。有些作品，由于过分追求所谓"平易"和"本色"，而失掉了某些应有的艺术光泽（我曾经不无遗憾地想到：假若《两代人》这篇作品的语言更有光彩,生活细节更丰满些,无疑是会成为一篇更为优秀的作品的)。但是,就他的全部作品所显示出来的发展脉络来看,作者是在沿着"质朴而多样"这样的道路来进行着自己的艺术探索的。他在一切作品里,几乎都尽量地避免着那种为农民群众所难以接受的艺术手法,他的作品中几乎找不到任何冗长的静态的心理剖析和自然描写。他总是喜欢从一开始就把读者引进故事和生活中间去。他也很少在作品里现身说法,而是通过富有地方色彩的幽默生动的语言,让他的人物和形象自然地表达出整个作品的主题思想来。这些都是很可贵的特色。

虽然如此,他的作品的思想内容却常常都是尖锐而强烈的。在他的作品里,对于生活的质朴、清新和真实的描写,常常是能够和强烈的政治热情、明确的主题思想融为一体的。这就使他的作品,和有些作者那种由于一味追求身边琐事、追求某种朦胧的情趣和意境,因而使主题思想晦涩不明的作品,不但没有什么共同之处,而且实际上是形成了强烈的对照的。

我在这里对于李准同志的小说所作的粗略的分析自然是很不全面的。我所以愿意在这里谈出我在读过作品之后的一些粗浅的感受,是出于它们使我产生了比较深刻的印象,而这种印象也就自然地同时使我产生了殷切的愿望和信心。我希望并且深信:我们这位孜孜不倦地为反映我国农村斗争生活而付出了辛勤劳动的作家,在未来的日子里,在人民公社化运动取得更为辉煌的成果的美好生活中间,一定能够更加坚定地投身到群众运动中去,一定能够继续在革命生活的激流中进一步改造和提高自己的思想,一定会写出无论在思想深度或是艺术质量上都更加成熟的作品来。

原载《文艺报》1960 年第 3 期

李准的创作

洪子诚

　　李准在建国以后新出现的表现农村生活的作家中,是产量丰硕而又成绩显著者之一。李准(1928—　),河南孟津县人,从小生活在农村,参加过农业劳动,当过学徒、职员、教师,一九五二年开始写作。二十多年来,他写了四十多篇中短篇小说、十几部电影剧本,还有话剧、戏曲、散文等作品。短篇集有《不能走那条路》、《两匹瘦马》、《芦花放白的时候》、《夜走骆驼岭》、《车轮的辙印》,这些是五九年以前的短篇选集。一九七七年出版的《李双双小传》是作家编选的建国以来中短篇代表作。

　　从李准的作品中,大体可以看到建国以后十几年我国农村经历的激烈而深刻的发展过程。作家在《李双双小传》的后记中说,从这些短篇小说中,"可以粗略看到一点我国农村社会主义革命的缩影。从土地改革后,农民要走什么道路,到一九六四年前后巩固发展人民公社,这十多年间,是充满着革命严峻斗争和生活蓬勃发展的过程。广大劳动人民在斗争中,创造着新的革命精神和道德风尚,同时也创造丰富着社会主义制度。由于这十几年是处于社会主义改造的时期,很多故事中,是反映他们怎样把'旧中国'的'旧'字,换成'新中国'的'新'字"。

　　李准的作品在思想的高低和艺术的精粗上是不平衡的,它们又都有比较突出的艺术特色。置身于生活的激流之中,自觉地把自己的创作活动同当前的革命斗争和政治运动结合起来,敏锐地提出现实生活中的问题,这是李准短篇一贯的特点。一九五三年底他发表了短篇《不能走那条路》,这篇并非没有缺陷的作品之所以受到重视,在实际生活中产生较大影响,就是因为它是比较早而且比较有力地反映农村两条道路斗争的作品。作品塑造了宋老定这个有一定深度的人物形象,写出了一个翻身贫农想当"置业手"走买田发家道路这种农村阶级分化的现实性,并且尖锐地揭示了这条道路的危险性质;也按照生活逻辑,真实地显示大多数农民有接受党的教育,虽然不无痛苦地走上集体互助道路的可能性。

　　李准对农村生活是比较熟悉的。他的作品,绝大多数都显示他对生活有真切的感受,有比较浓厚的生活气息。作品反映的矛盾、描写的事件,虽然与现实斗争和政治运动有较密切的联系,但较少出现图解政策或从某种现成概念出发的情况。一九五四年的中篇《冰化雪消》描写了农业社建立以后社与社之间出现的矛盾,农民群众狭隘眼界造成的本位主义与农村阶级斗争纠结在一起。《冬天的故事》反映合作社内部的冲突,提出依靠群众民主办社的问题和正确处理集体利益和个人利益的关系对巩固、发展农业社的重要性问题。这些矛盾和问题都是从现实生活中提出的,是当时表现农村的短篇很少触及的。就以《白杨树》这个写父子之间在互助合作问题上的冲突的短篇来说,虽然这类作品在当时不少,但李准的长处是具体地正面描绘互助组集体劳动的图景和在集体劳动中建立的新的人与人的关系,表现了新生事物对农民群众产生的感召力,而摆脱了单纯靠天灾人祸等意外事故促使落后农民转变的套子。另外,伴随着集体生产的发展而提出掌握新技术和新农具的重要性(《在大风雪里》),为了进一步解放生产力,提出把妇女从小家庭生活圈子中解放出来的问题(《农忙五月天》),都显示了上述的创作特色。这个特色,一直继续到后来的创作。

李准前期作品的弱点表现在另一方面。虽然他的故事和人物是从活生生的生活土壤中来的,但可能过多考虑对现实斗争配合的迅速及时而加工锤炼不够,或者艺术概括能力还有待进一步提高等原因,他对这些问题、这些复杂矛盾的挖掘有时显得欠深入,常给人有对材料驾驭不住的感觉。《冰化雪消》、《冬天的故事》等作品中这种概括、提炼不够的缺点,不仅表现在情节上的松散拖沓,而且表现在思想上和形象塑造上不同程度的模糊。

一九五七年前后,李准写了《灰色的帆篷》和《芦花放白的时候》等短篇,前者批评一个县文化馆馆长在生活中没有主见,以上级领导的个人好恶而见风使舵,后者痛责以卑劣手段遗弃自己农村的妻子的喜新厌旧的干部。评论界认为这些作品表明作家"曾有一个短暂的迷误","受到泛滥过的资产阶级文艺思想冲击,创作曾经一时染上暗影"。应该指出,达两个短篇并不是没有缺点,但责备为错误倾向却并非妥当。作品中呈现的注意现实生活中多方面的矛盾、不回避矛盾的尖锐性质、不掩饰现实生活中的阴暗侧面的创作思想,不应受到否定。由于当时对积极反映现实矛盾的"写真实"、"干预生活"的主张采取不加分析的批判态度,短篇小说在五八年前后一个时期出现思想肤浅的情况,李准的创作也未能避免。《参观》、《夜走骆驼岭》由于近乎生活速写,可以不提更多的要求,但是比较为人们所赞扬的《三月里的春风》、《两匹瘦马》等等,也有把农村生活斗争写得过分轻易的毛病,前期的作品在反映农村矛盾冲突上不受束缚的优点有所削弱。

李准很注意农村新人形象的塑造,也获得比较突出的成绩。这里有坚决走互助合作道路而又对落后群众做耐心细致的思想工作的进明(《白杨树》),有心胸开阔的农村基层干部郑德明(《冰化雪消》),有一心爱社的饲养员张存厚(《雨》)、孟广泰(《孟广泰老头》),有为改变穷队面貌干劲十足的韩芒种(《两匹瘦马》)。《信》(又名《妻子》)中的媳妇申志兰,在丈夫在朝鲜前线牺牲之后,编造来信安慰婆婆,承担了巨大的精神上的痛苦,在生活和集体劳动中表现了高度的勇敢和坚毅,并表现我国劳动人民之间那种在患难之中互相依赖支持的美德。与那种认为申志兰形象缺乏鲜明时代色彩的观点相反,我认为,这一形象身上,体现了中国劳动妇女传统品德在新的历史时期焕发的光彩。

一九六〇年发表的《李双双小传》、《耕云记》等,表明李准创作达到一个新的水平。李双双、肖淑英等人物,形象鲜明生动;尤其是李双双,可以说是建国以来文学创作塑造的成功的典型人物中的一个。《李双双小传》的内容,带有"大跃进"的某些虚假的错误痕迹。但李双双这个人物的性格核心,却不是浮夸的潮流的产物。李双双的生活经历,一定程度上概括了我国农村先进劳动妇女在社会主义革命运动中,有代表性的生活道路:从丈夫孙喜旺的"屋里人"、"做饭的",到要求冲破小家庭的羁绊成为农村社会主义新人的道路。在这个形象上,中国劳动妇女勤劳、坚强、柔顺的美德和新的思想融合在一起,构成一种更新更美的性格内容。这就是投身于火热的集体劳动和斗争生活的渴望,对大男子主义明哲保身等陈腐思想习惯不妥协的斗争精神,以及无私公道、泼辣敢闯的思想作风。《李双双小传》是对农村社会主义新人的赞歌。李双双和孙喜旺的家庭关系所产生的深刻变化,表现了时代潮流的巨大冲击力量。

与李准另外一些比较成功的描写农村新人形象的作品相比,《李双双小传》更注意从生活矛盾中、从比较开阔的生活背景中来表现人物性格成长的生活依据,追索时代和生活对人物性格形成的影响;同时,也克服了过去某些作品侧重故事叙述、在人物刻画上功力不足的弊病,注意从多方面塑造人物。运用有深刻表现力的细节和心理描写,提炼有独特个性的人物语言,这些都是加强人物立体感的有力手段。稍后李准的《春笋》、《清明雨》等短篇虽不及《李双双小传》,但也有较高水平。

李准的创作有自己鲜明的个性,他讲究适合农村欣赏习惯的朴素、明朗、平易的风格,注意作品的故事性。茅盾对他的艺术风格曾有这样的概括:"洗练鲜明,平易流畅,有行云流水之势,无描头画角之态。"(《反映社会主义跃进的时代,推动社会主义时代的跃进》)李准很少着意雕刻,对人物的肖像、心理,对生活环境、风物习俗也不作很多静态的描述。他重视细节描写,善于使用白描的手法,从人物的行动中、从性格冲突中去刻画人物。故事结构上,大多层次清楚,自然顺当,并不在构思曲折的故事和奇巧的情节安排上下功夫。但李准也不完全拘泥于这种表现方式,《耕云记》就相当着力于波澜起伏的故事的组织和环境气氛的渲染,也达到很好的艺术效果。

选自《当代文学概观》,北京大学出版社,1980 年

李准语言风格述评

杜田材

阅读李准的作品,总会感到一股扑面而来的河南味、李准味,确切地说,应是李准化了的河南味。这就是作家鲜明突出的艺术风格和语言风格。李准十分重视语言的积累、吸收、运用和创造。他那浑朴灵秀的语言风格既是作家艺术殿堂的重要支柱,又是作家艺术风格的表现形态。本文试图对作家李准作一侧面观照,对其语言风格的特点构成及发展演进作些探讨,并来品味一下作家探索、追求中的甘苦得失。

语言对生活的反映是一体两面的,既有个"说什么"问题,又有个"怎么说"问题。"说什么"指的是语言反映生活的客观内容,"怎么说"指的是作家反映生活的特殊方式。语言风格是语言的客观内容和作家的主观气质和谐一致。它是在"说什么"的制约中萌发,在"怎么说"的匠心经营中完成的。我们在考察李准语言风格的时候,自然要看到作家语言的客观来源和血缘联系,而着重点还在于审度作家驾驭语言的主观创造。

对于自己语言的三个主要来源,李准作过多次表述:一个是生动活泼的河南大众语,一个是乐府民歌、古典诗文和戏曲唱词,一个是鲁迅、茅盾、巴金、老舍、赵树理等现代作家的作品。这是李准语言的母体。应该说,来源是优厚的,但是,作家并没有将这些语言材料生吞活剥地搬挪到自己笔下,而是按照自己的审美追求和语言气质遣词造句,描绘人物,铺写场景,开拓了属于自己的语言天地,从而熔铸了鲜明突出的语言风格。

这个语言风格的基本内容主要有以下几个方面。

一、自然流畅

这主要表现在作家的叙事艺术上。他的叙事,熟谙事情的内部机理和外在气韵,常能找到一条顺势婉转的线索和俯仰得体的辞藻,"有行云流水之势,无描头画角之态"(茅盾),读来娓娓动听。《黄河东流去》有一段述说黄河态势的文字颇能说明问题:

黄河是"铜头铁尾豆腐腰"：从青海、甘肃到郑州，两岸多是高山，约束着河水，很少泛滥，所以人们把它称为"铜头"；郑州以东，黄河奔入大平原，"哗"地一下像扇面似地撒开，河滩足有十多里宽，两岸全凭大堤拦护，这一段决口最多，因此被叫作"豆腐腰"；济南以下，东流入海，河道又窄起来，叫作"铁尾"。

这段话，先用三个形象的比喻道出黄河的总体风貌，接下去说头、释腰、解尾，"外文绮交，内义脉注"（《文心雕龙·章句》），逐层递进，流贯一体，加之行文的繁简交互、长短错落所造成的音韵和谐，成功地展示了黄河东流入海的天然形状，显得流畅自然。还须加以申说的是，小说那个为人称道的开头，展示了作家叙事语言艺术的另一种风貌。"世界上有多少伟大的河流啊！"小说以此语总领全章，首先述及了美、欧、亚、非的著名江河，诸如世界第一大河亚马孙河、第一长河尼罗河、世界上船只最多的密西西比河、欧洲第一大河伏尔加河、像一条绸带的多瑙河，以及被誉为欧洲"流动的历史"的泰晤士河和被称为"流动的稻米"的湄公河。接着，作家笔锋一转，又描绘了我国的著名江河：长江、黑龙江、珠江、黄河。而对于黄河，又具体描述了她那多方面的特征，称她是中华民族的摇篮和倔强的母亲，写她像一把利剑劈开了崇山峻岭，说她是一条古老的河流、多难的河流。这段文字，内容丰富，头绪繁多，庶几乎构成了一幅世界河流的鸟瞰图画，称得上恢阔错落，洋洋大观。如若不作一番精心调理，读者就会感到乱麻一团。作家的深厚功力，就在于叙事有术，理丝有绪，把种种流向不同、长短不一、貌不相关的河流，纳入了一条"内义脉注"的思想"渠道"。原来作家写世界大河的奇姿异态是为了衬托祖国江河的更可爱，写他国众多的江河又是为了烘托"举世闻名"的黄河，而对黄河多方面特征的描绘，又落脚在她的古老和多难。这就顺理成章地写到了黄河的今昔，说她流着人们的血汗和眼泪，终于跨进了二十世纪，开始唱起了新的歌，顺势婉转地揭开了小说的序幕。作家的叙事是形散神一的。这里的起、承、转、合是不应更易、也不能更易的。

显然，自然流畅已经不是生活的原始形态。无论是势态的纵向发展还是事物的横向联结，都已是作家不露痕迹的巧妙修饰。求自然，关键在于分寸得体地再现事物的音容笑貌，宛若灵韵天成。如若刻意求工，就会显露刀痕斧迹，而不作修饰的被动服从，又会产生散漫或光滑失度的弊病。散漫是流畅的大敌，而光滑失度只不过是一种假流畅。真正的自然流畅是风拂云走，水流波兴，是顺应事物发展关系的和谐驾驭。条理和分寸常常就是一切。正是在这些矛盾的辩证统一中，我们看到了李准自然亲切、明晰条畅的叙事艺术，并可隐约窥视到作家对话本小说和戏曲唱词叙事技巧的借鉴。

二、写意传神

自然流畅还只是李准语言风格的辅助成分,写意传神才是作家语言体系的"脊梁骨"。

李准写人叙事不从铺陈渲染出,常从写意传神来。白描手法是用之得体的。他擅长从家常语、寻常话中展示英采,貌似清淡无深意,实则朴拙而风流,健朗的疏笔之后,常常是动人的颖姿。这个语言特点着重表现在作家对人物的刻画上。

《牧马人》的女主人公李秀芝和许灵均成家之后,养鸡、喂鸭、饲养长毛兔,还收拾了一窝鸽子,把个小家庭料理得又方又圆。邻居牛凤英夸赞说:"怪不得人家叫你海陆空司令,你怎么养什么成什么!连你家清清也养得那么胖!"李秀芝只说了一句话:"我的奶好啊!"——平平常常五个字,可人物对新生活的自得,对持家育人的自信,对受人夸奖的自谦,全有了。韵味多么淳厚!如果我们沿着作家人物塑造的轨迹作一回溯,就会发现这个语言特点是始终贯一的。作家对宋老定、战长河、吉鸿昌、李双双的描绘,无不具此风韵。

《不能走那条路》写到宋老定买地不成、儿子东山又准备借钱周济卖主张栓时,宋老定真的恼了,他发疯一样喊着:"你借!你借!你咋没有把我借给他,你咋没有把你妈借给他!"真是如闻其声、如见其人,一句话道出了人物的自私意识、愤懑心情和火爆秉性。

《老兵新传》写战长河初到北大荒,立志在那里干一番事业时,也只用了一句话,但却是一语落下,掷地有声:"我昨天把坟地都看好了。"

吉鸿昌在美国回答西方记者不友好的诘问时,也是一句话。记者问,日本有飞机大炮,你们什么也没有,凭什么和日本人作战?吉鸿昌斩钉截铁地说:"我们凭四万万五千万人民的鲜血!"一位大义凛然的民族英雄便巍然站立在读者的面前。

至于李双双那句高度典型化和性格化的语言——"我?!公社社员!"就更为人们所熟知了。它一语道出了人物的主人公气质及思想来源,积淀了深刻的社会内容。

李准对人物的描绘始终追求着传神写意的意象美。他非常注意选用最能代表这个人物思想本质和性格核心的语言,用两三句话,甚至用"一句性格化很高的语言","呼出一个人物来"。

写意传神的语言特点,还表现在作家对场景的描绘上。

《龙马精神》有这么一个场面:韩芒种和他爱人蔡秀贞因为喂养瘦马问题闹了矛盾。蔡秀贞又疼男人又怨恨他揽得宽,一气之下,决定要回娘家。她刚走出门儿又折回来,"故意"当着芒种的面唤鸡,"大声"数着"一、二、三、四、五",然后看了芒种一眼,抱着孩子"掉头"走了。这"故意"地唤,"大声"地数,及至最后的"掉头"走了,巧妙地写出了这场生活小风波所包蕴的丰富内涵。它分明是在说:我这是五只鸡,你可得给我看好,丢一只我回来也跟你算账。蔡秀贞确实生了男人的气。但这个气又是有分寸的,因为她分明还准备着回来嘛!这里面又包含着对自己男人的信赖。大概,这些就是这个场面的精神气韵吧。

这还只是一个比较单纯的场面。《黄河东流去》中有一组连贯发展的场面,是更加充分地显示了这一语言特色的。

第三章收尾时,李麦的父亲死了。十六七岁的孤女只好来找二十七八的单身汉青牛,想和他外出拉盐谋个生路。老实巴交的青牛作了大难。这时,作品展开了十分动人的描写:

青牛嗫嚅着说:"你……太小了。"

"十七八了还小哩!就你那红车子我也能推得动。"

青牛又说:"不是。太……太……太……"

李麦这时说:"青牛哥,你就把我当作你亲妹子有啥不好哩。我眼前要有三寸宽的一条路,也不会来找你……"

青牛鼻子酸了,眼圈红了。他最后只说了一句:"你淘米吧。"什么话也没再说就扇起风箱来。

接下去,作品又写了两个场面。一个是:

第二天鸡子刚叫头遍,小车又吱扭吱扭地响起来了。夜雾中走着两个人,青牛在后边推着车,李麦在前边拉着绳。

另一个场面是:

他们整整四年没有回赤杨岗。等回来的时候,李麦已经挽起了髻,怀中已经抱着个小男孩了。

四年岁月,相认,结合,生育,奔波……如果展开来写,无异于一部爱情史话。作家的高明之处,在于能够精细捕捉这段生活的精神气韵:命运的坎坷艰辛和人物的含泪奋进。所以语言的运用也是腾挪跳跃,别具风神。大删大略反倒觉得情意弥增。生活的酸甜苦辣俱在此中矣!

三、诙谐幽默

诙谐幽默是李准的动人气质,也是他语言的鲜活色彩。从某种意义上说,它是作家语言风格的精魂。

诙谐幽默是一种内庄外谐的艺术表现形态,它引导人们在笑声中走向思索。它的两只臂膊一只伸向含蓄风趣的语言手法,一只伸向夸张讽谕的表现手段。李准的艺术气质和语言风格是属于前者的。它首先表现在对于生活中的幽默情愫的极大敏感和精微发现。

首先让人想到的是孙喜旺的喜剧语言。作家的诙谐幽默在他身上提炼了一种和悦的笑。如果说他在选记工员那场戏里的一句话——"记工员可是一手托百家,我干不了。"表现了质朴的狡黠(人人都知道他干得了,可他偏说干不了),令人暗自发笑,那他在和双双打架之后不敢到公社去评理的那句话——"你去吧!你前边走,我后边跟着!"就是"丑"话"傻"说,让人失声大笑了。因为他自知理亏,在说这句话时早准备溜掉了。

李准诙谐幽默的另一开掘,是提炼了冷峻的笑。《芒果》中有个着墨不多的老太婆马凤仙,是个被狂热症传染了的居委会委员。她正准备去参加迎接芒果的隆重仪式。作家从主人公潘朝恩眼中写了她,说是"没有敢看她擦着粉的脸,只看见一只穿着草绿军鞋的脚垫在地上打拍子,原来马凤仙大娘在小声喊着'语录'歌:下定决心……"——多么刺眼的不协调,庄重却荒唐。笑声凝结了,幻化出一种意念:冷峻。

李准的诙谐幽默,在和悦与冷峻之间还有一个比较宽阔的笑的领域。其间又有种种不同情况。这里只是略提一二。王结实大字不识管理学校,不会背"语录"又不得不背,只能背成个四不像:"贫下中农要住到学校,而且要永远住下去!"既有讽谕时事的深意,又不无对人物的善意揶揄。自误误人的教师刘金门把普通的"鸭"字也写翻,还硬着嘴说:"没有写翻!"既显得滑稽可笑,更让人感慨中生。这是一种掺和着酸涩韵味的笑声。

可贵的是,李准的诙谐幽默还有自己独特的语言表达方式。

先看《黄河东流去》中的一段话:

小晴说着把一个鸡蛋递过来。天亮看了一眼梁恩老汉,猛地一张嘴,把一个鸡蛋吞在嘴里。梁晴调皮地又把第二个鸡蛋放在他的嘴边,天亮一张嘴,又吞在嘴里。

天亮两个腮帮子憋得像在吹唢呐。梁晴"叽叽咯咯"地笑起来。梁恩老汉坐在船头,眯起眼睛却只装没听见。船太小了。

这段极富生活情趣的语言是写实呢,还是抒情?应该说:都是。在客观的叙述中灌注着作家温馨的深情,在一本正经的语态里潜藏着不作张扬的俏意,这是李准诙谐幽默的常见表达方式。作家的幽默情愫都在"船太小了"这句点睛之语中跃然而出。真是船太小了吗?恐怕只宜看作事物固有特点的合理强化。就是一只原本不太小的船只,作家在这里也会能动地把它写小的。

《不能走那条路》对宋老定的生气写得极为风趣。小说在他吆喝着"我去集上吃肉哩!"之后,来了这么一笔:

"宋老定确实到集上吃了一顿。不过他没有吃肉,他只吃了一碗豆腐汤煮馍。"

先是虚晃一枪造成假象,然后揭露真情产生笑意,颇类相声里的"包袱"语言。如若直白地说出宋老定吃了一碗豆腐汤,那就韵味大减了。这是作家表达诙谐幽默的又一方式。这些方式都是打有李准的印记的。他和王蒙那种"中西合璧式"(半是含蓄不露、半是警句出击)的幽默就有明显不同,是两种相同而又相异的审美表现形式。

美学家王朝闻在论及含蓄的意蕴时说过,它"一方面是指艺术对生活的反映,不作兴说尽道绝,而是留有余地;一方面是指作者对上述内容所持主观态度,不作露骨的表现"。

笔者认为,李准的幽默语言是达到了这种境界的。

李准是位艺术见解相当通脱的作家。他的语言吸收是多向的,风格是多味化的。这里用自然流畅、写意传神、诙谐幽默概括这个风格的基本内容,只是述其大要,并非细密言之,单就这三种成分来说,也不是并列等立的。作家的语言风格之树,是以写意传神为主干,以自然流畅为旁枝,以诙谐幽默为绿色汁液的。各种成分咸得其宜,构成了有机的和谐统一。

李准说,他非常喜欢民间乐器的唢呐、笙和铙钹。唢呐清音浏亮,笙音韵悠柔,铙钹节奏明快。合奏则显得激扬而不火爆,舒展而不轻飘。听之,让人心神滋润,乃至荡气回肠。从某种审美意义上说,李准的语言就有这种唢呐协奏曲的综合美。

李准的语言风格由粗疏到精密、由简单到丰富经历了一个发展过程。作家的文墨生涯是和共和国同步发轫的。最初几年,他还只是"把人物变成背政策的机器",自然谈不上什么风格。一九五三年十月,作家写出了轰动一时的《不能走那条路》,显示了艺术风格和语言风格的萌芽,初步具有了上面述及的作家语言风格的三种基本成分。这是李准语言进程的第一步,由不巧到初巧。这里的巧还是粗糙的,不那么和谐的。《不能走那条路》以及稍后发表的《冰化雪消》

等作品都留有明显痕迹。《不能走那条路》引入了不少生动的俗谚,像"要得穷,翻毛虫"、"蹋下窟窿背上账,像黄香膏药贴在身上",增强了语言的表现力。

但同时又留有似可察觉的镶嵌之痕,未与正文成为水乳交融的一体,《冰化雪消》中还有些语言表现力不强,近乎生活过程的机械记述。比如省主席鼓励社长郑德明搞好生产的一段谈话——"你今年多大了?"省主席问。"五十四啦。"郑德明回答着……"啊!比我还大两岁。"省主席说完又看了看他,笑着说:"你的牙齿还好,啊!"郑德明对他的亲切问话感到吃惊,可是他还是从容地说:"早掉了,解放后才镶的。"最后,省主席才说:"干吧!有问题找县委同志们,或者直接写信给我。"显然,这段话是有不少杂质的。

五十年代末、六十年代初,李准写出了《李双双小传》、《耕云记》,标志着作家艺术风格和语言风格的形成。作家跨出了语言进程的第二步,由初巧走向了大巧。作家语言风格的多元化成分已趋于和谐,让人明显地感到了一股李准味。李双双和孙喜旺那些典型化的语言迅速走向社会,标志着这种语言风格已被社会认可。

一九七九年十月,李准出版了长篇小说《黄河东流去》(上),艺术风格和语言风格都已成熟,也跨出了语言进程的第三步,由大巧到了运用自如。写人与叙事、描景与状物出现了令人惬意的语言和谐,更加洗练,也更具神韵了。作为作家运用自如地驾驭语言的一个突出标志,是开始了铸造自己的词格。这在此前的作品中是难以见到的。试看:

这本书的名字叫《黄河东流去》。但她不是为逝去的岁月唱挽歌,她是想在时代的天平上,重新估量一下我们这个民族赖以生存和延续的生命力量。

这段话的语言材料都是生活中有的。"估量"是常用词语,"天平"是常见器物。但是一经作家匠心独运地组合,就构成了一个阔阔的比喻,形象清晰鲜明,富有哲理深意,显示了作家驾驭语言的魄力和才具。这样的比喻词格是不能从生活中直接筛选出来的。它是以生活中的语言为半成品而进行的"再创造",它是经过作家思想发酵而产生的崭新语汇,它是作家语言风格中极为动人的朴茂新姿。

李准的语言风格就是这样逐步深化、渐入佳境的。李准语言风格的不断发展和丰富愈益明确地追求着一个理想的"聚焦点":大巧若朴,至淳若淡。李准极其推崇河南招待外宾的"高汤"。说它清淡如水,那味儿却很不得了,鲜美之极。这正是它语言追求至境的通俗说明。李准在孜孜不倦地追求着。《王结实》的语言运用已经接近这种境界了。小说结尾时王结实又回到了队里,接住了保管工作。一面"筛选麦种,拌药施肥";一面惦记着学校的事,派人打听消息,只听说调查组回县里了,其他也没有什么情况。一天,他正在地里耕地,大

队支书赵顺来向他走了过来。小说是这样写的:

顺来喊着:"结实哥,歇一会儿吧!"

"歇会就歇一会儿。"王结实用鞭杆塞住耧眼,走到地头坐了下来。

他装上一袋烟吸着,顺来却不说话,只是满面春风地看着他在笑。

"有什么事?"王结实问。

"……"顺来没有说话,仍在看着他笑。

"笑什么?"

顺来还没有回答,却在他头上亲昵地摸了一下。

小说就这样收场了。这段文字,貌似冲平淡泊,而内蕴却极为丰厚。诸如王结实沉静中的焦虑,赵顺来无须出唇的会心喜悦,所谓"阶级报复"事件的不了了之,以及含蓄中透出的群众对"文革"极"左"路线的抗争和作家对于此事的深情赞誉,全有了。确实是语言的"高汤"风味。李准的作品是在不断地强化着原有的语言格调,但同时也在不断融入新的语言成分。近年来,他有意识地吸收了西方《世界报》记者漂亮简练的文笔,议论文字更有骨力风神了。《飘来的生命》在李准近作中并非精品,但那种如倾如诉的语言格调却为先前的作品所没有。更值得注意的是,作家的语言运用还出现了特色卓异的新的信息。他在《红枫如醉送嫩寒》这篇访美散记中是这样描绘波士顿的枫叶的:

大自然对于红叶的红色,几乎是千朱万红。有的红似狒血,有的红如胭脂,有豪华的金红,有热烈的火红,有娇羞的绯红,有冷逸的绛红,有淡施浅霜桂红,有微浴秋风浅红。还有的金黄叶子上,几点红渍,好像不小心的画家,把红色的画笔,洒上了几滴。还有的树叶子,浓红一角,状似桃嘴。

这里,作家用一连串流光溢彩的比喻描绘了枫叶的千姿百态。尽管一脉相承地渗透着作家传神写意的语言气质,但毕竟不是通常意义上的朴素美,而是一种颇为典型的绚丽美了。可见,作家正在融合新机,在一个更新的高度丰富和发展自己的语言风格了。李准既有笃守风格的韧性,又有突破风格的锐意,守中有破,破不失守,不断地开拓着语言风格的新局面。

问题自然还有另外一面。李准的语言运用不仅积淀着需要继续解决和完善的问题,而且也是有过闪失甚至重要失误的。内中的甘苦同样值得咀嚼。

一个突出的教训,恐怕是动乱年代的"左"倾尘埃曾经浸入了作家的语言肌体,使得作家在一段时间里不自觉地偏离了自己语言风格的轨道。不用说,这指的是《大河奔流》的创作。李麦在金谷酒家的慷慨陈词和其他一些场合的豪言壮语,几乎完全丧失了李准味。这是李准语言风格形成之后的一次异化。它告诉我们,一个作家的语言运用在走向简洁洗练之后仍然可以掺染杂质。这里的教训,不仅在于一个一向忌恨语言虚假现象的作家偏偏追求了虚夸之词,而且还在于这种后遗症的难以消除。这使我们想起了《牧马人》中许灵均赴京之前与李秀芝的那段重要谈话。灵均以父亲要他们出国为话题考问秀芝。秀芝果断地说:"不去!中国这么大住不了,还要去外国?"灵均听了非常感动,故意说:"那我只好一个人走了。"秀芝说:"你走不了,我心里有数!"灵均问:"为什么?你觉得你漂亮,你聪明,你温柔,我离不开你,是吧?"秀芝说:"我没有那么大的本事,你舍不得你的那些小学生们,你舍不得老乡们。"谈话到此基本上都是亲切的、自然的。可是接下去李秀芝再说却变了味:"你天天趴在墙上看地图,你可以把它取下来叠好装在口袋里带走,可是那是纸上的,祁连山你背不走!大草原你背不走!"又把人物的语言哲理化了,加高了。这些话,从一个只有初小文化程度的逃荒姑娘口中说出,是并不得体的,显得有些假气,不自然。这种不易察觉的不自然是李准语言中透明的杂质。虽不像李麦语言中那些带色的杂质那样刺眼,而危害却又分明存在。它是作家跨入更高语言境界的无形障碍。笔者认为,李准的语言还不像赵树理的语言那样极度平易、亲切家常,这恐怕是一个重要原因。

另一个值得注意的问题,是近年来李准的语言出现了某些"老化"现象。这突出表现在《大年初一》这篇小说中。大队老支书阮辛酉退居二线之后,一下子感到了群众对他的疏远。他感到困惑了。作品的语言经过了作家的认真磨洗,有简洁省净的一面,形式上更加讲究了,但却明显地减弱了生命活力,甚至有些苍白。阮辛酉的心境失去了辩证法的平衡,他的最后转变是相当勉强的。作家一九五八年也有一篇描写大变革中人物心态的作品《一串钥匙》。历史地回顾这段生活大概应作某种校正,但是作为反映了一定生活真实的文艺作品,至今还跃动着生命活力。这篇作品的语言虽然还稍显粗糙,但却令人信服地写出了主人公白举封的变也得变、不变也得变的心态,语言飘逸着麦仁粥的郁香。相比之下,《大年初一》的语言韵味则像是存放已久的糕点,风干了。一方面是语言技巧更加娴熟,一方面是语言韵味变得淡薄,这是许多作家走向成熟之后碰到过的矛盾,现在又提到了李准面前。李准的长处是得力于从生活中"化"出自己的语言。一旦与生活发生了某种程度的疏远,作家的语言才华就要受到相对的压缩,语言的某些"老化"现象就会发生。李准调离河南之后,如何更加密切地保持与生活的联系,日渐突出起来了。兴许,这并不是读者的过忧之虑。

语言的创新自然令人向往,但是它同时还会带来新的麻烦,甚至有些早已解决的问题,往往又被重新提出。比如叙事语言的自然流畅,早在"文革"以前作家就比较完满地解决了。但是,在开拓了李准语言崭新局面的《黄河东流去》中,作家为了展示更加广阔的生活画面,有意识地插入了当地风俗人情和历史沿革的描述,笔法也是写意兼施铺陈,使语言更加丰富多彩了。可是少数地方却因与中心线索有些游离，反倒显得有些进展迟缓了。看来，有所得往往也有所失，探索者总是面临着新的里程。

　　总之，李准的语言运用取得了很大成绩，但也有弱点和不足。炉火尚待纯青，作家还须努力，纯青是烟的消逝、火的净化。李准的语言自然已无"黑烟"，但间或却有尚可察觉的一丝"白烟"升上天幕，在"淡出"着……"一语天然万古新，豪华落尽见真淳"（元好问）的理想境界已在视野之中了。读者是翘首以望的。作家呢？会心凝思之中，我们仿佛看到了李准躬身潜行的巨大步伐。

　　　　　原载《郑州大学学报（哲学社会科学版）》1983 年第 3 期

论李准小说的风格

刘景清

文艺作品要有鲜明的个性,即独特的风格。作品是否形成风格,是衡量它艺术性高低和是否趋向成熟的重要标志之一。李准是一个已经形成了自己的创作风格的作家。

作品的风格,体现了作家独有的人格,体现了他的生活经历、思想个性、道德风貌、兴趣爱好、艺术修养。李准自小在农村长大,进入文艺界后,又多次深入农村生活。中原大地的肥沃土壤、勤劳善良的农民兄弟,培养了他直率、爽朗、说真话的思想个性。这种思想个性,也渗透在他的艺术趣味、文学欣赏之中。他开始创作时,就比较喜欢朴素本色的文学作品。"唢呐的嘹亮凄婉的旋律,排鼓的明快爽朗的节奏,从幼年时,就给我以很深的影响,它甚至影响到我今天的文章风格。"(《从"怕触电"想到的》)

创作风格的形成,是多种因素的和谐和统一。它既是作家个性的体现和个人创造性艺术实践的产物,也是社会实践的产物。李准在创作时,有着鲜明的群众观点。他说:"我在写小说时,有时感到讲这个故事,就像是对着自己在农村熟悉的一些群众、一些干部讲话的。因此,所选用的语言、安排的结构,总是要考虑到群众喜闻乐见的形式。冗长的心理刻画、欧化的晦涩的语言,就要考虑少用或者不用,这样就在形式上更接近中国风格、中国气魄。"(《努力学习毛泽东思想》)作品的艺术风格就在群众的检验中形成、巩固和发展。

以上诸因素的统一,形成了李准小说的朴实、自然、淳厚、明朗的艺术风格。

一

李准的小说反映时代风云的变幻,一般不是从正面直接表现重大生活事件和社会斗争,而常常从一个侧面,由小见大地表现生活的发展变化,使作品更具有生活的丰富色彩。这种从较小的角度选择题材、向深处挖掘开拓主题的特点,对形成李准作品的风格至关重要。

李准的第一篇小说《不能走那条路》,其主题是"写出工人阶级思想和农民的自发趋势的斗争,也就是社会主义道路和资本主义道路的斗争"(《我怎样写〈不能走那条路〉》)。但是作者并没有把它放在广阔的社会背景上去展开,而是在一个家庭内部,在也曾卖过地的贫农宋老定和他的儿子共产党员东山之间展开,而且是在悄悄地进行着的。宋老定关照媳妇:"不用扯旗放炮的,不要弄得谁也知道了。"但在宋老定的家里却沸腾起来了。接着发表的小说《白杨树》、《孟广泰老头》、《雨》,内容都是反映两条道路、两种思想的激烈斗争和尖锐对立的,但是矛盾也完全在一个家庭内部,在夫妻之间、父子之间展开。它是通过家庭这个侧面来反映社会的变化,表现广阔的社会政治背景的。此后所写的小说,如《信》、《一串钥匙》、《两代人》,都以家庭为展开冲突的具体环境。

有的作家的作品,善于从正面去直接表现重大的社会冲突,揭示重大的社会主题,在广阔的社会背景上展开,形成一种热烈、粗犷、紧张的风格。也有一种作品,往往从生活中并不常见的现象中攫取题材。就说反映农村的阶级斗争吧,它们把早就在民主革命中先后被打倒的地主、富农作为直接冲突的对立面,好像这些人还具有了不起的力量,成为当前农村中的主要矛盾;更奇怪的是,好像社会主义革命越深入,地主、富农被专政的时间越长,他们的反抗越激烈,阶级斗争越尖锐。它并不符合阶级斗争的规律和农村的实际情况。因而这样写出的作品也就不朴实、不自然。李准的《进村》就有这个缺点。

李准的大部分小说,却善于在"常见"的和"小事情"上做文章。因为它"常见",谁都有个家庭,每个家庭都有自己的苦恼和欢乐,而这苦恼和欢乐,总是或多或少地直接间接地反映着时代、社会的面貌,因此容易被人们理解,使人们产生思想上、感情上的共鸣,这就显得自然、亲切。因为它是"小事情",不过是夫妻吵嘴、父子不和之类,容易被人们所忽视,而作家抓住不放,深入开掘,以小见大,因此显得淳厚、深切。这是符合文艺反映生活的规律的。文艺作品就是要从日常的常见的现象中提炼矛盾、构成冲突,从而使人们惊醒起来、感奋起来。鲁迅说:"太伟大的变动,我们会无力表现的,不过这也无须悲观,我们即使不能表现它的全盘,我们可以表现它的一角,巨大的建筑,总是由一木一石叠起来的,我们何妨做做这一木一石呢?"(《致赖少麒信》)这样反映生活也更符合农村生活的真实面貌。总的说来,我国农村面貌的变化是巨大的,但更多的是日积月累的变化,在不知不觉中把生活推向前进。李准的小说就从这样看似平静、平淡的生活中选取典型事件。如一串钥匙,把它揭深写透,使人看到生产关系的变化、人的精神面貌的变化。这就给多少有一点农村生活实际感受的人带来真实亲切的生活画面,从而使作品变得更朴素、真切、淳厚,而不是做作、虚假、漂浮,因而也更有艺术感染力。

由于矛盾冲突在家庭范围内展开,而且都是普通农民的家庭,人物之间的矛盾虽然是阶级斗争的反映,但都是人民内部矛盾;而且他们彼此是亲属,朝夕相处、相依为命,使内部矛盾更增添了特殊的丰富的色彩。这就要求作者把握特殊的分寸感。尽管人物之间思想上的冲突是不可调和的,如东山与宋老定的矛盾,有时也以激烈的外在形式表现出来,如李双双与孙喜旺打架,但无论如何,谁也没有想把家庭搞垮、把自己的亲属当作敌人。矛盾发展的结果,总是新思想、新道德取得胜利,家庭也在新的基础上达到新的团结,表现了崭新的人与人之间的关系。《白杨树》中守贵老头闹得和儿子进明分了家,然而进明不能丢下老子不管,他媳妇嫌他没"骨气",他笑着说:"你知道咱爹是农民,他不是敌人,在他跟前要不得那种'骨气'!"《一串钥匙》中白举封的儿媳妇们"造反",不是要把老头子逐出家门,而是要他发扬家庭民主,破除他传统的因袭的重担,使他的晚年过得更舒畅、幸福。因而在他们开家庭会,面对面"斗争"的时候,二媳妇还提醒大媳妇:"可也得掌握住点,他究竟是咱爹哩!"李准把握了人物关系中的这个本质特点,不过火,不故意制造矛盾,不故作惊人之笔,也不姑息、迁就落后思想,求表面的和睦,有理、有利、有节,把原则性和人情味统一了起来,因而一切都显得那么朴实、自然、真切。

二

　　文学作品的重要任务是塑造人物形象。李准小说中所塑造的人物形象,不管是英雄形象、有缺点的人物形象或者反面形象,几乎都是农民。这些农民形象,不管在作品中处于怎样的地位,他们的思想境界有多大的差别,但基本上都具有劳动农民的本质特点——勤劳、朴实、节俭,他们的性格也大都表现为直率、纯朴、开朗。塑造这样的人物形象,必然要求相应的朴实、自然、淳厚的艺术风格。否则,就像一个头裹毛巾、身穿布衣的老实农民,穿上一身挺括的西装革履,人物的行动一定很不自如,变得不伦不类。李准小说中人物形象的特点是形成作品这种艺术风格的重要因素。

　　文艺作品应当根据实际生活创造出各种各样的人物来。我们从李准的小说和他谈写作的文章中,可以看到他作品里的有血有肉的人物形象,如宋老定、孟广泰、肖淑英、李双双、孙喜旺、韩芒种、白举封等,都是从生活中来的,是从生活的"矿藏"里提炼出来的"合金"式的形象。这跟那些靠"想象"、靠某种"意念"编织出来的形象大不相同:一个有血有肉,一个苍白无力;一个有活气,一个如纸花。

　　正因为李准小说中的人物来自生活,所以他笔下的英雄人物有两个显著特点：一是平凡。他们的形象平凡。李双双是农村家庭妇女,手脚粗大而灵巧,眼睛、嘴角浮现着开朗、乐观的笑意和憨厚、天真的傻气。不像有些作品中的人物,有一种凌然于上的"英雄相"。他们的事业平凡。韩芒种不过是掏尽心血地养肥了两匹瘦马,并不轰轰烈烈,也碰不上"风口浪尖"。他们的生活平凡。他们无时无刻不生活在群众之中,跟群众一起劳动、一起欢笑;跟群众一样有自己的家庭,既互相亲爱,也有风波甚至打架。不像有些作品中的英雄那样,生活在真空中,不食人间烟火。须知在现实生活中,在农村社会主义革命的现阶段,只能培育出这样的英雄人物。马克思说过："人类始终只提出自己能够解决的任务,因为只要仔细考察就可以发现,任务本身,只有在解决它的物质条件已经存在或者至少是在形成过程中的时候,才会产生。"(《〈政治经济学批判〉序言》)英雄人物都是历史的产物,他们不可能超时代、超阶级、超物质条件而存在着,什么"高大完美"的英雄人物,是不存在的,是反历史主义的。因为平凡,所以真实;因为真实,所以有力量。

李准小说中的英雄人物的另一个显著特点,是具有鲜明的个性。世界上没有两片完全相同的树叶,也没有完全相同的两个性格。因此,文学作品中的形象性格,也应该像现实生活一样丰富多彩。"金无足赤,人无完人",这是辩证唯物主义的结论。李双双的性格是"大公无私、敢于斗争,后一点更富于她的性格特点"。但是,"双双有时还有幼稚的一面,也就是她单纯的一面"。在纯真浑朴之中,还"甚至带点傻劲"(《你挥洒出了李双双的忘我劲》)。喜旺被贴了大字报,不想再在食堂干下去了,骗李双双说怕闻热蒸馍气的病又犯了,双双竟信以为真,还为他到老支书面前去辩白。没有"一眼看穿",实在不够"完美"。唯其如此,他们才是鲜明生动的个性,不是概念的化身。如果没有这一点天真、幼稚、傻气,就不是特定的李双双"这个",李双双也不会像现在这样可爱。有缺点,增加了性格的光彩,群众也并不因为她幼稚、傻气一面而小觑她、疏远她。倒是那些方方正正、没有缺点的英雄人物,群众可望而不可即,未免就敬而远之了。

上述这两个特点的融合,使小说中的英雄形象显得十分浑厚、朴实、自然,就像生活在我们中间一样。

英雄形象是这样,其他形象,如落后农民的典型形象,也是这样。如《不能走那条路》中的宋老定、《一串钥匙》中的白举封,他们的共同特点是自私、落后,这并不是他们本身怎样"缺德",而是千百年来传统习惯势力的罪过。像宋老定、董守贵这些老农民所具有的那点自发资本主义倾向,固然要不得,但并不能引起人们的憎恶。他们的"要不得"的地方,也反映着农民的朴实、本色的一面。"我力图使自己创造的农民形象,能够代表农民阶级的本质。农民是劳动阶级,他们有勤劳、朴素、浑厚等很多优点……在作品里,要写小农经济的自发势力,可是决不能把农民写成顽固不化,写得令人憎恶。"(《我怎样写〈不能走那条路〉》)宋老定买地的自发倾向是十分顽固的。他越跟儿子闹,就越憋着气干活;声言要上集吃肉了,但只吃了一碗豆腐汤煮馍;一面步着丈量张栓的地,一面被张栓他爹的坟弄得心惊肉跳……把老实农民的善良、俭朴、勤劳的本质特点都淋漓尽致地表现出来了。这样,落后形象仍不失为善良、淳朴,好像我们在生活中所常见到的那样。

李准力图在小说中描写人物丰富的各有特色的性格面貌。他在写小说时,就像是对着熟悉的群众和干部讲故事似的,而且是他们熟悉的一些群众、一些干部的故事,与作者对人物的理解相一致,与生活面貌相一致,与刻画这样丰富多彩而又单纯、质朴的劳动农民的形象相一致,就形成了他的小说的朴实、自然、淳厚、明朗的艺术风格。

三

作品的结构犹如房屋的间架、人体的骨骼。房屋以华美、精巧取胜,还是以朴素、大方见长;人体以修长、苗条悦人,还是以魁梧、匀称见美,都跟作品的"结构"有关。同样,文学作品的风格也体现在结构艺术上。李准的小说,结构也是那么单纯、朴实、和谐。

李准小说的结构比较单纯、明快,脉络清楚。因为它们表现的是农民,又是写给农民看的、讲给农民听的。他的小说大都是截取生活的横断面,有的只展示一个场景,借以刻画人物,如《雨》、《散会路上》;有的只勾勒一两个人物,如《小黑》、《早晨》。这样的速写式的作品,结构自然是单纯的。即使是以撷取生活的纵剖面来塑造人物形象的作品,也只抓住几个富有典型意义的事件和情节,如《两代人》,只抓住母女四次交接工作的不同情景,来塑造两代人的不同性格,反映时代的发展变化。脉络清楚,表现在两方面:一是不枝不蔓。如小说《不能走那条路》,其中刻画了两个落后人物——买地的宋老定和卖地的张栓,他们都有自发的资本主义倾向,不过表现形式有所不同。但作者没有在张栓身上多花笔墨,只是为了使故事有头有尾的结构上的需要,为了刻画宋老定思想转变的需要而稍加点染,因此整个作品结构单纯、干脆。即便如《李双双小传》、《耕云记》这些篇幅较长、容量较大的小说,也不用"花开两朵,各表一枝"的结构方式。因此单线发展、不枝不蔓才成为李准小说结构艺术的特点。在结构上没有故作惊人之笔,也没有奇峰突起之感,与人物的格调相统一。如《两匹瘦马》、结构线索就是韩芒种怎样买马、养马、考验马，舒徐平缓，像生活一样，简直没有构思或斧凿的痕迹，而人物形象栩栩如生。但是，结构的单纯不是单调，朴实不是笨拙。李准的小说结构是单纯的，又是富于变化的。小说《耕云记》和《李双双小传》结构上都主线分明、层次清楚，但前者以"我"这个局外人为结构线索，写得变化有序；后者以作品中的对立面人物孙喜旺为结构线索，写得曲折有致。因此，单纯而富于变化，朴实而蕴含机巧，是李准小说艺术结构的特色。

李准小说艺术结构的单纯、朴实，还表现在故事的有头有尾、注意起承转合上。这是符合劳动人民传统的欣赏习惯的。"起"和"合"就是作品的头和尾。他的小说没有曲折的情节和惊心动魄的事件，但起承转合都很分明，注意结构的完整性。当然，作品怎样开头，既要朴实又要引人入胜，而后又怎样收尾，既要相对完整而又不画蛇添足，这就要看作者的艺术功力了。李准在这方面也是富于变化、很有创造性的。就说某些作品的结尾吧，有的响亮，如《耕云记》，以"老天爷他本来要向我们人民公社来挑战，可是结果呢？他输了！"来收煞，很有气魄。有的有意境，如《春笋》，以"一场春雨之后，竹林里那一个个满含着强盛生命力的春笋，顶破地面，顶开枯枝败叶，向上生长起来了"，"刘永义看着那些粗壮笔直的春笋，又看了看耿良那黑里透红的面孔，不由地想：'这场春雨，下得太好了。'"来作结，以情景交融的意境来烘托英雄形象，耐人寻味。有的有喜剧色彩，如《陈桥渡口》，刘二喜"慌慌张张到屋里扛起五把大扫帚……弯着腰喊叫着，一直向渡口拼命地跑。可是他跑不快，因为几个扫帚像一条沉重的尾巴一样在拖着他"，这恰好是对刘二喜小生产习惯势力的"尾巴"的绝妙的讽刺。有的含蓄隽永，如《清明雨》，"歌声飞扬起来了，牛铃铛声有节奏地响着。一颗颗肥大的种子，随着歌声，掉进刚翻开的新鲜泥土里"。这是在赞美作品的主人公程敏，在经历了一番斗争的风雨之后，达到了一个新的境界，像"种子"掉进"新鲜泥土里"一样，使人回味无穷。……这种注意起承转合以求结构和谐完整而又变化莫测、各显神通，增加了情节的魅力，使人读来兴味盎然。

总的说来，李准小说的结构接近于散文的结构形式。生活就像一篇优美的散文，看来纷繁复杂、无迹可循，实际上是头绪清晰、循序渐进。李准小说的结构更接近于生活，因而更朴实无华。有些作品如《耕云记》，情节结构看来似乎不是那么严密，不是紧扣住一个中心事件，前作铺垫，形成高潮，在高潮中尽情刻画性格，而后再有余波，严谨缜密、一气呵成。它真有点像散文一样，情节与情节之间，看来没有必然的联系，好像挖掉一块也无伤大局。然而，看似信手拈来，但在借以刻画人物性格的发展上，则是步步深入，形象在一连串的情节中渐趋清晰、成熟，因此在刻画性格上，则又是统一的、不可分割的。这就是散文式结构的微妙之处。他的另一些小说，如《人比山更高》、《两代人》、《清明雨》等，也都具有同样的特点,在情节上"散"开,在性格上收拢。他的小说往往是以形象性格为结构线索的,而不是主要以情节的发展来形成结构的。这种接近于生活、返璞归真的艺术结构,是一种很高的艺术境界,要有驾驭人物性格的卓越技巧才能达到。

需要说明的是,我并不以为李准小说的结构方式就是最好的结构艺术。不能忽视,因为它难度较高,所以笔力稍稍不逮,结构就会失之于松散。李准的有些作品,是存在着这个弱点的。而另一种围绕中心组织情节的结构方式,虽给人以明显的巧匠安排的感觉,但往往紧凑缜密、富于艺术魅力。这里不是要褒贬结构方式的优劣,而是在阐明李准小说的单纯、朴实、和谐的结构艺术与它的朴实、自然、淳厚的艺术风格的一致性。

四

文学是语言的艺术。人物性格的发展、故事情节的展开,都要通过语言(文字)表达出来。语言是文学作品最基本的艺术手段。如果一篇小说语言无味,像个瘪三,令人难以卒读,很难设想能够塑造出成功的形象,讲出新鲜的故事。因此,作品的风格,又很大程度上体现在语言的风格上。李准同志在谈创作体会时,总要谈到作品的语言,总要求作品的语言达到"准确、鲜明、生动"。而在这三者之中,他又特别强调准确。他说:"我觉得准确太重要了,首先是'准确'。准确了,就会产生一种质朴的美。"(《〈大河奔流〉创作札记》)李准对语言苦心孤诣追求的结果,就形成了他的作品的质朴、流畅、明快的语言风格,从"准确"中产生了一种富有魅力的"质朴的美"。

李准所强调的语言的准确,不仅是指准确地反映客观事物的质的规定性,而且是指语言的个性化。所谓语言的个性化,"应该做到在这个人物口中说的话,放到别的人物口中说就不行;在这个场合气氛下说的话,放在另外一个场合讲也不行。"(《我怎样写〈老兵新传〉》)语言要准确地反映人物多彩的性格。《李双双小传》中李双双的语言就是如此。请看她跟喜旺打架后,独自坐着想心事,桂英来找她,她们说些什么:

"哟,好大的抬神哪!你是瞌睡了吧!"

双双急忙抬头一看,原来进来的是南院长水媳妇桂英,先笑了。她说:"我还只当是俺那个主回来了,原来是你呀!"

桂英说:"怎么,你还不想理他呀?"

双双说:"我十辈子不理他也不想他!"

桂英说:"算了吧!你没听人家常言说:'天上下雨地下流,小两口打架不记仇,白天吃的一个锅里饭,晚上枕的一个枕头!'"

双双说:"我们就是这一个锅的饭吃不到一块呀!"

两个人说着都咯咯地笑起来……

寥寥数语,连说带笑,把双双泼辣、大方、开朗的性格特征恰如其分地表现了出来,并十分切合此景此情中对喜旺又爱又恨又抱怨的复杂感情。"这个"李双双的语言,是桂英或别的人物们的语言不能代替的。然而李双双又不是一个单调乏味、令人生厌的人,她的性格是丰富的、复杂的,因此在不同的场合、不同的气氛下所用的语言又很不一样,但在反映性格上又都十分统一。她听喜旺说她贴的大字报被领导看中了,高兴得"几乎掉下眼泪",说:"……我的好大哥,以后呀,你也别想拿捏我了,我呢,这个煤渣坑也跳到头了!"这是一种色调。选炊事员时,喜旺又摆起架子来,双双当众揭底,几句话"说得像刀子裁一样"——"……放着排场不排场,放着光荣不光荣!我就见不得'牵着不走,打着倒退'、'狗肉不上桌'这号人!"这又是一种色调。后来喜旺进步了,夸奖她变得聪明、能干了,她说:"那你不也变了!我就觉得我比以前更爱你。"接着又笑嘻嘻地说:"喜旺,你看咱俩像谈恋爱!"这又是一种色调。色调丰富、富于变化,但又是多么准确地反映双双朴实、直率、真诚而又略带"傻气"的性格特征!正因为有这些色调不同的语言,她的性格才会那么鲜明、那么富于立体感。这是一种很高的语言艺术。

李准小说语言的准确,还表现在群众语言的运用上。他在谈到《不能走那条路》时说:"我这篇小说中用的是豫西群众语言。我很喜欢这种语言,它是那样的精练、生动而又能准确地表达思想感情。"(《我怎样写〈不能走那条路〉》)小说的叙述语言和描写语言,都没有任何的洋腔洋调,也是经过提炼的、鲜明准确的群众语言,并难能可贵地做到了"运用群众语言要自然、要贴切,不要故意炫耀,要通达、明快、流畅"(《情节、性格和语言》)。这就形成了他的独特的朴实、自然、明快的语言风格。他的语言结构明快。《白杨树》一开头写道:"北邙山脚下有条小河叫金水河,河北岸有个小村叫'白杨树'。就在这个村里,今年秋天出了一件稀罕事。"没有什么附加语、形容词,明快如"说话",浑厚得像"金水河"。他的语言形象鲜明。《不能走那条路》开头写道:"俗话不俗,'要得穷,翻毛虫'。张栓本来日子倒也能过……可是他这个人偏偏好掂根鞭杆转牛绳……这时乡干部对他说:'张栓你不要胡翻吧!翻拙弄巧,袍子捣个大夹袄。'可是他就不服气……'蹋下窟窿背上账,像黄香膏药贴在身上。'张栓是个小农户,经不起这波折,黑夜白天怎样打算,也过不去这一脚。"他不直直地说张栓好捣腾性口,红牡牛换了个小叫驴,又借本换了俩老口牛,而从"要得穷,翻毛虫"的俗话说起,增强语言的吸引力;然后用"掂根鞭杆转牛绳"、"翻拙弄巧,袍子捣个大夹袄"这些形象鲜明的语言,把红牡牛换小叫驴的平常事写活了,又用"蹋下窟窿背上账,像黄香膏药贴在身上"来形容张栓的日子不好过,弄到卖地的地步就不突兀了。不仅如此,由于这些语言的形象化,在叙述中也把张栓的"胡捣腾"性格鲜明地突出出来了。他的语言乡土气息浓郁。如上述一些形象化的语言,都来自群众的日常生活,信手拈来,恰到好处,既便于群众理解、接受,乡土气息也自然而然地溢满字里行间。这样的语言,是经得起咀嚼的。

李准作品的语言,一般没有艳丽的色彩、夸张的笔调、夸张的调子。他写景状物,不是以夸张、华丽取胜,而是以朴素、自然见长。他对人物虽然充满着感情,但行文时笔调平稳流畅,绝不矫揉造作;刻画人物时,更是朴实无华,杜绝不着边际的"豪言壮语"。李准小说的语言做到了"寓华于朴"、"寓绚于素"。它的美,不是梳妆打扮出来的,而是从骨子里散发出来的。这就是李准小说朴素、明快、流畅的语言风格所独具的淳朴的美。

五

李准的小说,通常还带有一点喜剧色彩。他曾说过,他创作的目的,是"能够让农民听一听、笑一笑,从笑声中摆脱他们的落后,从笑声中认识到什么是先进"(《我是怎样学习写作的》)。他一开始创作就有意识地把"笑"作为感染读者、教育读者的一种手段。因此,他的小说"大部分是带有点喜剧色彩,也就是农民在新的生活中的乐观情绪和幽默感"(《〈李双双小传〉后记》)。这种喜剧色彩,是构成他作品风格的有机组成部分。

一般说来,小说的喜剧色彩,以及造成喜剧效果的误会、夸张等喜剧手法,可以增强作品清新、明朗的气息,但跟朴实、自然的风格,似乎总存在着距离。然而在李准的小说里,喜剧色彩却把朴实、自然与清新、明朗统一了起来。李准小说的喜剧色彩,不是作者故意造出来的,它来自生活,反映着农民淳厚、朴实的性格的本质特点。因此,喜剧色彩统一在朴实、自然、淳厚、明朗的艺术风格之中。

李准小说中的正面人物所造成的喜剧色彩,则由他们"在新的生活中的乐观情结和幽默感"的性格特点所决定。李双双的性格泼辣、开朗,固然好笑。她跟喜旺干架,开头是认真地生气,"气得坐在门槛上哭起来";后来在喜旺的背脊上捶了两拳,"又猛地推了他一掌子,把他一下子推到院子里蹲在地上","自己却忍不住咯咯大笑起来"。双双跟喜旺干架,不是在"做戏",也不是在闹着玩,而是两人矛盾的结果,因而是很自然的;而后来居然又大笑起来,既反映了她与喜旺之间好了闹、闹了好的特殊关系,又是她的性格的自然流露。因而她的笑就富于感染力,读者也会跟着她意味深长地笑起来。只有在新的集体生产的制度下,妇女的精神状态有了很大的解放,她们感受到了新制度的优越性,从家庭与丈夫的束缚中挣脱出来,并对前途充满着信心,才会有这开朗、乐观的笑声。李双双的富于感染力的笑,正是新的生活、新的性格所赋予她的。而在《两匹瘦马》中的韩芒种身上,则更多地表现为幽默感。韩芒种的性格比较内向,不像李双双那样大刀阔斧、执着、坚毅。他上集前,到食堂拿馍,故意大声叫着他爱人:"蔡秀贞!蔡秀贞,秀真在不在?"他爱人还不习惯,被叫得不好意思。芒种笑着用指头捣着她说:"嘿,你呀!名字又不是偷人家的,还怕叫。"说得厨房里的妇女"轰的一声,咯咯咯地大笑起来"。幽默感里透露着对新的习惯、新的关系的自豪。买了两匹瘦马回来,他对秀真说:"你往院子看,两匹大马!"秀真往院子里看了看,回来嘴撇得像个菱角。她说:"哎呀!这就是你买的马?"芒种回答:"那不是马是驴?"幽默感中显示了坚毅、沉着、有心计的性格特点。后来马养肥了,芒种把两匹大马套胶轮大车去拉煤,秀真要搭车,芒种故意装着没听见,只管往前赶。蔡秀贞真急了,他才停下来,笑着说:"要不是你叫我名字,我只当是你叫那个赶驴的。"前后呼应,相映成趣,在幽默感中渗透着胜利的欢情。韩芒种的幽默感,表现了他的朴实、忠厚、沉着的性格和发愤图强、一心为集体的思想品质,这正是农村新人思想性格的闪光之处。

　　李准小说中的有缺点人物或落后人物,也富有喜剧色彩,即大抵是由他们思想性格中的弱点与先进的思想、崭新的生活环境形成鲜明的对照所产生的。就说孙喜旺与李双双干架吧,原因在于喜旺不让李双双去修水渠,要她在家侍候他这个"大丈夫",这跟新道德、跟双双的新性格是多么不协调!这种"背时"的思想,就会产生"背时"的行动,产生喜剧效果。双双忙得不亦乐乎,他躺在床上吧嗒吧嗒抽烟。双双在气得流泪,他把"蒜臼捣得咣当咣当直响"。双双要扭住他去找老支书评理,他自知理亏,不敢打人,更不敢去见支书,但又要拿出"丈夫气概"来,只好站在大门跟前故意气昂昂地说:"你去吧!你前边走,我后边跟着!"他话虽是这么说,自己却先溜了。出去把门反扣上。喜旺的思想和行动是可笑的,但在可笑之中仍反映着他农民的某些憨厚、朴实的本色。如《陈桥渡口》的结尾,刘二喜掂蒜扛帚地拼命跑的形象具有浓厚的喜剧色彩。这是作者对刘二喜的讽刺,但讽刺并不辛辣、刻薄。刘二喜是副社长,但小生产的"尾巴"又大又沉重。他从小生产的习惯中来显示他的聪明,这也往往就是他的可笑之处。然而在农村的社会主义革命中,不用说是孙喜旺这样的人在努力前进,加入先进的行列,即使像刘二喜,"尾巴"虽然沉重,洋相出了不少,但终究还是在

"拼命跑",追赶着时代的步伐。作者就是这样满怀热情和必胜的信念来看待社会主义革命、看待农民身上的缺点的。哪怕是出他们的洋相,也是为了他们更快地进步;即使斗争很激烈、很痛苦,斗争胜利后也能如释重负,愉快地向昨天告别。这种"与人为善"的态度,使得体现在人物身上的喜剧色彩,也是平和的、善意的、热情的。这就使小说所洋溢的喜剧色彩,增加了朴实、自然、明朗的气氛。

  我们可以说,乐观情绪和幽默感,是淳朴的中国农民固有的传统性格,是勤劳、善良、顽强的表现。在新的社会制度下,在新的生活中,这种乐观情绪和幽默感,就具有了新的意义,闪耀着更动人的光彩。只要是忠实于生活的作家,都会在作品里表现出某种喜剧色彩。再加上李准同志反映生活、展开矛盾都有其自己的特点,所以喜剧色彩显得特别浓郁、特别醇厚。这不是他故意制造笑料,在有意表现喜剧色彩,倒像是喜剧色彩无意中涌上了他的笔端,因而显得像生活一样朴实、自然、清新、明朗。

原载《齐鲁学刊》1980 年第 4 期

论李准小说的人物形象和艺术特色

刘景清

李准是个多产的作家,他写过小说、电影、话剧、曲艺、报告文学、歌词。但是,奠定他作家的创作道路,为他赢得声誉和读者的喜爱的,当首推小说。"文化大革命"以前他发表了《不能走那条路》、《孟广泰老头》、《冰化雪消》、《李双双小传》等五十余篇小说,为我们勾勒了生动、鲜明的农村社会主义革命的历史图卷。他的小说,几乎都取材于他最熟悉的农村生活。他是社会主义新农村的热情歌手,是广大农民兄弟自己的"土作家"。虽然,绚丽多姿、色彩丰富的农村生活的土壤培养了不少有成就的作家,他们都在生活的发展中捕捉新的题材、新的人物,讴歌新的生活、新的思想,但是,李准的小说,却能独具风采,别有馨香,给读者以新的感受。李准同志搞创作,从不满足,从不走捷径,总是在不断地探索、不断地前进、刻苦地创造、艰辛地攀登。

真实鲜明的人物形象

活跃在李准小说中的,是各色各样的农民形象。他们是生活的主人,是当代历史图卷中的主角,是社会主义革命的推动力量。因此,这个绚丽多彩的历史图卷,实际上就是生动多样的人物图卷。这些人物,具有较大的典型意义的,大致有这么几类:

新人的形象。文艺作品必须努力创造新人的形象,这是社会主义文艺区别于其他文艺的显著标志,也是读者对文艺的要求。李准同志比较自觉地把创造新人形象作为自己的职责,早在走上创作道路不久,他就说过:"近二年来,我曾努力想写一批农村新的人物,给读者拿点新鲜东西。"一九五八年以后,作者把创作中心倾注在英雄形象的塑造上,出现李双双(《李双双小传》)、肖淑英(《耕云记》)、韩芒种(《两匹瘦马》)、耿良(《春笋》)等典型化程度较高的英雄形象。在他们身上,较好地体现了崭新的时代精神,表明了作者创作上的长足进步,英雄形象也更性格鲜明、色彩丰富。

有缺点的人物形象。如《李双双小传》中的孙喜旺,"他有落后自私的一面,却也有憨厚、善良和天真的另一面。胆小怕事,有时却爱充人物头,在家中要摆大男人气派,在群众中又要恪守'好人'"。孙喜旺的性格比较复杂,在作品中又是李双双的对立面。但是,作者把孙喜旺这类有缺点的人物,也称作农村新人。他说:"李双双和喜旺是我在探索农村新人物过程中塑造出来的两个人物(请允许我把喜旺也列入农村新人物,我是这样看待他的),也是我最喜欢的两个人物。"作者的这个意见是很值得我们重视的。新的人物并非一个模子浇出来的蜡像。他们思想有差异,境界有高下。像喜旺,在大是大非的问题上,他并不含糊,如孙有为埋藏水车的事向他求情,他回答得很干脆:"我对你说,咱们两个根本不是一条道,你赶快给我走!"有些是性格上的缺点,不是落后,有的是前进中的缺点,在前进中不断克服着,所以能得到群众的爱戴和拥护。够不够新人的格,是不可能用天平来称一称的。像这样的形象加入新人的行列,可以丰富新人的形象画廊,也更符合生活的面貌。

　　落后农民的形象。如《不能走那条路》中的宋老定、《白杨树》中的董守贵、《一串钥匙》中的白举封,这些人虽然落后、自私,但绝不是顽固不化。在事实的教育下,在革命潮流的冲刷下,他们身上的锈斑在逐渐剥落,农民本色的一面在逐渐显现其光彩。"我力图使自己创造的农民形象,能够表现农民阶级的本质……在作品里,要写小农经济的自发势力,可是绝不能把农民写成顽固不化,写得令人憎恶。"这些农民的形象,他们在作品中的地位,并不仅仅对英雄人物起一点陪衬作用;作为富有典型意义的人物形象,有他们独立存在的价值。在《不能走那条路》中,假如主角是一个富裕中农买地,走自发资本主义道路,这恐怕不会引起震动。而宋老定偏偏是贫农,过去也卖过地,儿子还是个深孚众望的共产党员,他要买地,而且那么顽固,可见改革开放后农村斗争的尖锐性和深刻性。这就是这个形象引起社会震动的原因,也就是这个形象的典型性所在。从宋老定、白举封等落后农民身上,照样可以反映出农村社会主义革命的脚步、祖国面貌的巨大变化,这就是这些人物形象的意义。

　　李准小说中的人物形象,不管他们是新人的形象,还是有缺点的农民的形象、落后农民的形象,都是根据实际生活创造出来的,是生活中各种各样的人物的艺术概括,因此他们共同的特点是真实、鲜明。以致作者在若干年后读着这些旧作,"好像又回到我的那些老朋友、老邻居、老大伯、老婶子、大嫂子和小侄儿们中间"。只有真实的艺术形象,才有艺术的魅力,才有它存在的价值。

　　李准小说的人物形象,具有两方面的特点:

　　一是他们都是普通的平凡的人。李准小说中最成功的英雄人物,如李双双、肖淑英、韩芒种等,实在太平凡了!肖淑英是搞天气预报的,一会儿风,一会儿雨,平凡而又辛苦。韩芒种不过养了两匹瘦马,花了心血,后来养壮了。如果用某些人创造的英雄标准如"高大完美"、"惊天动地"、"叱咤风云"来衡量李准小说中的英雄人物,那是要大失所望的,连一个都不够格。难怪几年前"批判"李准时,把韩芒种也说成是"中间人物",难道养马也算是英雄吗？至于另一类有缺点的人物,如孙喜旺等,李准也称之为农村新人,有人自然更大不以为然了。英雄人物有缺点,还说什么"咱们是先结婚后恋爱"一类的话,简直是给英雄"抹黑"！他们的英雄是站在群众之上的,至少是半神半人的,站高坡、唱高调、不食人间烟火的。可是生活中哪里去找这样的英雄呢？李准是根据平凡的生活来塑造平凡的英雄的。他在写第一篇小说时就注意到不能把英雄人物"写得'神化',使人感到高不可及,不能仿效,而是在生活的基础上,加以提炼概括"。生活的土壤是产生不了"神化"的飞天式的英雄的。正因为这些平凡的英雄来自生活,"也正因为普通,所以真实"。生活却并不把他们看得十分渺小。一个外国朋友这样评价李双双:一个农村妇女家庭过得这么有原则,我们看到了中国的力量,看到中国的未来了,这就是力量,就是每一个细胞里面都渗透着我们新社会大公无私的光芒。而那个不过养养瘦马的韩芒种,人们把他看成中国农民艰苦奋斗、发愤图强的精神写照哩！平凡的人物具有不平凡的精神品质,平凡的人物推动着历史的前进。他们是平凡与不平凡的真实的统一,闪耀着灼灼的思想光彩,具有强烈的时代精神,是那些违背生活真实的超凡入圣的"英雄"所无法企及的。

二是他们具有多样的、复杂的性格。实际生活中的人,都具有多样的复杂的性格、思想感情,不过其表现有所不同罢了。为什么要把文艺作品中的人物,写得单而又单、直而又直呢？那样就不真实、不鲜明。忠于生活的作家是无法苟同的。你看李双双,她的性格是"大公无私、敢于斗争,后一点更富于她的性格特点","双双有时还有幼稚的一面,也就是她单纯的一面,她在喜旺面前,有时会被喜旺的甜言蜜语哄住,有时好像就是没有喜旺懂事,而且连她自己也信服",有时还"甚至带点傻劲"。正因为她的性格是多样的统一,所以才真实、鲜明,才惹人喜爱。又如《不能走那条路》中的宋老定,他要买地,走个人发家的道路,但又"是个劳动人民,爱劳动,朴素,有阶级同情心"。然而他要战胜自私落后的一面,又不是轻而易举的,必须经过反复的、痛苦的斗争才能取得胜利。李准在作品里把这全部复杂性都淋漓尽致地表现出来了,因而宋老定的形象也是那么真实、鲜明。

李准的小说就是这样按照生活的面貌来塑造人物形象的,着眼于平凡的普通的人物,致力于性格的多样性和丰富性,因此那样真实、鲜明。这就使得我们在认识这些形象的典型性时,用乱贴阶级标签的办法,就显得无能为力了。生活中的人物谁也不会在脸上贴着阶级的标记,让人一看就知道是好人或坏人的。贫农并不个个先进,先进人物的身上也并非个个白璧无瑕;富裕中农也并非个个身上一无是处,成天想着资本主义复辟。那种僵化的冬瓜脑袋,无论如何也不会理解:英雄人物怎样会有幼稚的一面呢?英雄人物怎么可以有缺点呢?反面人物又怎么可以是贫农呢?这样,当然也就不能认识根据实际生活创造出来的典型人物。然而,生活和艺术就是这么复杂、这么丰富,是不会剪裁得符合那些僵化的教条的。在李准小说的人物身上,鲜明的阶级性和性格的多样性、复杂性是真实地统一着的。

李准的小说按生活面貌塑造真实、鲜明的人物形象,是一贯的。但随着他的创作的发展,塑造形象的重点也在发展变化。一开头,活跃在李准小说里的人物,大多是老一代的农民形象。后来,作者渐渐把注意力移到青年身上,如《小黑》中的小黑、《农忙五月天》中的周东英、《野姑娘》中的冬妞、《早晨》中的小明。作者自己也说:"近二年来,我曾努力想写一批农村新的人物,想给读者拿点新鲜东西。"最后,作者又把注意力转移到妇女身上,如《李双双小传》中的李双双、《两代人》中的高秀贞和珠珠、《耕云记》中的肖淑英、《清明雨》中的程敏。大概是因为"一个国家的妇女解放的水平,代表了这个国家的生命力"吧。应该怎样来看待李准小说中人物形象塑造的这种变化呢?

一个作家踏上创作的道路,总是自觉地或不自觉地写他最熟悉的生活。李准自小生长在农村,是在解放前长大的,他对于封建土地所有制在农民身上造成的自私、落后一类烙印,见得最多,印象最深,因此最容易形成活生生的形象。他写作的目的,只是想"能够让农民听一听、笑一笑,从笑声中摆脱他们的落后,从笑声中认识到什么是先进"。看来,作者熟悉的对象和创作目的,都比较侧重于老年一代的农民。因此,在他的小说里往往把着力点放在老一代人物身上,这是很自然的。但是在农村中最富于生活朝气、最能体现时代精神的,毕竟是在解放后成长起来的新的一代。因而作者在生活中努力熟悉他们,在创作中努力表现他们,这是个进步,是严肃的作家必须作出的对生活的回答。而在整个农村中,在剧烈的大变动中,变化最大的又莫过于农村妇女。因此,作者接着又把观察和反映的中心放在妇女身上,表明了作者对生活的思考更深了,视野更开阔了,对生活的熟悉程度更高了。这有利于把握农村生活的全貌和性质,因而拿起笔来,就能得心应手,随手点化,形象就栩栩如生。

李准小说塑造真实、鲜明的人物形象,还经历了从写事到写人的过程。在文学作品中,写人和写事的关系,也是辩证统一的关系。恩格斯指出:"人的性格不仅表现在他做什么,而且表现在他怎样做。"做什么,就是写事;做什么和怎样做,就是写性格。人物的性格,是在写事中逐步显现出来的。而从写人出发,写事就有了统一的目标,就会按照人物的性格自然而然地发展。在创作时,写事比较容易,但有了事,人不一定栩栩如生,作品也跳不出对先进事迹的宣传报道,是不会获得成功的。李准同志把"写事件"作为他过去创作的缺点,这是很有见地的。他还说:"过去写作是先找事,后找人。是由故事产生人,不是由人产生故事,当然不能把他们写成活生生的人了。"像《孟广泰老头》、《雨》等作品,就比较注意写人了,它们"像素描一样勾画一个人物"。但是,李准还不满足于勾勒人物的轮廓,更潜心于人物性格与典型环境的关系的研究、人物精神品质的探索,努力创造"典型环境中的典型人物"。这样,就使李准的作品在形象塑造上一步一层楼,达到了艺术创造的较高的境界。他后来创造的李双双、孙喜旺、肖淑英、白举封、耿良等人物,都具有较高的典型性。李准在谈到《耕云记》和《李双双小传》的创作时说,起先,"由于自己孕育并不成熟,只是把一连串的先进事件罗列上去,并不能刻画他们丰富多彩的精神面貌。后来经过反复酝酿,尽可能把主题思想从一般模范材料中钻研得更深一点……又从写人、写精神品质出发,就感到不那么困难了"。有了人,他做什么和怎样做的事就水到渠成,不成问题了。"从写人出发,从写性格冲突出发,把这两个人物换到什么地方都可以。哪怕是他们两个进一次城、赶一次集,都可以表现出来这一点。"要达到这样的境界并非易事。一方面,要有娴熟的艺术技巧,善于通过自己特有的手法刻画人物的面貌和精神;另一方面,要有雄厚的生活基础,熟悉生活中各种各样的人物。"作家不但要发现人物的共同点,更重要的是发现人物的不同点。通过各种人物的差别,反映出各个阶级、各个阶层的不同典型人物来。"李准的小说塑造出真实鲜明的各种各样的人物来,是付出了多少艺术创造的艰苦劳动啊!

群众喜闻乐见的艺术形式

李准小说所描写的农村社会主义革命的历史图卷,是用中国画的传统技法、构图和色彩画成的。它的艺术形式具有中国作风和中国气派,为广大群众所喜闻乐见。

李准长期生活在农村,跟农民保持着血肉联系,乐意做他们的忠实代言人,他的作品也接受着农民的检验,由群众的反映来决定自己的创作方向。因此,他能取得群众特别是广大农民的欢迎。"随着'为什么人'的问题的解决,民族形式、民族风格的问题也就容易解决了。我在写小说时,有时感到讲这个故事,就像是对着自己在农村熟悉的一些群众、一些干部讲的。因此,所选用的语言、安排的结构,总是要考虑到群众喜闻乐见的形式。冗长的心理刻画、欧化的晦涩的语言,就要考虑少用或者不用,这样就在形式上更接近于中国风格、中国气魄。"这段话,可以帮助我们理解李准小说的艺术形式上的特点。

李准的小说,脉络清楚,线索单纯,条理分明,适宜群众阅读。他的绝大多数小说,矛盾冲突一以贯之,单线条地进行,层次十分清楚。如《不能走那条路》,宋老定是主要人物,情节的发展都围绕着宋老定要不要买地的矛盾心情展开,冲突始终放在宋老定和东山父子之间。另一个是卖地的张栓,他想吃飞利,倒卖牲口,自然也有自发的资本主义倾向。他跟宋老定买地、老定父子之间的冲突,都有联系。如果批判张栓的思想,作品也能收到一定的思想效果。但是作者笔墨并没有在张栓身上展开,只是根据宋老定父子间的冲突的需要,根据揭示宋老定思想发展的来龙去脉的需要而稍加点染,在结构上就显得单纯明快、不枝不蔓,主题思想也更集中鲜明。李准的一些近乎速写式的小说,只写一个场景、一两个人物,结构更是单纯。如《雨》,通过风雨来临时的特定情景,通过存厚老头夫妇的行动和对话,刻画了两个思想性格不同的人物,把场景变化与人物思想发展糅合起来写,显得单纯而又不简单。《两匹瘦马》只是如实地写了韩芒种怎样上集、怎样买马、怎样养马,结构单纯而朴实,正跟作品塑造的朴实农民形象相统一,十分和谐。结构单纯,不是艺术的笨拙而是艺术的技巧,就像中篇小说《冰化雪消》,反映生活的面比较广,人物也多,矛盾比较错综,如果不把握结构力求单纯明快的艺术技巧,就可能形成枝蔓过多而脉络不清,使读者堕入五里雾中。上述作品,都从不同的角度显示了李准驾驭结构的艺术。

李准的小说很少是从纵的历史的发展来叙述故事、塑造人物的,绝大多数小说都是截取生活的一个横断面来反映生活的面貌。结构故事,注意起承转合,不仅结构相对完整,也符合群众的欣赏习惯。李准的小说,一般"起"得比较平淡、从容,先作铺叙,然后再进入故事;"承转"之间,不是平铺直叙,而有繁有简、有详有略,过程性的交代少,突出矛盾冲突的重点;"合"处注意前后呼应,事事有下落,不留下"断尾巴蜻蜓"。如《不能走那条路》、《春笋》、《耕云记》这几篇小说,情节发展的线索单纯,故事的起承转合清楚,但又不雷同呆滞。就说它们的开头与结尾,就各有其妙。《不能走那条路》从张栓卖地开头,而不是从宋老定买地开头。如果小说这样开头:宋老定要买地啦!村里有各种传说、各种议论;买谁的地呢?又有各种猜测,最后议论到张栓身上。这样也未尝不可。这种开头,先声夺人,比较奇险。李准一般不用这样的办法。他从张栓讲起,镜头再集中到宋老定身上,写来比较从容舒徐,步步把读者引入故事。故事发展到宋老定偷听东山、张栓的谈话,大受感动,"他用手使劲地捂住要流泪的眼,走到屋里,像一捆柴倒在地下一样倒在床上",其实可以结束了,宋老定将会如何,读者可以想见。但李准还在下面添了一节,把宋老定借钱给张栓的事明确告诉读者。老定还教训他:"你记住:以后要好好地下劲种地,要不,连谁你都对不住!""他说罢后,就一直朝东一步一步地迎着太阳走去。"这个结尾不是画蛇添足,既显豁又含蓄:它再次点染了宋老定倔老头的性格色彩,迎着"太阳走去",含蓄地赞美了这样的老实农民走上了阳光大道。小说开头写张栓,结尾也写到张栓,首尾呼应,无懈可击。《春笋》的故事是从生产队选举队长开始的。但作品并不马上让耿良露面,而先渲染会议的场景、气氛、反映,穿插着支部书记的回忆。这一切从容不迫地铺叙以后,才把注意力投向坐在墙角的耿良,人物才正式登场。而他一出场,又用"抑"的办法,写他"还是个大孩子","凸着嘴像个没嘴葫芦",使读者关心起他能不能胜任队长来。结尾却结在抒情性的环境描写上。"他忽然听见竹林里地上响出嚓嚓的声音。刘永义扭头看了看,原来在这一场春雨之后,竹林里那一个个满含着强盛生命力的春笋,顶破地面,顶开枯枝败叶,向上生长起来了!""刘永义看着那些粗壮笔直的春笋,又看了看耿良那黑里透红的面孔,不由地想:'这场春雨,下得太好了。'"用春笋来比喻和赞扬耿良的新性格,再恰当没有了。这是与环境,也是与人,前抑后扬,相映成趣,寓意深长,发人深省。这几篇小说,同样注意起承转合,同样结构完整,而又千姿百态、异彩纷呈,在完整中多变化。这样听李准讲故事,听多了,也不会感到单调乏味、千篇一律,反而会引起人们探求还有什么"新招"的兴趣。

在艺术手法上,多用白描而少心理刻画。

白描是中国画的传统绘画技法,也是小说的传统艺术手法。李准说:"白描就是通过动作、对话来写人物,有机会就让人物自己行动、对话,这样来揭示他的思想、感情和性格。"这是抓住了白描的艺术手法的主要特点的。在外国小说中,或者受外国小说影响较大的作品,很注重人物的心理刻画。但是,那种静态的、有时长达数页的心理描写,不符合我们民族传统的欣赏习惯,在李准的小说里也不采用。他靠人物的动作和语言来刻画性格。

《耕云记》介绍肖淑英,就是以动作来显示人物性格的。在大路旁的草棚下避雨那一段,就是通过一连串细微的动作和短短的一句对话,把肖淑英的身份和沉静、坚毅的性格特点都鲜明地勾勒出来了,十分省俭,又十分引人入胜。《雨》刻画张存厚老头和他老伴的不同思想性格,完全是通过风雨来临时他们不同的动作、看来十分平淡的对话来实现的。那么,光写人物的行动、对话,来刻画人物形象,是否就不能揭示人物的内心世界,因而影响性格的鲜明性和深度呢?这种担心是多余的。因为动作和对话是人物内心世界的外在表现。动作、语言找准了,就能准确地反映人物的内心世界,使形象栩栩如生,而笔墨自然比描写心理要省俭得多、传神得多。如《信》中,申志兰第一次编信安慰婆婆的情景:"她慌里慌张跑着叫着:妈妈,他信回来了,他信回来了!"老婆婆"急忙从屋里跑出来",把小板凳也"踢翻了",也顾不上手上沾着面"就去抓信",嘴里说着:"赶快念念,赶快念念!"读完信,老婆婆"说着笑着跑到街上去了"。"这时志兰一头栽进房里,脸伏在被子上再没有起来。"在这样的特定情景中,再也没有比这些动作更能准确、深刻地揭示这婆媳俩不同的情绪和感情的了。无论是申志兰的动作还是老婆婆的动作,都引发起读者深沉的痛苦,为她们伤心地流泪。恐怕,此景此情,再多的心理描写也难以达到如此强烈的艺术效果。作者善于用白描法,通过动作、语言刻画性格,正是建筑在中国读者善于通过人物的动作、语言去体会人物复杂的内心世界的基础上的。

在语言运用上,力求准确、流畅、群众化。

语言是构成作品的第一个要素。对于人物、主题、环境,读者都要通过一定的语言形式去领受、体会。作品能否为广大群众所接受,语言运用是十分重要的因素。李准在总结他的几十年的创作道路时说,要"坚持用劳动人民生活语言进行创作"。他的第一篇小说《不能走那条路》用的是豫西群众语言,他说:"我很喜欢这种语言,它是那样的精练、生动而又能准确地表达思想感情。我也经过选择和提炼,并不敢把只有当地人才懂的方言搬上去。我觉得我用的这种语言,也是我平常所说的语言。有时我就用嘴先说说再写,看看是否顺嘴。我也不用长的句子,不用长的附加语。"小说的开头这样写:"俗话不俗,'要得穷,翻毛虫'。张栓本来日子倒也能过,土改后分了十几亩地,要是不胡捣腾牲口,地种好,粮食也足够吃。可是他这个人偏偏好掂根鞭杆转牛绳,今年春天把一头红牡牛换了个小叫驴……这时乡干部对他说:'张栓你不要胡翻吧!翻拙弄巧,袍子捣个大夹袄。'可是他就不服气……""'塌下窟窿背上账,像黄香膏药贴在身上。'张栓是个小农户,经不起这波折,黑夜白天怎样打算,也过不去这一脚。他妻妹夫还见天来要账,连襟亲戚,惹得脸青脸红,他也不想再说软话,就心一横:'卖地!卖一杆旗,拣好地卖,看有人要没有!'"这是很纯的群众语言,朴素,简练,形象生动,符合"乡里人"说话的特点,但又是经过提炼的文学性很强的语言,明快,流畅,准确,没有局限性很大的乡俚土语,易于为广大群众所接受。读来朗朗上口,很有韵味。这是学习群众语言的精华,也是向古典文学吸收养料的结晶。李准说:"在运用语言技巧上,我首先是学民间戏曲说唱的流畅和明快。像河南豫剧、曲子、坠子等艺术形式,都是叙述味道很浓,而又朴实流畅的。"这种学习,不是生搬硬套,不是食古不化,是融会贯通,因而成了作者的创造,具有了作者自己的个性特点。

李准小说语言形式的群众化,有他得天独厚的条件。因为他长期生活在农民中间,跟群众打成一片,平时交流思想的语言也是群众语言,因此在写作时可以"用嘴先说说再写,看看是否顺嘴"。自己顺嘴了,也就是群众顺嘴了。这是要有很深的功夫的。而"下乡"的作家是很难做到这一点的,要么乱用方言、土语、歇后语,以显示自己的群众语言,变成了炫耀与卖弄;要么"先说一说再写",没有了泥土的气息,顺了知识分子的"嘴"。李准既有这样的优越条件,又十分注意积累群众语言。"我到一个县里,只要时间稍长一点,总要交两个说话生动、掌握群众语言较多的朋友。"为有源头活水来,语言的"仓库"里就越来越丰富。要用的时候,就可信手拈来,恰到好处。因此他的小说的语言,总是那么朴素、醇厚、自然,不加斧凿雕琢而精致,不用色彩艳丽的词句而美华,真是别有风味。

李准小说艺术形式的民族化、群众化,不是生硬地外加的东西,而是从构成作品的各种因素中渗透出来的。随着创作实践的发展,艺术形式的民族化、群众化也渐趋成熟,并有所发展。重要的在于善于学习,并变成自己的创造。李准谈到《耕云记》开头写肖淑英避雨那一段,是从李笠翁的《一家言》中来的。"这和我的人物有些吻合。开头我就采用了这样白描的手法,安排了这样一个细节,让人物一出场就给读者留下一个印象。"在谈到李双双这个形象的创造时他说:"很难数清在创造李双双这个人物时所受到的影响。我只感到像《快嘴李翠莲》、《婴宁》、《野姑娘芭拉》、《卡尔曼》、鲁迅先生的《离婚》等,都给我留下鲜明的印象。"从古代到现代,从中国到外国,是营养他都吸收,然后经过自己的消化,创造出具有鲜明的时代色彩,为广大人民群众所接受、所喜爱的李双双形象。学习是为了创造,不是拘泥成法、墨守成规。善于学习,大胆创造,就一定能独树一帜,创作出具有中国作风、中国气魄的为群众喜闻乐见的好小说来。

原载《安徽大学学报(哲学社会科学版)》1980 年第 2 期

根深叶茂
——试评李准的电影剧作

殷梦舟

李准同志是我们熟知的短篇小说作家,他写电影剧本,是 1958 年开始的。时间虽短,成绩已很显著。由他编剧并已摄成的影片,有《老兵新传》、《小康人家》、《耕云播雨》和《李双双》等四部。这些影片,深为观众喜爱,尤其是《老兵新传》和《李双双》取得了较大的成功。前者,被制为我国第一部宽银幕彩色故事片,并在国际影坛上获得很高称誉。后者,去年起在国内各地放映期间,群众热烈欢迎,竞相观看,在《大众电影》杂志社举办的第二届国产影片"百花奖"的群众评选中,名列前茅,被评为最佳故事片,李准同志也因此被评为最佳电影编剧。

由李准编剧的影片,能为群众如此喜爱,绝不是偶然的。本文拟对这些影片的思想艺术基础——电影文学剧本,作些分析探讨。

(一)

我们的文化艺术,是为工农兵、为广大人民群众服务的,其中,为五亿多农民群众服务,占着更为重要的地位。在各种文艺形式中,电影的群众性最广泛,它应该成为普及与提高农民的政治思想和科学文化水平最有力的工具。党和政府不断提醒从事电影创作的同志,必须适当注意农村题材,制作适合广大农民需要的影片,以提高农民的文化思想水平,满足他们的精神生活要求。

李准同志一开始从事电影剧作,就把反映农村新面貌、歌颂农业战线上的新人物,作为自己应尽的光荣义务。他一再说:"一定要用文学形式来歌颂这一种新的人(李双双式的新人——引者注)、新的英雄。让她这种大公无私、敢于斗争的高贵品质发扬光大。""近几年来,我在写作上有个愿望,想写一些农村新人物,想在农村新人的精神面貌上、新的品格形成上,进行一些探索。"正是这种为农民服务的强烈愿望,促使他始终如一地以一个革命战士的身份,植根于农村生活和斗争实践之中,和农民同命运共呼吸,不懈地探索,勤奋地创作,才能在不长的时间里,一个接一个地写出这些反映农村生活的好剧本。有的同志称李准为农村片剧作家,他是当之无愧的。

《老兵新传》是李准的第一个电影剧本。作者通过"老八路"战长河从部队转业到北大荒去开荒的故事,生动地反映了我们的时代和新人物性格的特征。剧本的故事,发生在1948年。当时,人民解放战争已由防御转入全面反攻,正由北向南,推向国民党统治的心脏地区。中国人民的革命事业,在军事上胜利在即,随之而来的是一个更为艰巨繁重的任务:要在经济上,改变祖国贫困落后的面貌,建设现代化的社会主义新中国。毛主席说:"比如走路,过去的工作只不过是像万里长征走完了第一步。……严重的经济建设任务摆在我们面前。我们熟习的东西有些快要闲起来了,我们不熟习的东西正在强迫我们去做。这就是困难。"当我们面临这一困难任务时,帝国主义及其走狗狂妄地"预言":中国人一定管不好经济。他们幸灾乐祸地等待着我们失败。事实将如何呢?这就是《老兵新传》所要表现的重大问题。作者用一个国营农场从无到有、白手起家的创建过程,有力地证明了,有共产党的领导,依靠劳动人民的双手,我们过去不熟悉的一定能学会,过去没有的一定能建设起来,任何困难都不能阻挡中国人民胜利前进的步伐,帝国主义者的"预言",将像肥皂泡一般地破灭。

作品突出地塑造了战长河这一典型的英雄形象,通过他主动争取去艰苦地区开荒,和对他战胜各种困难的英雄业绩的描绘,让我们看到了:敢想敢干的共产主义风格和艰苦奋斗的革命精神,永远是我们革命的传家宝,不仅是把革命斗争进行到底的伟大武器,也是取得社会主义建设胜利的强大力量。剧本的题材,还表现出中国人民解放军,"永远是一个战斗队","又是一个工作队"。他们在战争年代,是抗击敌人、消灭敌人的勇士;到了建设时期,又成了各行各业工作中的骨干。

李准的电影剧作,除去《老兵新传》是从另一个角度来反映农业建设的以外,其余几个,都直接取材自农村。阅读这些剧作,也像阅读他的小说一样,给人最深刻、最突出的印象,就是他对于农村沸腾生活的敏锐感觉和巨大热情。他总是紧密地结合当前的革命斗争和政治动向,把农村生活中的巨大变革和尖锐斗争,迅速反映出来,对带有方向性的新生事物,热情地加以歌颂。

在这些剧本中,最早完成的是《小康人家》,这是截至目前,李准写合作化时期农村生活的唯一剧作。写的是一个人称"全知道"的中农妇女,她的土地已经入社,但心里老想多存点粮食,料理好自留地上的八棵苹果树,让独家发财的资本主义道路迷住了心窍。于是,她同一心向着合作社的新媳妇春妞发生了矛盾冲突。春妞在组织的支持下,坚决斗争,把家庭中原来动摇不定的丈夫和他爹争取了过来,使"全知道"陷入了孤立无援的境地,承认了错误,和大家一起,走上了社会主义集体化的光明大道。显然,像"全知道"那样身在社里、心在家里的人物,在当时是有一定典型意义的。她那种想利用手里仅有的一点粮食和果树来发家致富的思想,是合作化以后农村资本主义自发倾向的主要表现。对他们进行斗争,逼使他们改邪归正,在当时是一项十分尖锐的政治任务。正如农民们在看了这部影片以后所说的:"资本主义思想太坏了,一定要斗,不斗不行!"李准的这一剧本,正是反映了这一时期农村阶级斗争形势,对农民起到了重要的教育作用。

党的八届十中全会公报向我们指出:"在无产阶级革命和无产阶级专政的整个历史时期,在由资本主义过渡到共产主义的整个历史时期(这个时期需要几十年,甚至更多的时间)存在着无产阶级和资产阶级之间的阶级斗争,存在着社会主义和资本主义这两条道路的斗争。"这是历史的客观规律。一个作家,如果忽视了这一客观规律,或者故意回避这种矛盾和斗争,就必然会在创作上走入歧途,写出歪曲现实的作品。问题还不止于此。贯穿在整个历史时期的阶级斗争和两条道路的斗争,在过渡时期的不同阶段,矛盾的焦点是不同的;随着客观条件的变化,斗争将不断深入,斗争的具体内容和方式,也将不断变化。如果作家只是一般地注意了阶级斗争,但不善于具体情况具体分析,对矛盾的焦点和斗争的内容、方式,认识不清,那要深刻而真实地去描写这些斗争,并且要从斗争的描绘中,揭示出矛盾的实质,更鲜明地表现出时代的精神,准确地反映出生活的本质,同样是不可能的。李准电影剧作的可贵之处,就在于它不仅注意了前者,还兼顾了后者。

一方面,他总是自觉地运用马列主义阶级斗争的观点,指导自己的创作。用他自己的话来说:"都是沿着这么一条线来叙述故事和人物——那就是崭新的社会主义思想和腐朽的资本主义思想的斗争。"另一方面,他又总是依靠自己深刻的洞察能力和敏锐的政治嗅觉,准确地抓住作品反映的特定时期中农村阶级斗争的动向,及时地反映出来。所以,他的电影剧作,不仅始终贯穿着一条发展线索——农村中社会主义和资本主义两条道路的斗争,从而反映出农村阶级斗争的尖锐性;同时,还能鲜明地揭示出这一斗争在不同阶段、不同条件下的具体特色,从而反映出农村阶级斗争的复杂性。这就使作品的思想意义更为深邃,使作品对农村资本主义势力的批判揭露,对农村中社会主义新人的歌颂,对读者的阶级教育,也更为及时有力。这从《不能走那条路》、《小康人家》和《李双双》中,可以清楚地看到。

小说《不能走那条路》,写的是合作化前夕的农村,当时农村两条道路的斗争,主要表现为,富的买地发家,贫困的卖田破产,朝着两极分化的方向发展。作品正是抓住了这一焦点,通过形象描绘,帮助广大农民群众看清了互助合作是唯一的正确方向,而向那些想走资本主义老路的富裕中农和翻身忘本、自发倾向严重的贫农,敲起了响亮的警钟:"不能走那条——资本主义的路!"在《小康人家》中,合作化已经完成,但农民手里,还私人占有相当多的生产资料,有资本主义思想的人(主要是像"全知道"那样的富裕中农),把全部眼光,注视在这些私有物上面,把它们看成可以为自己带来富裕生活的珍宝,而对集体经济,却三心二意,漠不关心。根据作品的描写,我们可以清楚地看到,这时两条道路的斗争,已经深入发展到要不要把生产资料全部入社、要不要把社会主义合作化道路走到底。而对这个问题的回答,属于不同阶级、不同阶层的农民,是各不相同的;只有开展必要的斗争,才能逐渐地统一起来。

在人民公社化以后,情况就又不同了。这时农民个人,已经没有(或者只有很少)私有生产资料,资本主义的经济道路被堵塞了,社员生活水平的高低,完全得依靠集体经济搞得好坏了。所以,资本主义和社会主义的斗争,不只在经济上,并且更深入地发展到了每一个农民的思想深处,激烈地展开;斗争的焦点,则集中表现在如何对待集体经济的态度上。剧本《李双双》思想意义的深刻性,就在于及时地、准确地揭示了这一时期斗争的特点。

在这个剧里,属于富裕中农阶层的孙有、孙婆、金樵等人,尽管他们已经是公社社员,有的还担任了生产队的干部,但在他们的思想深处,还相当浓厚地保存着私有意识和剥削观念。只是由于客观条件变了,他们已经不可能公开地走向剥削农民的道路了,于是,这种私有的意识和剥削的观念就以另外一种形式,强烈地体现出来。这就是在集体生活中,他们老是想少出力、多享受,处处想占集体的便宜。正如李双双在揭露孙婆时说的:"你可就是见了公家东西手就长一点,见劳动手短一点!"他们偷拿木板、多记工分、贪污公款……样样都干。作品正是抓住了他们这种种丑恶行径,作了真实的描绘和深入的揭露批判,具体地告诉我们:要是听任这种思想与行为自由泛滥,不加过问,就会严重损害集体的利益,严重挫伤群众的积极性,人民公社的制度,就很难巩固和发展。另一方面,作品通过李双双这一形象,集中地反映出:经过长期的生活锻炼和党的教育,在农村的贫下中农中间,已经成长出一代社会主义新人。他们不仅继续保持着坚信党的领导、坚决走社会主义道路等原为贫下中农所固有的坚强信念,并且已经具有大公无私、急公好义等原为工人阶级所有的优秀品质。他们热爱集体事业,把个人同集体紧紧联系在一起,只要是集体所有的,是符合集体利益的,就一定全力维护,寸土不让,寸草必争。这两种势力,就构成了当前农村中十分鲜明的相互对垒着的两个方面:一个代表着社会主义方向,一个代表着资本主义方向。他们之间的尖锐冲突,说明了为"公"还是为"私"、为"集体"还是为"个人"的斗争,在一个长时期内是必不可免的;而其实质,仍然是党所指出的两个阶级、两种思想、两条道路斗争的继续。

李准同志在电影剧作中，虽然没有直接描写当前农村中阶级斗争的另一个方面——被打倒的地、富、反、坏等反动势力同社会主义之间的敌我矛盾（或许这该说是作品的一个不足之处，因为在农村的现实生活中，敌我之间的矛盾和人民内部的矛盾，往往是错综复杂地交织在一起的），但是，通过作品对人民内部两种思想、两种道路的斗争，以及这一斗争步步深入发展过程的描绘，已经为我们展示了一幅农村阶级斗争尖锐而复杂的图画。这图画，不仅让我们看到了，农村资本主义势力和受资本主义思想影响较深的人们，在对社会主义作种种抗拒之后，是如何被迫着步步倒退的；更重要的，它让我们看到了，我国广大农民正在阶级斗争的波涛中洗涤着自己的心灵，逐渐地摆脱陈旧的小生产者的自私心理和习惯势力的束缚，新的社会主义思想正在他们身上迅速增长，农村里社会主义的经济正在不断巩固和壮大。这一切，正像剧本《李双双》结尾所写的：人们，是"变得聪明漂亮了"，而生活，就像河水一般，"喧闹着，奔腾着，向前流着，流着"。

在艺术上，《耕云播雨》是不如《李双双》和《老兵新传》的，甚至还不如原著小说《耕云记》，但对它所体现的重大思想意义，仍应实事求是地给予足够的评价。

1960年下半年，党明确提出以农业为基础的方针，农业现代化成了我国当前社会主义建设中头等重要的任务。正在此时，这篇反映农村劳动人民掌握科学、战胜自然的作品——《耕云播雨》应运而生，它以强烈的现实意义和深刻的思想性，有力地配合了党的这一伟大号召的宣传和贯彻。作品通过主人公肖淑英的成长过程，集中地揭示了掌握了科学知识的新型农民的革命性格，显示着农村生活正在发生新的变化。

肖淑英，这是一个从劳动人民中成长起来的新型知识分子形象，是具有社会主义觉悟和一定科学文化的新型农民的代表。当然，像这样的农民，是在不断地工作锻炼和实际斗争中成长的。剧本一开始，她只是个到省里气象训练班"参观了参观"，就带着书回来了的小姑娘，在复杂的气象工作面前，实在是个门外汉。她在工作中遇到了各种各样的困难：原有的文化水平不高，这里的设备条件太差，更严重的，有不少落后群众，对她抱怀疑态度，特别是不怀好意的富裕中农，百般地讽刺她、打击她。然而，她依靠党、依靠广大群众，历尽风险，站稳脚跟，终于在偏僻的山村建成了气象站，自己也初步掌握了预测风云变幻的技术，在一场暴风雨到来的前夕，她根据实际情况，作出确切判断，在紧要关头，保证了公社生产的丰收成果，终于逐渐地在群众中树立了威信。

肖淑英这样的人物，出现在今天的农村，不是偶然的。公社化的农村，在组织上已经具备了彻底改造大自然、实现现代化的条件。但是,现代化离不开科学文化。既然人民公社需要有通晓自然秘密的新人,有着党的教育和培养,在公社的土壤中也就一定会成长出这样的新人。这是十分自然的。这样的人目前虽不很多,但以他们为起点,不断扩大成长,不久就会成为新的农业主力军。

  剧本通过肖淑英所在公社同"老天爷"搏斗的过程,还突出地表现了人民公社战胜自然灾害的巨大力量。正如剧本开头的"旁白":"过去天难人,如今人管天,人民公社力量大,管风管雨管自然。"作者对沸腾的农村生活的描写,带有浓厚的时代特色,十分真实动人。如防霜冻,作者这样写道:"街上的铃声响起来,人们像潮水似地用车拉,手推车推,人挑,向地里运着柴火……在一望无际的小麦田里,到处安放着熏烟器。"放烟的命令一下,"几百根烟柱从熏烟器中滚滚升起,直冲天空。一刹那,整个麦田烟雾弥漫"。收麦时,社员们得知暴风雨即将来临,各生产队立刻通夜抢运和打场。抗旱中,各生产队千军万马,全体出动……这些轰轰烈烈的生产斗争场面,只有在公社化后的农村才能看到。正如剧本结尾的"旁白"所说:"人们有了共产党的领导,有了人民公社,几千年来大自然的奴隶,一变而为大自然的主宰。在这天空的大舞台上,富有创造性的中国人民,永远是它的主人!"这话道出了我们看过这个剧本和这部影片后的喜悦心声!

  作家李准同志,就是这样,用他的电影剧作,从各个方面、不同角度,通过错综复杂的矛盾冲突和人物关系,为我们描绘了瑰丽的农村生活图景,揭示了广大农民心灵上的巨大变化,为党和三面红旗,一曲又一曲地唱着嘹亮的颂歌。

(二)

  创造鲜明生动的艺术形象,尤其是创造新的革命英雄人物的形象,一向是无产阶级电影艺术创作的中心课题。李准在创作中,正是抓住这一环节,努力挖掘人物的内心世界,把握他们的性格特征,然后用各种艺术手法,成功地塑造了正面和反面的人物形象,才使他的作品的思想借助艺术的戚人力量,对读者和观众发挥了巨大的教育作用。

  一个艺术形象,要成为使人铭刻于心的典型,首先必须是历史、时代、阶级、集体生活的深广概括和性格特征的高度结合;否则,引不起读者的共鸣,也就不能对群众起到潜移默化、从具体的生活事件中领悟到巨大真理的作用。李准剧作中的人物,如战长河、李双双,乃至肖淑英、春妞等,首先给我们的印象是:尽管他们所经历的生活道路和各人的性格,并不相同,但他们有着共同的精神特色,那就是共产主义的思想觉悟和品德、坚定的革命斗争性、高度的革命乐观主义和革命英雄主义等。这在老战与双双身上,表现得尤为突出而完整。这也就是大家特别喜爱这两个人物的根本所在。

用评论中常用的"豪爽"、"热情"、"坦率"等词汇来概括老战,是很不足的,他要比这高大得多、丰富得多。毛主席说:"中华民族不但以刻苦耐劳著称于世,同时又是酷爱自由、富于革命传统的民族。"老战这个典型,在很大程度上体现了这种民族性格,表现了当代共产党人的特征。这样说,是并不过分的。

到北大荒去开荒,确实是一场生死战斗。一夜风雪,能把人带房子全部埋没,黑夜有恶狼吃人,在当时还有土匪劫掠。到了冬天,气候更是冷得惊人。连掠夺成性的日本鬼子,也没有能在这里站得住脚。但是,老战和他的战友们,却在物资极端缺乏的情况下,凭着粗壮的手,在这里办起了新中国第一个国营农场。这是多么大的毅力和勇气啊!是什么力量在支撑他们呢?老战自己回答得很好:

"有人说这里艰苦,是艰苦啊!要是为个人是不值得来这儿的。可是同志们!我们是为了革命,为了将来社会主义!为了革命,一切困难都会在我们面前屈服,越是困难就越是光荣……"

是的,正是这种共产主义者的伟大理想、高瞻远瞩的革命精神,给他们带来了无穷无尽的力量,把困难看作通向胜利的阶梯,使他们具有叱咤风云、气贯长虹的气魄,永远走在生活的前面,敢于斗争,敢于胜利。

老战是作者从老一辈革命家身上,发现、酝酿、提炼而塑造出来的典型。李双双就不同了,她是在我们农村新的生产关系中,茁壮地成长起来的社会主义新人。

李双双是一个普通的农村劳动妇女。她既没有像董存瑞、黄继光那样,经历过生死存亡的战争考验;也没有像老战那样,接受过惊心动魄的艰苦环境的锻炼。剧本只是写了李双双日常的生活和劳动,并且主要地写她和丈夫之间的家庭矛盾和冲突。但是,作家正是从这些平凡的生活事件中,挖掘出了具有社会本质意义的事物,让我们看到了和黄继光、董存瑞、战长河同样光辉灿烂的革命品质。李双双的可贵之处,表现在对任何损害社会主义集体利益的思想行为,敢于进行毫不调和的斗争。我们从她不允许孙婆偷生产队的木板,不允许孙有、金樵忽视劳动质量多记工分、贪污公款,以至不允许他们包办儿女婚姻等事件中,可以看出,她对于"情理不顺"、有损社会主义集体利益的任何事情,就是看不过去,要管、要问、要说、要辩。这种高贵的品质,通过她同喜旺之间的冲突,被更深刻地揭示了出来。喜旺不是别人,是她自己的丈夫;同时喜旺的所作所为,从表面上看来,不同于金樵、孙有,他没有直接拿公家东西、损害集体利益,只是主张"洁身自好",不要得罪人,对一切矛盾采取调和主义而已。所以,通过双双对喜旺的斗争,反映出双双已经不是一般的对坏人坏事敢于斗争的人物,而是同旧社会遗留下来的一切旧传统和习惯势力彻底决裂了的新型农村妇女。

那么,究竟是什么力量支撑双双坚持原则、敢于斗争的呢?这也正是喜旺长期不理解而对双双不满的根由,他一再劝说她,有时候简直是声色俱厉地责问她:"你管人家,你算什么?"双双这样回答他:"我?公社的社员!"反过来,她还开导他:"就你胆子小,今天有党领导怕什么!有心里话就要向党说……"

坚信党的领导,明确了解自己在社会集体生活中的地位和职责,从而,自觉地把个人的命运,同时代、同集体紧密相连,视野开阔,敢作敢为,这不正是我们现时代的英雄人物吗?李双双就是这样的人物。从这里,我们也就可以找到赋予双双力量的源泉。

当然,强调老战、双双等人物身上所具有的时代、阶级的共同特征,强调人物的理想,绝不是否认他们鲜明的个性。剧本之所以成功,在很大程度上正因为作家抓准了人物的个性特点,作了突出的多方面的描绘,才使我们如见其人、如闻其声,感到他们就生活在我们周围,熟悉,亲切,而且面貌鲜明。

老战和双双的个性特色,可以分别用一个字来概括:前者是"闯",后者是"争"。

诚然,老战是"一员亲切可爱的闯将"。剧本开始,大军南下,两个军人,往相反方向,骑马闯进画面,匆匆地、径直地向办公大楼里边闯去,一直闯进会议室,向正在作开荒动员报告的李主任要求:"我……我愿意去,能不能让我去?"……

有名的老战,就是这样同我们见了面。接着,他带着全部人马——警卫员小冬子和新来的总务科长周清和,闯进了人迹罕至、野兽出没的北大荒,向自然展开斗争。一年、两年……终于闯出了新中国第一个国营农场。剧本结束时,他又带着小冬子,向更远、更艰苦的地方闯去,要去闯出第二个、第三个……国营农场来。

最深刻地表现出老战个性的特征的,主要是在"和人斗",特别是在和农场另一个负责人、副厂长赵松筠的矛盾中。这个矛盾构成了剧本最基本的线索,老战的性格发展、剧作的主题,都是紧扣着这一主要线索而揭示出来的。

赵松筠是出生在旧社会的高级知识分子。在旧中国,他和许多耿直忠厚的知识分子一样,有着举办农业、振兴祖国的抱负,由于得不到反动统治者的支持而破灭了。他到解放区比较早,有了一定的政治觉悟。但是,他终究没有"脱胎换骨"、彻底改造,还保存着完整的资产阶级世界观,迷信书本,严重脱离实际。

他这种思想上的两重性,一到农场,就鲜明地表现了出来。一方面,他因为到了"自己的农场",激动得当晚"睡不着",对北大荒说:"这一次,要把你唤醒了!"这一点,他和老战"想的一样",成了他俩合作共事的基础,也是作者为赵松筠最后转变设下的伏笔。但是,要办农场是一回事,为什么办农场又是另一回事。老战办农场,是因为"我们军队、城市多么需要粮食","是为了革命,为了将来社会主义"!赵松筠呢,却因为"我这是想了一辈子的事了",换句话说,他只是为了实现个人的夙愿,寻找个人事业的依托。思想分歧,带来了此后一连串的冲突,甚至几乎决裂。

有人认为,他俩的冲突,是因为一个迷信书本知识,另一个只凭经验与热情而引起的;还有人说,这是由于老战个性鲁莽,不懂得团结、教育、改造知识分子的政策而造成的。这是不对的。虽然这些因素存在,但绝不是产生冲突的根本原因。否则,赵松筠初到农场,老战那么真诚热情地欢迎他;当赵松筠建议拖拉机不要转圈儿开(那样有损机器)时,老战马上下令竖着开;甚至在后来,两人发生了激烈的争执,赵松筠仅仅从"责任"和"执行职务"的观念出发,提出改换麦种,老战也立即采纳执行等等行动,就难以理解了。同时,假如说老战根本不懂得党的知识分子政策,那,为什么在艰难困苦的条件下,宁可有些仪器不买,盖不起房子,甚至宣布不准恋爱结婚,但偏偏专给赵松筠夫妇备下一套旧沙发,对他们表示特殊的关怀呢?当他同赵初次发生冲突,为什么会为小冬子的一个"紧急措施"——拉拉他的衣角,就制止住心头怒火呢?很明显,这些生动有趣的细节,说明老战是尊重书本知识和技术专家的。问题在于,他有一个最基本的原则:要符合党的利益,是为了党的利益,而不是为了个人的名誉,计较个人的得失。正是在这一点上,他俩思想上有着原则的分歧,所以在该不该头年就在新开荒地上种麦,在麦子坏了的时候该怎么继续行动,到了第二年该种多少麦子等等关键问题上,十分自然地出现了对立的意见。老战为了革命敢于向前闯,赵松筠考虑个人得失,畏缩不前,因此,一次又一次地爆发出无法避免的冲突。这才是他们之间的本质矛盾。正是透过这一本质矛盾,把老战的革命"闯"劲表现得非常鲜明突出。在革命中,我们有很多同志,在新任务面前,没有经验,出于事业需要,他们决不坐待别人创造了经验再去行动,而是勇往直前,主动去闯;闯的开始,也可能出些毛病,受些挫折,但他们决不灰心丧气,失败了重开始,跌倒了爬起来,不达目的,誓不罢休。老战就是这种勇于"闯"新的革命者。

我们再看看李双双的"争"。剧本开始,她专注地在河边洗衣裳,她的丈夫孙喜旺在自夸之余,还直嫌她"有点儿太腼腆了",可是一转眼,她却在村街上和孙婆争得不可开交。接着,在田头,在队委会上,在家门口,又一次次地同金樵、大凤、孙有等人发生争执。用喜旺的话来说，她是争吵得"把人都得罪完了"。但是，喜欢"争"，只是李双双个性的外部特征，问题是要看她为什么而争。作者正是通过她的这一外部特征让我们看清了她的思想本质：大公无私，存不得半点私情。这最集中地表现在她和喜旺的多次冲突中。这对夫妇从"和好"到分裂，又从分裂到真正和好，不仅表现了双双性格的成长过程，并且以小见大，反映了我国农村中阶级的、社会的、时代的一些动向变化，有力地揭示了剧本的主题。

孙喜旺，这不是一个普通所说的反面形象。一方面，在他的身上，有着相当浓厚的小私有者和封建家长式的旧意识、旧习惯的残余：保守、自私。另一方面，他出身贫苦，热爱劳动，为人淳朴憨厚，特别是经历了我国农村从土改直到公社化期间的种种社会变革，思想上也有了不少的进步。思想上的两重性，决定了他对集体生活的态度，既不会像金樵、孙有那样，处处去占公家的便宜，但也不能像双双那样，处处把集体利益放在第一位。

这种人在确立坚定的生活道路之前，总是按照特有的哲学和逻辑办事——"我若犯人，人必犯我"，稳妥之计，是"洁身自好，以和为贵"。双双说得好，这类人物是"尿泡尿也得看看皇历，掉个灰星儿也怕把头上砸个疙瘩"。喜旺自己怕得罪人，自然也害怕自己的妻子去"得罪"人。所以，他同双双之间发生一连串的冲突，不是偶然的，是他们性格显示与发展的必然结果。

像喜旺这样的人，在今天的农村还不是少数。更应看到，他们在当前农村阶级斗争中，处于被资本主义和社会主义相互争夺的地位，有他们存在，金樵、孙有这些人的活动，才有了"挡箭牌"；金樵他们还时时想拉他下水，以扩大自己的势力范围。另外，农村集体经济的巩固和发展，光依靠李双双这样的先进农民，也是不够的，还必须把喜旺他们完全争取过来；也唯有如此，才能彻底孤立农村资本主义势力，甚至最后消灭。可见，当前农村两条道路、两种思想决战胜负的一个关键，就看谁能争取到处于中间状态的农民的支持。尽管喜旺在双方斗争中，企图严守中立，互不开罪，但实际上，却必然是事与愿违，很难超脱斗争，反而是常常处于双方斗争的焦点与尖端。在关键时刻，他们还经常不自觉地、但又十分自然地充当着资本主义势力的维护者。要使他们清醒过来，并下决心割断与资本主义势力千丝万缕的联系，这对他们是一个艰巨的甚至是痛苦的改造过程。正如剧本所描写的那样，喜旺的进步，是一步步地取得的，从他自私自利到洁身自好，再由此进到勇敢地维护集体事业，无一不是由于双双的绝不相让、据理力争、与之进行了激烈的思想斗争而后取得。他第二次赶大车回来，自己没有贪污，沾沾自喜地向双双夸口，双双又严肃地批评了他。此时，他竟痛苦地说：

"哎！双双，你还要我怎么样啊?"看到这里，我们深深地体会到他的进步。"严重的问题是教育农民"，从目前看来，加强对喜旺这类人的教育，的确是一个不可忽视的方面。作者在塑造双双这个光辉形象的同时，着意刻画出喜旺这个人物，并且把他们之间的冲突，作为《李双双》全剧的主线，绝不是单从有戏没戏的角度来考虑的，而是为了更正确地反映出当前农村斗争的特点。

（三）

李准同志的电影剧作所以能受到广大人民，尤其是农民群众的欢迎与喜爱，因为这些作品都是取材于当前的火热斗争和生活，提出了群众关心的现实问题，塑造了同时代人的光辉形象，同时，和他对电影艺术特性的不断探索，从而在艺术形式与艺术风格的民族化、群众化上，日趋成熟与完美，也是分不开的。

李准走上电影剧作的艺术道路，虽然为时还不久，但从他现有的几个剧本中，我们已经可以发现一些值得重视的艺术特色。譬如，他善于从日常生活中撷取最富有典型意义的片断，编织成娓娓动听的故事，将大的、具有时代意义的主题，寓于最普通的群众生活之中，使得作品的艺术形式异常平易朴实，但思想却极为深刻而有力。又如，他善于抓取充满生活乐趣的场面，选择性格化的而又幽默生动的农民语言，来表现人物和主题。因而，他的剧本总带有浓郁的喜剧色彩，节奏轻松明快，情绪乐观清新，等等。我们不可能一一分析，这里仅从电影特性的角度，作些探讨。

电影是诉之于观众视觉的艺术。电影剧本特别重视视觉形象，强调能见性。电影剧作家要善于选择意义鲜明易懂、符合人物性格发展的形体、表情动作来刻画人物，以具体可见的形象描绘来表现场景，对话不宜滥用。这就是常说的，要"用眼睛来写作剧本"。

李准写小说，就以善用白描手法见长。他在《不能走那条路》中，用宋老定常到"一杆旗"田边的溜达张望，揭示了这个小私有者企图买进它的强烈愿望；由于儿子反对，愿望不能实现，他就用一声不吭地狠干活来发泄内心的苦闷；听说儿子把买田的钱借给了别人，更是勃然大怒，他威胁地说要到镇上去买肉吃，其实只吃了一碗豆腐汤煮馍。作者用这些动作，既揭示了宋老定在特定情境中的心情变化，又充分表现了这个贫农出身的人酷爱劳动、勤俭理家的憨厚本质。在《一串钥匙》中，作者用白举封陆续交出十二把钥匙的动作过程，有力地表明了这个留恋封建家长权力的人物，在新生活洪流的冲击下，也逐步地清除着旧时代留给自己的沉重负担,向美好的未来前进。甚至像《信》那样完全是表现心理活动的作品,李准也是用婆媳俩的行动和言谈来表现的。对此,侯金境同志曾这样说:"对人物都不作侧面的描写,而是只截取人物性格历史中发出耀眼光辉的一刹那,人物的心理活动、精神面貌,都通过行动饱满地表现出来,故事——也就是人物的连续动作——发展到高潮,人物性格的悲壮性的美也就突然发出光彩来了。"正因为如此,李准同志一开始电影创作,就能不很困难地掌握了用动作来表现人物的电影特性。

当然,这也并不是说他所有的电影剧作,这方面都完美无缺了。譬如他的《耕云播雨》里,对话就嫌太多,甚至连事件发展过程、人物心理活动,也常常用对话来表现。尽管导演在编写分镜头剧本时,已经删去不少,但现在看这部影片,仍有沉闷迟滞的感觉。可是,读他的《老兵新传》和《李双双》,情况就截然不同了。在这两个剧本里,有许多赋予角色性格鲜明的对话、复杂多变的表情和积极活跃的形体动作的好戏,像《李双双》中,李双双为了不让孙婆偷生产队木板的争吵,喜旺不愿双双参加集体劳动而在家里的怄气取闹,选记工员时生动有趣、带有浓厚喜剧色彩的场面,以及喜旺以出走来要挟双双就范等情节。这里,试以喜旺二次出走归来,与双双和好那场戏为例,简单分析一下。

双双……向家里走去。

突然,从喜旺家里传出一阵清脆的劈柴声,这声音吸引住双双,她加快了脚步。

劈柴声继续噼啪、噼啪地响着,双双几乎飞跑似地向家门口冲去。

推开大门,院子里的情景使她呆住了。

喜旺光着膀子,抡着大斧,正在劈柴。他好像要把这阶段负疚、惭愧、暴躁的心情都劈在这块木头上似的。

小菊在一旁帮着爸爸,拾着地上的碎柴火。

双双为此情景深深地激动,她无力地将右手扶住门框,又把头倚在手上。

小菊发现双双,迎上去哄着:"妈妈,妈妈!爸爸回来了!"

喜旺听见小菊的叫声,停住斧子,回过头来,惭愧地期待地望着双双,斧子从他的手中滑下,掉在地上。

双双下意识地顺手抱起小菊,浑身发颤地深情地看着喜旺:"家!不会开除你!"

这场戏的对话(也就是这场戏的内容),一共只有两句,连标点在内,还不到20个字。其余都不是用言语表达出来的。但是,这里确实已经写出了银幕上所需要的一切,甚至,已经为导演切割镜头、考虑音响、处理节奏、调度场面等工作,提供了极为充分的根据。开始,一切如常,双双缓步回家;但当一听到劈柴声（喜旺的出场，是人未见，声先至），情节的发展，就随着双双那由"走"而"加快"到"飞跑"的脚步，逐渐地加快；双双一推开门，艺术的节奏又立刻出现一个近乎静止的跌宕；随后，转入了缓慢抒情的场面。作者还为演员设计了最好的动作：喜旺不干别的，是在狠干他过去最瞧不起的家务事——劈柴，连以往对爸爸并无好感的小菊，竟也在帮爸爸拾柴。这里，表达了喜旺负疚、惭愧而暴躁的心情，还体现了喜旺内心的恋家与父女间久别重逢的深厚感情。尤其是双双，从她那不断加速的步伐里，我们完全理解了她的心情：家里是谁在劈柴啊？难道他真的回来了？——要知道，她是多么希望丈夫回来啊！所以，当她见到真是喜旺时，就激动得浑身无力，只得悄悄地倚在门边，仿佛任何声响都会把丈夫再惊跑似的。这时，她感到欢乐，感到幸福，感到温暖，也感到辛酸；她用又爱又恨的眼光在和他说话，竭力用幸福的微笑在抑制着自己不要哭出来。当她看到喜旺仍然疑虑不安，等待她的谅解时，就一把抱起孩子，说："家！不会开除你！"这句话，与其说是双双表示对喜旺的谅解，还不如说成，是从所有在场人物的久别重逢、温暖团聚、悲喜交集、爱恨混杂的矛盾心情中，迸发出来的火花！能见的无声动作的非凡表现力量就是这样突出地显示出来。如果剧作家不认识到这一点，遇到这样的场面，真不知要花费多少笔墨和语言！像这样人物感情充沛激荡，但又跌宕曲折、变化多端的好戏，为导演和演员发挥艺术才能，提供了多么宽广的天地啊！当然，要把它处理得自然流畅，确实很不容易，但是，有哪一个真正的艺术家，会不热诚欢迎、由衷喜爱呢？

李准电影剧本中的场景，大都不是一般化的，而是根据剧本内容和故事发生地的特色，结合事件的发展和人物情绪的变化，经过精心设计的，担负着为主题、人物烘托气氛的作用。《老兵新传》就是最好的例子。北大荒在这个作品里，有时是银装素裹、白雪皑皑，有时是漆黑的夜、狂吼的风、撕棉扯絮般的雪，另一会是黄叶飞舞，秋风肃杀。到了最后，麦海粮山，笑声遍野，人们印象中荒凉的北大荒，竟变得惊人般的美丽，焕发着青春的活力。作者用这些变化多端的特定场景，有力地烘托着人物的性格，推动着戏剧情节的发展。

李准同志在写场景时，还总考虑到拍摄的可能性以至具体的拍摄手法。在《老兵新传》里，有鸟瞰式的画面，有辽阔的大远景，有摇、推、拉，还有像"每一穗上都冻结了个小冰粒"的特写。有诉诸视觉的景物，还有诉诸听觉的狂风怒吼、笑声洋溢等等不同的音响，非常注意发挥电影艺术多方面的表现特长。当然，在他的剧本里，也有一些比喻象征式的场景描写。如"大雪像张口袋一样遮天盖地……"、"风像要把草原和天空撕裂开"、"这声音好像冻僵了的雪原下喷射出来的火焰"等等，是很难具体拍摄出来的。但是，这样的文字描绘，剧本文学因素的加强，能烘托人物性格，有助于表露戏剧因素，更能准确地传达剧作者的意图,从而,激发制片人员的艺术想象,把这一切再现在银幕上。只要分寸妥当,这样的描绘,确是电影剧作所需要的,是会受到影片制作人员的欢迎的。

作为电影文学,李准剧本的结构,也是值得我们注意的。让我们试以《李双双》的结构为例,看看李准剧作的结构特色。

在这个剧本里,通过李双双与对立面孙婆、孙有、大凤、金樵、喜旺等人的关系,组成了公心与自私、先进与落后、集体主义与个人主义、社会主义思想与资本主义思想以至封建思想、落后的传统势力等等之间的矛盾,头绪繁杂,线索很多。但是,由于作者把戏集中在双双这一充满了强烈生命力的人物身上,并且把她和喜旺之间,特别是对待"公"与"私"问题上的性格冲突,作为贯串全剧的主线,利用这条线把其他线索和人物带动起来,构成完整的故事情节。所以,我们现在读起来,丝毫不觉其乱与杂,而是眉目清楚,脉络清晰。这是第一特色。

有头有尾,层次分明,这是第二个特色。剧本开始,单刀直入,通过双双和孙婆吵架,喜旺斥责双双,她还是坚持原则,斗争到底,一下子就让我们看到了她那单纯朴实、耿直可爱的性格光彩,同时,也看到了喜旺在对事对人上与双双截然不同的态度,从而奠定了全剧冲突的基石。由此出发,通过喜旺不愿双双参加队里劳动,双双揭发孙有、金樵投机取巧等情节,一次又一次地展开两人间的正面冲突。每冲突一次,就是双双胜利一次,喜旺失败一次;先进思想步步紧逼,落后思想着着倒退。剧情一步步地推向高潮,主题一层层地深入剥开。层次分明,秩序井然。剧本的开头和结尾,都是喜旺在村头小河旁夸奖双双。但开头的"夸",是基于他大男子主义等落后意识;结尾的"夸",则表明经过多次冲突,他对双双有了新的认识、新的尊敬和新的爱情。首尾呼应,意味深长,又最适合我国广大群众的欣赏习惯。

波澜起伏,曲折多变,是《李双双》结构的第三个特色。双双与喜旺间,从"合"到"分",再从"分"到"合",构成了全剧的大曲折。在每一场戏中,又有许多小曲折。让人读来,就像是放筏在黄河急流浅滩中,一时紧张,一时松气。更可贵的,这种效果的取得,作者并不依靠滥用电影结构中常见的倒叙、回忆等手法,而是直接着眼于人物性格和现实生活。上面提到的喜旺两"夸"双双就是一例。剧本还写了两贴大字报的情节,第一次双双贴,结果引起了喜旺的惊恐不安;第二次喜旺贴,成了他认错转变的标志。喜旺一共出走两次,第一次是假走,是他向双双"进攻"的手段;第二次是真走,却成了他在双双原则性面前的被迫退却。喜旺归来也写了两次,第一次是双双接他回家,看来矛盾已经解决,两人已经和好,谁知门还未进,就被赶上门来的孙婆吵得不欢而散,矛盾变得更加尖锐……这些既出人意料,又在情理之中,反复拉锯式的情节冲突,使得本来是生活中平凡无奇的事件,显得层峦起伏,跌宕多姿,一波未平,一波又起,始终扣人心弦。这种结构手法,同剧作的意图——从平凡的生活中表现出不平凡的思想意义和人物形象,是完全一致的。

李准同志曾经说过:"农村片要做到叫农民喜爱,不只是放慢镜头节奏,也不只是叙述故事有头有尾,电影工作者要了解农民的思想感情,要摸准他们的欣赏习惯。农民爱看戏曲,我们就要认真研究戏曲,不仅学习戏曲的结构畅顺、眉目清楚、不蔓不枝、树立主干,更要研究戏曲如何揭示主题、如何塑造人物。"从他现有的几个剧本中,是可以看到他学习研究民族戏曲的成果的。由他编剧的影片,能为我国广大人民热诚地欢迎,这未尝不是一个重要的原因吧。

(四)

李准同志在短短的几年内,从根本不熟悉电影艺术的短篇小说作家,成为公认的农村片剧作家,荣获最佳电影编剧的称号。这种成长的速度和丰硕的收获,都是十分值得我们重视和总结的。当然,他现有的几个剧本,在思想水平或艺术水平上,还是参差不齐的。即使是比较成功的《老兵新传》和《李双双》,也还程度不等地存在着一些缺陷。这里想着重谈谈人物塑造上存在的一个问题:只注意了对比,但忽视了烘托。

譬如《小康人家》,处于戏剧中心的两个对立面人物春妞和"全知道",写得活灵活现,很有个性特色。但妇女干部、社长辛玉兰,作者没有给予更多的艺术生命。所以,作为教导、引导春妞坚定立场、坚持斗争,代表集体利益的形象,显得黯然无光,这就使剧本的思想性受到了损害。春妞的丈夫小安,剧本也没有写好。这是个在两条道路斗争中处于动摇地位的人物,一方面,他喜爱与钦敬自己的爱人,能够支持她,跟她走;另一方面,他在政治上又比春妞矮一截,对她那样坚定的立场、先进的思想、爽快的性格,不能完全理解,因而,他又会听从母亲"全知道"的挑唆,与春妞闹矛盾,拉她的后腿。显然,在这个人物身上,是有戏可抢的,也是值得挖掘的。剧本在前半部,对小安的生活思想感情,还写得比较具体深刻,但待"全知道"叫他和春妞分居后,正该写他的心情变化、思想激烈活动的时候,作者却松缓缓地放下了,人物越来越淡薄,这就使剧本所要表现的矛盾冲突的尖锐性和深刻性,受到了削弱。

《老兵新传》也有这个毛病,这剧本写了数十个人物,其中有名有姓、有贯串动作的人物,就在十个以上。但是,除主要对立面老战和赵松筠以外,只有小冬子是写活了。其余如周清和、老战的儿子云生、青年学生段舜英和谢明珠、农业工人程国亮和朱流庆等,本来都是有一定典型意义,值得费些工力的,可惜只用了一些断断续续的粗线条,简略地勾画了一下,对主人公没有起到应有的烘托作用。

这种缺陷,在《李双双》中,似乎显得更加突出了。看完了这个剧本,我们能够记住的,就只有喜旺与双双。其他的人物,则不够清晰。譬如金樵,他是生产队的副队长,在剧本中又是资本主义思想最为严重的代表,如果写得好,对剧作主题是有很大的积极作用的。可惜给人印象不深,似乎他只是孙有的"俘虏",没有自己的思想。另外,作者为了烘托喜旺与双双,写了一对青年男女二春和桂英,用意很好。但是,他俩的精神面貌写得很简单、概念化。同时,这条附线在双双"管"起桂英的婚事、挡走司机小王之前,似乎和主线关系不大,没有起到应有的推波助澜作用。剧本中的老支书,作为党的基层组织领导,原应像《耕云播雨》中的关书记一样,成为新生事物的维护者和促进者,可惜比之关书记,写得平淡苍白,缺乏积极的行动和鲜明的特色。

如果李准同志能在重视对比手法,着意刻画主要人物的同时,又重视烘托的手法,在次要人物的点染和人物相互关系的构思上,再适当多费一些工力,那么,碧翠的绿叶会使牡丹显得更鲜艳,涓涓细流的汇集将使主流更汹涌、更壮阔。

电影文学,是我们无产阶级文学艺术的重要组成部分。由于党的重视关怀和电影剧作家的辛勤耕耘,在这片园地上,现在是一派欣欣向荣、百花齐放的大好景象,具有时代特色和民族特色的优秀剧作,正在一批批地涌现出来。李准同志的电影剧作,就是其中盛开的一枝鲜花。我们热诚地希望李准同志沿着已经开辟出来的正确道路,在现有的基础上,继续前进,为广大观众,为五亿农民,创作出比《老兵新传》、《李双双》等剧本更多更好的作品来。

原载《山东大学学报(哲学社会科学版)》1963年第3期

情系新人
——李准40年创作的一条轨迹

孙 荪

永不满足的"复合"声

一位法国批评家说过,在所有的艺术家身上,人们都可以观察到一种永不满足的"复合"声。一个谐振的主题,一旦将其唤醒,这个"复合"声便产生出一种独特的音乐。正是由于这一独特的音乐,人们才热爱这个作者。

他这里是以音乐作比。其实,在文学世界里,也有这样一种规律性的现象:一个作家往往有他最敏感的兴奋点或兴奋区,稍一触及,就不可自已地作出强烈的反应。使人觉得,某些作家似乎总是在重复地写着同一本书。如果细加分析,就会发现,对于一位作家,其未来作品的全部信息,在其初作中往往就已经显示、透露出来了。——甚至,一个时代的创作也有这样的情景。人们常常就是这样认识一个时代的文学或一个文学时代。

当我们考察李准的全部创作时,并且由此而扫视整个文坛,不能不承认,上述说法是符合实际的。

寻找李准几十年的创作轨迹,其主要兴奋点或兴奋区,是异常鲜明和突出的:注目于变革时代的乡村新人,在传统与新生的对立和沟通中创造他的文学世界。

眼光:历史岔道前的选择

现在——过了将近40年来看李准的处女作也是其成名作《不能走那条路》,无法否认这位当时年方25岁的青年作者的某些幼稚,但同时,不能不首肯初出茅庐的李准敏锐的眼光。

历史将有新的变动,人们面临新的抉择。李准报告了这一信息,以他的这一短篇小说。

《不能走那条路》以极鲜明的方式表达了农村百姓对历史道路的选择：自己发家还是共同富裕。表现在生产关系上，是走社会主义的合作化道路，还是走资本主义的私有化道路。

在小说中，主人公们的矛盾冲突具体表现为买卖一小块土地问题：贫农张栓因为穷捣腾而负债累累，只好卖地还账；贫农宋老定因为劳动好有余钱而想买地置业进一步发家致富。这一矛盾如何解决，牵动了买卖双方共同的相似的生活经历，预示了双方截然相反的人生前程。不仅如此，它实际预示一个民族往前如何迈步，关系到一个民族是倒退到一个旧的轮回，还是发展到新的境界。正如小说篇名所标示的：关于"路"的问题，关于"不能走"那条路和"必须走"这条路的问题。

当时，这是一个崭新的主题。

首先这是一个崭新的历史主题、社会主题、时代主题。这是在中国历史上从未有过的大变动。它成为新旧时代交替和变革的中心问题——一切问题的"纲"。历史、现实和未来，在这个问题上扭结；个人、家庭和社会，在这个问题上扭结。

因而，它也是一个崭新的人生主题。社会制度的变动、生产关系的变革，关系到每个人的利益和命运，困扰着、考验着、提升着每个人。走这条路还是走那条路，包含着尖锐的思想冲突、复杂的情感矛盾和丰富的心理内容。从50年代到80年代，40年了，它曾经牵动了而且至今仍然牵动着每一个中国农民的心。

青年李准一下子抓住了社会矛盾的"纲"，成为他前期创作（以"文化大革命"为界，可以把李准的创作分为前后两个时期）思想的"纲"。用文学语言说，这是他的基本文学主题。作者本人以至整个文坛都公认他的小说是中国社会主义时代的"车轮的辙印"（李准1959年出版的十年小说结集的书名）、"农村社会主义革命的缩影"。

显然，文学主题与时代主题的吻合，是李准创作的基本特点。对此，文坛毁誉不一。

有人说他有觉悟，跟着时代大潮前进，得风气之先。有人说他"工具论"，赶时髦，没有独立思想。

他自己的认识也有曲折。他本是以此为荣的，但后来也曾以此为憾。

这种毁誉产生于不同的文学思潮下的不同尺度。

没有必要拔高作者当时的思想。作者并非独立发现了农村社会主义与资本主义两条道路的斗争这一历史趋向，他借鉴了前人特别是直接接受了党关于合作化的教育和启示。但作为文学家，李准确是敏锐地从现实生活中"具体感悟"到了正在萌芽的社会矛盾和历史的未来趋向。小说发表以后,立即为全国几十家报刊转载,对于全国正在兴起的农业合作化运动起到"推波助澜"的作用。尽管这为作者始料所未及,但却表明它是应和着生活的旋律而奏出的曲子。

不必否认,李准的创作确实有一些败笔。他在参与社会主义运动特别是农业合作化运动的每一阶段,比如互助组、初级社、高级社、人民公社以及整顿合作社、"大跃进"、公共食堂等,都迅速地呼应现实,写了一些作品,其中有一些生活中的荒谬和虚假被从正面加以肯定表现,只能说从特殊意义上为时代留下了镜子,为后来者留下了借鉴。但这不只是李准个人的问题,也不是李准个人独有的现象,这是文坛在那个时代的"时疫"所致。

如果从中国新文学发展的全局出发,从革命的大众文学发展的整体,冷静地考察李准的创作,显然不能不对其创作的基本倾向作出肯定性评价。

毋庸讳言,大众文学是有着明确的功利观的,它把反映、配合和服务人民大众"改天换地"的斗争放在首位,有时甚至还要求文学直接服务于具体的政治任务和社会公众事业。从文学发展的宏观历史角度来看,这有无法辩解的历史局限性和理论片面性。但是,从文学同实际的社会运行机制中的各种关系而言,从文学真正从书斋里象牙之塔中解放出来而言,其现实的合理性又是确凿无疑的。文学的发展并不总是与具体的时代发展相一致,但文学不能与历史发展的总趋向相悖逆。而在现代,推动历史变革的革命运动成为时代的主旋律,文学与这一主旋律同着节拍,也就是与历史活动的主体人民大众的呼吸与命运相通,这正是文学的本性决定的一条大道。中国革命的大众文学所以日渐成为强大的主流文学,其内在主因就是它接纳、含蕴、充盈着变革时代的革命精神,把时代主流"化"作文学的存在。对于一个革命作家来说,这是其创作成功的根本性前提。

当然,这里所说的"化",是真的文学与趋时的概念演绎的社会学论文式的作品相区分之关键所在。李准所致力的不是后一种,他走的是文学创作的路子。农民对两条道路的历史性选择,化为具有不同性格的人物活跃在他的作品中。

对象:处于新旧冲突中的人物

李准笔下的人物,是一个长长的农民形象系列。但他很少写带着阶级对立性质的人物,基本上都是人民内部之间的关系,处于新旧思想对立和冲突的人物,是他的基本表现对象。

李准的主视角(特别是前期作品)是时代的政治尺度,即对待社会主义道路和对待集体、国家利益的态度,凝缩起来说,即为公还是为私。用作者自己的话说,他的小说"都是沿着这么一条线来叙述故事和人物——那就是崭新的社会主义思想和腐朽的资本主义思想的斗争"。由这一尺度把他的人物划分为:先进的,中间的,落后的。

还是从《不能走那条路》说起。

经过几十年的时间距离,人们会发现一个规律性的现象。小说中的7个人物(以先后出场为序是:张栓、宋老定、东山、东山娘、东山媳妇秀兰、王老三、长山老头)以政治尺度分,东山、秀兰及长山老头是先进的,张栓、宋老定、东山娘是中间的,王老三是落后的。李准笔下的人物世界大抵是这种结构关系。而其文学的沃壤常常植根在中间的那部分人身上,"戏"就在他们身上。

宋老定,是李准笔下最早出现的有光彩有含蕴的形象。

这是一个翻身贫苦农民。在农村新的两极分化面前,他面临着抉择的困惑。过去,宋老定是生存的痛苦,现在,他有了新的痛苦:如何选择发展的道路。

矛盾揭开了。两条社会道路的选择引起了他新旧思想的冲突,即传统生活道路和新型生活道路的比较和选择。

宋老定是必定要走社会主义道路的。这是历史必由之路。因为社会主义所代表的是大多数人的利益,首先是为宋老定这样的人谋利益。历史的主要趋向隐含在他们身上。

但是,"宋老定们"不会自发地选择社会主义。他们身上凝结着负载着沉重的历史苦难、历史负担,这铸造了他们异常持重沉稳的性格,这也规定了他们经验型的朝后看的思维方式,在新鲜事物面前往往要千百次反复,然后才能下定决心。

李准怀着极大的理解和宽容之心发现了这位古典型的传统农民接受了进而生长出社会主义的新思想,描写了宋老定迈上这条道路前的心理冲突、复杂思绪和行为走向。于是,给了文坛一尊具有独立意义的雕塑。

我们这样估量宋老定这一形象的文学价值,也许过了点。但是,如果说,从宋老定开始,李准塑造了正在经历深刻的心理冲突的小生产者形象即社会主义改造过程中的中国传统农民形象,则不为过。

宋老定以后,李准接着又写出了董守贵(《白杨树》)、白举封(《一串钥匙》),以及电影《小康人家》中的"全知道"、《李双双》中的孙喜旺等,可以说他们都是一个农家院子走出来的"胞兄胞弟"。这些"兄弟"排列起来,可以说相当真实相当有厚度相当有立体感地组成了当代中国的一个农民家族。这当中当然有作家从政治角度或从文化角度对其弱点、缺点,甚至劣根的批评,但与鲁迅的"哀其不幸,怒其不争"有很大不同,也和柳青以油画式的风格描画梁三老汉不同。李准所采取的是自己独到的情感态度:由于对农民走社会主义道路怀着更充分的信心,因此表现为更加乐观的情绪和幽默轻松的风格。

从文学的角度,完全可以说,宋老定们是李准所喜爱的人物。在作家的心目中,不能说宋老定式的农民是落后农民,但他们往往是一段时间的后进者。他们乍然面对新的社会,一下子容易表现为手足无措,不很理解,不很适应,在行动上落后一步,但其本质决定他们必然会赶上去。

李准重点关注的是这些人的进步过程,发掘并揭开他们新的精神因素的生长和旧的精神因素被克服,笑着(有时也难免哭着)和过去、和他们的缺点告别的新陈代谢过程,而不过多着墨于他们落后状态的展示。这是李准作为一个革命作家对历史的正确把握,也是一个作家对文学人物的独到发现。这是其作品"新于"、同时也"高于"一般农民故事的地方。

由此出发,李准进而把焦点定到新人形象的塑造上,就是顺理成章的了。

境界:走进新人的灵魂

李准在新中国的文坛上为读者所认识、所熟悉、所喜爱,最根本的,还在于他写出了活生生的新人形象。李准的名字是和李双双、肖淑英、韩芒种、春妞以及战长河、李麦、徐秋斋、凤英、梁晴等人物形象连在一起的。这些人物身上所具有的新的时代特征新的精神风貌新的性格产生了强烈的艺术魅力。

李准创作起步时已经接受了这样的文学观念:要在人物关系中体现新与旧的对立即社会主义思想与资本主义思想的斗争,要以正面人物所体现的新思想去克服非正面人物的旧思想。《不能走那条路》一开始就打算把东山写成"一个正面的典型人物"。小说中的东山不能说没有几分可爱。但是,从艺术价值来说,同宋老定相比,差距极明显。作者当时还只是从思想价值(或者说是实用价值)上来理解他的人物,所谓正面的典型人物就是正确思想的代表,他的任务就是解决两条道路斗争的问题,至于作为一个文学典型的特征倒被忽略或放在次要地位了。

对于李准的前期创作,人们往往批评他中老年农民写得好,青年农民尤其是先进人物写得弱。其实,依我看,李准一直特别用力的恰恰是后者。接着东山,他又写出了进明(《白杨树》)、郑德明(《冰化雪消》)、申志兰(《信》)、韩芒种(《两匹瘦马》)、春妞(《小康人家》)、耿良(《春笋》)等。这些人物应当说在文学典型的品位上逐渐有所进步。但在当时和以后,人们又总是不满足,希望他创作出更理想的人物来。原因在哪里呢?

对此,李准是早有觉悟的。他在承认东山"这个人物没有写好"时,已经意识到根本原因是"没有钻到这个人物的灵魂深处"。但这个问题即使当时认识到了,但在创作实践上也是难以一下子解决的。这是当代文学中一个带有共性的问题。

在此前以至以后,文学中的农民形象已经有了成功的范例。鲁迅、丁玲、周立波、柳青、梁斌、孙犁,尤其是赵树理,他们创造出一批农民典型。但是,这些人物基本上是旧时代的农夫农妇或民主革命时期反帝反封建中的先进分子。建国以后和平建设时期,特别是农业的社会主义改造过程中产生和成长的新人,则寥若晨星。究其原因,应当说,是因为创作的客体和主体两方面条件准备得都不充分。首先是生活。农村的两极分化和农业合作化运动还在萌芽和初始阶段,新的生活矛盾刚露出一点端倪,新人的新思想新行为也在摸索中生长着。在这种情况下,作家的体验和感受当然只是较浅层次的。因此,表现在文学创作中,总是着力于事件,不自觉地让社会问题、社会运动的进程支配人物的言行,新的人物往往不能独立地自由地活动,而老一代农民却顾盼自如、生动鲜活。所谓正面人物难免几分概念化、几分雷同感,不能真正"活"起来。

必须超越这个层次,由写问题、写事件而写典型,到以创造新人为中心来统率全部创作活动。李准是通过创作小说《李双双小传》、《耕云记》特别是依据这两篇小说改编电影的实践突现了这一超越的。

这种超越的临界点产生于理性与激情的高度融合。应当说,李准在早期创作中,对待农民的态度有着情感与理智的矛盾。他在理智上是完全站在走社会主义道路的新农民一边的,但在感情上对宋老定式的老农民又有着深切的理解和同情。直到发现了李双双式的新人,他才找到了理智和情感的新的契合点,产生了创造农村新人的强烈兴趣和强烈冲动。这是一种富有理性的激情。这种创造的激情使他一下子走进新人的精神深处,对新人的理解达到新的高度。

这是一个感性积累的过程,也是一个理性指导下激情积聚的过程。经历了两个螺旋:一是从细节到整体、从具象到抽象的概括化过程,二是从整体和抽象回到细节和具象的形象化过程。它包含三个层次:

一是对时代精神的整体把握。作家认识生活往往从感性开始,由李双双的人物原型的几个细节——比如打架、吵架不记仇,选自己丈夫当记工员等,李准看到了一种崭新的东西,一种在这些普通人身上、普通人的人际关系中正在生长着的集体主义的新品质新思想,一种正在形成的大公无私的新性格。它是怎样形成的?是新的集体生产方式的产物,是集体主义思想蓬勃生长的反映,是人的"精神世界的暴风雨"的外在化。作家特别注意到"这一个时期",它不同于土地改革时期,也不同于互助组合作化时期,而是生产关系的全面深刻变动触动了每个角落、每一个人、每一个家庭的时期。在社会生活的变动中,人的精神也在变。大公无私的社会主义思想正在成为这一时期人的精神面貌的主流。

对时代精神的整体把握,影响了以至决定了作品中主要人物和主要情节的安排。李准自己说:李双双的故事,如果只写和敌人的斗争,还不能充分表现这个人。如果只写和队里一些落后思想作斗争,也很难表现出斗争的深刻性。把这一场斗争安排在对待公和私的态度上、安排在夫妻两个人的性格冲突上,就比较有力地揭示了人民内部矛盾,同时也有力地突现了人物的性格。

二是对新人性格基调和个性特点的区分和化合。集体主义是时代精神,时代新人总是时代精神的主要体现者,既然集体主义成了时代精神的主流,新人必然具有大公无私、主持公道、见义勇为、敢于向落后事物作斗争、对新生活充满信心等基调。这不是逻辑推论,而是生活事实。但要构成一个多面的丰富多彩的性格,光有基调,仍嫌不足。作家在生活中和在与具有新人素质的众多人物的接触中发现李双双式的人物还具有和上述性格基调相通的个性特征,比如心直口快、泼辣大胆、纯洁乐观、天真善良等。这些性格特征,虽然有些方面看起来好像是有矛盾的,但因为它们是在新时代的斗争环境中培养起来的,是在社会变革中形成的,它们在一个新人物身上达到真实、鲜明、和谐的统一是可能的、可以理解的。我们在李双双以及孙喜旺的身上看到了这种统一。

三是事件和人物孰为中心的问题。这是作家真正把着力点转到新人上的一个大前提。如果是为了图解政策,或是为了表扬和歌颂模范人物而写人,往往难免拘泥于事件的过程,而无法使人物成为中心。李双双的创作使李准真正转到对农村新人的精神世界、性格形成的探索上。由小说《李双双小传》到电影《李双双》,中心事件由办食堂到记工分,进行了"偷梁换柱"式的大改造,而人物性格和人物关系却没有变。其内在原因在于对时代精神尤其是人物性格把握得准,事件只作为表现人物品质、性格的材料,人物独立到可以创造行为、事件的程度。李准在总结这个改动时说:从写人出发,从写性格冲突出发,把李双双和孙喜旺这两个人换到什么地方都可以。哪怕是他们两个进一次城、赶一次集都可以表现出来。对于李准来说,这种经过长期酝酿而生发的创作激情,成为推动他创作成功的基本动力。在李双双这个形象的创作过程中,从小说到电影改了七八次,仍然保持旺盛的创作热情,其奥秘就在这里。即使在今天看来,李双双仍然是中国当代文学中一个光彩照人的农民新人形象。它标志李准创作的成熟,也代表中国当代大众文学创作的水平。

和谐:从对立到沟通

塑造新人问题,在大众文学发展中经历了曲折复杂的过程。在社会主义的文学时代,描写工农、塑造工人农民中成长的新人形象,是题中应有之义。但极"左"思潮却把这一问题引导到荒谬的境地。一方面一笔抹杀文学上一批成功的新人形象的价值,把他们斥为所谓"中间人物";另一方面则大搞造"神"运动,要把工人农民写成具有斗争嗜好无往而不胜的"英雄",写成不食人间烟火的"高大完美"的"神"。这个思潮把中国新文学"拔高"到脱离生活和普通人的感情的高空,使大众文学丢弃了大众,走入了死胡同。

李准深受其害。一方面,一贯以写农村新人著称的他被诬为写"中间人物"的样板,受到错误的批判;另一方面,他也在一定程度上接受了"神化论"的影响和毒害。这表现在他创作于70年代中期前后的电影《大河奔流》中。直到总结了《大河奔流》的经验教训创作出长篇巨著《黄河东流去》,他在农民形象的塑造上才又迈上了新的境界。

这突出表现在两个方面。

塑造群像。这是李准在经过十年动乱以后对民族的历史重新进行整体思考的产物。如果说从东山到李双双,他的着力点是以社会主义新思想的光辉来照亮传统农民的新路,由注目于新人在社会变革中的言行进而探索和深入新人灵魂的时代精神,那么,《黄河东流去》则把目光投向历史的深层,着力于挖掘传统中具有永恒价值的精神闪光。他把整个民族放在历史的天平上,从单个人的灵魂走进民族的灵魂,寻找民族群体的生命活力之源。他过去的作品在塑造新人时喜爱用烘云托月之法,在新与旧的对立中突出新人;现在则更致力于在同一个色调的生活天幕中摄照出不同色调的人物性格,写出相似中的不同和相异中的共性,来组成群星闪耀的天空。不能说《黄河东流去》的七户农民几十个人物都是新人,在每个个体身上都有这样那样的缺点,但他们各自都闪耀着独有的光彩,而集合起来,则是一排压不垮的"脊梁"。勤劳勇敢的性格、聪明幽默的智慧,以及顽强坚韧的生命力和团聚力,这是他们群体的特质,也正是中华民族的精神形象。诚然,《黄河东流去》在塑造农民群像的意义上不能算是首创,但他让一大群处于最困难境遇下的最底层的百姓发出新的光彩,这却是新的实绩。

写出真相。这可以说是李准经过"左左"右右的体验以后,尤其是清除了"假、大、空、神"的浮肿病以后悟到的一点极朴素的真经。他有时借用政治哲学术语来阐述这一文学思想:"实事求是的精神是我们这个时代的精神旗帜,这个精神打掉了多年来套在革命现实主义身上的精神枷锁。"他还用一句意味深长的比喻来表达自己的感悟:造酒精容易,造"茅台酒"难,真正的典型是具有醇和香的"茅台酒"。李准笔下成功的新人形象是鲜活生动的,其重要原因是他善于写出新人性格成长的过程,敢于表现新人身上的缺点,而且认为这并不影响先进人物的光辉。《老兵新传》中的老战轻信、过于坦直甚至有些粗暴,但正是从这些缺点中人们看到了他的热情豪爽和天真,从他克服缺点的过程中,看到了他的胸怀和自制精神。到了《黄河东流去》中,不论是李麦、徐秋斋、梁晴、凤英、蓝五、雪梅,还是老清、春义、王跑、四圈、爱爱,都有各自的缺点和阴暗面,但又都是在艰难困苦中挣扎奋斗,显示出劳动人民某些光彩的人物,作家总是在他们身上挖掘出某种常人不易察觉的新的素质。即使像李麦,以及李准改编的电影《牧马人》、《高山下的花环》中的李秀芝、梁大娘、梁三喜、靳开来等,都不是"高大完美"的英雄,但却是令人可亲可敬的"真人"。唯其真实,才令人可亲;唯其真实,才活在人们心中。文坛上所说的立体感、雕塑感、丰富性、复杂性,说到底,还是受制于、统一于真实这两个字上。新生与传统的对立和沟通,是否具有撼动人心的思想价值和艺术价值,最终的界碑也是在这里。当然,这里的真实,是艺术的真实。

结语:一个恒定的目标

综上所述,可以看出一条明晰的线索:李准几十年的创作所注目的中心是新人形象的塑造。他从新的时代新的对立冲突中发现了新人,他跟踪新人的行为而走进新人的魂灵;进而,他又由当代的新人而追溯前辈的足迹,由个体的探索进入民族整体的把握,在整体把握的背影下突现民族的单个细胞,这样,创造了自己的新人家族——在苦难中挣扎、在曲折中奋进的农民形象系列。

塑造新人,是李准对世界近代文学的优秀传统特别是无产阶级革命文学传统的精神的延续。在中国农民身上,他发现了一片精神的新天地,他塑造了社会主义制度下成长起来的、具有新的精神特征和新的灵魂的人物。赖于他,中国农民大众在文坛上闪耀出新的光彩。时代过去,人物仍在,精神长留。文学的纪念碑上,镌刻下他的这一独特贡献,给今后的大众文学创作以许多启示。中国农民从古典的传统的形态迈向现代的形态,这将是复杂渐进的过程。未来,人们不会从形式上重复东山们、李双双们、李麦们,其弃旧图新的途径将是各式各样的。但文学家的心目中有一个目标却是不应改变的:真实地写出不同时期的新人来。如果这一件事做好了,大众就不会不喜欢大众文学。

原载《中州大学学报》1992 年第 1 期

值得重新审视的"辙印"
——李准创作成败得失漫论

陈美兰

人,总要在生活征途上留下自己的足迹,一个作家自然也会在自己的创作道路上留下鲜明的印记。因此,二十三年前,也正是我们年轻的共和国刚刚迈过了第一个十年的时候,李准曾把他献给祖国的一个创作合集题为《车轮的辙印》。显然,这个命名是意味深长的。

李准,他是属于在新中国的生活土壤中成长起来的第一批作家,是在社会主义革命时期中,遵循毛泽东同志《在延安文艺座谈会上的讲话》指引的方向,深入生活,投身火热的斗争,使自己的笔锋始终伴随着农村生活巨流前进的一个有影响的作家。从一九五三年发表《不能走那条路》起到"文化大革命"前的十多年时间,李准是驰骋文坛的一员骁将,他发表的小说有四十多篇、电影文学剧本八九个,另外还有不少散文、特写和戏曲,在当时同辈的青年作家中是个硕果累累的丰收者。他走过的道路,被作为一种"明确而健康"的方向受到文艺界的关注,得到过党和人民的充分重视;他的作品,被认为"相当生动地完整地和准确地反映了我们广大农村中几年来所经历的无比激烈而深刻的社会主义改造和社会主义革命运动的基本进程"而受到肯定和推崇。

然而,当历史又过去了第二个、第三个十年后,特别是在经历了一场巨大的社会动荡之后,人们对李准的创作,却又产生了一些截然相反的评价。诸如,认为他的作品只不过是"政治运动的应时之作","谈不上现实主义",等等。这种情况不仅发生在评论界,也发生在作家本人身上。前两年,李准在回顾自己所走过的道路时,就曾发出过这样的慨叹——"三十年来写了不少作品,有生命力的不多",并把教训概括为四个字"运动文学"。

从肯定到否定,本来是人们认识事物时往往会出现的一种正常现象。现在的问题是:对李准创作这种笼统的裁决是否符合事物的实际?是否有利于作家今后在新的起点上迈步?人民培育一个作家很不容易,作为在新中国成长起来的第一代作家,二三十年来,他们沿着文艺为人民大众、为工农大众的方向,在沸腾的生活中不断地探索着正确反映人民生活的道路。这是一条前人未走过的、创建社会主义文学的道路,对于最初的实践者来说,失败总是难免的,但也要看到,这种失败,却又往往是与一些成功的东西复杂地交错在作家的全部创作过程中。因此,我们今天的责任,就不止于简单地去给它作个肯定或否定的裁决,而是要站在新的历史阶梯上,通过对作家创作辙印的重新审视,认真地、实事求是地研究其成功之所在和失败的因由,从而获得对一个作家的准确评价。

李准创作包括的内容很广,本文试图只就作家对生活的认识和反映方面的成败得失谈点粗浅看法。

一

李准是带着《不能走那条路》的呼声走上文坛的,这个呼声很快就在社会上引起强烈反响。

为什么一篇情节极单纯、字数不及万的作品能在亿万人的生活中激起波澜? 我们应该承认,这并不是某种主观力量所导致,也不仅仅出于对新生力量的支持,而是出于作品确实是从生活中来,真正适应了历史发展的需要和文艺发展的需要。

《不能走那条路》通过翻身农民宋老定想买地的故事所提出了一个重大社会问题,即土改后的农村要注意两极分化。这对于处在历史转折关头的我国农村来说,是有着深刻的现实意义的。作为一种生产关系的重大变革,土改运动使中国农村的政治经济面貌发生了翻天覆地的变化,这是历史的客观事实。然而,几千年来的私有观念,在那短短的几年中却还没有、也不可能随着旧有土地关系的消失而马上消失,更何况,土改运动也仅仅是完成了把土地交回大多数人手中的任务,而保留的仍然是个体私有的体制。这样,千年的私有旧习在个体私有的生活环境中又以新的形式继续存在和膨胀,这就不是一件偶然的事。为了使自己富起来,而不管是否已经侵占了他人之所有,这种思想残存于还未完全摆脱私有束缚、更未曾经历过集体大生产实践的农民身上,也符合客观规律的必然。只不过在当时,人们的注意力还在被土改翻身、发展生产的欢乐所吸引,还未完全觉察到这种问题的严重性罢了。李准当时作为一个长期生活在农村的青年业余作者,他的可贵之处正在于能够通过生活中日渐增多的土地买卖、放高利贷等现象,敏锐地发现了生活中的这种潜在矛盾。尽管他还不可能从政治经济学的深奥道理上去阐明它,但却能从自己生活的真切感受中察觉到这种矛盾发展的危险后果,并通过艺术的典型化手段,把这个生活中迫切需要解决的问题异常尖锐地提到了人们面前。这完全是生活给他的启示,如果说是

"应时"的话,它正是应生活之需、应历史发展之需。这种"应时",不是什么过错,而恰恰是我们的文学对生活应负的责任。事实上,当时对于生活中这种异常现象,党也作出了马克思主义的分析,并及时采取了引导农民群众在自愿基础上实行互助合作的措施,以共同富裕的优越性来克服两极分化的危险。倘若李准刚发表《不能走那条路》还只给人们以震动,那么,后来的生活实践则进一步证明了他这篇作品的历史功绩,证明了它不是一篇过眼烟云的"运动文学",而是一篇来自生活实践又推动生活前进的有历史价值的作品。

李准这篇作品引起文坛的重视,除它的社会意义外,还有它文学本身的原因。建国后,我们的文学创作正面临着如何正确反映当代社会生活,如何从对现实生活的描写中揭示出具有深刻社会意义的矛盾这样一个新课题。为此,文学工作者开始了多方面的探索,而李准正是以自己的创作实践,为这种探索闯开了路子。诚然,他的经验并不完全是成功的,但毕竟是第一次大胆地触及农村现实中的新矛盾,为人们注意这一新的创作命题打开了思路。从这一角度来看,李准来到文坛的意义也是不可抹杀的。

李准第一篇作品取得的成功,说明了他走上文坛之前就有着较充分的生活准备。和农村生活、农民命运的天然联系,是中国从新民主主义革命到社会主义革命转换期中出现的一代作家的一个十分可贵的传统。当然,较之从民主革命战火中过来的老一辈,李准的经历相对要短浅些。但他从小生活在黄河岸边,熟悉农村中"一切人,一切阶级,一切群众,一切生动的生活形式和斗争形式",昔日农民群众在黄河两岸这条"饥饿的走廊"上挣扎的苦难以及今天成为土地主人的欢乐,都和他的心灵息息相通。因此,农村生活的每一个哪怕是微细的变动,都会在他思想上引起敏锐的感应,农民群众的每一点忧戚与喜悦,都会在他感情上掀起波澜,这是生活为他的创作所提供的重要基础。再加上解放后他对科学社会理论的自觉掌握,就更使他获得了认识生活的"望远镜和显微镜",这时,生活对他就不只是"包着的璞玉"和"堆积零乱的砖块",而是"充满着串串珍珠"。正如他所说的,对马克思主义的认真学习,"使我对整个人类历史了解了,也使我对整个农民阶级解放的道路了解了。我对农民这个阶级有了比以前更为亲切的感情,对这个阶级的命运前途,也有了更加浓烈的兴趣"。由此看出,决定李准成功地迈开第一步的有两个重要因素,一是生活基础,一是马克思主义理论的掌握,这二者的结合,就使这个年轻的作者犹如一株茁壮的树苗,既有肥沃的土壤,又有充足的阳光,从而迅速地绽开了第一个花蕾。李准在创作起步时所留下的这个脚印,直到今天,仍然是值得我们珍视的。

当然,有了正确的起步,不等于路途没有曲折,而李准的道路受到干扰,恰恰也就出现在他迈出第一步的时候。

《不能走那条路》固然敏锐地反映了当时现实生活中出现的令人警觉的问题,但在揭示这种矛盾时,确实还存在着明显的不足。突出表现在:作品在批判自发倾向时,过多地把注意力集中在宋老定这样一个虽有落后思想,但却勤俭朴实、热爱劳动、眷恋土地的农民身上,而对于不好好从事农业劳动、捣腾牲口、一心想吃"飞利"的张栓,却轻轻放过,缺乏应有的批判。这反映了李准对生活矛盾的把握尚有偏颇,对于什么才是农村资本主义倾向、资本主义倾向的危险在哪里,认识还是朦胧的。对这问题,当时文学评论界就曾发表署名文章提出过看法,而这个问题的解决,正确途径自然是应该引导作家提高马克思主义的观察力,进一步加深对解放后农村所出现的复杂社会关系的了解和研究,从而获得对生活更准确的反映。但可惜这种正确意见当时竟受到极不公正的待遇。这样,一方面,作品暴露出来的明显不足,被一些对作品过誉的赞扬深深掩盖着;另一方面,在评论作品的成功时,那种所谓"及时配合政治斗争"的"引导"则被强调到过分的地步。由此,也就使李准开始片面地认为"政策观点"可以替代自己对生活的真切认识,他在总结《不能走那条路》的体会时,就明确地接受了这样的观点——"对社会生活中的任何现象必须从政策观点来加以估量",于是也就自觉不自觉地忽略了继续开掘生活的宝库,抒写自己对生活的深刻感受和真知灼见。

本来,政策是人们在认识生活过程中为解决实际矛盾而制定出来的措施,从认识论的角度说,它应该是属于第二性的东西,因此,政策的正确与否,还需经受生活实践的检验。如果仅仅把它作为创作的唯一依据,作为认识生活的出发点和最后归宿,以它来匡正对生活的真实感受,这就直接违反了生活"是一切文学艺术的取之不尽、用之不竭的唯一的源泉"的马克思主义观点,必然导致认识与实践关系的颠倒,使创作的航船从"最广大、最丰富"的生活海洋中驶进人为的狭小的通道。在《不能走那条路》发表后的一个时期,李准有些作品就较明显地留下这种指导思想的痕迹。像通过一把双铧犁的使用说明在生产中坚持依靠贫下中农路线的重要性的《大风雪里》、反映社办托儿所筹建过程的《农忙五月天》,还有直接宣传植树计划的《林业委员》等,都是根据合作化运动中某个阶段要宣传的具体问题而编出的故事。这些作品由于在某种程度上满足了特定时期贯彻某种政策措施的需要而受到过较高的评价,但毕竟因为缺乏对生活更广泛深刻的开掘和描写,缺乏对生活中人的思想性格的深刻研究,以至造成作品思想内容简单化,人物性格也消融到一定的政策原则里。这样的作品,时过境迁,当然也就失去了应有的价值。

二

倘若李准按照这样的路子走下去，那么，他后来的创作就不可能再放射出生活的光彩。庆幸的是，在他经历了一段曲折的航程后，当人们问他如何使自己的创作有新的突破时，他终于又作出了明确的回答："从生活中找阶梯。"

一九五八年，李准带着全家又一次回到农村落户。这个时期，他在创作思想上有显著的变化：他对生活的探求，已经不仅仅停留在对一般生活进程的了解，也不满足于对某些生活现象的熟悉，而是开始把观察生活的注意力集中到人的身上。他在当时写的一篇创作体会中说："这几年，生活给我留下了深刻的印象。我看到人民身上蕴蓄的创造性，看到了坚忍不拔的昂扬斗志，看到了'勤劳勇敢'这四个字所放出来的光芒，看到新人物的成长、新的品质和性格的形成。"于是，他兴致勃勃地开始对人、对人的精神世界进行探索和研究。

"表现生活还是需要活生生的人。"李准这一见解，表明他对生活的认识大大迈进了一步。文学总是通过个别的、具体的东西来表示生活的本质的，而作为社会关系总和的人，它身上总要折射出一定时期社会生活的色泽和音响，因此，抓住人的研究，也正是抓住了认识生活的关键。当然，要深入研究和描写具体的人是不容易的。德国古典作家歌德曾经说："我知道这个课题确实是难，但是艺术的真正生命正在于对个别特殊事物的掌握和描述。"他把解决这个"课题"，看作"艺术的真正高大的难关"。而李准，正是在闯这个"真正高大的难关"中，产生了《李双双小传》这样的优秀作品，从而使他对生活的反映走上了一个新的高点。

在《李双双小传》问世不久，茅盾在《一九六〇年短篇小说漫评》中就指出：这篇作品"以个别反映整体的原则，表现了公社运动前后人与人关系的变化——自然也包括人的变化"。这个论述是十分中肯的，小说确实"摆脱了写事件和写具体政策的范畴"，而把笔力集中在人物形象的塑造上。李准曾不止一次兴奋地回忆自己在生活中捕捉李双双这一艺术形象的有趣经过：有一次，他在某个生产队遇到这么一件事，一位女共青团员发现村里几个妇女结伙偷了队里的庄稼，她不徇私情，勇敢地向公社揭发了，那几个妇女怀恨在心，就趁她到地里干活时围攻她，打骂她，撕她的头发，而这位共青团员为了维护集体利益始终没有屈服。这件事就像一道闪光在李准的脑海中划过，使他看到了生产关系变革中一种新的品质正在人们身上形成。他"激动得不能平静"，立刻产生了写这种人的强烈愿望。生活萌动了他的激情，但李准没有满足于这一点感受就匆忙提笔,他坚持在生活中继续广泛深入地进行大量的细致观察,以后,他又遇到了一个、两个、无数个李双双式的妇女,从她们身上获得了许许多多动人的故事和富有个性特征的言谈、动作和生活细节,对她们的思想品质和精神世界不断有新的发现和了解,就这样,日积月累,一个血肉丰满的艺术形象终于在作家脑海中孕育成熟了。

显然,李准笔下的李双双完全不是作家为了表现某种事件或政策需要而找来的一个抽象概念的依附体,而是从生活中提炼概括出来的富有时代色彩和鲜明个性特征的活生生的新人。我们读完作品,谁能忘记李双双她那火辣辣的性子,她那果敢利索的行动,她那锋利活泼的言辞以及她那爽朗乐观的音容笑貌啊!我们不正是通过这个性格鲜明的农村妇女,感受到我国农村社会主义生产关系建立后社会生活的深刻变动,认识到在这种新的典型环境中出现的一代新人大公无私、热爱集体、敢于斗争、见义勇为的崇高思想品质么?李双双这个形象经受了千百万群众的检验,并在他们生活中发生着积极的影响,不少农村社队希望自己的集体里多来几个李双双,这就是人民群众对这一艺术形象朴素的然而却是崇高的评价,也证明了文学要反映生活、推动生活前进,就要坚持研究人、"从写人出发"的道路。

然而,我们也不能不看到,随着历史的流逝,《李双双小传》固有的弱点也确实越来越明显地暴露在人们面前:作品所选取的公社办食堂的事件是缺乏生命力的,没有经得起客观规律的检验。实践证明,它是集体化中的一种冒进行动,而李准却将李双双放在这个事件中来塑造,这就不能不使作品呈现出一种矛盾现象:一个在实际生活中涌现出来的富有时代特点和个性特征的新人,却从事着一件不合时宜的工作。这种安排自然会给这个新人形象带来一定的损害,也会使这篇作品的现实主义价值受到一定程度的影响。

这种交织在成功创造中的败笔,是什么原因导致的呢?我认为简单地又一次把它归咎于作家的"赶浪头",是不公平的。因为李准创作这篇小说的主要目的,并不是为了去歌颂农村大办食堂这一事物,他的着眼点在于人,在于歌颂我国劳动妇女以凌厉非凡的革命锐气向千百年来的社会旧习发出挑战,要求从家庭的繁琐劳动束缚中解放出来,把个人身上的聪明才智汇集到亿万人民群众的革命洪流去的果敢行动,歌颂一种较之小农经济下的自私心理完全不同的崭新的精神世界。这种创作立意,应该说是毋庸置疑的。问题主要产生在:李准在专注于对人的研究时,却忽略了一个十分重要的方面,那就是没有认真地去探究人的行动与一定的生产方式、生产关系间的联系,探究他笔下人物进行活动时的"一定的物质的,不受他们任意支配的界限、前提和条件"。他只是从社会变革这个大的方面去认识他要塑造的人物出现的必然性,而没有认真思考这个人所从事的具体活动在整个社会发展中的意义和作用,而这,正是造成《李双双小传》的矛盾现象的关键原因。

马克思主义在研究人的时候,总是把人放在一定的生产方式和生产关系中去考察的,因为"现实的、从事活动的人们,他们受着自己的生产力的一定发展以及与这种发展相适应的交往(直到它的最遥远的形式)的制约",人的活动、人的思想性格,只有在与社会复杂缤纷的现实关系的交织中,才能显示其特点和意义。一个人他可以具有顽强执着、大胆泼辣等等品质和性格,但这些品质和性格,只有在与符合历史前进、有利于社会发展的行动联系在一起时,才会真正闪现出动人的光华;如果相反,也就是说,超越了这种发展或延误了这种发展,那则是毫不足取的。所以,文学家们研究人时,绝不能忽略这个重要的方面,更不能仅仅"从只有存在于口头上所说的、思考出来的、想象出来的、设想出来的人出发,去理解真正的人"。这点,对我们今天的创作也是有启发意义的,特别是当我们一反"四人帮"那种忽视生活中人的价值、抹杀人的个性的创作浊浪,又开始注重对人的研究,兴致勃勃地去探索人的"心灵秘奥"时,李准过去的足迹,更应为我们所记取。

对于《李双双小传》中的矛盾现象,李准在作品问世不久就觉察到了。六二年他把小说改编成电影时,很果断地给人物"搬了家",撤去了办食堂的事件,把李双双放到修水利中去表现,并且抓住了工分问题,描写人物在维护按劳取酬原则中的大公无私精神。由于人物鲜明的个性化,所以,尽管事件变了,但人物的基本性格并未改变,李双双仍然是李双双,同时由于她所进行的斗争更符合历史发展精神,人物的现实性就更增强了。不过,令人惋惜的是,李准当时还没有从对作品的这一重大改动中,找出自己创作问题的症结,因此,也就未能在正视这个教训的基础上使自己探索生活的步子更往前跨进一步——真正用历史唯物主义观点去考察他所熟悉的人们所从事的活动的历史价值,作出合乎客观规律的判断和取舍;相反,在六二年以后社会矛盾变得愈加复杂的情况下,他的创作步子却在明显地退缩,对社会真实的现实关系,采取了回避的态度,于是,创作又出现了低潮,产生了像《麦仁粥》、《进村》那样一些与现实生活距离甚远的作品,这样,它们遭受历史淘汰的命运当然就不可避免了。

三

十年动乱,夺走了李准的创作年华。在那严寒封冻的日子里,李准和许多文艺工作者一样,在受到一番残酷批斗以后,被"四人帮"以"流放农村"的惩罚,驱逐到河南西华县"劳动改造"。这种惊心动魄的生活巨变,促使李准的思想又经历了深刻的变化,使他对历史、对现实、对未来都产生了新的认识。长篇小说《黄河东流去》,就是他在动乱的十年中,对生活思考的结晶。一九七九年当这部小说出版时,可能由于它的题材与刚上映不久的电影《大河奔流》大致相似,因此,还未引起社会广泛的兴趣和认真的注意。但是,当我们对它进行了一番仔细的鉴赏之后,就会发现,这部小说大大地超过了电影,它不仅是李准创作发展的一个重要标志,而且是建国三十年长篇小说创作中达到相当水准的佳作。它集中体现了李准在经历一场严峻的社会风暴后正在冲破过去创作的一些陈旧框框,在认识生活与反映生活上所出现的新特点。

作品取材于黄河两岸人民的斗争生活。它把抗日战争开始蒋介石扒开花园口的事件作为序幕,以广阔的历史跨度,描写了在这场历史性的灾难中,黄泛区人民在党领导下战胜黄河、战胜国民党反动派,在荒芜的沙原上建设新世界的一段可歌可泣的历史。李准说,他写这部作品"不是为逝去的岁月唱挽歌,而是想在时代的天平上重新估量一下我们这个民族赖以生存和延续的生命力量"。这种高远的创作立意,突出地反映了李准艺术上的雄心壮志,反映了他正力图使自己的创作向着历史的深度与广度进军。

在小说所展现的悲壮历史画面中,活动着的是一群生活在最底层的纯朴可爱的普通劳动群众。作品是从构成社会的一些家庭"细胞"中着笔的,它集中写了李麦、王跑、蓝五等七户农民的命运。尽管他们的经历各不一样,但都深深眷恋着并用汗水浇灌着自己赖以生存的土地。无情的黄水淹没了他们的家园,却扑灭不了他们生存下去的热望,不管流落到哪里,他们都像大树的根须,紧紧贴附着大地,用劳动的双手,相互扶持,顽强地开辟着生活的渠道。作家把他的描写注意力放在这些极为平凡普通的劳动者身上,充分展现出我们民族源远流长的道德品质、意志力量、聪明智慧和美好心灵世界,从而揭示出这就是我们古老祖国生命力之所在,是我们的民族赖以生存和发展的精神支柱,是我们的民族能够战胜各种历史灾难而不被灾难所压倒的力量渊源。这种对生活的深邃认识和对人民力量的无比坚信,使小说处处闪耀着为他过去作品所没有的发人深省的思想光芒和激动人心的艺术力量。

在对生活的描写上李准的笔力也有明显的进展。他塑造人物,不仅保持着过去的泥土气息和生活情趣,而且更注意写出社会地位、生活阅历以及人情世态在人物身上所留下的影响和形成的复杂性格,使笔下的艺术形象更富有生活的厚度和历史纵深感,在民族色彩的体现上也给人以新鲜的印象。他在熟练运用乡土语言的基础上,更致力于去追求把一种深厚的民族感情融入富有地方色彩的风俗画面中,把乡土美与乡土情有机地交织在一起,使人在获得美学享受的同时,也获得民族高尚情感的熏陶,像"水上婚礼"、"黄河试篙"等生活场面的描写就是一些充满艺术魅力的令人难忘的篇章。当我们社会主义文学迈进新的历史时期后,李准不仅能够明显地克服了前一时期创作上的某些缺陷,继续参与新时期文学的创建,而且能够出现思想、艺术的新突破,这在中老年一代作家中是颇不容易的。究其因由,恐怕仍然是从作家与生活的关系中去寻找。

动乱的十年,在与黄河两岸人民共患难的日子里,李准的生活视野得到了很大的扩展。他以一个普通农民的身份与群众朝夕相处,同尝甘苦,互通心曲,人民群众的宽大胸怀使他获得了一架认识事物、认识自己的公正的天平,而他也在替群众写家信、拟祭文、记家史这样一些朴素交往中又深入地了解了上百个农民家庭的命运和遭际,了解了他们在新的历史变动中的思绪和情感。"深恐笔底淋漓尽,卷帘梳洗看黄河。"黄河人民的血与泪、爱与恨,进一步锤炼了他的阶级感情,坚定了他对历史发展必然规律的信念,也使他的创作仓库得到新的充实。他说:"还是要写,要写中国人民的勇敢和智慧,要写中国人民顽强的生活能力,要写他们高度的阶级感情,要长一长人民群众创造历史的信心。"因此,当灿烂的阳光又重新照耀祖国大地时,李准就像压在严冬冰雪下吸足了大地养分的麦苗,在春晖下立即变得生机勃勃,带着人民群众在经历一场新的浩劫后的深沉思索,开始了《黄河东流去》的创作。

生活是孕育作家的土壤,也是促使作家前进的动力,李准在沉默十年后思想和创作的新突进有力地向人们证明了这点。过去的生活原料,固然给创作提供重要的基础,但生活不同于资金积累,不能靠吃老本,不能一本万利。瞬息万变、日新月异的生活,总为作家们观察生活的视野延伸着一条无穷无尽的道路。作为伟大生活的一名记录员、描绘者,作家只有把自己的身心与发展着的生活紧紧相连,才能使自己的创作生命常青。就这方面来说,李准的经验还很值得我们继续深入研究。

然而,李准自己目前似乎还未充分意识到这一点,在《黄河东流去》(上)问世后,他的创作看来还在徘徊。固然,最近也写出了像《王结实》、《一个精灵的出现》等较好的小说和报告文学,但仍使人感到他还没有执着地沿着他的突进去迅速发展具有自己特点的新路子,而是有些又为一时表面的浪潮所左右。我们从他发表的所谓追求"灰色的幽默"的个别短篇,可以觉察到这一点。在一个历史大动荡、大转折关头,在文学现象纷纭复杂的情况下,一个作家如何选定自己的道路、确定自己的追求,看来这个问题不仅对青年作家来说是值得深思的,对像李准这样有着较长创作经历并在生活中已形成自己鲜明特色的作家来说,也同样是值得深思的。

李准从进入文坛到现在,已经走过了近三十年的创作历程。近三十年来,他从一个普通的爱好文学的青年成长为一个社会主义时代的著名作家,他所走的道路,尽管充满荆棘险阻,屡经挫折,但毕竟是一条正确的道路,这是一条投身于群众火热斗争,努力为人民大众、为社会主义服务的宽广道路,是一条坚持从生活中找阶梯、不断向着新的艺术高峰攀登的艰苦而又光荣的道路。他在这条道路上所创造的丰硕成果和宝贵经验,曾为社会主义文学的发展增添过新的光彩,而他在这条道路上所得到的深刻教训,对于我们今天进一步繁荣社会主义文艺创作,也将是一种值得珍惜的财富。历史的足迹,常常会为我们通向美好的未来提供指南和勇气。现在,社会主义文学事业经过战斗的洗礼正以更加磅礴的气势奔腾向前。我们相信,"决心用一切力量来为这个事业奋斗"的李准,一定会把准舵向,以更新的成就为这个事业作出新的贡献。

原载《武汉大学学报(人文科学版)》1982年第3期

转变时期的李准

孙荪 余非

李准是当代文坛上的风云人物。不管人们承认还是不承认,事实上,他的创作贯穿了当代文学三十年的历史,尤其是十七年农村题材的创作方面,他占有一席无法回避的地位。这期间,几乎每一个历史的关键时刻,他的创作(主要是小说和电影),都紧合着时代的节拍,带给文坛一阵兴奋和激动,仿佛是历史脚步的回声。我们把《不能走那条路》、《老兵新传》、《李双双小传》、《龙马精神》、《大河奔流》等作品联系起来,分明可以从中看出这个时代的身影。

作为一个解放后成长起来的作家,李准带有自己的特点。他同"五四"新文学运动时期、左联时期的老一辈作家,同延安文艺座谈会前后成长起来的作家,同五七年受到过不公正待遇而重返文坛的作家,同近几年新起的年轻作家,有许多共同的地方,也有着明显的不同点。研究像李准这样的作家在历史转变时期的创作思想和创作动向,不仅有助于我们认识过去的一些文学现象,而且有助于我们分辨当前的文艺思潮,甚至可以说,对展望文艺创作的未来,也并不是没有益处的。

走过的道路

李准的文学创作起步于我国由新民主主义革命向社会主义革命过渡的急遽转变时期。这个时期的重要特点,是我们党在新民主主义革命时期(也可以说是战争年代)所形成的、经受过战火考验的思想、作风、传统,随着军事上的胜利和政治上取得的绝对优势,而被全国人民公认为是最好的、生气勃勃的、成为人们理想的追求和生活的准则。在文艺上也不例外,我们有了一套套的行之有效的方针政策,明确地规定了文艺的工农兵方向和政治标准第一,执行过程中又逐渐地形成了一个在实际生活中起着主导作用的观念,即文艺要为党的政治任务服务,为党的中心工作服务。我们的文艺领导、文艺理论、文艺批评、文艺创作,不仅都在朝着这个焦点集中统一,为这观念的推行开辟着道路,而且,我们还有一大批有才能的作家以创作的出色成绩,证明着、显示着这一观念的合理性、优越性及这条道路的唯一正确性,足以使后来者毫不怀疑地跟着前进。像李准这样出身于生活底层的、没有受过专门训练的作家,所以能走上文学创作的道路,可以说一半是由于自己的聪明(也可以说是天才)和努力,一半是时代对他的成全。这两个方面都决定着他走的创作道路的必然性。他的聪明才智,不仅表现在他从人民的生活、民间文艺、古典文学等多方面吸取了丰富营养,成为他后来创作的坚实的基础,而且特别表现在他对文艺与政治的关系这个问题的敏感上,表现在对作家与时代的关系的认识上。这些问题,在他开始文学起步的时候,也许还只是朦胧的认识,处在不自觉的状态,然而感觉到了,并且成为创作中实际上的指导思想,却是没有问题的。《不能走那条路》的成功,就李准本人来说,也许存在着很大的偶然性,但是,就当时我国的文艺状况来看,就李准的创作道路来看,却是必然的。过去文艺界公认,作者在《不能走那条路》中提出了现实生活中具有重大意义的主题。其实这个主题不是作者提出来的,而是党在当时的指导思想和方针政策提出来的,从某种意义上说,作者不过是把党的指导思想用生动的人物形象和优美的生活画面表现出来罢了——如同用生动的事例证明一个观点似的。在这里,李准个人的艺术家的气质和才能,以及他在生活和写作技巧等方面的准备,帮了很大的忙。道理是众所周知的,但是别的人还没能像他那样用生动感人的艺术形象表现出来。正赶在合作化运动兴起的浪头上,于是他得到了意想不到的成功,于是他领悟到了我们这个时代文学创作中的一些最重要的东西。从此,他的一只眼睛盯着党的方针政策,一只眼睛盯着现实生活,用艺术家的才能把两者结合起来,创造艺术形象和文学作品。从《不能走那条路》起步,直到《大河奔流》的上映,前后有二十六年的时间,李准基本上是沿着这样的创作道路走过来的,经历了由不自觉到逐步自觉的过程。有时候,他受现实生活的冲击,也有偏离这轨道的情况,而每一次的偏离,就要受到鞭策和责难,使他迅速地回到随着政治运动的脚步歌颂党的方针政策的创作道路上来,后来又发展到"反面文章正面做"的地步。在李准的眼睛里,人生之路和创作之路似乎都看清了、毋庸置疑了,照直走下去就是了。

李准所走过的道路,是同时代作家许多人走过的道路,有相当的代表性。对于这样一个关系到一代作家中许多人走过的道路,简单的肯定和简单的否定,都是无济于事的。

在新的起点上

粉碎"四人帮"之后,李准敏锐地感觉到我们国家进入了一个新的历史时期,政治、经济、文化及其他各个方面、各个角落的生活都在经历着剧烈深刻的变革。他认为这个时期有一个显著特点,就是"整个中华民族在一场浩劫之后,大家都在思考了",九亿人民的思考,"形成了伟大的'思考的一代'"。思考什么呢?"思考我们这个国家的过去和未来,思考我们为之付出的带着血迹的学费,思考浸着汗水和眼泪的经验。"(《〈黄河东流去〉开头的话》)深沉的痛苦的思索和坚定的巨大的变化,相生相长,相辅相成,构成了这个新时期之"新"的主要内容。

这个思索和变化的时期的特点,对李准这样的作家来说,其反应也许比其他作家更为强烈些、深刻些、复杂些。

同理论家和研究家相比,作家的主要任务不是去阐释和说明自己的过去,主要的是要致力于当前和今后的创作。但当一个作家对今后的创作举棋不定的时候,就无法回避对过去道路的认识。

认识自己并不是一件很容易的事情。如前所说,像李准这样的解放后成长起来的作家,创作上有一个突出的特点,就是追踪着生活的脚步,紧密配合政治运动,努力颂扬站在"运动"前头的人物和事件。在一般的情况下,作家具有这样的特点,应当说是可贵的。但是,由于李准面对的是一个特定的复杂曲折的历史阶段,这样来概括他的特点,就既有褒,也有贬,既说中了他的长处,也指出了他的短处。因为这个特点使得他的作品既有艺术地再现生活中的真实的、美的人物和事件的上品,也有受了虚假的错误的浮泛的思想和现象的左右而产生的下品和败笔。他既歌颂了生活中应当歌颂的真正新的东西,也歌颂了生活中被打扮成新东西的旧事物;与之相应,他暴露和鞭挞的事物也有类似的情况。对于这段生活中的欢声笑语,作家会心会意,给予了绘形绘声的描写,但是对生活中的曲折和复杂的一面,作家往往没有站在历史的高度看"破",因而在艺术上就不可避免地出现粉饰、虚假的成分。一句话,李准没有超越历史给予他的局限,现实中的美点和丑点,都在他的作品中打下了鲜明的印记。我们的文艺运动、文艺政策、文艺领导上的长处和短处,都在李准的身上反映出来了。

这就是在新的起点上,李准脚踏的基础。这个基础,从积极的意义说,可能鼓舞作家前进的勇气;从消极的意义说,也可能成为某种压人的包袱。作家本人是必须清醒地认识到这一点的。李准自己坦率地说过,打倒"四人帮"后两年中,他没有"苏醒过来"。这突出表现在电影剧本《大河奔流》的写作中。《大河奔流》显示了李准的长处,也暴露了李准背上的沉重包袱。人们没有否定这部志气不凡的作品,但由于人们的厚望没有得到满足,而表示了冷淡,提出了尖锐的批评。这部出现在两个时代交替时期的作品所引起的社会反响,那种失望、不满、埋怨的情绪,就其范围的广大、色彩的强烈和集中、对文学艺术各个领域的触动,在当代文学史上是不多见的。由于电影艺术的综合性和群众性,加上作家、导演、演员在人民群众中的不寻常的声望,就使《大河奔流》这部影片在历史转折时期起到了一个特殊的作用:等于把我们文学艺术的众多的方面(不是说全部),放到了真正称得起是时代的天平上去衡量,从而显示出前进着的生活和文学艺术之间存在着的巨大差距。它提醒人们:我们的文学艺术,或者跟上生活的步伐前进,或者被前进着的生活所抛弃。在一段时间内,李准埋头于历史题材的电影剧本的写作,构思了几个艺术家的传记题材的电影剧本,但几乎都未获得引人注目的成功。

这,就在李准面前摆着一个十分迫切的问题:怎么办?在新的起点上,是固守过去的一套,等待观望,停滞不前,还是甩掉包袱,轻装阔步前进?作家必须作出思索和回答。

思考的轨迹

对于自己创作上的得失,对于自己走过的道路的回顾,靠别人帮助指出,是有益的。但,它不能代替作家自己的思考,最重要的是要靠作家自己的认识。

回顾走过的道路,从中总结出经验教训,这是一个并不比艺术创造来得简单和容易的事情。它往往不是一次完成,而需要反复深化和升华。有的人为了前进而后退,为了进一步而退两步。有的人为了迅跑而不得不下决心丢掉背上能够丢掉的东西。究竟后退与丢掉的是对还是错,要放在作家特定情况下,要看实践的结果。

李准不是一个懒汉。近年来,他在进行不倦的艺术创作的同时,不断发表了他对自己过去创作的成败得失的思考和总结。从七七年以来,李准几乎每年都在不同的场合谈到了这方面的问题。

他的总结,可分为三个阶段。

七七、七八两年,是处于"苏醒"之中,但还没有完全苏醒过来。这一阶段,主要是肯定过去有关的东西。

七九、八零两年,是大梦初醒的阶段,主要是通过反思,对自己过去教训的痛苦思索和尖锐批评。

八一年以后,是冷静分析的阶段,更加全面地来认识自己的过去,从肯定与否定两个方面尽可能科学地作出概括。

这几年他好像经过了一个否定之否定的螺旋圈。当然,这一过程还没有完,还在继续着。

七七年八月的《〈李双双小传〉后记》,可以说是李准对过去创作的第一次比较系统的思索和小结。那时,还没有摆脱极"左"的束缚。他还在惶恐地、不情愿地用一把"左"的尺子来衡量自己。他是通过"文化大革命",来认识到自己十七年走过的"一段曲折道路"的。这表现在:一方面,对自己创作中的缺点方面的检讨,比如所谓"写中间人物多","偏重于有落后一点人物的形象描写"等。另一方面,对自己"应该坚持"的几个基本东西的总结,如"一,热爱劳动人民。二,坚持革命现实主义和革命浪漫主义相结合的创作原则。坚持用劳动人民生活语言进行创作。努力反映革命的新生事物,为社会主义革命服务。三,学习毛主席的文艺方针,来进行创作。坚持从生活出发,从生活中提炼。四,不断地改造自己的思想、感情,改造自己的世界观"。这些话所包含的实际内容和强调的方面,仍然混杂着一些糊涂的甚至错误的观念。

教训究竟是什么

人们从过去得到的教训,远没有眼前事实的教育来得深刻和尖锐。七九年初,李准围绕着电影剧本《大河奔流》成败的认识,更加痛切地感到"四人帮"文艺思想对于人物拔高以至造假所带来的危害。他从电影中的李麦和李双双的对比中,看到了艺术上的败笔根源于所受"帮气"的影响,在长篇小说《黄河东流去》上卷创作中,他自觉地肃清"帮气"的影响,在现实主义道路上进行拨乱反正和新的探索。在小说《开头的话》中,他对自己创作的总结,明确化为艺术上三方面新的探索。除在生活中从最基层的广大劳动人民身上发掘我们民族生命力的源泉,加强作品的幽默感之外,他着重注意了在人物塑造上坚持现实主义原则。首要的就是"生活里是怎么样就怎么样",决不再拔高或压低人物了。创作要造"酒",不能造"酒精"。

这篇短短的《开头的话》,是李准经过两年多的思索和从新的创作实践中概括出来的新的经验,它包含了过去的成功的经验,也批判地抛弃了失败的教训,可以看作他近年来思索和总结的结晶。后来的言论,基本上是在此文基础上的发展和引申。

一九八零年，李准进一步着重在自己创作中的缺点、问题和教训的方面进行总体的和具体的思考。这个思考，与七七年时的角度是根本不同了，与七八年的深度也不同了。这一方面是由于作家亲眼看到，客观上读者对过去的作品正用新的眼光，站在新的高度去审视，筛选得更严、更精，许多曾负盛名的小说、电影，重新和群众见面后，问题的方面显得比过去突出了，读者和观众的热情减退了。这个艺术生命力的问题在困扰着作家。另一方面，作家本人有"十年一觉扬州梦"之感。大梦初醒以后，好像换了一副眼光，对于过去，恍若隔世，因而，看见自己往日身上的丑点特别刺目，甚至对从来都认为美的地方也打上了问号。在全国以实践是检验真理的唯一标准的讨论为标志的解放思想的潮流中，在文艺界深入讨论文艺与政治的关系，普遍痛责极"左"的政治路线和错误的文艺思想干扰和破坏文艺创作的热潮中，李准对自己曾经在几个大的"运动"中写下数量不小的、有着这样或那样错误的作品，"情不自禁"地感到痛心疾首、良心责备，这就使得他对自己缺点和教训的方面看得越来越重。在年初关于文艺功能的谈话中，夏天在河南省工业题材短篇小说创作座谈会的讲话中，在洛阳的讲话中，在黄山笔会的发言中，李准对自己过去的作品仍然作了一些肯定（比如他说："如果说好的经验，我也有。写《李双双》时，我在下边待了两年，我知道了工分的重要。""《大河奔流》中凡是写生活的地方，就是好的。"），但他主要讲的是教训。在解放思想、认清时代、认识自己，这个总的主题思想下，他讲的教训主要内容是两个方面：一是作家要独立思考，一是文学创作要坚持恢复现实主义传统。

他说："作家要独立思考。'文化大革命'付出这么大代价，得到的教训就是三个字——不信神，这是最大的收获。""我已经五十多岁了，反复了多少次，流了多少眼泪，赔进去了多少感情，挨了多少打，才换来了'不惑'二字。"他的这个经验是来自痛苦的体验。"五十年代我们都是正统思想，上级说啥就写啥，什么小脚女人、黑社，回头看看真惭愧，把自己宝贵的精力浪费在那最无价值的描写上，太可惜了。"他痛切地说，"这些问题，确实使我心里难受，许多年的大好光阴失去了。我们不是要算谁的账，但要总结总结。"

与此紧密相关的一个问题是，李准提出了"运动文学"的问题。他说："还有一个教训：'运动文学'。我从土改、统购统销到整社，下去一回，就搞出点东西来，这样的作品大部没有生命力。"李准注意到了当代中国文学的一种规律性的现象，他说："根据我们国家三十年来的规律，作品都是鱼群似地产生，土改时一批，宣传婚姻法一批，抗美援朝一批，合作化一批，像黄花鱼群一样，一来一批。说明有探索者、先知先觉者，有闯将，其他人受到了启发，就出现了一批。"李准不是要否定这种规律的合理性，他还是认为："只要你路线是正确的，是革命的,你的东西就是不朽的……把有些真实情况记录下来就会富有时代感,人物就出来了。"但是,他从创作界的实际尤其是自己的创作实际出发,指出了"运动文学"的问题所在,这特别表现在那一段有名的愤激之词:"我国农村题材的文艺作品受庸俗的政治干扰最大。我写了十几个电影,现在重新复映的只有三四个,还是凑凑合合拿出来的。人没死,作品已经死了,或者上半年写的,下半年就死了。"

从这种教训中,李准得出一个认识:"作家必须独立思考,没有独立思考就不要当作家了。"作家一定要"写自己的所见所信的真理","一定要打倒本本主义,本本主义就是奴隶主义。过去按文件写东西,听首长传达写东西,现在不行了","不管任何人讲的都要想一想。跟自己对社会主义、共产主义对照,不符合的,可以不讲,也可以不听你的"。李准还把作家的独立思想提高到精神解放的高度,认为"没有真正的精神解放,就没有真正的创作。不羁之气是不朽作品的摇篮"。

李准反复谈到的另一个问题是恢复现实主义传统。他对文艺的社会功能有了一个更为深入的认识。他说:"文艺到底是干什么的?是塑造整个一代人的灵魂,是潜移默化,是整个人类创造出来'美'的信使,也是大自然的介绍人,绝不是'传声筒'!"因此,现实主义作品要真、要善、要美。首先要真。他仍从总结自己的教训出发,说自己五十年代写的反对"小脚女人"、批判右倾保守的作品,今天所以拿不出来,"为什么?就是不真实。这是我要永远记取的教训:粉饰生活的虚假的东西好写,但是短命;反映生活真实的作品难写,但有生命力"。他特别谈到了写人物的问题,"要放开写,按生活真实的面貌写。真善美,真是第一位的",要彻底改变过去那种把"正面人物变成神,把反动人物变成狗"的做法,写出"有个性"的"活人"来,甚至可以"好人丑扮,坏人俊扮"。他强调说,生活中人物"不一定是黑白绝对分明,高、大、全,叱咤风云。我三十年念了一个经,叫中间人物论,我要给他平反,我深知它十分重要"。当然,他仍然认为:"可以写英雄人物,如张志新,思想境界很高,用自己的生命去捍卫真理。""写工业战线的新闯将,写一批有经济头脑的、走群众路线的、有管理才能的闯将,我认为他们就是时代的弄潮儿,就是英雄人物。"

总起来看,这个阶段,李准的思索和发言,有的是冷静的思考之后的看法,有的是随感式的即兴发言,有的则是激情爆发中的慨乎言之。有时从某个角度和侧面,触及了问题的深部,有时也会失去分寸,显出片面和偏激,或出现前后不一致的地方。他的这种思想特点几乎也像当时的文坛一样,呈现着思想上的活跃与驳杂,以及理论水平不高的状况。

对李准这个阶段的言论,有的加以指责。有的说他变得太快;有的惋惜他妄自菲薄,把自己否定了;有的气愤地批评他否定了自己,就是否定了十七年的整个文艺创作;有的好心地规劝他搞创作算了,何必发表什么见解。当然,也有人热烈地支持他。我们认为,李准的思想由"左"的束缚下解放出来、苏醒过来,是令人高兴的,他的认识也在经历着从概括到具体、从感性到理性的逐步深化的过程。从总体上看,李准所进行的反思和探索是严肃认真的,甚至是痛苦的,而其结论,从主导方面看,无论对己对人,对整个文艺事业,都是积极的、有价值的。可以这样设问一下:李准固守原来的一套难道可以迈开脚步,打开新的创作局面吗?当然,李准的认识也同整个文艺界一样,对于过去的经验教训,也经历着从感觉到科学、从概括到具体、从不很全面到比较全面的逐步深化的过程。

八一年,李准先后谈到《李双双》和《龙马精神》,就认为,在《李双双》中,"既不是写'食堂',也不是写'按劳取酬',主要是写新的道德观的斗争。想在中国农村,解剖一个细胞,看看在六亿农民中有什么新的力量、新的认识,也就是探索什么是新时代的好人。当时农村有两种好人,一种是老好人,一种是新好人。这是两种道德观,在一个细胞里爆发的一场新与旧的暴风雨"。而《龙马精神》,他要歌颂的是人民艰苦奋斗的精神。现在回过头看看,虽然里边有一些当时的东西,但至今还是有生命力的。这使他认识到:"这里作家有一个感情问题,首先我们一定要和广大人民在一起,才能经得起时代的考验、政策的变迁;其次,要写正确的政策,真正符合人民、符合社会主义的正确政策。"这比他所猛烈攻击的所谓"运动文学"的提法更客观、更全面。对于自己的整个创作,他也从历史主义的角度,得出了这样的认识:自己虽然不是一个精明的巧匠,但还是一个较辛勤的工匠。当人民如饥似渴地需要文学作品的时候,自己做不出奶油面包,但还是做出了些"窝窝头"。在那些年月里,"窝窝头"也是需要的。

创作上提供的新东西

对于一个作家来说,他对创作理论上的认识不是不重要的,但是,更重要的是他的创作实践,他通过作品体现了什么、提供了什么。有的作家,思想上意识到的,在创作上能够解决;有的作家,思想上意识到了,但在创作上不一定能解决;有的作家,创作上达到了相当的高度,但自己的认识还处在朦胧的阶段。因此,我们在分析和认识作家的思想的时候,不应当忽视作家直接说出的关于创作的认识,包括其理论探讨和宣言等等,主要的着眼点应放在对他的创作实践的分析和认识上,看他的作品间接地显示了什么。

七七年以来,李准的笔触随着时代的节拍,运用多种文体样式,涉及广泛的领域。他写过一些关于知识分子和农村新生活的特写和散文,创作或改编了《荆轲传》、《牧马人》几部电影,运用他得心应手的短篇小说的形式,写出了《芒果》、《飘来的生命》、《王结实》、《大年初一》等作品。这些作品不同程度地体现了他在新时期的艺术探索。这主要是在现实主义深化这个总的思想的指导下,在人物的求真上下功夫,从艺术开拓上不只是从面上而主要是向点上,不只是从广度上而主要是向深度上开拓,向人物的心灵深处开拓,人物由外向的叱咤风云正在转向内向的思考和探索。语言上既保持了素有的明快洗练,又显示了某种深沉蕴藉。素有的亲切温和的幽默成分,掺进了某种苦涩的冷峻;素有的朴实淳厚的笔调,有些地方正在被空灵所代替,等等。但是,比较能够全面地显示其生活积累、思想水平和艺术追求的,是长篇小说《黄河东流去》上卷。从作品所描绘的我们古老民族大幅凝重而又流动的风俗画中,读者看到了说着自然质朴生动洗练的中原农民语言的具有本腔本调的本色人物,感受到了一种由"寓庄于谐"到"寓谐于朴"的幽默特色以及那种把社会的缩影与史诗性相统一的长篇结构特点。分明看出,李准不仅正在总结和探索中前进,而且正在驶进一条河流宽阔的中段。这位敏感的、吸收能力很强的"开放型"的作家,曾经在创作中发生某些变化,进行了较多的尝试,但他还是比较牢地踏在了现实主义和民族传统的基点上。我们曾经担心,李准为了趋时而把固有的好东西丢掉了,看来已属过虑。创作实践证明,他对过去的某种否定,基本上是积极的扬弃。那种把"文学作品堕落为政治口号的图解"的令人憎恶的东西,的确,"死"了毫不可惜。当然,所谓作品的"死"与"不死",指的是辩证法的"否定之否定",并不是一笔勾销的简单抛弃。即使错误的作品,仍有人物性格、语言和结构等方面可作为新的创作的营养和借鉴的东西。我们相信,作家已经注意到了这个问题。评论工作者的责任是细心地实事求是地分析作家创作的成败得失,帮助作家认识自己,更多地看到积极方面,正视和促使消极因素的转化,鼓励创新的积极性。这样,对作家,对读者,对文学事业,都是有益的,也是必要的。

原载《郑州大学学报(哲学社会科学版)》1983 年第 3 期

从现实生活出发表现人物的真实形象
——评《不能走那一条路》[①]

于黑丁

一、明朗的主题，真实的描写

全国革命胜利，我们广大的农村，在实行土地改革后，已经消灭了地主阶级的土地私有制度。农民有了土地，有了自由，不再受地主阶级的封建剥削了。在共产党和工人阶级的领导下，在人民政府的多方面的扶助下，农民生产的积极性和互助合作的积极性提高了，农村生产发展了，农民的生活大大改善了。但是农村小农经济还占绝对优势，农民过的还是个体经济生活，农民耕种土地少，耕作规模小，生产技术落后，这样，农民的生活也就不算富裕。因此，党在过渡时期的总路线和总任务，在农业方面就是逐步促进农业的合作化，实现农业的社会主义改造，使小农个体经济变为大规模的农业生产。摆在农民面前的两条道路：一条是资本主义的道路，一条是社会主义的道路。走资本主义的道路，就是让少数农民囤粮倒粮，做投机生意，放高利贷，收买土地，剥削雇工，结果，少数农民就要发财致富，而多数农民就要借债卖地，贫穷破产。走社会主义的道路，就是在农村中发展互助合作，农民逐步联合起来，用大规模生产和新的农具、新的耕作方法来经营农业，使大家能够共同富裕。我们是反对走资本主义的道路和主张走社会主义的道路的。农村经济如果走上了资本主义的道路，让富农、高利贷者和商业资本家掌握了土地、粮食和生产工具，他们就会依靠剥削多数人的劳动，投机倒把，破坏国家工业化，破坏工农联盟，破坏农民和广大人民的幸福生活。农村经济也只有走上了社会主义的道路，人剥削人的现象才会没有了，全体农民用自己的劳动创造了财富，生活才会富裕起来。这样，农民的利益和国家工业化的利益、工农联盟的利益、广大人民的生活利益结合一致。

[①] 小说《不能走那一条路》1953年11月在《河南日报》发表，后河南人民出版社出单行本时改名为《不能走那条路》。

农村的资本主义的自发势力的自由发展,必将使农村经济分化为两个极端:少数农民变成富农,多数农民下降成为贫雇农。这是急需向农民进行教育和应该充分认识的现实生活中的一个尖锐问题。李準同志的小说《不能走那一条路》,就是紧紧抓住了摆在当前千百万劳动人民面前的这一重大事件,正确地表现了作者对现实生活一种关心的、热情的、深刻的理解而概括和描绘出来的明朗的战斗的主题与生活斗争的真实的音调。

李準同志是一个新人,但他这一篇小说,具有新颖的大众风格,非常真实地、非常生动地、非常朴素地描写了农村生活的真实,描写了农民思想变化的真实,描写了党在过渡时期对农民的领导和对农民自发势力进行斗争胜利的真实,可以说是一篇具有感染力和说服力的优秀作品。

《不能走那一条路》,是这样一个简单的故事:农民张栓不好好生产,想做生意赚钱发财,结果,因为捣腾牲口,偏偏碰上了麦前霜灾,牲口买不上价,赔了,又欠下了一屁股债,于是,就心一横:"卖地!卖'一杆旗',拣好地卖,看有人要没有!"卖地的消息很快传到宋老定的耳朵里了。宋老定是一个翻身户,解放前曾经给地主扛了十八年长工。一家五口人:老婆,大儿子,儿媳妇,二儿子。大儿子东山是共产党员,儿媳妇是青年团员。二儿子在外单干木匠活,每月往家汇几十万。宋老定一听张栓要卖"一杆旗",是村里有名的"粮食囤",他眼红了。他对大儿子说:"'一杆旗'这块地我摸底,那是黑垆土,只要下猛雨一灌,比上大粪还来劲。"他又说:"做庄稼人啥贵重,还不是得有几亩地!……我要钱弄啥?还不是给你兄弟们打算,我能跟你们一辈子!"宋老定带着旧的意识回到了旧的时代了。他按着旧的道路的足迹前进,空虚的安排着自己的希望。他企图买地的事情终于引起了家庭的深刻的矛盾斗争,也引起了宋老定自己内心的深刻的矛盾斗争。受过党的教育的大儿子和儿媳妇非常反对父亲这种行为。于是,他们正确的坚定的思想,变成活的力量了,变成催醒父亲觉悟而使他从阴暗的角落走向阳光照耀的天地的振奋的声音了。东山除了想办法帮助张栓摆脱困境,便有力地回答了父亲:"……张栓又不是有三十亩有五十亩,就那十几亩地,卖了咋办?咱和张栓家从前都是贫农,他现在遇着了困难,咱要帮助他。咱怎能买他这地!"父亲听到儿子的话,自然引起了自己的不满。他几次想说服儿子,然而,他几次却失败了。这样,他对东山就越气了。但是东山想着父亲是这样固执,自己就不和他谈买地的事情。他把话转到庄稼活上,和父亲谈上粪、养苗和庄稼的收成。谈着,谈着,他们想起过去的时光来了,想起自己卖地的悲苦的生活来了。东山看出了父亲的心事,叹了口气说:"张栓现在真实情况和咱那时差不多。"他又说:"咱那困难要是放在现在,就卖不了地了。现在共产党领导就是这样,只要你正干、下力,遇着事政府和大家都能帮助,是叫大家慢慢提高,不能看着叫哪一家破产。"周围的现实环境在包围着宋老定,新的时代的声音使他终于获得了生命的力量,宋老定看见前进的光亮了。他真正认识到自己应该走的道路。张栓决定不卖地了。东山批评他说:"光想吃飞利,不好好劳动生产那会行,现在可不是旧社会那时候。你还是编几个月席,以后好好种地,可不敢再胡捣腾牲口了!"宋老定认识了自己的错误想法以后,他完全变成另外一个人了,他像别人一样关心张栓的困难,并且主动地叫张栓到他家去拿三十万元钱。张栓瞪着眼吃惊地问:"借给我的?"宋老定说:"不借给你难道我还想买地?……"张栓在贫困的边沿上胜利了。东山在父亲固执的面前胜利了。而宋老定自己呢,在新的生命诞生中也胜利了。这是新的东西对旧的东西的斗争的胜利,这是社会主义的因素对资本主义的因素的斗争的胜利。作者在歌颂农村的新的生活制度,歌颂在党的教育下成长起来的新的农民的高尚道德品质。作者从生活出发,认识了现实,认识了现实的内在矛盾,追取新事物的萌芽,确定了明朗的主题,通过艺术表现力量,用全部热情积极地和垂死的东西斗争,积极地支持推动人们前进的现实生活中的新的东西。作者的全部思想,在明朗的主题的前提下,有意识地表示自己对于被描写的事物的正确态度,表示自己所喜爱的是什么,表示自己所指摘的是什么,表示自己对现实生活所应该肯定的和应该否定的是什么。一个作者对生活的感受越深刻、越有热情,主题思想的正确音调就越明朗,在作品里所表现的现实生活发展的过程越真实、越完整,作品内容的丰富性也就越充分。《不能走那一条路》,已显示了作者写作上的才能和他把握了的重要主题思想的积极性。作者的立场、观点和艺术方法,已经表现在他从现实生活的探索中获得的正确主题所引发的明朗的强烈的音调里,已经表现在他用冷静的理智和深厚的感情所创造出的矛盾斗争的典型的事物上,已经表现在他用有力的笔触深刻描写和刻画的真实的人物形象上。

二、人物形象,矛盾冲突,生活的语言

一个作品,对现实生活表现得越真实、越深刻,那么作者也越会深入到他所描写的主人公的心灵里,他对主人公的认识、理解和反映就会越鲜明了。现实主义的真实性,只有通过艺术上的人物典型性格的创造和人物形象的雕刻,才能够充分地表现。人物的典型性格,是从复杂的现实生活斗争的发展中,是从广阔的典型环境中创造出来的。《不能在那一条路》,作者所创造的几个典型人物是活生生的,给我们带来了生活的气息,是把他们安置在每一个人物所处的一定的斗争的地位上,是把他们安置在每一个人物的思想变化和其他人们相互

间的思想变化的正确的关系上,积极地对展开的人物的性格和矛盾冲突的发展作了有力的描写。

　　作者用了极丰富的感情和激动的力量描写了正面的典型人物。东山和秀兰正是被作者所创造和所热爱的赋予充沛的生命力的新的人物。他们是新的生活和斗争的灵魂,是新的农民的集体形象。这新的人物的真实面貌,充满着朝气,充满着智慧,充满着理想。让我们来听听作者在怎样歌唱这一对夫妇吧!他的音调多么健康,又多么亲切啊!

　　父子俩闹这一场气不要紧,可慌了东山媳妇秀兰。……"生气了!是不是?"她微笑着坐到床沿上。"我也没啥气可生!"东山故意装出平和的样子。秀兰接着埋怨他说:"你还不知道咱爹那心事,他早都把那算盘打好了。他给老二买地就叫他买,你管他做啥哩!"东山一听秀兰说这话,就猛地坐起来说:"你怎么也说这话!现在不是咱买或者别家卖,问题是不能看着张栓把地都卖了。他以后怎么过!遇着这种事就得想办法解决,共产党员不是挂个牌子呀!……从你说的我只管自己就好了。"他看着秀兰嘴撇得像个菱角,就用指头捣着她的额头说:"亏你是个共青团员!"……秀兰故意绷着脸说:"我也得批评批评你。平时你见他连句话也不说,亲父子爷们没有坐到一块说过话。你饭碗一端,上街了。衣裳一披,上政府了。你当你的党员,他当他的农民,遇着事你叫他照你的话办事,他当然和你吵架!"她说着嘴一撇一撇的。东山笑着说:"你倒给我上起课来了。"不过他心里挺服气。

　　这难道不是新的人物可爱的生动的形象吗?他们不过是普通农民,但是,他们成为共产党员和青年团员了,他们年轻、热情,勇于批评和自我批评,有阶级友爱的感情和富于进取的心。通过人物自己的行动和言语,显示了人物的性格,表现了他们的心理状态,也表现了他们的思想情绪。在前进的时代面前,每一个作者都应该为自己的、新的、理想的人物歌唱,都应该深深地意识到这些新的、理想的人物就是这新的时代的主人——人们的崇高的榜样。我们从下面一段描写,更清晰地听到新的人物的心灵的呼吸了。

　　秀兰正和婆婆在厨房里烙馍,俩人一问一答正说得有劲。……"他还不是为你们。他已经半截入土了还不是为你们打算。人一年一年多了,他还不是为你们打算!"婆婆这样说。秀兰却笑着说:"俺们才不叫他打算哩!现在咱是互助组,过年要是咱村成立合作社,咱就参加合作社。将来能用机器种地,还愁没粮食吃!"

　　秀兰回答得真干脆!这短短的对话,多么轻松,多么愉快,多么有力啊!新的生活的理想给自己开创了前进的唯一的道路。她用心灵的声音在向宋老定这一类人物宣战。这是农村妇女的先进代表者的优美的性格。她的身上强烈而鲜明地表现出集体主义的、热爱生活热爱劳动的崇高品质。

现实发展的广阔天地、生活斗争的丰富的基础,创造了新的人物的性格和思想情绪的发展与变化的力量。作者是在人物的具体行动中刻画人物的性格,是从人物的具体行动和支配这些行动的思想情绪来强调描写的人物。他们看见这新的人物那么可爱地坚定不移地站在现实斗争面前,站在真理面前,他们拥抱了这新的世界,时时在为新的世界说话。

……秀兰还想继续讲下去,可是东山截住她的话说:"幸福日子是总要来的,可就是得照着正路走,不然,有的农民翻了身,收入多了,他不走苏联农民那条路,放债,买地,就要变成富农;有的遇见两件啥事情,背了债,倾家荡产。可是有共产党领导,是不会叫农民走老路的,一定要引导咱走苏联那条路,要搞互助合作。"秀兰说:"互助合作,就会不断提高生产,收入多了才好支援国家建设,有了大工厂,制造拖拉机……"老婆婆用笑眯眯的眼睛看着秀兰说:"看你懂得多少吧!"秀兰看着婆婆嬉笑着说:"俺们团里都学过多少遍啦。娘,只有互助合作起来把庄稼种好,才能多打粮食。"

这不是把我们引到更高的境界里了吗?人物的行动和思想感情联系起来了。作者用人物的形象、人物的思想感情、人物的积极行动、人物的智慧的眼睛、人物的响亮的声音,表达了他们和当前环境的一种密切的交互的感情。

我们看看作者怎样从人物的描写中来展开矛盾冲突的处理。作为代表农民落后思想的宋老定,作者一开始就把他放到一定的斗争的环境中,放到一定的生活的地位上。然而,他又是在环境的发展、生活斗争的发展、整个事件前进的发展中思想情绪和心理状态也逐渐起了变化。作者对东山和他们父子关系的刻画,比较突出地写出了社会主义思想和资本主义思想斗争的真实的思想感情,写出了家庭父子间的一种亲切的真实的思想感情。东山向父亲自发的资本主义倾向进行斗争时,他善于抓住父亲内心的矛盾和痛苦,善于抓住他们生活中的重要事件,善于抓住使父亲从亲身体验易于感受的问题,但他又始终贯穿着一种坚韧的工人阶级的思想作为主导的斗争力量。只有对新的人物的真实面貌更加突出地刻画,只有把正面的典型力量在人物的具体行动和思想情绪中更加明确地充实起来,才能显示党的领导思想,才能显示先进思想对落后思想斗争的作用,才能显示艺术作品的积极意义。

作者有力地描写了正面人物,使东山敢于直立在和父亲斗争的面前。宋老定反对儿子的主要的理由,正如他自己所说的:"做庄稼人啥贵重,还不是得有几亩地!"但是,东山并不像父亲那样要按旧的道路的足迹前进,他清清楚楚地认识到农民不能卖地,不能让别人破产,应该好好地劳动,应该积极地参加互助合作。当宋老定知道东山要借钱给张栓时,老人的鲜明的形象被作者几笔突出地勾画出来了。

　　脸涨得通红,脖子筋起得大高,他像疯一样喊着:"这是东林挣的钱,不是你挣的钱!你借,你咋没有把我借给他,你咋没有把你妈借给他!"

　　这样,宋老定就在矛盾中加深了自己的痛苦和幻想了。他一方面企图用父子的感情的力量拉住东山,另一方面他整个愿望是在张栓"一杆旗"那块地上煞费了心思。他出去打听张栓卖地的消息,他从张栓的地想到自己的麦秸垛慢慢大起来了。他好像看见一群长工在自己场里做活。他猛然又想起张栓那一群孩子,那瘦得皮包骨头的孩子们在他面前向他跑来了。这是多么入情入理的动人的描写啊!宋老定本身的矛盾过程,也是他思想变化的过程。而他的思想变化的过程,是和现实环境的发展密切联系而不可分的。我们看到在这个人物身上,有时死亡的东西在挣扎,有时显露出喜悦的新的萌芽在跳动。他警惕着周围环境对他的议论。当他偷偷听到秀兰在婆婆面前批评自己的时候,他气得胡子都立起来了。让我们看看作者这一出色的描写吧:

　　吃饭时候,秀兰端上饭。宋老定在一边扭着看都没有看。秀兰说:"爹!看凉了,吃吧。"他像没听见,停了一会,他忽然问东山娘说:"我不吃了,我去集上吃肉哩!"他说着抓住几个馍,气呼呼地说:"我给谁省哩,我把八股套绳都拉断了,还落不下好!"他眼睛一翻一翻地瞪着秀兰,秀兰脸朝着墙在暗暗地笑。老宋确实到集上吃了一顿。不过他没有吃肉,他只吃了一碗豆腐汤煮馍。

　　这些描写,生动得使我们看到宋老定顽固和倔强的形象,看到秀兰在这斗争中的乐观性格,短短的描写,使人恍如身临其境。作者不是离开生活抽象地描写个体经济思想和集体经济思想的矛盾的斗争,而是细致真实地来描写在这斗争中生活上发生的复杂的变化。在作者的笔下,每一个人物都有他们劳动的共同性,但又有他们独特的性格。不只是从人物的外貌来描写,而更是从人物的心灵来发掘感人的声音。这样,就引起了我们一种很深的印象,这样,就把我们引入到现实的生活的境界里。我们从人物的行动中,发现了人物的内心世界,窥见了人物的内心深处的隐秘。我们就更深刻地理解了人物的感情的复杂性。作者描写东山和宋老定的矛盾斗争,有时却又透露一种朴素的真挚的感情,这种感情就更加有生活气息了。作者善于从生活细节,来展开人物的复杂的矛盾斗争,又往往善于用简练的语言,就这么几笔便把劳动人民的可贵的品质渲染出来了:

　　宋老定和东山闹气有个特别地方,就是越生气越憋着干活。哪怕是一个人耕地、一个人帮耧,俩人一晌都不答一腔,可是谁也不会蒙着被子睡大觉。

　　作者描写人物矛盾斗争很自然,对人物心理的刻画也很真实、很生动。我们看见宋老定深刻的自我思想斗争,最后作者又用激动的感情把他引到一个新

的境界了:

院子里又想起了脚步声,他侧耳听着是东山和张栓的声音……他向东山娘使了个眼色,轻轻走出屋门。又觉得鞋底子老是响,就把鞋子脱在门槛外,赤着脚,立在院子窗子下……"我爹这二年也有转变,你知道前年我参加互助合作组时,和他生那气,现在在组里,一些小事也不怕吃亏了。他干得很下劲,我就想着过去我和他硬别也不行。像这次他要买你地,经过我劝说,昨天口气就变了……"

作者的作品的基本特点,是运用了熟悉的丰富的群众语言,描写了故事的发展,描写了复杂的矛盾斗争,描写了典型人物的思想变化。他的语言是群众生活的语言,不论是在一般叙述的描写上,或人物的对话上,他尽量口语化。他的语言是生动的、漂亮的,发着光辉,非常有力地构成了鲜明的形象。

让我们听听张栓这段话吧:

我也知道老定叔,他这人是直心人。他过去也给地主画过十字,他知道那卖地啥滋味。我爹常说:"我和你老定叔将来死都免不了给人家看地头!"谁想来了共产党,要是我爹活到现在……

这小小的例子,描写人在旧的道路上的苦难和遭遇,渗透了旧的生活的阴暗的音调,难道这不是真实的生活的语言是什么?这样的语言从哪里来的呢?老老实实是从生活的海洋,是从生活的密林来的。我们只有艰苦地深入生活,认真地学习人民群众的语言,只有从人民群众的语言的宝库中吸取丰富的营养,我们的作品才会更有声色,才会更有光彩,才会更有诱人的魅力。

《不能走那一条路》和读者见面了。我欢迎这篇作品,我拥护这篇作品。为什么呢? 我想起伊利亚·爱伦堡的话来了:

因为他看见了这样一些人,这样一些事情,这样一些感情,他不得不写。这样就产生了热情洋溢的著作,这样的著作即使有时候还有些艺术上的缺陷点,也一定会感动读者。

我们预期着在中南各个地方文艺刊物上,将会陆续地出现像这样从现实生活出发表现人物的真实形象的优秀的新人的作品。而这样的作品,既是千万群众需要的作品,也是深刻反映现实、有力推动现实的作品,既是正确思想内容和艺术性结合的作品,也是和当前过渡时期的政治中心工作结合得最紧密的作品。这就再一次生动地证明了,我们作家只有深入生活,面向真实生活,忠实地描写生活,才能有效地达到指导人民前进的目的。

一九五三年十二月十七日
原载《长江文艺》1954 年第 1 期

《不能走那条路》及其批评

李 琮

一九五三年十一月二十日《河南日报》发表了李准的短篇小说《不能走那条路》。这篇小说企图通过一个农民想购买别人土地的事情，来反映当前农村生活中社会主义和资本主义两条道路的斗争。作品发表后，立刻受到了读者尤其是中南及河南文艺界领导方面的重视和推崇。十二月二十日出版的《河南文艺》和二十五日的《河南日报》先后发表了苏金伞同志的分析和介绍这一作品的文章(《读〈不能走那条路〉》)。同期的《河南文艺》并发表了根据原作改编的曲剧。作者李准曾被邀请到开封报告写作经过及体会。《河南日报》编辑部和河南省文联在作者的参加下，接连举行了两次关于这一作品的座谈会。《河南文艺》并发出通知，要求该刊的通讯员普遍而认真地学习这一作品。接着，河南省人民政府文化事业管理局和河南省文联又把这一作品改编成话剧、梆子、坠子、连环挂图等等，大量印发各地作宣传材料。据了解，到今年年初，各地农村剧团和中小学将这篇小说改编成剧本上演的在五十处以上。今年一月，《长江文艺》又转载了这一作品，同时发表了于黑丁的专文——《从现实生活出发表现人物的真实形象》，对这一作品作了极高的评价，认为这一作品在主题思想、人物形象、表现矛盾冲突以及语言等等各个方面都"非常的"真实和深刻。

李准是个新人，开始练习写作还不到一年，《不能走那条路》是他写的第一篇小说，对于这篇作品的这种高度的重视，说明了中南和河南文艺领导方面十分注重帮助和培养青年初学写作者的工作。这个工作是很重要的，我们的文学艺术队伍需要不断地吸进新的血液来，需要不断地扩大和发展，因此也必须用很大的力量来帮助青年写作者，这是争取我国文学艺术繁荣的必要条件之一。在这方面，中南过去已经有一定的成绩。第二次全国文代会后，对于领导创作和培养青年写作者的工作，有了更进一步的重视，这种重视，无疑是很正确的。

但是，在对于《不能走那条路》的评论和介绍中，我觉得，也反映了一个在培养青年写作者的工作中值得注意的问题。

《不能走那条路》的情节大致是这样的：农民宋老定，过去打过十八年的长工，土改后，分得了土地，曾在他儿子东山的带动下参加了互助组。这几年生活好些了，他总想买几亩地："做庄稼人啥贵重，还不是得有几亩地！"这时，正碰上了倒卖牲口赔了本的张栓要卖地(这是个不想努力劳动生产、"光想吃飞利"的人,他想在卖地后还账,同时也想"剩几个钱再去捞一家伙")。宋老定很想借此机会买上几亩,但遭到了他的儿子、共产党员东山的反对,最后在东山的劝说和东山对于张栓的支持下(如动员别人和互助组借粮、借钱给他,代他向信贷合作社贷款等),加上宋老定想起了自己和张栓他爹过去卖地时所受的痛苦,于是就放弃了买地的计划,并且自己也把钱借给了张栓。

在作品中,作者把宋老定安排为自发的资本主义倾向的代表,东山则是以社会主义思想的代表者出现的。作者企图通过宋老定想买地、东山反对、宋老定被说服这样一些事情,来反映当前农村生活中的重大矛盾——社会主义和资本主义的两条道路的斗争,及前者在斗争中的胜利。作者想在作品中反映当前现实生活中重大、尖锐的问题,这是很好的。就作者自己的介绍,我们了解,他对于现实生活中的这样重大的斗争是有实际的感受的,并且曾经对他们亲眼看到的农村中的某些阶级分化的现象长久地思考过,最后经过学习和多次的思索,对现实又有了进一步的认识。这说明作者的写作态度,是严肃认真的。

这作品也使读者感到作者对生活有比较真切的感受。作者对于主要人物宋老定的描写是比较真实、生动和具有特征的。例如描写宋老定走到地里,看到高粱穗子扑棱开像一把小伞,"他想着千说万说还是多置几亩土地算事,以后东林分家时,一个人能分一二十亩地多好。孩子们早晚提起来时说:'经我爷买了多少地!'他们也知道爷爷是个'置业手'"。当他因听到媳妇和婆婆的谈话而生气时说:"我要到集上吃肉哩!""我给谁省哩,我把八股套绳拉断了,还落不下好!"但他到集上只吃了一碗豆腐汤煮馍。此外,对宋老定偷偷地到张栓地里想看看有没有足够的亩数的一段描写等等,都是接触了一个习惯地沿着旧的道路向前走的农民的内心,这样的人物在今天的农村里是有他的代表性的。整个作品写得也很朴素,语言也比较生动和简练,使读者读起来感到相当亲切。特别在看多了概念化的、内容贫乏的作品的时候,这样的作品就更容易为读者所喜爱。而且在大规模地向农民宣传国家总路线时,我们将这样的作品改编成各种各样的艺术形式,作为广泛的宣传材料,也是十分需要的。我觉得,河南和中南的文艺领导在这方面的做法是很合时而正确的。

还有,《不能走那条路》也像一般初学写作者的作品一样,有一些由于作者生活经验、思想水平和艺术能力的限制而产生的缺点。这主要地表现在下列几个方面:首先是对于张栓的处理上的不当。如前所述,作品是通过宋老定的企图买地和东山的不同意来表现农村中的社会主义和资本主义两条道路的斗争,及前者在斗争中的胜利的。但是,我们拿宋老定和张栓比较一下:宋老定是一个正直、俭省、热爱劳动的朴实的农民,早已开始走上党所指引的互助合作的道路——参加了互助组,并且在组内"一些小事也不怕吃亏了"。因此,虽然他仍有自发的资本主义趋势(这是难免的,正如列宁所说的:"改造小农,改造他们的整个心理和习惯,是需要经过几代的事情。"),但只要有进一步的教育,他一定会提高自己的觉悟。而张栓是一个不肯好好从事农业劳动、尽想"吃飞利"的人,虽然捣腾牲口赔了本,但他还想卖了地后再去捣腾。显然,他的情况是更为严重的。要想如作者所想象的——使农民避免阶级分化,也必须着重地帮助和吸引张栓这样的人走上互助合作的道路。但是,作品中却只把宋老定当作了自发资本主义思想的代表者,而把张栓放在不足重视的、好像不需要着重批判和改造的地位上。要知道,宋老定的落后思想和张栓的"吃飞利"思想,是同时存在并互相联系的。两者都是农村资本主义倾向的根据。

据作者说,他之所以没有将张栓写好,是由于他受了"作品中结构上单线条发展的限制"。这当然也是作者的能力问题,但同时也正说明作者对于复杂的生活现象及其相互联系的理解还不够深刻。

其次,作品中斗争的开展,在东山来说,完全依靠的是讲一般的道理;斗争的解决,在宋老定来说,则完全是依靠对于过去的回忆。(苏金伞同志文中曾认为作品细致地、成功地描写了宋老定转向新道路的三个关键:"一是谈起了过去,原来他也卖过地";再一个是他在张栓地里,看见从前和他一块受过苦的张栓他爹的坟;三是听到张栓说"我也知道老宋叔……他也知道卖地啥滋味"。这些事实上都是回忆过去的痛苦。)这样就使人感到,要使得农民克服自发倾向,走上社会主义的道路,是不需要互助合作运动的实际的、长期的教育,而只需说些道理,回忆一下过去,就可以办得到的。这样的描写,容易使作品本身所提出来的矛盾被掩盖起来,使人感到农民克服自发倾向和向农民进行教育,都是容易的事。

最后,正如苏金伞的文章所分析的,这一作品对于东山的描写是很概念化的、软弱的。在斗争中,他的精神状态是处于被动的、应付的地位,我们看不到他的性格和面貌,也感受不到他对于旧的事物积极斗争的精神。这些,作者自己也是大致认识到了的。

但是,这些缺点,对于一个初学写作者来说,完全不应该受到过大的责备。首先,他的优点应该得到承认和鼓励。

正因为应该鼓励和帮助青年写作者,我们就必须实事求是地来评价和分析他们的作品。我们不应该只看到它的粗糙而忽视作品中所表现的才能的萌芽(哪怕是很幼小的),而应该积极地、大力地扶持这萌芽的成长;同时,为了要使萌芽健康、旺盛地成长,就必须耐心地来帮助他去克服许多弱点。不实事求是地、不正确地一味歌颂,和不实事求是、不正确地一味抹杀,同样是有害的。我以为,中南和河南的文艺领导方面对《不能走那条路》的作者的帮助上,还有不实事求是的地方。苏金伞同志的文章中,我觉得,有不少分析和论点都是比较切合作品的实际的,如对宋老定性格的分析、关于东山写得概念化、对张栓批判得不够等等,这种鼓励和批评,都将对作者有益。但是,在他的文章中,认为作品写得很深刻、很成功,"通过人物形象,通过具体斗争,通过复杂的内心斗争而解决了矛盾,使自发的资本主义思想受到批判,社会主义思想获得了胜利"、它的"教育意义是很大的"等等,却是一种超于作品的实际的估价。

于黑丁同志的评价,我觉得,还更过分。在他的文章中,他全面地谈到了这篇作品在各个方面的成功,从作品的总的面貌以至作品主题的选择及体现人物形象、表现矛盾冲突以及语言等等,作者全部都给予极高的评价。例如,认为《不能走那条路》"用着具有新颖的大众风格,非常真实地、非常生动地、非常朴素地(着重点是我加的,下同——作者)描写了农村生活的真实,描写了农民思想变化的真实,描写了党在过渡时期对农民的领导和农民自发势力进行斗争胜利的真实,可以说是一篇具有感染力和说服力的优秀的作品","正确地表现了作者对现实生活一种关心的、热情的、深刻的理解而概括和描写出来的明朗的战斗的主题与生活斗争的真实的音调","用冷静的理智和深厚的感情"创造出了"真实的人物形象","语言是生动的、漂亮的、富于表现力的","语言充满了生命,发着光辉"……几乎整篇文笔就是被这样的形容词所充满着的,甚至把作品中表现无力和处理不当之处作为极大的成功来加以肯定,并作了很高的赞扬。例如说,连小说作者自己也已认识到了的写得概念化的东山,于黑丁同志却认为"作者有力地描写了正面人物'东山',作者用了丰富的感情和激动的力量描写了正面的典型人物。东山和秀兰正是被作者所创造和所热爱的赋予充沛的生命力的新的人物"。他们"是新的农民集体的形象……充满着朝气,充满着智慧,充满着理想"。他们是"多么健康,多么亲切啊","多么轻松……多么有力啊","他们拥抱了这新的世界,时时在为这新的世界说话"。甚至把宋老定最后借钱给张栓,也看作了张栓的"胜利"。而于黑丁同志下了这么多肯定的论断,立论的根据又往往只是人物的一两句十分一般的对话。例如说,秀兰这个写得并不成功的人物在和她婆婆闲扯时,说了几句关于合作社、集体农庄怎样好、怎样幸福的话,评论的作者就推崇备至,说秀兰的"回答真干脆!……多么轻松,多么愉快,多么……她用心灵的声音在向宋老定这一类的人物宣战。这是农村妇女的先进代表者的优美的性格。她的身上强烈而鲜明地表现出集体主义的、热爱生活热爱劳动的崇高品质",她"坚定不移地站在现实斗争面前","把我们引到更高的境界里",等等。

这种分析和评价,显然不是实事求是的,作为文艺批评者固然不够客观和不切实际,作为对于一个新作者的鼓励和帮助,也不会带来好结果。那种不是根据整个人物的塑造,根据作品反映现实的真实、深刻的程度,而只是从人物的某几句对话中就得出这是什么主义、这是什么品质的结论的办法;那种不问人物到底在艺术表现中是否有典型性,而只要看到是"正面"的便评定为"典型人物",甚至把概念化的人物也加以歌颂的办法,其实际的结果,只能是助长了公式化、概念化的倾向。同时,对于一个初学写作者的作品,不是实事求是地加以分析,从而进行鼓励和帮助,而是不适当地加以过多的歌颂,甚至把它的缺点也当作了优异的才能。这样做,实际上并不能使作者很好地去认识自己的劳动的成果和努力的方向,以及他的缺点和错误。

忽视对于青年写作者的培养,这是错误的。但我们也不应该赞同"拔苗助长"的办法,因为它对于青年写作者并不是真正的帮助。

原载《文艺报》1954 年第 2 期

短篇小说《不能走那条路》创作的前前后后

熊坤静

　　李准是我国亿万农民最熟悉和热爱的蒙古族优秀作家,也是当代文学史上为数不多的同时在小说和电影两个领域都卓有成就的杰出作家。在半个多世纪的文学生涯中,他共创作发表长、短篇小说50多篇(部),散文集两部和电影文学剧本20余部。其中短篇小说《不能走那条路》面世后,反响强烈,影响广泛,成为我国最早反映土改后出现两极分化现象的文学作品。它描写的是农民张栓因为倒卖牲口而欠了账,想卖掉土改时分的土地,再用还债剩下的钱去继续做生意;而村里的另一个农民宋老定,土改之后攒了点钱,本想买下这块地为后代置业,后在他的儿子、共产党员东山的劝说下,放弃了买地的念头,转而将自己的钱拿出来帮助张栓,走上了互助合作的道路。小说对以宋老定为代表的自发资本主义思想作了批评,指出只有互助合作才能使广大农民共同富裕。那么,这篇优秀小说究竟是如何创作出来的,其前前后后又有哪些鲜为人知的故事呢?

受表侄影响走上革命道路

　　李准的祖上是蒙古族,本姓木华黎,其后裔简改为李。李准原名李铁生,1928年5月17日出生于河南省洛阳县麻屯镇下屯村(今属洛阳市孟津县)一个乡村教师兼小地主的家庭里。他6岁到离家半里路的麻屯小学读书时,始用李准为学名。小学期间,他阅读了《三字经》、《弟子规》、《朱子家训》等启蒙书。1940年小学毕业后,他考入洛阳县常袋镇达德中学读书,但只读完了初中一年级,即因1942年河南大旱、家境贫困而辍学,并随河南逃荒难民颠沛流离来到西安,饱尝了人世的艰辛,认识了社会的黑暗。他在此过了近半年的流浪生活后,于当年秋季返回故乡。他无学可上,只好在家里由祖父辅导,自学了《史记》、《古文观止》、《乐府诗选》、《古唐诗合解》、《古文辞类纂》、《西厢记》和《随园诗话》等古书,打下了深厚的古典文学基础。1943年,因生活所迫,李准被送到洛阳车站恒源盐栈当学徒。期间,他受到师兄李宝才的影响,经常到洛阳"聋子书店"租书读,有幸接触了托尔斯泰、屠格涅夫、巴尔扎克、狄更斯、鲁迅、茅盾、巴金等中外著名作家的作品,大大开阔了艺术视野,使李准对文学产生了更加浓厚的兴趣和爱好。

1945年,李准进入麻屯镇邮政代办所当邮递员,在送报递信之余,他始终坚持刻苦自学。凡他经手发送的报刊,都要仔细阅读一遍,平均每天要读五六份报纸,每月要读两三份杂志,从而进一步扩大了视野,提高了认识,并通过这个渠道广泛接触、了解了社会上各个阶层的人物和生活。他经常代替镇上目不识丁的农民写信,因而熟知几百个农民家庭,也熟悉村镇上各个职业、身份的人,理发的、卖豆腐的、更夫、屠户、吹鼓手、算命先生等都与他相熟。他曾告诉友人:"我没进过高等学校,社会生活就是我的大学。"他所熟悉的三教九流、五行八作各色人等,都成了后来他作品中栩栩如生的人物形象。

1947年,李准加入村镇上的业余剧团,不时编写一些旧的戏曲剧本以供演唱,这是他剧本创作的最早尝试。此外,他还在洛阳的报纸上发表了关于岳飞之死的历史小说《金牌》和散文《中国最早的报纸》,这两篇习作成为他的处女作。期间,他在在洛阳从事地下工作的表侄石黎明的影响下,接触了一些马列主义的理论著作和新文艺作品,开始追求革命进步思想。他经常阅读《大众哲学》、《社会发展史》、《辩证唯物论》、《在延安文艺座谈会上的讲话》和赵树理的小说《小二黑结婚》、《李有才板话》等书籍,特别是赵树理的作品中浓郁的生活气息和生动、幽默的语言,使李准受到很大影响,产生了向农民学习语言的兴趣和致力于文学创作的冲动。次年4月,我人民解放军陈(赓)、谢(富治)部攻占洛阳后,李准经石黎明的介绍,进入中州农民银行豫西分行(后改为人民银行)当职员,从此走上了革命道路。

写《不能走那条路》一举成名

新中国成立后,李准于1951年调到洛阳市干部文化学校任语文教员。在教学之余,他勤于笔耕,先后创作了《婆婆和媳妇》、《卖西瓜的故事》、《我没有耽误选举》等短篇小说、故事,发表在《河南日报》上。1953年春,李准来到荥阳县一个初级农业生产合作社落户蹲点,与农民同吃、同住、同劳动。其时,农业集体化运动在全国方兴未艾,各地农村以办互助组为主,同时试办初级形式的农业合作社。9月,为了宣传党在过渡时期的总路线,他根据对当时农村生活实际情况的深入观察和认真思考,创作了短篇小说《不能走那一条路》。关于这篇小说的主题构思及其由来,他在发表于《长江文艺》1954年2月号的《我怎样写〈不能走那条路〉》一文中回忆道:"还是在今年(指 1953 年)六月间,我们村里有我个叔伯哥(他是我们乡里党支部书记)买了二亩地。以后他对我说他爹还打算再买几亩,另外还想叫他在集上开个小成衣局,因为离区上近,生意好。当时我记得安子文部长在一个整顿农村党的基层组织的报告文件中,曾批评过这些东西。因此就劝他不要买。后来我开始考虑这个问题了。我想为什么会有这种现象?这种现象的发生说明了什么问题?因为总路线在那时还没有现在提得这样明确,所以我也没有充分认识这个问题的本质意义是什么,觉得写成文学作品普遍教育意义不会大。后来我和一个税务局同志扯起来,他说:'咱们土地交易税是经常超额完成任务。'我为这句话暗暗地吃了一惊,我想着农民起'分化'了。这时我又回到村里看看,去临汝卖芝麻的、倒卖牲口的和放账的现象都有。另外这时又有一家卖地,一亩地的地价由六十万元涨到八十万元。我觉得这真是个问题了。恰巧这时发了邓子恢同志的《农村工作的基本任务与方针政策》,里面讲到要防止农民两极分化必须引导农民走共同上升、互助合作的道路。这几段话,使我感到卖地这个问题是个大问题。可是怎样解决这个问题,自己还是不太明确,于是和一些同志研究起来。有的说:'自由买卖是政策,你这样写怕有影响。'有的说:'买卖地多了本来不是好现象,不过正面揭开不大妥当。'从研究中没有得到真正解决,我思想苦恼极了。最后我想:政策准自由买卖土地是不错,不过绝不是提倡,也绝不是坐视其分化。我们农村中党组织应该保证不使农民两极分化,而应该引导农民向共同上升的社会主义道路走。同时我也想到赵树理同志曾经说过有些事情不是单凭政策,而是凭教育。主题确定后,人物的影子已经在我的脑子里活动起来。我很兴奋,我准备从这个问题中写出工人阶级思想和农民的自发趋势的斗争,也就是社会主义道路和资本主义道路的斗争。"

该小说被 1953 年 11 月 20 日《河南日报》发表后,极受文艺界的重视和广大读者的欢迎。12 月,河南人民出版社为该小说出单行本时,改名为《不能走那条路》。1954 年 1 月 26 日,《人民日报》转发了该小说,并特别加编者按予以高度肯定:"这篇小说,真实、生动地描写了几个不同的农民形象,表现了农村中社会主义思想对自发倾向进行斗争的胜利。这是近年来表现农村生活的比较好的短篇小说之一。"

李准因此而一举成名,于 1955 年调入河南省文联,开始从事专业文艺创作,并当选为河南省第一届人大代表。

争论激烈影响广泛的力作

1954年3月27日,中共中央中南局专门下发《关于转载李准写的小说的通知》。《通知》要求"分局和省(市)报纸都要转载,要按照《人民日报》稿刊登,并根据《人民日报》按语的精神撰写按语,号召农村干部、知识分子学习这篇小说,若可能可以编成地方演唱材料供农村剧团采用"。正是在此背景下,《不能走那条路》先后被全国各地38家报刊全文转载。

《不能走那条路》一时间好评如潮,但争论也不小。《文艺报》1954年第2期刊登了李琮的《〈不能走那条路〉及其批评》,文章对小说作了大体肯定,但也指出:"《不能走那条路》也像一般初学写作者的作品一样,有一些由于作者生活经验、思想水平和艺术能力的限制而产生的缺点。"作者认为,小说的缺点在于:"首先是对于张栓的处理上的不当。……要想如作者所想象的——使农民避免阶级分化,也必须着重地帮助和吸引张栓这样的人走上互助合作的道路。但是,作品中却只把宋老定当作了自发资本主义思想的代表者,而把张栓放在不足重视的、好像不需要着重批判和改造的地位上。要知道,宋老定的落后思想和张栓的'吃飞利'思想,是同时存在并相互联系的。两者都是农村资本主义倾向的根据。"此外他还认为小说中斗争的展开简单化了,"在东山来说,完全依靠的是讲一般的道理;斗争的解决,在宋老定来说,则完全是依靠对于过去的回忆"。作者也因此认为对这个小说的评价过高了,"我以为,中南和河南的文艺界领导方面对《不能走那条路》的作者的帮助上,还有不实事求是的地方……忽视对于青年写作者的培养,这是错误的。但我们也不应该赞同'拔苗助长'的办法,因为它对于青年写作者并不是真正的帮助"。

随后,《文艺报》1954年第7期发表了康濯的文章《评〈不能走那条路〉及其批评》,指出:"这篇文章虽也有某些个别部分不无一定的优点,但整个来说,我以为是轻率的、有错误的……《人民日报》转载这篇小说时所加的鼓励和赞扬的按语,就严肃地说明了党对这个作品的恰当的评价。"康濯在文章中一一反驳了李琮的观点,并对《文艺报》提出了批评。这次批评成为导致《文艺报》编委会改组、副主编兼编辑主任陈企霞被撤职,而中国作协副主席、人民文学出版社社长冯雪峰则由该报主编降职为编委的直接导火索。

河南省委宣传部专门组织召开座谈会,在对《不能走那条路》进行了热烈的研讨之后,于6月27日将座谈会的情况及形成的主要意见向河南省委递交了书面报告。其主要内容是:"1954年5月24日、25日,省委宣传部组织了李准小说《不能走那条路》的研讨和批评座谈会,并成立了研讨会的临时党组。"座谈会肯定了李准的小说"是为广大群众所欢迎的一篇小说","《河南日报》去年12月20日已经发表并作评论推荐这篇小说,而《河南文艺》却始终未登载,反登载了基本是错误的李琮同志的批评文章,以与《河南日报》分庭抗礼"。认为"编辑部及其他一些文化艺术部门的一些错误不是偶然的,是因为他们长期脱离党的领导,脱离政治,脱离实际的资产阶级文艺思想的反映",严厉批评了编辑"把《河南文艺》作为少数几个人的自封阵地,在处理作品问题上,常常夹杂一些个人的好恶","这是一个较为严重的原则性错误,是与总路线的精神背道而驰的"。认为"如果脱离总路线而发展下去,造成河南文艺界的思想更加混乱,不仅纵容了这些犯错误的同志,更严重的是足以窒息了文艺创作的积极性"。在研讨会上,省委宣传部就自己"官僚主义、分散主义、不抓中心关键、不解决问题的思想作风"作了认真检讨,并认为"省文联和《河南文艺》编辑部的一些同志的错误思想,在河南文化艺术界工作的干部中是带有普遍性的"。

这就是当时颇为引人关注的"李琮事件"。同年4月,《不能走那条路》被河南人民出版社再版,通俗读物出版社同时出版单行本,至1959年先后印行4次。该小说还先后被改编成电影、话剧、梆子、坠子、闽剧、豫剧、眉户戏、连环画等多种文艺形式。仅从1954年4月到1955年7月,该小说就相继被上海惜阴书局、上海新美术出版社、大众美术出版社、河南人民出版社和朝花美术出版社改编成5个不同版本的连环画出版发行,其中上海新美术出版社初版即印行2.2万册,从而极大地扩展了小说原著的影响力,也为李准赢得了巨大的声誉。

《不能走那条路》历来为我国文艺界所重视。在北京大学中文系教授、博士生导师陈晓明的专著《中国当代文学主潮》(第二版)中,对它盛赞有加:"这篇小说在中国农村合作化运动开始时发表,非常及时地反映了农村中存在的普遍问题:农民依然眷恋土地,梦想在过去的传统社会模式中发家致富。""这是社会主义文学的经典叙事模式:历史在其开始时,结论已经摆在那里,那就是只有社会主义可以救中国。这篇小说概念明晰,叙述简洁,人物的社会属性分明,以阶级和路线论善恶,'政治上正确'决定了人物的命运归属和情感状态。"在中央民族大学教授钟进文主编的《中国少数民族文学基础教程》中,也给该小说以很高的评价:(它)"提出了土改后'翻身农民'面临两极分化的重大社会课题。小说真实、生动地描写了几个不同的农民形象,表现了农村中社会主义思想对农民自发倾向斗争的胜利。"吕菱晨在《大众文艺》2010年第2期发表题为《农业合作化小说的序曲——解读李准〈不能走那条路〉》的文章中,也强调指出:"李准的《不能走那条路》是'十七年'小说中农业合作化题材的代表作之一,从文学史的角度看,李准的这篇小说是建国以来第一部反映社会主义农村两种思想、两条道路斗争的小说,它的主题受到了当时政治环境的影响。从艺术创作的角度看,小说塑造了一批经典的人物形象,同时,也对其后的文学创作产生了较大的影响。"

原载《党史博采(纪实)》2014 年第 12 期

发人深省的艺术图卷
——读李准长篇新作《黄河东流去》

李兰田 珂 杜敏

九曲黄河,浩荡东流,从三千年前产生于中游两岸的《硕鼠》、《伐檀》,到今天响彻云霄的"黄河情"的民歌,组成了一曲中华民族的宏伟的摇篮乐章。这乐章里的成千上万首的民歌,一一记载我们民族的倔强的生命力,承受着各种苦难的忍耐、闪光的智慧、纯洁坚贞的美德、动人心魄的斗争与反抗的力量。今天,李准同志的长篇小说新作,从另一个文学领域,以苍劲的笔触、浩瀚的意境、众多个性鲜明的艺术形象,为我们描绘出一幅发人深省的艺术图卷。这不是为送别数千年民族灾难所唱的挽歌,而是一支光复民族旧物的新生曲。它的出现,在李准同志的创造作道路上,具有新的意义。且不说与他的前期的作品相比较,就是和取材于同一题材的电影剧作《大河奔流》对照来看,也能明显地感到:这是作家挣脱了"四人帮"的桎梏,扔掉了多年来文艺领域里不可名状的因袭重担之后,从心底怒放而出的一枝心花!它令人感奋,启迪人思考,给人以力量。

一、深刻的寄寓、雄浑的主题

探索中华民族几千年来赖以生存与发展的精神支柱,这是李准同志构思《黄河东流去》这一长篇新作时,刻意追求的一个重要旨意。单就这一点来说,长篇新作的起点,就已远远地高过了他的同题材电影剧作《大河奔流》了。高屋建瓴方能势如破竹。作家正是立足于这样一个创作的制高点上,才使得小说能够更加运用自如地写出了触天而来的黄河气势,横览了更加广阔的生活画面,在艺术形象中有了更深刻的寄寓,从而表达了一个更加博大雄浑的主题。

主题是作家与作品的灵魂。探索中华民族几千年来赖以生存与发展的精神支柱,这更是一个伟大的灵魂。这个灵魂,在情节的躯体上,是一个无所在而又无所不在的精神力量,它赋予了作品顾盼生采的光辉的生命。

中华民族虽然有她光彩的过去,但近百年来却沦为一个灾难深重的民族。

在那个黑暗的年代,现实是极其残酷的。在赤杨岗这个小得在中国地图上找不到的地方,像海骡子这个摊不上某霸天称号的多如牛毛的小地主,竟然能以一个月两串钱的身价、一口桐木棺材的谎言,要廉价买取李甲父女终生的劳动力。由此可见这是一个把瞎眼的人看作睁眼的驴的极黑暗、极反动的时代。作家就是在这样鲜明的形象里、无情的鞭挞中,让我们看到了这现实是何等的残忍的。

由于作家在这个新作中有更深的探索,所以,这现实主义的笔触,并没有就此为止,而是将笔锋一转,直取人的灵魂而来,去写精神的历史。

纵然在深重的灾难中,人民仍不乏理想的幻梦,这便是我们中华民族赖以生存与发展几千年的一个重要精神基础,如梁恩老汉的"帆船梦"、海老清的"黄牛梦"、海长松的"买地梦"、蓝五与雪梅的"私奔梦"、徐秋斋的"砚田无税梦",还有最具特色的让人趣泪交织的王跑的"石头梦"。这"浮生六梦"的安排,便是作家为了进行新的探索而设置的极有概括力的一个立意与布局。它不仅通过不同人物的理想与遭际的描绘,广泛而深刻地反映了整个中国农村中各阶级的命运,更重要的是在委婉细致的笔墨中,坦露出人民大众内心深处那些晶莹夺目、光彩照人的东西——勤劳、勇敢、智慧、聪明、纯洁、高尚、坚毅、坚贞和风流文采,从而更有力地表现了作家所探索的主题。如幼年时李麦为了风烛残年的父亲死有归宿、不至于骨洒荒郊而面对残酷的现实时,所表现出来的坚毅与牺牲精神,如那一对聪敏睿智的旷夫怨女蓝五与雪梅为自由爱情的大胆献身精神,便都是我们民族精神中的精华,足可以光鉴日月、历万世而不灭的。

《黄河东流去》为探索中华民族的精神支柱而安排的这种艺术构思,颇有点像鲁迅所说的托斯特耶夫斯基的笔法那样:将受难者们的灵魂,一一剖析出来,给我们看。但又不完全是托氏的笔法,而是将笔锋侧重在灵魂中闪光的一方面,从而令人深思,教人愤怒,酝酿着反抗与斗争的力量。

"片云头上黑,应是雨摧诗。"

蒋介石掘开花园口的九道黄流,给人民带来了不可名状的灾难,也带来了愤怒与反抗。中国的历史就是这样:压迫愈甚,斗争愈烈。一家一户的灾难,可以使千万家人民妻离子散;但千万家的灾难,却可以使人民冲破家族的界限,形成一支足以推翻一个王朝的力量。就是在这个时候,在黄水泛滥之中,新四军豫东抗日支队出现了,使灾难中走向团结的人民,踏上了一个更加光明的前途。从此,在这百千年中充满着民族灾难的乐章中,出现了一个刚健、清新的主旋律。在它的深刻的寄寓中,揭示了一个更加博大雄浑的主题——只有社会主义才能救中国,才能使中华民族的固有美德焕发出更新的光彩,从而把作家的探索也推向了一个更新的高度.

二、斑斓多彩的生活侧面、个性鲜明的人物造型

大河东流去,浪淘尽多少风流人物。朴实、粗犷、豪迈、苍茫、壮丽多姿、奔流不息是黄河的风貌,也是黄河两岸人民的性格。如同黄河里千姿百态的每一朵浪花,在太阳光的照射下,都闪烁着各自的奇光异彩一样,《黄河东流去》里为数众多的主人公,也都在各自特定的生活环境中呈现着他们独有的个性之光。

在这篇文章里,姑且不谈那"土地爷也是长了一双狗眼谁家富他就巴结谁"的从小就看穿了旧中国的瞒与骗的重要人物李麦,也不去分析海天亮在小小年纪上勇闯三门时他那力挽狂澜的气势,我们只需要把眼光放进那斑斓多彩的生活侧面里,去看看那闪着奇光异彩的无足轻重的人物的个性,就可以清晰地看到这个新作在人物塑造上的艺术成就。徐秋斋就是其中的一个。这是一个旧知识分子,因有黄河水冲洗过的土腥味,而使他不同于以往儒林中的任何一个人物。在他身上既有出身书斋的封建士子的穷酸味,也有因落拓底层与劳动人民朝夕相处而染上的淳厚与善良,同时,也具有与在黄水中浸泡着的苦难中的人民一样的穷骨崚嶒、耿介不屈的性格。这是一个在文学画廊中光彩照人的艺术典型。

徐秋斋在整个作品中,虽不是一个举足轻重的人物,但作品对他的用墨与构思却是很精的。他的头三次出场,一是海骡子要砍树而同赤阳岗的几十家贫苦农民闹纠纷的时候,一是十六七岁的李麦伏在终于累死在磨道里的李甲子身上哭爹的时候,一是在梁晴因盐商诈骗而陷于孤苦无望的时候。这三次他都见义勇为,挺身而出,仗义执言,显示了他不可泯灭的基本性格的特征。而这一人物性格的充分揭示,则是在"长安街头"那个更典型的艺术环境中。

我们且来看在长安街头这一典型环境中的徐秋斋的典型性格。

一个世态烂熟的穷知识分子,不同于不是黄水冲泡而一辈子也离不开赤杨岗的农民。所以,他独具慧目,一到都市便能一眼看穿那"一天能卖十担甲(假),十天卖不了一根针(真)"的尔虞我诈的都市生活。然而,他那耿介不屈的性格,仍使他固守着读书人落魄后的三条路子:教书、行医、算卦。在繁华的长安街市上,他仍然是只愿摆一个卦摊。于是,在我们面前便出现了一个斑斓多彩的生活画面,让我们看清了半封建半殖民地社会里都市生活的本质。其一是让我们看清了走乡串井摆地摊与有着阔门面的卜者的不同:后者的顾主是社会里的上流,求的是福,是通过神家天仙去探索进入财势迷离的七宝世界里的福运;而前者却是为了避祸禳灾,顾主则是那些处于社会最底层的水深火热中的

苦难群众,尤其是那些失亲的孤儿寡母、风烛残年的老头老妇。其二是进一步让我们在徐秋斋的卦摊前,看到了这满目疮痍的社会里的颠沛流离、多灾多难的人民。而李准同志就正是在这一典型环境中,使徐秋斋的人物个性得到了进一步的显示。他既没有让人物成为半仙之体,也没有让人物挂出悲天悯人、兼济天下的招牌,只是抱着一个极朴素的目的:解人民心焦,充自己饥肠。甚至,使人物的行动,较之他的口号更加朴素,也更加光辉,这就是在他的人物遇到了比自己的命运还要悲惨的问卜者,因而分文不收,而甘愿喝他那碗"玉米糁子熬红薯叶糊糊"的时候。

但这穷知识分子,更加光彩照人的地方,却还在那令人惊心动魄的灵魂刻画上。这就是在长安窝棚里掷地作金石声对梁晴的那段教诲,实际上也是这个耿介铮铮的穷知识分子的一段内心独白、自己爱情生活的光辉写照:

晴,人过一辈子,就要这样!我们人穷情义不穷。人不同于畜生,就在这一点上。什么叫夫妻情?用这报纸上的新名词来说,夫妻情就是互相牺牲!你放上一块瓦,我放上一块砖;你放上一根檩,我放上一根梁;你放上一腔血,我放上一个头!有情有义的房子,就是这样盖起来的……

这仅仅是一个知识分子的爱情观吗?不,不是。这是中国人民几千年来,多少纯洁坚贞的爱情故事的血和泪所凝炼而成的道德的精华、值得骄傲的美德。还有他那磊落铿锵的"什么叫良心?良心就是一个人的德行,一个人的胆气,一个人的脖筋和脊梁骨"的自白的思想价值,也远远超出了一个穷知识分子的品德的范畴,其浩荡的气势,如破天而来的黄河,表现了我们中华民族的崇高气节。

当然,徐秋斋并不是人民群众中出类拔萃的、一往无前的先驱人物,但正是从他这样的人物身上,因能够看出我们中华民族那种聪明智慧、威武不屈、贫贱不移的品格,才更使我们觉得中华民族,即使在深重的灾难中,也必然有她的光辉灿烂的未来。

李准同志谈:"多少年来,我在生活中发掘着一种东西,那就是:是什么精神支持着我们这个伟大民族的延续和发展?"他终于找到了,在黄泛区的最普通的人民身上——他认为"他们身上的道德、品质、伦理、爱情、智慧和创造力,是如此光辉灿烂。这是五千年文化的结晶,这是我们古老祖国的生命活力,这是我们民族赖以生存和发展的精神支柱"。徐秋斋就是其中的一种中华民族赖以生存的无形的伟大精神力量的象征。

另外,作家还谈到他在这本小说的人物塑造上,也作了一些探索,那就是决不再拔高或故意压低人物了。他要求自己照生活的样子去写,写真实的人。徐秋斋,便是作者恪守着这一艺术的现实主义原则,而塑造出的一个真实而生动、平凡又崇高的形象。

　　李准同志在民族精神的发掘与人物塑造的探索上,不仅获得了成功,而且有着重要的意义。这个成功的表现,是他用我们民族的优秀的现实主义传统艺术,描绘了我们民族精神的内在美,雕塑出了一个个动人心魄的灵魂。其新的意义,不仅在于有力地摧毁着"四人帮"统治时期的造神的模式文学,而且已经探索出一条宽阔的路子,恢复了文学艺术是时代、阶级、人民的镜子的作用。徐秋斋这一艺术形象的意义也就在这里。具体点说:

　　其一,作家在这样一个寄身在农民中间的穷知识分子身上,发掘我们的民族所固有的崇高品德。在这个人物的个性的雕塑上,写出了生活中固有的辩证法,表现我国贫穷的知识分子所共有的"穷且益坚,不坠坚贞之志;风烛残年,愈见白首之心"的优美素质,从中又可窥到我们民族几千年灿烂文化的魅力,看到这种文化对一个穷知识分子的伟大的影响。因此,我们在这秋斋身上,能够看到较李麦等人物身上有更多的、更深刻的、更丰富的民族精神上的东西。作家这样的描写,完全是真实的,而且是带着历史本质的真实。当然,这样深刻写实的笔法,在"四人帮"幽灵游荡的时期,是绝对不允许的,因为这种最美、最感人的精神,竟然能出现在最普通的人民身上,特别是在最不起眼的知识分子身上,而且其艺术魅力也竟超过了他们认为是叱咤风云的人物(比如李麦),那当然更是不可思议的事了。如果按照他们的写法,就要"移花接木",像《艳阳天》从小说到电影之后,必须将饲养员马老四身上那最感染人的自己吃野菜而节食喂马的细节,嫁接到队长肖长春身上不可,否则就妨碍突出他们心目中臆造的英雄。

　　其二,在徐秋斋这个固有道德堪称典范的人物身上,可不可以写缺点呢?作者是写到了,它无损于人物的光辉,却更增加着人物存在于现实生活中的真实感。因为,在世界上存在着的十全十美的人,只能是泥塑木雕,被愚昧者视为万能而又无一所能的神灵。

　　比如李甲子死后,当李麦呼天不应、哭地不灵、悲怆欲绝的时候,是徐秋斋因"情理不顺,气死旁人"挺胸而出,为李麦这孤苦伶仃的女孩子出奇谋、划良策,终于为李甲子闹来了一口薄柳木棺材。这既让人看到了徐秋斋的悲天悯人、扶弱助寡的道德光辉,又可看到他顶凶抗暴的傲然正气和克敌制胜的满腹智慧。但是,如果只是这样一味地写下去,便又会适得其反了。因为,它将失去徐秋斋这一人物的身份和他所处的社会环境的真实。同样,因大、空、幻,也会使人物陷于苍白。所以,那句"闺女,你记住一条,千万别说是我教你的"叮嘱话,也就显得极为重要。它一方面表现了徐秋斋的智慧与机变,另一方面也表现了他担心自己因此被逐出赤杨岗而想到还要保护自己的心理。正因为这一笔,才愈加使我们看清了徐秋斋自己也是非常孤穷的身份和地位,也从而将他那扶弱济危的品德映衬得更为光辉。所以说,现实主义的笔法,能增加人物的真实与感染力,而故意拔高人物,却只能是适得其反。

徐秋斋这一艺术形象的塑造,是李准同志长篇新作《黄河东流去》里的一个重要成果,同时,也是作者在发掘民族精神与探索现实主义的人物性格的塑造艺术方面的一个成功标志。当然,在其他诸如海长松、海老清、蓝五、春义、雪梅、梁晴,以至小健、小强身上,也都可以看到他们那纯洁的灵魂和动人的笔触。

一个成功的作家笔下的每一个人物,都是一个典型。这对李准来说,不能算已经做到了,但现实主义艺术的探索,使得他在长篇新作中,已经写出了许许多多生动鲜明的个性,却不能不说是一个巨大的成果。作者说:他的这一本小书,是在"思考的一代"的序幕中产生的。因此,这个长篇新作,也是他在创造道路的探索中迈出了新的一步。

三、民族化的艺术方法与艺术技巧

每一个民族的文学艺术,从内容到形式,都具有其他民族所不能混淆的独有风貌和特色。

中华民族是以艰苦卓绝闻名于世界的民族,但同时也是智慧聪明而又富有幽默感的民族。幽默是我们民族性格之一,在我们民族的文学艺术中,更不乏浓烈的幽默感的艺术形象。毛诗中的"墙有茨"、汉乐府中的"枯鱼过河泣"、《史记》中的"滑稽列传"、《红楼梦》中的刘姥姥,均幽默动人,而且不朽。

李准同志说:"我认为幽默是一种高尚的情操,是人物的信心和智慧的表现。而且人们是需要幽默的,不光是为了笑,还在于它能以潜移默化的手段来美化人们的灵魂。"他在人类的幽默感中,找出了它极光辉的一面,并且培养了它,使之成为他身上的一个重要的个性。同时,因"寓庄于谐"是他塑造某些人物时常用的一种艺术手段,随之而来,也就成了他的艺术格调中的一个重要内容。

王跑,便是作家这个长篇新作中独具这种艺术特色的一个。李准同志在这一艺术形象的塑造上,倾注着爱也倾注着憎,在爱的当中寄寓着对他的批评,同时,又将这种批评寄寓在令人发笑的幽默之中。作家在亲切热情而又幽默诙谐的笔触中集中地描绘着农民身上的一些弱点和陋习,严厉而又柔和地剖析着被几千年私有制所熏陶了的灵魂,充分地显示了作家运用"寓庄于谐"的艺术方法的巧妙。在王跑这一形象的塑造上,在整个《黄河东流去》的长篇结构中,是有着精心安排的,有散笔点画处,也有重彩渲染处。人物是在第四章中出场的,文章通过徐秋斋与李麦的一段对话,介绍了这个人物的基本性格特征:不仅是一个"光知道解板做风箱卖钱的'钱串子',而且还是一个光想着占别人便宜的人"。作家在这个出场戏里,赋予了他一个木匠的身份,却又挑选了一个青年挑水而要向别人借桶、借扁担的细节。在人物一露面时,便活画了王跑的这一基本性格,同时,也令读者第一眼就看清了谐趣笔法的妙处。

李准同志对这一人物的重视,还表现在对这一人物的重笔渲染之处,单单从上卷来看,就占去了两个专章:一是十二章的"王跑的驴子",一是二十章的"石头梦"。但"王跑的驴子在王跑整个性格的发展史上,也只能是个衬笔,在映照着一个更富丽堂皇、也是更悲惨的那个'石头梦'"。

"石头梦"是作家在长篇新作中的一个得意之笔,也是颇精彩的一笔。它充分地表现了作家"寓庄于谐"的艺术特色,以及愈加圆熟了的艺术技巧。他通过一系列精彩的动作与充满谐趣的对话,构成了一个引人入胜的情节,生动地描绘出王跑的一段性格史。

在一个人物性格的成长中,作家能否将情节故事叙述得文波流转、婉转生色,这是人物性格鲜明与否的一个很见功力的重要艺术手段。在中国古典小说中,无论是《三国演义》中的风樯阵马,无论是《红楼梦》中的儿女情长,古典作家们均能借着他们那朴中见巧、节外出枝、伏笔侧锋、映衬照应等手法,在波澜起伏的情节变化中,把他们笔下的人物,刻画得仪态婉转、栩栩如生。李准同志在他的长篇新作《黄河东流去》中所写的"石头梦"一节就颇能体现中国古典艺术在情节安排中的一些技巧。这是王跑性格的传神之笔。

"石头梦"这一情节的开始,即写得极有韵致,很见李准同志在学习与运用这一古典技法上的功力。他未写石头假梦,却先来了个鲤鱼真梦,用一个真梦引出一个假梦,如雁行有序不觉突兀。鲤鱼真梦文字不多,却生动宛然,也收得利索,可又余味无穷。如王跑梦醒后说:"说破了不灵,好在能转个好梦吧。"这更是以迷信补之于空幻,为石头一梦预伏了必然破灭的悲剧。至于打正题、直写石头一梦的文字,则更是白纸生艳、入化出神。且看这段文字:

王跑吃罢晚饭,下到井下正在往下挖时,忽然光啷一声,镐头碰着个硬东西。王跑一惊,心里想:"莫非挖着一罐子元宝!"他就把镐放下,用小锨慢慢在这个东西四面掏土,慢慢地那个东西能晃动了。王跑又摸了摸,像是一块大石头,可是这石头面是平的。王跑心里想:管你是妖是怪,先弄上去看看再说。就用一条绳把这块石头系住,自己先爬上井子,和老气慢慢地用辘轳绞了上来。

王跑看了看四周无人,就和老气悄悄地抬到屋里。点了盏灯仔细看了看,却是一段六棱的青石柱子。王跑用镰把敲了敲,看它里边是不是空的,结果敲了半天,里边还是石头。老气说:"还用敲!抬着那么沉,里边还能是空的!净在那儿瞎想。"王跑又用镰刀在上边划了划,还是一块青石。老气说:"真是财迷转向了,眼看是石头,还能是块金子!"王跑说:"你懂得什么,万一是块玉石呢!"

王跑又翻腾着看了半天,用脚蹬,用鼻子闻,还没有发现什么特别的地方。老气说:"算了吧!别闻了,再闻也是块石头。明天我涮涮当个捶布石头用!"王跑叹了口气说:"唉,外财不发命穷人,耽误我少挖几篮子土。"

仅仅是光啷一声,便使心里一惊,油然而想到是一罐子银元宝。这一声一惊一想,仅三个字,便把王跑无时无地不在想着发财的心理,表露如画。再加上一连串轻拢慢撚、脚蹬鼻闻的动作,和悄声细语、充满谐趣的夫妻对话,使附丽在一块石头上的王跑的思想性格跃然纸上!文波也因惊喜、繁忙、失望、后悔的变化,叠生涟漪,参差多致,从而激荡着读者的心灵。最后又用王跑的话一结,反跌上文,起到了放而未放、欲擒反纵的艺术效果。这是一写石头。

待到二写石头时,王跑那附着在石头上的初衷,已变成一朵怒放的心花。其情节的生动性、趣味性,也在王跑的察言观色的心理、随机应变的行动和听说风就是雨的对话中,被铺写到了无以复加的程度。特别是那些生动的对话,或者是梦声梦语,声如其人,让人趣泪交织;或者是乡音土言,诙谐隽永,均在情节的生动性上起到了极为重要的作用。这是通过对话开展情节、揭示人物性格,在文学创作实践中提供的又一个范例。

三写石头梦时,王跑的奢欲已经到了顶点,自然也就更接近了现实。当然,现实又是极为残酷的,它不会让王跑的美梦再做下去。一个逃黄水出来的外乡人,竟然因在寺院里挖出来的一块石头而成为这里富镇一村的暴发户,这恐怕不是一种福兆。所以,待到四写石头时,对王跑来说这井下挖来的美丽梦幻,已经变成由天上飞来的横祸,使他那热烈的幸福的希望,一下破灭了,而且这一跤摔得很惨。那无可名状的悲与愤,与前者惊喜若狂的欢快,恰成了一个鲜明的对照,形成一个发人深省的独具中国特色的半封建半殖民地制度下的世俗风习画,也是一幅用传统的中国技法所描绘出来的隽永生动、趣泪交织的石头梦幻图。

中国古典长篇小说艺术,是很注重情节展开的艺术的。比如在开端中,讲究"将雪见霰,将雨闻雷",以避免突兀;在情节发展中讲究"寒冰破热,横云断岭,琴瑟间钟",以见鱼龙变化;在情节结束时讲究"浪后波纹,雨后霡霂",使文章余味无穷;在情节转换时又讲究"隔年下种,先时伏着",使文断而意不断。这种中国式的情节结构艺术,有很强的感染力,同时它又在家喻户晓的《三国》、《水浒》、《红楼梦》的典范之作的熏陶下,塑造着欣赏这种艺术美的观众,形成了中华民族独有的一种欣赏习惯。李准同志的这幅令人趣泪交织的石头梦幻图,之所以是一幅用中国传统技法描绘出来的世俗风习画,就是因为作家在塑造这一有幽默感的艺术形象时,探索与运用了如上所说的中国古典长篇艺术在情节结构上的一些辩证法则,生动地描绘了王跑的性格成长史,从而使创作具有了更浓厚的民族艺术特色

四、浩瀚的意境、沉郁的风格

谈作家的风格、作品的意境,离不开作家的作品中所塑造的艺术形象和使用的艺术语言与技巧,离不开作家在作品中所开拓的艺术境界,更离不开作家的思想经历与变迁。

在数千年中国文学史上,因生活环境的变迁,特别是因巨大的社会动荡波及了一个时代,而给个人的生活路途上所带来的波折,使作品风格为之一变的现象是不乏其例的。在二十世纪六七十年代的中国,就有缘经历了一次波及全国、历时十年的剧烈的时代浪潮。这是一场浩劫、一场灾难。几乎所有的作家被监禁,被沉到了生活最底层。他们项戴巨牌,长街游斗,人格受辱,斯文扫地,作品则被封禁、被焚毁。这不能不震荡着一个作家的灵魂。

李准同志就经受了这样的遭遇。残酷的现实,使他睁大了眼睛,看到了极"左"外衣掩盖下的今日敌人的凶残!固然,所付出的代价是极为昂贵的,是牺牲无数战士的生命和一代人的青春,可也正是在这将革命与人生中最有价值的东西毁灭了给人看的悲剧中,锤炼了战士的更加深邃的眼力,积蓄了更加深沉、坚毅的力量。这就是事物本身的辩证法。正像李准同志所说的那个寓言——乌鸦要淹死乌龟,把它扔到大海里,反而使乌龟得救了的这个故事一样,他被押解到了农村,反而使他回到了让艺术生命永不衰竭的生活之源中去了。但这与他往日自己背上包到农村去体验时的心情,又是多么的不同啊!但痛苦的遭遇、幽愤的心情、"四人帮"所加给自身的灾难的切身体验,却更能如切肤之痛一样,使他去关切着农民。他在黄泛区听到了从未听到过的最动人的故事,了解了他从没有了解到的农民悲惨遭遇,看到了从未看到过的劳动人民身上所具有的最光辉的品德,同时,也体验到了只有在痛苦与灾难中才能体会到的同劳动人民间的阶级深情。这样大的动荡、这样深的阅历、这样深沉的感受,又怎能不影响着作家的思想作品的艺术风格为之一变呢!

屈原放逐,乃赋《离骚》;左丘失明,厥有《国语》。所以,灾难对于一个有志气的作家来说,往往又是一件大好事。李准同志的四年屈庄生活,使他"文革"前短篇小说中的清新、明快的风格为之一变,在长篇新作《黄河东流去》中,注入了浩瀚、沉郁、悲壮、雄浑的格调。

这个变风，首先表现在作家笔下的艺术群象所概括出的农民阶级风貌中。

在《黄河东流去》中，作者以如椽的笔力，带着一笔横点五千年的气势，在一场黄水吞噬着数百万生命的灾难中为我们塑造了足以概括一个时代中一个阶级的动人的风貌。李甲子纯厚、善良、勤劳的个性，悲惨的遭遇，以及他那逆来顺受、将安慰寄托在死后的那具桐木棺材上所表现出来的不觉醒，则是概括了最老的一代农民的典型。他的死，是因为地主阶级已经榨干了他身上的血和汗，也是因为他已经感觉到在他活着的眼睛里看不到一丁点生的希望。因此，他的死，意味着最老的一代农民的苦难与绝望的命运的终结。至于海老清、海长松，则又稍稍不同于李甲子，因为还有一点薄弱的经济基础，总还在做着靠自己辛勤的劳动终有一天会过得舒服一些的梦，所以，一旦遭到压抑，还能在渺茫的希望中产生出一点微弱的挣扎。而李麦就绝然不同了，她在一贫如洗中度日，又在饥饿与灾难中挣扎，因之，人世间的不平，也就只能在她身上激起更激烈的愤怒与反抗。在现实中有求实的精神，而无梦一般的幻想，只是用冷眼看着那残酷的人生。所以，碰上一点革命的火星，便可很快燃起挺身而出的烈火，并在斗争中迅速地成长为自觉的战士，她是农民群众中的佼佼者。再如王跑，虽同属于农民，可是又不同于前数人。他勤劳、聪明，又善于机变，还带着几分油滑，具有一种从土地上被赶到社会里的流氓无产者的特色，但又保留着更多的农民身上的忠厚。还有蓝五，他颖悟、智慧，通身洋溢着农民艺人所具有的才华，但贫苦的阶级地位和半封建的社会意识，却只能使他成为一个鼓吹于闹市、露宿于街头的流浪艺人的典型。由此，还让我们想到徐秋斋这个淳厚、善良、耿介、刚直的农民知识分子的典型。至于为数众多的妇女形象，诸如梁晴、凤英、雪梅、老白，也都在一一显示着农民阶级中丰富多彩的个性。通过这些为数众多的生动的人物个性的描写，概括了一个时代里一个阶级的完整风貌，看到了这个阶级的经济状况、政治地位、社会遭遇、感情愿望、思想面貌以及丰富多彩的内心世界。李准同志用这样浩瀚、深沉的笔力，生动地描绘着农民阶级中的各阶层，这还是第一次。但是，这是成功的一次，它表现了作家沉郁、浩瀚的现实主义的笔力。

其次，从构成这些人物性格的生动情节来看，或血泪淋漓、悲趣交织，或悒郁不平、愤怒呼号，或凄婉哀绝、如泣如诉，也都合而成为一个苍茫、沉郁的艺术境界。如李甲子的死，以及年仅十六七的李麦在哭天不灵、哭地不应的时候，勇决封建罗网，在凄清冷峭的村夜里，破脸找上了海青牛的故事，就为我们熔铸了一个苍凉、悲壮的艺术境界。再如雪梅与蓝五私奔一段文字，它通过民间艺术的火与剑，把一对旷夫怨女的幽愤化成私奔的力量，从而形成一个极生动的情节，为读者捧出一个缠绵悱恻、哀婉幽绝的意境。至于发生在洛阳白马寺中的王跑的石头梦,则又与此二者截然不同。它描写一个在现实生活中贫无立锥之地的人,却要在一块意外得到的石头上,附丽着一个换取四十亩水浇地的发财梦,作家用极符合人物身份的对话,展开情节,从而表现了别具一格的一趣一泪、趣泪交织的人生图景。还有描绘徐秋斋、海老清、爱爱等个性的情节画面,一一读来,均有如黄河中那不息的波涛一样的苍茫、浩瀚之感。

　　另外,从人物所依附的环境来看,无论是九道黄流、烂漫豫东、万家千户、人或为鱼鳖的苍凉悲壮的画面——抑或是陇海线上摆开的由灾民队伍所构成的一字长蛇阵,也无论是尔虞我诈、谲如鬼市的长安街头,抑或是山、陕一带为国民党横征暴敛、派丁抓差而日益凋敝的穷镇荒村,也都让人在看到满目疮痍的半封建半殖民地的祸患图的同时,感到作家那笔力如椽的气势。

　　最后,从语言文字来看,李准的长篇新作,因所表现的人物、情节、环境氛围的不同,在语言文字的运用上,较他的前期创作显得更加厚重多彩。如雪梅私奔一段文字,写得如抒情诗,委婉细致,情意缠绵,幽怨不已;石头梦一段文字,写得又如童话般的幽默小品,但谐中寓悲,令人泪垂;徐秋斋在长安窝棚中将中国人民的道德的火把传给梁晴时的独白,则又像生动的政论,愤激昂扬,声振梁宇,四壁生辉。当然,在我们谈及小说的语言文字时,又不能不谈到像明珠一般冠于每章篇首的引诗。这些诗由于引用得贴切精巧,已成为小说中的有机组成部分。它们居于篇首,不仅有"标其目、显其志"的作用,而且还以浓烈的诗情,渲染烘托着它所描绘的故事。如首章的引诗"黄河之水天上来,奔流到海不复回",可令人触目而想到古往今来、倾天而注、一泻万里的黄河气势。用它来作为全篇开章的引诗,确有通贯全书、气盖万言的力量,并为多姿多彩的人物故事,开拓了一个广阔的活动领域。第二章引诗,则又倏而变为一首民歌:"风来了,雨来了,漫漫黄水压过来了。"自然如口语,隽永像史笔,寥寥三二语,便写出了决堤而来的黄水给岸边人民带来的祸及数代人的灾难,在极平实的语言中,寓含着数百万人民的悲愤与幽怨。第三章的引诗又一变为一首流行歌曲,像胸中滚动着的怒潮。如果从引诗的形式来看,或为古诗,或为民谣,或为歌曲,也是多姿多彩。当然其中更多的却是民俗谣谚,如"一朵红云飞过来"中的淳朴、亲切、真挚,"铁打链子九尺九"中的锋利、泼辣,均能使长篇新作在语言文字上洋溢着一种浓烈的民歌风采。正因为像这样生动的民歌谣谚,更多地被采撷到作品中来了,而使作家的语言在生动、谐趣、通俗、自然之中,又加入了隽永、浑厚、剔透、质重的特色,这也是李准同志"文化大革命"后,风格为之一变的一个重要内容。

　　李准同志说过:"人们是需要各种艺术欣赏和情绪的。需要'张',也需要'弛',需要'金戈铁马',也需要'沁人心脾',唢呐的嘹亮凄婉的旋律、排鼓的明快爽朗的节奏,从幼年时,就给我以很深的影响,它甚至影响到我今天的文章的风格。"确实如此,他在他的长篇新作《黄河东流去》中,体现了他的这一美学思想,也体现了他所追求的这一风格。因为,在一个鸿篇巨制中,既适宜,也需要,而且只有如此,才能营造出一个苍茫浩瀚的艺术境界,才能谱写出这一曲气势浩瀚的黄河的壮伟的颂歌。

《黄河东流去》是作家李准同志的第一个长篇小说,它产生于"思考的一代",我们民族在思考,作家也在探索。我们认为这个探索是有益的,也是有成果的。同时,也期望着他在未来的创作中,继续走着这个路子,写出更好的作品来。

原载《阴山学刊(社会科学版)》1982年第1期

黄河流域的大幅风俗画卷
——论《黄河东流去》的一个特色，兼谈风俗画在文学创作中的作用

孙 荪 余 非

一

李准的长篇小说《黄河东流去》的开篇写了一节鬼门试舟。

随着小说的叙述，读者约略知道这黄河是"铜头、铁尾、豆腐腰"，仅中下游一带，就有三十六处暗礁、七十二道险滩，其中有奔腾咆哮的大石坡、浊浪旋转的油馍锅、幽深狭窄的葫芦谷、险峻急湍的狼跳峡。接着，小说让读者看到了三门峡的险峻，特别是鬼门峡崖石上刻着八个隶体大字——"鬼斧神工，峭壁雄流"，以及在"中流砥柱"石上三个像斗一样大的刻字——"照我来"！

在这样一个背景上，十七八岁的青年艄公海天亮第一次掌舵过鬼门峡。他的师父梁恩头天夜里暗暗烧纸烧香让禹王爷保佑。在放船时候，师父恨不得把自己两只手长在天亮身上。但天亮出手不凡，只见他"把舵狠力一扳，船像箭一样向着砥柱石飞去……那条满载着棉花包的船，像一朵雪莲花似地在漩涡里转了一圈，准确地绕过砥柱石进入缓流"。在这同时，梁恩老汉喊了一声"好"，激动得眼泪模糊了。还有一个梁晴，此时也咬着嘴唇，眼里挂着泪珠，紧张得手心里攥着湿漉漉的汗水。

这里所展现的是一幅令人心惊胆战的山水图和感人肺腑的人情画像交融的画面！一派中国的山、中国的水，几行大字鲜明地体现了中华民族的特有风物和传统文化，老艄公和他的徒弟、未来的丈人和女婿，相亲相爱的情郎妹子，在危急关头心脏跳动着同一个节拍，一派中华民族的古老而又文明的淳厚味儿。

读了这一节，你就会感到作品漫溢着一种奔腾而又舒缓、似淡实浓的黄水味儿，这味儿像磁石一样吸引着你，你就会理解作者原来把这本小说定名为《黄河风情》的深意，你就会相信，作者有足够的笔力来担当描绘黄河风情的大

任务。

当读完《黄河东流去》全书的时候,你更会自然地首肯:这"任务"完成得不错。

世界上的大江大河几乎都是人类文明的母亲。许多文学艺术巨著,由于生动地描绘了它们的风土人情而享有盛名,越过地域,跨过时代,而广为传颂。黄河,这条举世闻名的大河、伟大中华民族的摇篮,在漫长的岁月里,她用乳汁哺育了世界上儿女最多的民族,创造了世界上最古老最灿烂的文化。它为文学艺术创作提供了最丰富的原料。能够生动地描绘它的风土人情的作品,必然是为世人所瞩目的。正因为此,《黄河东流去》在这方面的创造不能不受到重视。

的确,《黄河东流去》以有力而多变的笔触,为我们展开了黄河流域自然和社会生活的多样而丰富的宽广画面,从赤杨岗上到寻母口边,从洛阳城里到长安街头,地连千里,界跨两省,把大城市、中城市、小城镇以至乡村僻地,都绘在了画幅之中,充分展现了中国色彩斑斓的社会生活相和自然风光图,可以说,是我们民族生活方式的大幅风俗画。这是小说所具有的民族特色的一个重要方面,也是它的现实主义的重要特色。

二

每个民族都有自己的生活方式。这种生活方式在培养一个民族的精神、性格、气质等方面,起着特别重要的作用。以揭示民族灵魂、描绘民族性格为主要任务的文学作品,便不能不重视对生活方式的表现和探索。

中华民族,由于它的悠久的历史、辽阔的地域和高度发展的精神文明,形成了自己特有的生活方式,有着特别丰富多样的风土人情、世态习俗。中国的古典小说,如《水浒传》、《红楼梦》、《金瓶梅》等在这方面作了精彩的描绘。《黄河东流去》追逐着一个村庄的农民大迁徙的足迹,摄下了一个民族生活的照影。这部小说像在塑造人物时力求从个性写出典型一样,在描绘风俗画时,也力图写出特定地域、特定年代、特定人群的特有的风土人情。

首先,从对家庭和乡村风俗人情的描绘,我们来寻找一下李准探索的轨迹。

我们曾经分析过作家李准对中国家庭的议论,那可以说是作家通过解剖社会的细胞,准确地抓住了中国社会结构特别是我们民族生活方式的一个基本特点。中国的风俗人情的表现和特征,伦理道德情操之美丑、之牢固、之历久不衰,从家庭成员的关系中可以找到一个重要根源。中国长期形成的自给自足的农业经济,形成了扭结力和凝聚力极强的家庭关系,四堵墙把人们分成了一个个社会细胞，两扇门构成了几千年的传统家庭。从一方面可以说，这家庭，在人类历史发展的长河中，曾经造下过无法计数的罪孽，曾经是一个庞大的、腐朽的封建统治阶级的社会基础和支柱，曾经成为社会发展的一种巨大惰力。这一切，在现今的社会里，仍在或多或少、或轻或重、或明或暗地起着作用。对家的这些方面的揭露和描写，我们有巨著《红楼梦》，有巴金的名著《家》，还有许多专门描写家庭的兴衰、变革、解体过程的优秀作品。但是，事物总是有它的两面性。家，还有其积极的、美好的一面——直到家庭这种社会形态在历史上完全消失为止。即使家庭作为社会形态完全消失了，在家庭细胞里形成和诞生的某些风俗人情、伦理观念、道德情操等精神文明，还会长久地在人类历史过程中发挥作用。因此，对这一方面的探索研究，仍然有其重大的积极意义，应当成为文学表现的重大课题；特别是面对着中国当前的现实，这意义是更加明显的。

在中国，尤其在农村，不论在什么地方和什么情况下，家庭的标志和色彩总要强烈地表现出来。《黄河东流去》就是从中国的生活实际出发，摆脱了庸俗社会学的束缚，主要是对劳动者的家庭，从积极、美好的一面进行探索的。

在黄水浩劫中，这些家庭成员的一个重要信念是，不使家庭离散；即使暂时离散了，心灵和感情的无形纽带仍然把他们连在一起。黄水过后，海老清背着干馍回到赤杨岗，又到洛阳寻找失散了的妻女；流落西安的嫦娥宁愿卖掉自身也要为哥哥保住一个媳妇；姑娘梁晴不顾害羞把头发盘成髻，以示永远等着未婚夫天亮；李麦则只身千里去寻找女儿和未过门的媳妇。在家庭成员的关系中，闪现着甘愿为他人牺牲自己的耀眼光芒和无私无畏的伟大感情。

这一点，可以说是抓住了东方民族的一个重要特点，也是作者所探讨的中华民族生命力之所在的根源之一。

作者进一步放开笔墨，由反映若干家庭到反映聚族而居的群体——村庄中人与人之间的关系，展现了我们民族的一种乡亲邻里之情和朴素的阶级友爱之情。

当小说把笔触从黄河移到赤杨岗的时候，首先以充满诗情画意的笔墨描写了矗立在村头的两棵大杨树。读到这里，使人不由得想起阎家山村东头穷人聚居的老槐树下（《李有才板话》），锁井镇千里堤上河神庙台上的覆盖着古钟的两棵古柏（《红旗谱》），暖水屯的学校对面的空场上两棵枝叶交织的大槐树搭起的凉棚（《太阳照在桑干河上》），还有站立在滹沱河风险中的五龙堂（《风云初记》）。在赤杨岗，我们又看到了两棵大杨树，这是豫东大平原上特有的乡村风光。

这两棵大杨树，不仅是作为乡村自然风物而存在，也不只是为人物提供活动的场所（如每年在树下总要有个"小满会"，抗日宣传队来了在树下演文明戏），把人们带进生活的画面，更重要的是，它具有强烈的历史感，凝聚着村人的感情，成为一个历史性的标志和一种精神的象征。它"走"进了情节之中。这两棵有了二百多年历史的大树，和历史上一次次黄水浩劫紧紧联系在一起，它是村人在灾祸中压不倒的象征，是祖辈和睦相处的见证，是村人平安和幸福的保护神。因而尊重和保护这两棵老树，成了村民心照不宣的共同感情，地主海骡子要砍掉这两棵树，这就等于亵渎了全村人的感情，当徐秋斋设计治怕海骡子时，全村人都心里高兴。由此一点，显示了乡村阶级的分野。

赤杨岗人，对于乡亲邻里，有点像炎黄子孙之于中华民族的同胞一样，有一种感召力和亲和力。在这个自然村里，我们看到了一个中国乡村小社会。十几户人家各有自己的谋生手段。其中有庄稼筋、种地汉，有算卦先生、唢呐手，有推盐的、赶脚的，有的开饭馆，有的拉洋车。他们互相补充，互相依赖，互不分离。在灾难到来时，更是这样。在逃出灭顶之灾的黄水浩劫时，在沙岗上讨论求生之路时，在寻母口立脚谋生时，在洛阳烧窑沟设法糊口时，在西安相依为命时，我们看到了一幅幅感人肺腑的画面和催人泪下的故事。邻里相帮，成了一种自觉的义务。可以说，人人都活在乡亲的帮助里。全村人"像一家人一样"，随处都散发出一种人情风俗的淳厚的芳香，显示出中国农民尤其是贫苦农民团结苦斗的传统和特质，显示出中华民族生命力的又一所在。这里，小说对风俗的描绘，就从自然和社会现象的表层，进入到事物的内核，挖掘出民族的某种本质特征；同时，也就为文学创作找到了悲欢离合的故事海洋和撷取不尽的情感之源。

三

每个民族的特殊生活方式，它的风俗习惯，是长期形成的，总是联系着它的历史、它的传统、它的文化，具有极大的稳定性，逆境和困境也不易改变它。水上婚礼一节，反映出濒临死亡边缘的人们，仍然遵循着古朴的风俗习惯，虽然不再严格地看历书，讲黄道吉日、黑道忌日那一套，还是要请徐秋斋走走过场，宣布当天是"大吉大利"、"再好的日子也没有了"。虽然在沙岗上，一无天地桌，二无香案，但仍然由徐秋斋一本正经地念着"关关雎鸠"，宣布新郎新娘拜天地，凤英和春义并排跪在沙窝上磕起头来。然后，又凑成一桌"喜宴"，并且把新人的窝棚四周用麻袋片、席子堵起来，算作新房。你可以抱怨我们民族的风俗礼节未免有点繁缛，但是，细想，在这样的情况下，尚然能够保持到这种程度，可见民族文化传统的深长和人与人之间关系的厚道。

但是，任何民族的生活方式，也不是永远不变的。时代变了，环境、世事变了，生活方式、风俗习惯也要变化。现实主义作品的风俗画幅必然打上时代的印记。

《黄河东流去》反映的是一个特殊的年代，是我们民族的苦难的年代，是黄河流域人民遇到浩劫的年代。因而，作品绘出的风俗画的大背景是民族的苦难图和苦斗图。农民与土地的感情、与牲畜的感情，这是许多作品中写过的。它是构成农村风俗人情的重要内容。《黄河东流去》也着力写了它，长松买地、拉差车故事、王跑的驴子，几乎有专门三章来描绘长松、老清和王跑与土地、与牲畜的关系，我们看到了农民，特别是贫苦农民爱土地如命根、爱牲畜似家人的情景。但作者不是要谱一曲田园牧歌，他不能够！天灾人祸一齐向农民袭来，他们被欺诈被愚弄到走投无路的绝境了。长松罄其所有，在大水之前买了十来亩沙碱地，他躺在地上祈祷月奶奶保佑他，但是他受了地主和官僚海四维的骗，一季麦子也没收，黄水来了。他恨不能把地抱在筏上搬走，万不得已，他在地里埋下镰刀和烟袋锅，他抓了一把黄泥放在自己口袋里，他要煮一锅麦粒吃。这种近乎失去理智的举动，既表现了几千年来农民热爱土地的感情，是对农民淳朴风俗的哀伤的颂歌，又是对蒋介石、海四维等压迫者、剥削者之流的强烈控诉。这风俗画上有着鲜明的时代特点。

小说写到农民出官差。一村之中，按户头排号拉差车，这也是一种古已有之的乡风民俗。但是在官兵匪祸频仍的情况下，这官差成了农民沉重的负担。事多差稠，不过半月就轮一遍，尤其恼人的是，保长借出差弄鬼：轻差近差都轮到他自己，远差苦差都派给老实农民。可保长说："这是按号排的，各凭运气。"海老清气愤地揭露他："运气怎么光认识你家那个大门？""常言说'不患贫而患不均'，我们这小农户吃亏快吃死了！他大骡子大马十几条，我就一头牛腿子，难道说捏住鼻子往水里浸，还不叫说话吗？老天爷长的有眼，这不公道！"这种笔墨从风俗描写中揭露了阶级压迫的实质。

围绕着王跑的驴子所展开的曲折跌宕的故事，乡风民俗之中掺和着斑驳陆离的时代怪物怪事。王跑在黄水浩劫中保住了一头"爱驴"，他逢人便夸驴子"长相好"，吹嘘能卖好多钱，其本意一是出于对牲畜的喜爱，二是想揽生意。但他看错了时候，看错了人，他的驴被诬抢走了。后来，徐秋斋凭着一只蛐蛐、一条小计，"完璧归赵"，为王跑找回了驴价。这故事乍看，颇有民间传说的味道，其中的民俗风情很有情趣，但由于放在一个苦难的时代，其意义的深刻性就不一样了。

这里，显然可以看出，作者已经不是孤立地静止地述说乡情民俗，而是把生活素材和更高的创作意旨融汇起来，于风俗人情的絮语和浓郁的乡土色彩的画幅中，点出时代的眉目。在阶级社会中，民俗乡情既包含着不同阶级相联系的一面，又包含着不同阶级相区别、相对立的一面。《黄河东流去》着眼于这两个方面的开发，是值得注意的特点。

四

《黄河东流去》在描绘风物景象时，一般不像西方小说那样，作冗长的静态写生、客观描述，而是从作品中的人物的眼光和感受出发，来描述自然和社会相。把对社会风俗的描绘同刻画人物和推动情节的发展交织在一起，形成情景交融的艺术画面，或造成对比映衬的效果，让读者从画幅中既看到风物的面容，又体味到人物当时的心境。这是李准风俗画的又一重要特点。

读《黄河东流去》，人们每每叹服作者能够很自然地从劳动者的立足点出发，写出真正农民式的观察和体验，四时八节融进了农民的感情。

夏收季节对农民来说是"盛大的节日"。小说这样富有诗意地写道：

阵阵南风把浓郁的麦香吹进了村庄，庄稼人的鞋底上像抹了油似地闲不住了。大自然把一封封漂亮的书信传递给人们，人们读着这些熟悉的笔迹：柳絮飞舞了，榆钱飘落了，蝴蝶和落在地上的油菜花依依惜别，豌豆花变成了肥绿的嫩荚。这是春天向夏天告别的最后一幕。这一幕需要的道具是如此之多：男人们整理着套绳、破筐、桑杈、扫帚；女人们收拾着簸箕、篮子，缝补着破了的口袋。特别是早晨，月落星稀，一声声清脆的夏鸡啼叫声"夏季了——嚓！夏季了——嚓！"把人们从睡梦中叫醒的时候，各家茅屋前的磨镰刀声音，汇成了一股强大的音流。

这是一幅沁人心脾的农村初夏图。人们从中可以看到斑斓的色彩，听到悦耳的声音，闻到浓郁的麦香花香，感受到溢满胸怀的希望。

就在这幅大画图之中，小说写李麦露天睡觉的习惯，享受着大自然送来的千里风，阅读着天上那本"大日历"。从银光璀璨的天河里，她读到了"天河吊角，南瓜豆角"、"天河东西，收拾棉衣"，从夏鸡的叫声中，她"知道了"准备磨镰割麦。这里自然和人的感知相通了，融为一体了。而天河的位置所告诉人们的农事信息，正是一定地区特有的标记。所有有过农村生活体验的人，特别是有过中原地区农村生活体验的人，读到这里，该是何等亲切，简直像是回到了大自然的怀抱，有通体舒适之感，得到一种美的享受。

小说有许多风俗细节更加深了读者的这种感受。请看李麦磨镰，这是中原或豫东农民式的：

她先用镰刀削了个木头钉子,钉在墙上,然后找了根嫩柳枝编了个圈,缚了根攀,又用小瓦盆盛了大半盆水,放在这个圆柳枝圈里,把瓦盆吊在墙上钉的木钉上。她又用两节大麦秆子接住放在小瓦盆里,一头向下垂着,她用嘴吸了一下,大麦管子里的水,便滴答、滴答,一滴接一滴地滴在磨刀石上。它滴得是那么均匀、准确,磨刀石上响出一阵柔和滋腻的声音。

木头钉子、柳枝圈、小瓦盆、大麦秆子、磨刀石、柔和滋腻的声音,这是再质朴真实不过的,却流露出令人适宜的诗意。在这小小的风俗镜头里,融进去了农民浓浓的感情和作家浓浓的感情。

当黄水夺去了农民的生息之地,把他们驱赶到了城里以后,他们的感情色彩完全变了。城市,在难民的眼里,是令人窒闷和恐惧的所在。长松一家到了洛阳,头一个印象:这是一个"光怪陆离的世界"。这个"九朝都会",曾经成为国民政府的"行都",在农民眼里,好像"发了一阵'羊癫疯'"。抗战开始后,洛阳像个乡村姑娘一样,一夜之间变成了满头珠翠的贵妇人,同时她也变成了一个"魔窟";黄河决口后,更成了难民云集的"饥饿走廊"。长松他们的第二个印象是:"这城市地方,人是更不值钱了!"对于他们来说,要找到一个立足之地,就比什么都难。小说写到洛阳的窑洞,所谓"出水窑院"和"天地窑院",这种窑洞的意义,正如意大利的哥特式建筑和京都的大屋顶一样,是一种特有的标识。长松和老清婶两家就在烧窑沟的破窑洞里找到了栖息之所。这对住惯豫东茅屋草棚的人来说,起初是令人恐惧的、痛苦的,只是靠着他们的生活能力,靠家人和邻里的互相照顾,他们才活过来了。

我们的一个同乡大诗人杜甫曾经要"致君尧舜上,再使风俗淳",他大概对当时世态的炎凉感触太深了。读《黄河东流去》,也使人感到:小说对城市风俗人情的虚伪,有一种冷峻的目光和一种神圣的憎恶情绪。海老清到洛阳找妻子女儿,在街上转到天黑,找不到一个熟人,也找不到一个住的地方,后来打算在一个空席棚下蹲一夜算了。不料,刚蹲一会儿,却有一个胖女人说这席棚不能白蹲,要他"给两毛钱"!这件事使老清"几乎恶心得想吐出来"了。小说写道:

他想着这城市地方真是不能住。要是在农村遇到过路投宿的,总要给人家领到个草屋住住,第二天早上不说管饭,也要送盆洗脸水。谁也不会向人家要钱!可是在城里,在谁家门口蹲一会儿就要钱。也能张开口,也能伸出手!真是钱比爹娘还要亲!

徐秋斋到了西安,有一次专门上街转转,"摸摸人情,看看风俗",他看见挂着"大悲居士,揣骨相面"招牌的相面先生穿得衣冠楚楚;又看见一个算卦的同行,招牌上写着"哲学家关步云,解析疑难,预知祸福",但因徐秋斋穿得破,却被他"推在门外"。徐老头尖锐地说:"这城市地方干什么都得有一股虚气……一天能卖十担甲(假),十天卖不了一根针(真)。看来都穿得耀眼锃光,其实没有真本事……这城市就是招牌。"

这些笔墨专门地描绘了城市的风俗人情的丑恶方面,由于是透过农民的观察和感受,显得格外鲜明。同时,由于运用了艺术的对比和反衬手法,进一步显示了乡村风俗人情的淳厚,展示了长松、老清、徐秋斋等农民的正直和质朴。这里表现出小说在描摹风俗画时,由于饱含着强烈的爱憎,对社会的解剖达到了相当深刻的程度。

五

文学作品中的风俗画,是艺术整体的有机组成部分,不论是揭示人物的性格,还是作为故事情节的背景,都比单纯的孤立的自然景色的描绘具有更大的、更直接的艺术表现力。社会风俗包括更多的、更直接的形成人物性格和促使人物行动(故事情节)的必然因素。因此,风俗画是文学创作中展现人物性格的有力手段,又是许多带有偶然性的、特殊性的故事情节借以立得住脚的小舞台。在《黄河东流去》中,有一曲动人的爱情之歌,是由唢呐引起的曲折的情话。

小说用极其热情的笔墨,写到农民对民间戏曲曲艺术那种近乎迷狂的热爱。作者准确地抓住中原农民的这一重要的风俗特点,由此展现了缺少文化的农民粗犷而又丰富的精神世界。读到这些段落,总会引起有着类似出身经验的人美好的回忆,耳旁回荡起比城市"细乐"更亲切的声音,那魅力是不亚于北京人听到京剧、南方人听到昆曲和越剧的。

蓝五的一根五眼唢呐,会吹二黄戏、河南梆子、河北梆子、曲子、越调、四股弦、坠子书。"在这不大唱戏的农村里,农民们听着这婉转凄清的唢呐,觉得比看大戏还过瘾。"正是这种迷狂,农村一遇到红白大事,由于有一班响器,就能引动得三村五村成百上千人的围观追逐。

在这种习俗的氛围中,唢呐手蓝五的形象就格外引人注目。蓝五的唢呐曲子,对雪梅这位在感情的沙漠上熬煎的青年妇女来说,不只是像一般中原农民那样看看热闹,看看新鲜,而是一种争心夺魄似的呼唤。雪梅听过留声机上的演唱,一些名家的调门、唱腔,她暗暗记在心里,但当她把这些同蓝五的唢呐那悲凉动人的声音相比较时,她发现调子都是一样,但觉得不像唢呐那样厚重浓烈地把一个个字砸向自己的心头。听了《林冲夜奔》,她的感情世界的冰冷的闸门被打开了,一种强烈的追求袭上心头;听了《小二姐做梦》,像是倾吐了自己几年来的积郁,感到一个新鲜活泼的生命,在向束缚她的樊笼撞碰。她决定一厢情愿地追求蓝五,不顾一切地要同蓝五"私奔",逃到天涯海角,过自由的生活。

一场纠葛由此产生,并且扭结的力量极大,使一对青年男女拼上生命去和不允许她们这样做的人搏斗。曲折的故事发生了,鲜明的性格显示出来了。

一个富家少妇,去追求一个吹唢呐的"下九流",这可能吗?熟谙中原风俗的人,不会发出这样的疑问,他们知道民间艺术招惹人的奇异力量。小说中写朱金水一眼看见一个少妇在路边,两只眼睛满含着晶莹的泪水,直盯盯地看着鼓乐班,蓝五想停下来,这位"老江湖,知道的事情多",就马上吆喝大家,特别是蓝五:"快赶路!"看来,这等事不只是发生一次了。

民间戏曲曲艺的魅力,是那样地浸入人的灵魂,生活条件、生活环境的改变,不仅没有减弱其固有的力量,反而增加了新鲜感。在西安,这两位有情人的再度相认,又是靠着唢呐曲子作引线。蓝五的《上轿调》一吹,雪梅就"如醉如痴",她"觉得这唢呐声音是如此熟悉、如此亲切,甚至这声音还杂有一股麦子将熟的香味送过来,她被带到了故乡的土地上"。这体验是对乡土观念、乡土感情的准确而微细的描绘。它不仅带给读者美的感觉与美的享受,也表明雪梅对蓝五的爱情,并没因处境的改变而变化,雪梅的性格得到了深化。

民族文化、民间艺术,对民族心理、民族性格的形成,关系是这样密切,它是一座陶冶性情的巨大学校。中华民族从十分古老的时候起,就创造了灿烂丰富的文化和民间艺术,中华民族的各个地区、各个民族,都有自己特别喜爱的地方戏曲和曲艺,而且这种艺术活动往往同特有的风俗习惯相联系,它代代相传,历久不衰。人们从小受它潜移默化,老了更感到乡音入耳,兴趣愈加浓烈。鲁迅的《社戏》之所以脍炙人口,不就是明证吗!这大概是文化史风俗史的重要内容,也是现实主义文艺的一个天地。《黄河东流去》在这方面的描绘,可以说从中原地区农民的这一文化习俗,体现了我们民族文化、民族心理、民族性格的一个特点,因而,是很有价值的。

六

总起来看,《黄河东流去》成功地画出了特定地域——黄河流域、特定时代——解放前夕、特定人群——中原农民的大幅风俗画卷。它有大量真实生动的风俗细节散落在字里行间,更可贵的是从整体上造成了一种渗透、弥漫、笼罩全书的氛围,体现了我们民族生活的色、香、味。这一方面,为典型人物的活动准备了相适宜的环境——自然的和社会的环境,为表现生活的全部丰富的美开拓了广阔的天地;另一方面,它把自然风物、社会风俗、世态人情、人物故事,融为一体,为作者所要表现的主要意旨服务,这就是发掘我们古老祖国的生命活力、我们民族赖以生存和发展的精神支柱。尽管,作者的视野还不十分开阔,笔墨也未能完全自由挥洒得开,但他的大胆尝试为文学创作特别是小说创作的民族化道路,提供了成功的例证和新鲜的经验。

所谓风俗画,我们这里只是就狭义上来讲的。从广义上讲,风俗画的容量,几乎包含了文艺创作的全部内容。巴尔扎克称他的《人间喜剧》为《风俗研究》。他要立志通过他的创作,写出法国社会的"风俗史"。他认为:"研究风俗的任务是表现整个社会的实际生活,不要遗漏人生的任何一个方面;不要遗漏任何一种典型、任何一个男人或女人的性格、任何一个职业、任何一个生活方式、任何一个社会集团、任何一个法国区域;不要遗漏儿童时代、老年时代、成年时代;不要遗漏政治、法律和军事生活。基础是人的心的世界,是社会关系的历史。不是空想出来的事实,而是到处发生着的事情。"这里说的是社会生活的全部历史和全部现实的图画。本文不打算去争辩风俗画所包含的内容,有一点却对创作有着共同的启示:文学创作在描摹风俗画方面,有着广阔的开拓领域。

原载《中州学刊》1983 年第 5 期

侉子群像首创与民族灵魂发现
——论李准《黄河东流去》的历史价值

徐其超　吕豪爽

《黄河东流去》是第一部由少数民族作家创作而获得茅盾文学奖的长篇小说。李准的这部作品的上集 1979 年由北京出版社出版,下集先发表于北京十月文艺出版社《长篇小说》丛刊第 5 期,后由该社出版。第一届茅盾文学奖中未能进入评奖委员会的视野,然而时隔三年便获得茅盾文学奖这项我国的文学大奖并列于榜首。时间又过去 20 年,20 世纪 80 年代获茅盾文学奖的那些长篇小说多半被人遗忘,特别是那些新闻报道式的"问题小说"更是"速朽",能够发现的意义愈来愈寥寥,倒是反响一向不热烈的《黄河东流去》依然继续保持着一定的影响和价值。

读过《黄河东流去》的人也许对具体故事情节记忆模糊了,但对作者所描绘的那幅巨型流民图,对图中那一群"河南侉子",对那一系列中原农民形象不能忘,不会忘。相信,今天有谁愿意去浏览一下《黄河东流去》,那侉子群像也会久久地留在心中,并引起思考。可以这样说,有的作家虽然还活着,作品及其人物早"死"了;李准虽然过世了,其侉子形象还活着。侉子群像的首创是《黄河东流去》最大的成功。

"有头有脸"的侉子群像再现

李准在《黄河东流去》中约略写了河南省中牟县赤杨岗十几个家庭的 98 个人物,重点写了 10 个家庭的 30 多个人物,他们是李麦(海青牛的妻)、海天亮、嫦娥、海老清、海大娘、爱爱、琴琴、海长松、杨杏、秀兰、玉兰、小建、小强、徐秋斋、王跑、老气、蓝五、宋雪梅、梁恩(梁晴的父亲)、梁晴、海春义、马凤英、陈柱子、老白、海四圈和皮柿花等。首先我们要指出一个被人忽略不曾发现不曾提及的重要事实,那就是这些家庭多系海姓,如海天亮、海老青、海长松、海春义、海四圈等等。作品开头即交代:赤杨岗村里姓海的贫苦农户有几十家,村里的地主兼保长海南亭也是海姓,而赤杨岗的海姓是与海瑞同一个宗族的。李准着意安排了一段对话：

爱爱问："爹,这个老海瑞和咱是一个海字不是?"老清说："怎么不是？过去你爷爷就给我们讲过,咱赤杨岗姓海的这一支,就是海瑞的后代。别的姓海的都是小教不吃大肉,唯有咱这一支海姓是大教,就是老海瑞的后代。"

海瑞的曾祖父名海答儿,是波斯人常见的姓氏,也是中国穆斯林常用人名。海南岛海姓多回族。海瑞的族别问题可以说是定了案的,《辞海》即确认海瑞是回族。作为"老海瑞的后代",赤杨岗海姓人家属回族应该是没有疑义的。不仅海姓,作品中的蓝五、马凤英等,我们也可从姓氏文化着眼,大体推断是回族。可见,赤杨岗是一个回族相对聚居的村落,起码也可以叫作回汉杂居村。史家称"元时回回遍天下"、"回回以中原为家",《黄河东流去》人物的族别设定与历史和现实契合。

《黄河东流去》中的农民形象系列有一个共同的称谓："河南侉子"。河南人被称作"河南侉子",用"侉子"一词来形容河南乡民的个性由来已久,但在河南作家里面,最早明确地用"侉子"来对河南普通农民性格进行概括的却是李准。他说："一般人管河南农民叫'侉子','侉'是什么东西？我理解是既浑厚善良,又机智狡黠,看去外表笨,内里却精明幽默,小事吝啬,大事却非常豪爽。我想这大约是黄河给予他们的性格。"他还在访谈中指出："侉,不完全是贬义,包含有爱称,天真汉,幽默感,爽朗,智慧,带有某种笨拙。这是一种气质。"李准在谈论中对侉子性格的内涵的揭示尚不够全面、深刻,但《黄河东流去》作了有益的补充。例如,面子、乞讨是说到河南侉子时不可回避的问题。作品形象显示:不值钱的面子可以丢,人格尊严却必须保持,这是河南侉子的普遍性品格。另外,作品还显示了河南侉子中的回民的一个重要性格侧面:追求清洁的生存。伊斯兰教被称作"清真教",先知穆罕默德训诫穆斯林"爱好清洁"。回民,包括赤杨岗姓海的这一支"大教"也以清洁的精神来支撑自己的人生。

《黄河东流去》近一百个人物谱难以也不必一一列举,但对于颇具代表性颇具特色的人物作一概观却万不可少,试分类说明。

第一类,以李麦、陈柱子、马凤英为代表。他们具有河南乡村人物特别是农民吃苦耐劳的拼搏精神、坚强不屈的生活态度和适应环境的生存能力。他们恪守质朴、淳厚的传统美德,又能不同程度地突破传统的价值观,如面子观、择业观、贞操观等,从而显得胸襟开阔——宽容、豁达、大度、豪爽。

李麦,中原农村中的劳动妇女。李麦有着一般河南侉子逃荒要饭的屈辱、苦难经历,但这除了锻炼她吃苦耐劳的坚韧意志,不曾损害她的人格尊严,相反更激发她昂首挺胸做人。正如她对新四军秦队长所说:"别看我是个挎了半辈子要饭篮子的穷老婆子,我们穷人老坟里不长弯腰树,就是磨扇压在身上也不会弯腰。"海骡子先后折磨死她的父亲和丈夫,她也不曾屈膝、认命,坚信"天不转地转,山不转路转",总有一天她要报仇雪恨。面对被抓去给日本人当劳工的厄运,她鼓动难民抢船分粮西渡。女儿嫦娥和未婚儿媳梁晴失散,不知去向,她忍痛留在水泊荒村,与新四军共患难,并送独生子天亮参加新四军。李麦是坚韧、乐观、坚强的,又是热情、泼辣、豪爽的。黄水席卷赤杨岗村,她先行安排天亮照顾孤寡老人申奶奶和周济特困户海长松,又慷慨无私地帮助海春义和马凤英"水上成婚"。老清的长女爱爱被迫答应国民党军洛阳留守处处长关相云的婚事后,把贞操献给有情人彦生,并怀上了孩子。李麦不顾险恶,直闯莽汉官邸论理,帮助爱爱解除婚约,维护了爱爱"自己的事自己当家"的权利。李麦的刚强、豪爽已达到挑战命运,勇于奉献、牺牲的高度。

陈柱子,是一个农民饭铺掌柜。他见利不忘义,像豪爽的李麦一样,怀着亲切淳厚的感情搭帮、救助乡亲邻里,慷慨地收留走投无路的海春义夫妇,"情是情,分是分"地让凤英"吃一份账",教春义学经营,替他找活儿干。听说蓝五和雪梅出事,他连夜奔赴洋河岸边,出钱买棺材,替他们料理后事。陈柱子精明能干,从实践中掌握了"市场学问",提炼成"陈柱子的哲学",而他的这种"哲学"是和积淀在民间的儒家的仁义礼智信,和农民的勤劳、质朴、淳厚的美德内在地联系在一起的。他说"名誉就是钱"、讲究货真价实、足斤足两,实际就是讲诚信、讲良心。他说"时间就是钱","把每分钟都安排在赚钱上",不游手好闲穷聊天,更不嫖不赌,实际就是保持了农民克勤克俭的本色。

马凤英,农民饺子馆女老板。她受李麦、陈柱子的耳濡目染,懂得许多渗透着新的识见的人生哲学。李麦说:"人命要紧,面子值几个钱一斤?"凤英也用"面子值几个钱一斤?"的民谚来抵御和抗拒从小农经济提升出来的面子观和价值观。认为沿街吆喝做买卖并不"丢人败俗",商业经营竞争也不是不讲义气,而是天经地义。凤英热情、漂亮、聪明、灵巧,"嘴角眉梢总带着三分笑容,具备着当老板娘的天然条件",一旦由"上地"转而"下海",便很快成长为驾驭市场和金钱魔鬼的精灵,表现出惊人的智慧和能力。和丈夫海春义分手后,凤英大病一场,还特地托人给春义捎去半两黄金,说"饭铺有春义一份",多情重义,落落大方。

第二类,以海老清、海长松、海春义为代表。他们是最地道的中原回族农民,与土地相依为命,对故乡热土怀有深沉的眷恋,情深胜母。植根土地,恋乡重土,对于他们恰似双刃剑,一方面使他们质朴、浑厚、勤劳、善良、清白、正直,甚至集汉回传统美德于一身;另一方面,又使他们封闭、保守、落后,成为传统农耕文化的决绝守望者,离开土地,他们便"百拙无一能"。

海老清,赤杨岗上的庄稼筋,做农活的好把式。受农本思想束缚,海老清把种地以外的营生统统看作不务正业,尤其把大女儿爱爱说书唱戏看成是卖艺,是下九流,是奇耻大辱,丢了祖先的脸,"我死后不能进姓海的老坟了",从而导致父女俩激烈的冲突。终因无法保持心中的那一块"净土",老清只得退避到自以为洁净的伊川县农村,租种地主的土地,落得饿死的悲剧结局。然而老清一生善良、正派、刚直,自己不做亏心事、缺德事,也不向恶势力低头,清清白白地种地、做人、传家,直着腰种地、做人、传家。对海骡子派"差车"不公,仗势欺负小户,他敢提抗议;对崔副官持枪耍横,他敢说"不服"、"永远不服"。海老清的高尚人格源于回民族的尚洁尚直精神,特别是其老祖宗海瑞的刚直不阿精神。老清赴伊川,对前来送行的爱爱说:

你爹姓海,你也姓海,姓海的老坟地里不长弯腰树。人人要活得干净,活得清白,活得正直,活得有志气!

这是海老清对女儿的遗言,是回民族的传家宝,也是海老清本人的人生写照。

海长松,赤杨岗上农民中最能干活的中年汉子。"地最主贵,地是根本",是长松的信条。为了使五个孩子不挨饿,他不惜忍痛拿出推盐积攒的和卖生猪、变卖家具的钱买地,而那地是得知要扒黄河的地主兼官僚海四维落价抛出的,长松受骗上当,刚刚到手便被黄水吞噬。困顿在洛阳,他靠拉黄包车养家糊口,干这种营生既要同顾主讨价还价,又要与同行竞争,他没有这种本事,还从本能上反感和抵制。求生无着,最后竟以不同方式狠心地卖掉了三个女儿。长松与老清"上着一个海家的老坟",有着"当一个正派的农民,当一个干净的农民,当一个清白的农民"的热望,但"他被命运玷污了。他干净不起来,他清白不起来,他也正派不起来"。

海春义,赤杨岗青年农民的代表。春义与老清、长松信奉同一的生活哲理,就是都认为"外乡再好,也比不上咱家乡,千行万行,种庄稼才是正行",座右铭都是"宁肯黑脸求土,不肯笑脸求人"。不同的是,春义更加表现出质朴与善良、聪明与狭隘、固执和笨拙的浊浑。春义心灵手巧,多才多艺,只读到四年小学就能写会算,还能在金瓜上刻画出八仙过海,能把一捆麦秆编成五棚楼的天坛形草帽。但一到城市就变得笨手笨脚、笨嘴笨舌,卖菜不会吆喝,开饭铺不会招揽生意,像"吃了炮弹"似地对待顾客。春义顾脸面,重情义,但他对脸面、情义的看法是颇过时的,认为马凤英不给陈柱子当佣工,自立门号开饭铺就是"太不仁义"、"对不起人";认为开饭铺见人一脸笑是伺候人,是卖笑,是下贱,尤其容不得凤英在生意场合露出的笑容和笑声。"他觉得这些东西都是属于他一个人的。因为他是丈夫,凤英是妻子,凤英的一切是属于他的。"作者在这里入木三分地揭露出封建夫权怎样使"一个男子汉心窄得放不下颗黍子",而狭隘又怎样使一个绝对聪明的人变得糊涂和笨拙,在市场经济面前捉襟见肘。

第三类,以王跑、海四圈为代表。他们是有缺点的农民,私心重,瞎胡编,自吹自擂或游手好闲,好吃懒做,不务正业,常常做着"石头梦"(发财)、"中将梦"(升官),却总是时乖命蹇,在生活中充当二丑的角色,可笑可鄙可怜。但他们有人格高尚的可亲可敬的一面,他们善变,有机谋,有很强的适应环境变化的生命力,还有倾囊相助的侠肝义胆。

王跑是作者创作《黄河东流去》时锁定的中农,其思想性格有两个毛病:自私和狡黠。王跑是纯洁的,其自私是农民小生产者的自私,占小便宜,并不存心损人利己。王跑是善良的,其狡黠是农民式的狡黠,小计谋、小盘算,并不是老奸巨猾、老谋深算、居心叵测,因此,常常弄巧反拙,偷鸡不着倒蚀一把米,落人笑柄。夸海口,吹嘘自己的毛驴长得"俊",想借以提高"脚价",结果把老本都赔了进去:驴被褚元海汉奸队连诓带抢夺走。白马寺打井,挖出蔡邕写的"两体石经",瞎编乱造是祖传的至宝,想以此发大财,结果被专员刘稻村诬为"通共",丢监,以交出古董换命了结。李准写王跑的"幽默传奇",对其自私自利和暴发幻想进行了善意的批评和规劝。王跑的性格是发展的,作者在中农问题上的思维定式也与时俱进地有所变化。在《黄河东流去》下集中,他突出写了王跑在蹉跎岁月中的思想进步,赞扬他除了会种庄稼,还会搞副业,摸索出了捉鱼、捉虾、捉鳝的成套经验,而"经验大死学问",为在黄泛区开展生产闯出了新路。

四圈,海姓破落户子弟。父亲沉沦,母亲出走,四圈从小东游西荡,小偷小摸,成为农村中的痞子。他先后给海骡子及其兄弟海香亭守大门、打杂、拉包车、当牛做马,是不幸者也是不争气者。作者也以幽默乃至嘲讽的笔调写四圈做过"中将梦",交过"桃花运",与爬到中原赈济处处长宝座的海香亭的小老婆刘玉翠通奸,其实也不过当了刘玉翠"炕上的长工"而已,结果被赶到洛阳街头拉破车。但"泥人还有土性子",在河南侉子群中最受人瞧不起的"浑人"、"受气筒"四圈也有其人格尊严和道德憧憬。海香亭叫他拉车送妓女,他顶牛,说:"我是拉包车的,她们算……算……啥人!千……千人骑,万……万人跨!"海长松的幼女小响被卖到妓院,四圈拿出准备租车的全部钱款 30 元将其赎出,说是"咱……咱……咱救人要……要救活"。他这样做是"不能叫孩子们再受这罪",是要"让下一辈孩子干干净净地做人",是不允许农村的故乡、农村的土地这块"圣地"被玷污!

第四类,以徐秋斋、蓝五为代表。他们是中原农村教书先生、民间艺人,与普通农民的命运息息相关,与普通农民的感情脉脉相通,与普通农民一样的质朴、淳厚。但是他们知书达理、见多识广,在进行反抗斗争、克服困难、解决生计方面都比普通农民足智多谋、高出一筹,可谓河南侉子群体中的文化精英。

徐秋斋,穷苦的农村知识分子。他身上残留着旧时读书人讲体面、重身份、摆斯文的弱点,流露出腐儒气息,他宁愿要饭也不去卖洗脸水,说:"我们这读书人,落魄了三条路:教学、行医、算卦。叫我去拧着热毛巾喊着卖,我干不了!就说我这老脸不要,我还得顾圣人的脸哩!"他认为卖洗脸水、伺候人,有辱斯文,而要饭是无伤大雅的,北宋年间洛阳进士、大知识分子"吕蒙正还要过饭呢"!面临严酷现实,徐秋斋也能自觉地抖掉迂酸的架子。病在西安,不忍梁晴、嫦娥挨打受气给自己弄吃弄喝,他便真拄根棍拿个碗上街,在地下跪着,头伏在地上要饭了。他说:"人落魄到这种地步,还说什么脸哩。"但徐秋斋也是"人穷情义不穷",他不畏惧邪恶势力,敢于仗义执言,为穷哥们儿两肋插刀,且能发挥"读书人"善于开动脑筋出点子的优势和特长,以智取为高。他杀鸡取血,创造杨树显圣的神话,恐吓海骡子放弃砍伐村头大槐树的恶念;义正词严闹盐行,弄得掌柜理屈词穷,为梁晴追回被诈的盐钱;用蟋蟀降子小计叫汉奸抠出王跑的驴价;以申冤、状告相威慑,迫使国民党交通部潼关段缉私处长孙楚庭支付雪梅的装殓费——这一切都是"智赚"、"巧取",绝少硬拼。徐秋斋不要回报地去做这一切,是因为他觉得"情理不顺",气愤不过,不站出来行侠仗义不足以解心头恨。

蓝五,民间吹鼓手,农民艺术家。母亲去世时给蓝五留下的是一只要饭的空篮子,后来被一个响器班子收留,他变成了流浪艺人。蓝五也是有良心、有德行的,而没有奴颜媚骨。如果说徐秋斋主智的话,蓝五则主情,感情真挚、真诚。当陷进地主家的火坑——"嫁了个二十多岁还尿床"的傻男人的宋雪梅决定嫁给他时,他当机立断,爽快答应和她一起"私奔"。被"定罪"为"拐带妇女"关进监牢,险些被孙楚庭害死,出狱后不改初衷,恋情依旧,拿着一支唢呐要饭,串遍西安城几百条街道找雪梅。最后以殉情了结心愿,梁山伯似地与雪梅生不能在"阳宅"相聚,死也要在"阴宅"共眠。至死靡它的坚贞爱情悲剧表明,蓝五是一个肝肠赤热的铮铮硬汉。

从上述四种类型,我们看得很清楚,《黄河东流去》在中国现当代文学史上,首次创造性大规模地提供侉子形象系列,照作者说,他们"有头有脸",即性别、年龄、民族、出身、特长、个性不同而又共有中原乡村民众总体特征,这是作品在艺术上至今无人代替的突出贡献。诚如孙荪、余非两先生所说:"既写出了具有丰富性、复杂性的生活所造就的人物的独特个性,又写出在共同的地域环境、生活条件和精神气候下形成的具有性格特征方面的某种共同性的群体性格。比如徐秋斋的机智、李麦的刚强、海老清的倔强、海长松的厚重、王跑的狡黠、凤英的聪明、陈柱子的精细、春义的固执等,既是把他们个人之间互相区别开的各自特殊的性格,又都是中原农民式的,带有共同的'侉味',与具有类似性格特征的燕赵农民、关东大汉、南方村民、西部老乡区别了开来,在语言声口、行为方式上,以至表情、心理特征上鲜明地区别了开来。论起写农民来,在中国当代文坛上,李准当得起一个大手笔的称号了。"

原汁原味的中原文化呈现

从人类历史前行的总进程观察,人和文化是这样奇妙地双向互动:人创造文化,文化又塑造人,塑造人的文化是人创造的,创造文化的人被文化塑造。一个居民群落之所以构成特有的性格、气质,形成不同的地域人群、地域人格,乃因受特定地域的生产生活方式、风俗礼仪习惯、道德观、价值观、审美观的决定性影响和制约,而不同的生态环境、不同的文化圈归根结底是人的本质力量的外化。侉子性格也是历史文化孕育的。如农耕文化和儒家礼教熏陶了河南侉子那近乎笨拙的质朴、厚道,近乎迂腐的善良和近乎偏狭的执着。中原腹地的河南长时期作为全国政治经济文化中心及战乱频繁的地区,贫困动荡,聚散无定,这使河南侉子变得机智、狡黠、刚强、乐观、务实、刻苦耐劳、适应力强等。李准说:"侉劲不知什么时候以及怎样形成的。中原的山水、阳光、蓝天、亮星,影响了人的视野、胸襟。战乱灾害、跑反逃荒,锻炼了人的适应性。地方戏曲、豫剧、坠子等的旋律、曲调,培养了人的热情。"这话当然不能具体地概括侉子性格形成的全部原因,但它表明李准对于生成"侉子性格"的问题已有明确的意识,因而在《黄河东流去》中,他并不止于一般地解剖侉子性格,而还致力于开掘和表现侉子性格结构积淀的文化基因,揭示形成"侉劲"的文化底蕴,从而突出和升华了阐释文化精神特别是中原文化(狭义,单指河南)精神的思想主题。

《黄河东流去》写黄泛区难民的流浪历程围绕着"家"展开。黄水吞没了赤杨岗村的土地和房屋,十几户村民退守沙岗只用一个下午的时间,便像变戏法似地在其上搭起了方顶凉棚、西瓜庵子、"虎坐"、"船篷"等各种各样的简单房子,以作临时家居之用。不退的黄水迫使他们逃荒,他们便以路为"家"。即使家人失散,乡亲近邻之间同舟共济也要采取家庭模式。徐秋斋和梁晴、嫦娥在西安车站旁搭个窝棚,拾掇得"像个住家户的样子",亲如爷孙。留在黄泛区的李麦和新四军干部一样住在一起,也以草庵、窝棚、土地庙为家,像"亲母女一样共同生活着"。日本侵略者投降,他们得到的"胜利果实"是回归故里安家,于是,"不到两天工夫,一间间草房茅庵出现在赤杨岗的荒地上",这些茅屋除了有"凉棚式"、"船篷式"、"虎坐式",还有"鞍桥式"、"大窖式"以及蒙古包式的"谷垛式"等。

四堵墙两扇门仅仅是家的外部标志,并非严格意义上的家。家庭,以婚姻和血缘为基础,而维系尚需靠人伦秩序和道德规范。家庭是社会的细胞,从文化学的视角看它是一种独特的文化圈,文化总是要有所附属的,只有经由"家",才能作为一个实体而存在。由于在中国,家与乡、家与国同构,家文化圈差不离就是地域文化圈、中国文化圈的缩影,具有"全息"的性质和特点。《黄河东流去》写赤杨岗村民与其"家"的故事,就是写河南侉子与中原文化的联系,就是写中国农民与中国宗法农耕文化的联系。家园被淹没的时候,他们爬上山岗很快建立"家庭雏形";当变成一群无家可归的流浪者的时候,他们仍按照家庭模式生活;最后是"还乡","回老家开荒种地"。"八年离乱"历程表明河南侉子们把中国传统文化,确切地说把中国传统文化笼罩下的特定地域文化——中原文化作为他们的精神家园、理想之乡。

中国传统文化是典型的宗法制农耕文化,在意识形态领域则是以伦理为本位,儒家思想为统治思想。中原文化的特点,就在于它以宗法血缘关系为纽带的伦理道德情操为基本要素,是宗法农耕文化的基地,自然也是孔孟孝悌忠信、礼义廉耻的伦理道德精神的基地。把三纲五常纳入理的范畴的宋代理学的奠基人程颢、程颐还曾在洛阳讲授儒学,号称"洛学派",以致有文人学士把伊、洛之滨比之为孔孟家乡的洙泗流域。李准在《黄河东流去》中着意让赤杨岗村民置身于特殊的环境,对他们的伦理道德情操进行严峻的考验,结果是:尽管陷入极端艰难困苦的境地,挣扎在死亡线上,侉子们依然保持着传统的道德情操,"人乱伦不乱"。试看流落在洛阳烧窑沟窑洞栖居的两个回族海姓家庭:

海长松一家。泔水煮野菜,大女秀兰、二女玉兰,先给爹长松盛一碗,他是一家之主;然后再给两个弟弟小建、小强盛,因为他们是男孩子;然后给妹妹小响盛,因为她最小,还不懂事;最后轮到她们时,锅里只剩了一点点。姐姐看了看妹妹,把碗推给妹妹说:"妹妹!……你喝吧!"妹妹看了看姐姐,把碗推给了姐姐:"姐姐!我……不饿,你喝吧!"两个人推让着,铁锅刮了又刮、铲了又铲,每人分半碗野菜汤喝。靠着这半碗野菜汤,姐妹俩度过漫长的一天。为着两个兄弟,为着全家不饿死,秀兰跪着求爹把自己卖给人贩子,换回麦子90斤,"它的重量和秀兰的体重同样重"。玉兰则以30元钱相当于60斤高粱自卖其身。姐妹俩所作的牺牲不足以帮助家里度过严冬,快到年关,家里又断炊。长松铤而走险偷军车上的粮食,豁出自己的老命"要从死神手里夺回他的妻儿老小的生命"。当长松被警察打断腿,病倒在床,饿得想把床腿也啃两口,无奈的杨杏不得不把幼女小响也卖掉的时候,还不到18岁的小建、小强又挺身而出,担当起男子汉大丈夫寻妹赎妹的重任……

海老清一家。老清膝下无子,对两个女儿爱爱和雁雁爱得像掌上明珠,从没有打骂过她们,不管家里多困难,过年总要给她们买袜子、头绳、扎花灯。两个闺女也对老清体贴备至。老清说:"雁雁,我老了,一两个月没有吃过一顿面条,我不会擀。"雁雁就收拾好包袱,跟着老清从洛阳到伊川农村。她没日没夜地和老清一起扑打飞蝗,老清累病了。她把细面收出来供养她爹吃,把带麦皮的粗面拍成锅饼子自己吃。粮食不够吃,她让老爹吃饱,自己菜汤当顿。雁雁作为一个姑娘,还代她爹扶犁耕地,最后含泪为老清送终。爱爱在说书问题上与老清有观念冲突,但对老清同样地贴心关爱,恪尽孝道。而老清在临终前也后悔自己对爱爱"太严","她没有罪"。作品赞得好:"农民们的天伦之爱是无声的,是质朴的,他们没有动听的言语,没有热烈的表情。但是他们的爱是深厚的,深厚得像地壳里边的岩浆,他们把炽烈的热埋在地层深处,又用这些热量催发着万物,给大地以生命。"

房子和墙壁创造了家庭,房子和墙壁也发展了人类的爱情。爱情是最能表现一个人的个性和品德的镜子。河南伢子人家的品德经得起作者举在手中的爱情这面镜子的光照。也试看几对情侣的感人故事:

梁晴与海天亮的黄河恋。梁晴和天亮在共同驾船穿越鬼门峡的惊涛骇浪中播下了爱情的种子。千难万险追赶到寻母口,梁晴找到了跳水从日军枪口下逃脱的天亮,但葫芦湾抢粮以后,二人再度失散,音信隔绝。为了防止流氓恶少的骚乱,梁晴把姑娘发辫盘成"婆娘髻",发誓:"姓崔的就是用钱把我埋起来,我也决不嫁给他。我要等天亮。一年等不来等二年,二年等不来等三年……"离乱八年,梁晴苦苦等了八年,终于等到圆梦。海枯石烂心不变,已婚标志的盘髻对于梁晴则成了她爱情纯洁忠贞的标志。

蓝五与雪梅的唢呐恋。恩格斯说过:"没有爱情的婚姻是不道德的婚姻。"同样我们也可以说真正的爱情才是道德的。雪梅随蓝五"私奔"是他们冲破封建牢笼,争取自由、幸福、爱情和做人权利的大胆抉择,但这对恋人在逃跑途中,住店、吃饭均以兄妹相称相处,不容自己在两性关系上有任何苟且。直到他们自己主持在山野拜完天地,举行结婚仪式,蓝五才第一次疯狂地吻妻子。蓝五和雪梅的婚恋无论在实质上还是在程序上,也不论从新道德还是从旧道德看,都堪称"经典"。

徐秋斋夫妻的生死恋。大荒年,徐秋斋的妻子宁愿自己活活饿死,却将一瓦罐麦子埋在炕席底下给丈夫留着,因为她害怕徐秋斋回来饿死。而徐秋斋则在妻子饿死后终生不再娶,尽管当时他还年轻,刚满43岁,不少人劝他续弦,他均婉拒。表示自己的弦没有断,心上"刻"着亡妻的形象,再也容纳不下其他任何女子,从而现身说法:"夫妻情就是互相牺牲!"

从总体上看,中原农民群体属道德型人格。徐秋斋说:

什么叫良心?良心就是一个人的德行、一个人的胆气、一个人的勃筋和脊梁骨,人有良心就活得仗义,活得痛快,什么都不怕,他没有亏心!

徐秋斋的至理名言与海老清用伊斯兰——阿拉伯惯用语汇表述的"人要活得干净,活得清白,活得正直,活得有志气"的人生哲理相互申发、相互辉映,是对河南侉子伦理精神道德情操及其所产生的精神力量的传神写真,也是对中华民族传统道德情操及其所产生的精神力量的最朴素、最中肯、最符合实际的概括。

李准对传统伦理道德并非持全盘肯定态度,他写儒家的仁义观、贞操观、廉耻观对海老清特别是海春义的束缚,就表明他写《黄河东流去》确实"是把伦理的精华和糟粕拣了拣"。

文化如人类参天大树上的硕果,由外壳和内核构成,二者既联系又统一,内核文化如宗教伦理道德精神必然外化为一定的行为方式,定格为带某种强制性的群体行为方式,而外壳文化如风俗习惯礼仪以及民间文艺等则承载着宗教传统道德精神,沉淀着一个国家、一个民族或一定地区的人们的"集体无意识"。因此风俗民情是瞭望国家民族地域文化包括其内核文化的窗口。《黄河东流去》打开了这扇窗口,突出地描绘了一幅幅风俗民情图画,如祈雨"晒龙王"、迎神赛会"罢农"、过春节吃"猪头糕"等,都具象化地呈现出中原地区的农耕文化、儒家文化特征。其中婚丧嫁娶仪式,特别是海春义和马凤英的"水上婚礼"、蓝五和雪梅的"野地婚礼";对民间文艺审美情趣,特别是对河南地方戏剧、戏曲的欣赏习惯;淳朴的民风,特别是取名、接待客人的老习惯尤写得精彩,极具特色和文化意蕴,反映出河南侉子的文化心理结构。

结婚仪式是中国各地都非常看重的大礼,其程序在整个汉族地区大同小异,要"推陈出新"难度很大,李准笔下春义和凤英、蓝五和雪梅的婚礼却是特事特办,写得极富特色。赤杨岗人困守黄水包围、与世隔绝的孤岛,马槐决然驾舟将闺女凤英送到春义跟前来,让他们结婚、"成家",以便名正言顺地同生死共患难。凤英盘髻没簪子,李麦将自己头上的铜簪子拔下给别上。没有花轿坐,蓝五依然用唢呐吹起《上轿调》,用热烈欢快的旋律冲破悲怆的氛围。徐秋斋充当司仪,古诗新词杂糅一本正经地念"关关雎鸠,在河之洲"。新郎新娘拜天地、拜伯父、拜爹娘是在沙岗上磕头,而"洞房"则是四周用麻袋片、席子堵起来的窝棚。众乡邻还倾其所有拼成了一桌"喜宴"。蓝五和雪梅在野地里置办婚礼更是一无所有,花冠是随手摘柳枝、采野花编织的,拜天就是对着自己头上顶着的蓝天,拜地就是对着自己脚下踏着的大地。"水上婚礼"、"野地婚礼"均极简陋,却严格地按照中原大地的婚礼程序进行,一丝不苟,足见"不拜过天地不算真夫妻"的传统道德观念已经深入河南侉子们的内心,成为约束、规范他们行为的生活准则。婚礼的欢快、热烈气氛和浪漫色彩还反映出中原农民的团结、互助精神和坚毅、乐观精神。

中原农民酷爱民间戏曲、曲艺艺术,对那些传统保留剧目更是家喻户晓、老少皆知,热爱到近乎痴迷的程度。李准在《黄河东流去》中生动地写出了河南侉子们的这种兴趣、爱好和风俗特点,并由此而展现了他们的审美情感和审美心理。爱爱主演《海公大红袍》,海老清不仅熟悉海瑞为民申冤做主的故事,还补充了爱爱不曾熟悉的重要情节——老海瑞不怕昏君奸臣,坚信只要自己行为不亏,阎王爷"再厉害的金鞭,也打不成我这无罪之人"。爱爱惊讶老爸"还知道老海这些事,我们那大书上没有这一段"。海老清随口作出解释:"如今说书都是卖钱的,从前的说书都是劝善的。自然不会有这一段。"以"劝善"二字点透传统戏曲的伦理道德取向。牛郎织女星鹊桥相会的美丽传说,在中原大地流传得更广,一些农村妇女还"爱屋及乌",对给牛郎织女搭桥的喜鹊也爱,撒粮食给它们吃表示犒劳。七月七日,豫剧、曲子戏、越调剧院和说书场都要以不同的剧名,或《天河配》,或《鹊桥会》,或《七夕泪》,演绎牛郎织女的故事,而城乡居民也总是照例"一年一度地来看一遍这个古老的故事,为牛郎和织女的不幸叹两口气,掉两滴同情的眼泪,就觉得很满足了"。"七七事变"演唱、观赏《七夕泪》不是巧合,它寓意深刻地昭示世人:"一个创造出用千万'喜鹊翅膀搭起爱情桥梁'的民族能够灭亡吗?"鹊桥,象征着"中国的另一条长城,亿万人民心中的长城,这条长城不是用砖块和石头筑成的,它是用根深蒂固的道德、文明、团聚力、正义感和同情心组成的"。《黄河东流去》写出了河南侉子的文艺生活和善美真结合的审美情趣,并从而准确地揭示出中原地区传统文学艺术审美倾向与道德价值倾向相一致的本质特征。

李准在《黄河东流去》中插写了很多"闲话",但闲话不闲。"闲话"中很大一部分讲中原农村的风俗民情,而且常常和城市的风俗民情对比着讲,有文化厚度。城里人取名讲究文雅、时髦,农村人则不同,"这庄稼人没见过啥,他爱啥就把孩子叫啥名字"。"蒸馍",就是他的妈喜欢吃蒸馍;"铁锅",就是他的爹喜欢一口铁锅;"李麦",就是她娘喜欢小麦,虽然她那一辈子也没有吃上几顿麦子面。城里客人到家递茶水,李麦到西安,徐秋斋还是按"老习惯":"见面先塞块馍,好像咱黄泛区的人,整天都披着饥布袋似的"。在洛阳,老清蹲一会儿席棚,人家就叫他给两毛钱,而在农村遇到过路投宿的,总要给人家领到个草屋住住,第二天早上不说管饭,也要送盆洗脸水,谁也不会向人家要钱。这些虽是习惯性细节,却能从中看出中原大地的"风俗淳",徐秋斋说得好:"这就是乡下人的民情厚道。"

文化系统从规范功能看,包括社会道德体系、法规制度体系和风俗习惯体系。《黄河东流去》主要扣紧伦理道德、风俗习惯两大体系,揭示作为中国传统文化有机组成部分的中原乡土文化的本质和个性，它是典型的从农业宗法社会里生长出来的伦理型文化。作品对河南农村生活方式和价值准则写得真实、自然，相当地接近原生态，确系有声有色、有滋有味。作者还善于吸纳民间口语，化为自己的血肉，自然而然流泻于字里行间。作品又大量地运用河南地区的方言、土语、俗谚和民间歌谣，如"不当和尚不晓得头冷"、"不逃荒不知道出门难"、"美不美，泉中水；亲不亲，是乡邻"、"笑脸求人，不如黑脸求土"、"力气是压大的，胆子是吓大的"、"再破旧的窝，也比笼子好"、"第七次跌倒，八次再爬起来"、"逃荒八年回到家，看见土地想叫妈"等作画龙点睛用，它们承载和传播着浓郁的中原文化气息，更使作品对生活的描写地道地河南化了，给人以原汁原味、如入画境的审美感受。

李准说这本书本来想叫《黄河风情》，就是写黄河岸边的风土人情。在写这部书时，我经历了返璞归真的过程。从小说中可以看出我对乡村生活的依恋，有意识地回到质朴中去，回到自然中去，流露出我对故乡、对大自然的依恋和歌颂。李准所谓"黄河风情"就是黄河文化、中原文化。李准之于中原文化，正如刘绍棠之于京郊文化、陈忠实之于三秦文化、张炜之于齐鲁文化——深厚独特的地域文化，使他们的创作个性卓异，在中国当代文坛上散发着不可代替的魅力，而他们的努力也为各地蕴藉深沉的文化精神提供载体与舞台。

有情有义的民族灵魂发现

河南自偃师二里头文化以来，在先秦曾产生过道家、法家、墨家、名家、杂家的诸多代表人物，如商鞅、吕不韦、李斯、墨子、庄子、老子、韩非等，在汉唐产生过贾谊、张衡、韩愈，在宋元如前所说产生过理学代表人物程颢、程颐……我们完全有理由说，中原文化是中华民族传统文化的龙头、缩影和典范，有时甚至会超越自身而成为中华民族古老文明的象征。因此，对中原文化的观照也就是对整个中华文化的观照，而对中华文化核心和本质——对其精华的观照，也就是对中华民族深层心理结构、对中华民族精神气质的观照。李准正是基于对民族文化与民族心灵的内在联系的深切把握来酝酿构思自己的作品的。《黄河东流去》开宗明义：

……我们这个社会的细胞——基层的广大劳动人民，他们身上的道德、品质、伦理、爱情、智慧和创造力，是如此光辉灿烂。这是五千年文化的结晶，这是我们古老祖国的生命活力，这是我们民族赖以生存和延续的精神支柱。

各阶层普遍认同的凝聚力和促进社会物质与精神生活全面发展的活力是

评价先进文化的基本准则。伦理精神是中国社会的核心精神,道德是中华民族文化中最有特色的一环,它们是中华文化凝聚力之所系,从孔孟起历代哲学家、思想家、政治家均主张用这种人文精神去调整个人与个人以及个人与社会的关系。"仁与义,为定名;道与德,为虚位。"道德准则调整个人与个人以及个人与社会的关系,合理地对待人与人和人与社会的责任与义务的问题,实质就是我们的民族一直提倡和重视的仁义问题。韩愈《原道》说:"博爱之谓仁,行而宜之之谓义,由是而之焉之谓道。"《黄河东流去》在开掘中华民族由德、智、勇组合而成的心理结构的时候发现并彰显了民族精神中最基础的东西,即对仁义道德、忠孝节义的崇尚。还在《黄河东流去》上集出版之初,评论界就称道作品"最突出的成就,就是以独特的艺术风格,对我国劳动人民的精神面貌和崇高品质作了生动的描绘"。寻母口截船抢粮,沉淀着深厚的"智取生辰纲"式的智和勇,但徐秋斋、李麦等人的智和勇是和义相联系,是被"情理不顺,气死旁人"的义气所激发,为侠肝义胆作支撑的,智愈高、胆愈壮,义愈闪光。徐秋斋等人的义也不局限于为朋友两肋插刀,更有"伯夷、叔齐宁可饿死也不吃周武王的一颗粮食,咱们中国人就不能给日本人干活"的民族大义。

在中国,农民和农民知识分子是传统美德的代表者、中华魂的集中体现者。除此,李准在《黄河东流去》中还匠心独运地发现并写出了回族——扩言之,中国各少数民族也恪守着严谨的人伦观念和道德规范。固然,少数民族的习俗风尚有其特殊性,但在讲礼节、重亲情、崇尚人与人之间至敬至仁至慈至孝等伦理道德方面是相同的。海长松一家的母子、父子、母女、父女、姐弟、兄妹之间血浓于水的亲情,海老清和爱爱、雁雁之间父慈子孝的骨肉深情,以及海长松和老清婶两家在烧窑沟的互相关注,海四圈对小响的救助的乡情、友情,无不是回族人民高尚的道德情操、纯美的灵魂所焕发的光彩。

赤杨岗村十余户人家从洛阳到西安逃难路上"人乱伦不乱"的经历显示了数千年形成的道德情操,和以舍己救人为乐、团结友爱为美的理想信念,对于抵抗突如其来的灾难和打击是一股不可战胜的力量。他们历经八年离乱而终于挣扎返回家园,正源于患难与共的互助精神、为情义而舍生忘死的牺牲精神和坚忍不拔的苦斗精神的支撑。李准从黄泛区难民身上开掘和表现出来的中华民族的道德精神具有历史的穿透力和纵深感。"夫人揭发首长,儿子检举老子,青梅竹马、至亲友朋成了生死对头,灵魂当了妓女,道德成了淫棍。""文化大革命"中这样的事确乎常有,实际上亿万人民的心并没有变硬变黑,他们的良知依然存在,凭借这种精神道德力量,我们的国家民族度过了那场史无前例的浩劫。同样,2003年抗非典也是靠了"万众一心,众志成城,团结互助,和衷共济,迎难而上,敢于胜利"的精神支撑。一言以蔽之,几千年历史发展的长河孕育的道德品质和意志力量铸成了中华民族延续和发展的精神支柱,只要爱国心、同情心、团聚力和勇于奉献牺牲等道德精神存在,我们的祖国就会经得起一切波折、困苦和磨难,任何力量也摧毁不了。

长篇小说作为民族心灵的秘史,理应深入到心灵精神的领域。但在 20 世纪中期的中国,"文艺拴到政治的脖子上了",民族的灵魂被从文学的园地放逐。新时期作家开始由偏狭的政治视角提升到比较宏阔的文化视野,日益明确而自觉地追求民族灵魂的重新发现和重新塑造。但"转轨"非易事,在 80 年代初,即使是生活气息较浓郁的、文化色彩较鲜明的《芙蓉镇》、《钟鼓楼》等茅盾文学奖获奖作品依然着力于政治角度的描写,演绎反思和改革的主题,尚未能深入到文化的内核即人的灵魂。《黄河东流去》也与时代精神共振,为民族振兴提供精神力量,但不是诠释政治理念。李准把黄泛区难民置放在洛阳、西安、咸阳等黄河岸边的历史文化古都,在城市和乡村的对比中,展现中原乡土乃至半个神州的生活相,力图写出中国特定时期的百科全书,张扬中国农民的乡土文化心态,并通过他们体现中华民族独特的精神气质。《黄河东流去》中的徐秋斋、李麦、蓝五、马凤英、陈柱子、梁晴、王跑、海春义、海老清、海长松等人物形象无不在一定程度上体现民族之魂,而他们合起来则在总体上显示民族之魂的神姿丰采。作品将他们推向流亡之途,在饥饿、死亡线上展开一个又一个河南侉子的不同命运,通过与命运的搏斗展开心灵,通过个体心灵展开群体心灵,通过群体心灵展开整个中华民族的心灵,就这样,《黄河东流去》成为一段时期内对民族之魂的把握、开掘和彰显相对更深刻更宽阔的一部长篇小说。

抒写民族灵魂与现实主义美学追求不可分。"生活是怎么样就怎么样","我塑造这些人物并不是自然主义的苍白照相,她'美于生活'、'真于生活'——《黄河东流去·开头的话》打出的旗帜标志着作家对现实主义精神、原则的新的觉悟和新的美学理想。正是这样看似朴素而实则是经验教训总结的清醒的现实主义和美学追求,导引着作家走进平凡世界,向着普通农民的生存状态逼近,向着他们的心理精神深层开掘,使善、美、真的灵魂得以呈现。雷达在谈到 20 世纪 70 年代末和 80 年代初的文学思潮和创作时分析得很透彻:"……堆积得厚重的极'左'观念,以阶级斗争为纲,和'塑造无产阶级典型为根本任务'的旧文学模式还在继续压迫着文学,因之,正如在政治领域不得不举起'实践检验真理的旗帜开路一样,在文学领域也不得不举起'写真实'的旗帜冲刺。艺术的真实性标准不过是艺术诸标准中最具基本性的一个,但是,当时只有借助'真实性'的威力,才能使奄奄一息的文学起死回生。新时期文学的最初阶段,是从'观念化'向'世俗化'的演变。于是,我们的文学开始向着普通人的血泪真情向着我们民族真实的生存境况的'出发点'回归。于是,在那伤痕累累的地平线上,人们突然窥见了民族灵魂的蠕动。"李准的《黄河东流去》在中国当代文学现实主义发展道路上的地位和作用是评论家文学史家们充分地加以认定的,他们把作家艺术视野投向广阔的生活天地,把艺术视点射向人们的精神世界,揭示民族赖以生存、延续和发展的精神支柱,归因于现实主义精神原则的恢复和深化。谢永旺指出:"《黄河东流去》的成功,是现实主义生命力的复归和发展,是我国当代文学之河在一度回流之后的奔腾飞跃。"需要强调的是,写作、出版于基本同一时段的《许茂和他的女儿们》、《芙蓉镇》等优秀长篇小说也都实现了现实主义艺术的回归,向前推进了现实主义,但仅突出表现为一扫过去农村题材小说写"两个阶级两条道路两条路线斗争"的瞒和骗,替农民说了话,反映了农村的真实生活,写出了农民的命运,而《黄河东流去》则发现和写出了更内在、更深邃的东西,也是在不同的历史时期、在不同的社会条件下相对恒定的东西,那就是民族兴衰存亡所系的精神气质,其开拓创新意义是深远的。

  时间锁定了《黄河东流去》的成就和艺术价值,也锁定了它的时代和历史的局限,主要是社会理想和价值尺度比较陈旧,对民族灵魂的开掘还缺乏深度,对其整体把握则缺乏高度。具体说有以下三点不足:

  一、简单地看待了道德的意识形态上层建筑的性质,未能充分地写出民族性与阶级性对立统一的社会文化心理。精神文化的大部分门类(除自然科学)属意识形态上层建筑,所以在阶级社会总是存在着剥削阶级和劳动人民两种文化。特别是伦理道德情操阶级性鲜明,阶级不同,其伦理秩序、道德标准和道德观念也就不同。《黄河东流去》突出道德的阶级性不违背两种伦理道德情操的分野,符合客观历史生活的真实。但有阶级性不等于唯阶级性,不同阶级之间还有共同的或相通的道德价值观念、共同的行为规范。这是文化的普适性。然而,在《黄河东流去》中,海福元为富不仁,海南亭凶残狠毒,海香亭贪污腐化,海四维以邻为壑,周青臣伪善冷酷,刘稻村污良为匪,孙楚庭草菅人命……总之,地主官僚、剥削统治者统统是坏蛋,而站在他们对立面的普通农民、那些河南侉子,则统统以"他们身上闪发出来的黄金一样的品质和纯朴的感情"令人敬佩和感动,即使有精神负担,也在互助和受难中摆脱了。这就有按阶级成分一刀切、定人性善恶功罪的嫌疑,有悖于民族心理素质大于"阶级性"的客观真理。"简单的阶级定性,使得作品中人物关系的描写趋于呆板和简单,影响到更丰富内容的表现。世界上本来就难以从绝对出发去确定好人和坏人,而认定富裕的就是坏人、贫穷的就是好人,更是一种简单化和公式化的处理,使得《黄河东流去》难以比较深刻地表现出历史与文化的蕴涵,也表现不出抗战期间的复杂关系。"

  二、对传统文化的负面价值挖掘不深,未能充分地写出农民灵魂的内在冲突。中华民族的文化传统,有黄河那样伟大深厚的优良传统,也有长期封闭、愚昧、落后的传统。中华民族的根,有优根也有劣根。李准在《黄河东流去》致力于寻找扎根于祖国大地深处延伸滋长的优质根即民族的精神支柱,同时也写出了像黄河泥沙那样淤积在农民身上沉重的精神负担——"那些落后和愚昧的封建意识"。但是由于作家所依据的社会理想和价值尺度比较陈旧,作品对河南侉子所代表的农业文明过分眷念和热爱,因而对传统文化的正面价值"褒"得多了些,而对其负面影响,如狭隘的小农意识、落后的封建意识等,"贬"得不够,没有充分写出中国农民灵魂内在的两极或多极冲突。这种冲突不应停留于"一斤脸面值多少钱"这样要不要脸面的浅表层面,而是小生产意识与商品经济意识的冲突、新旧思想道德观念的冲突。这类冲突的走向预示着社会文化由传统向现代的转型。

三、全知全能的教化过多,未能充分地通过人物形象整体表现灵魂。《黄河东流去》中在长篇小说文体上没有什么创新,谋篇布局继承了《水浒传》的链条式艺术结构,有层次地安排一章或数章集中表现一个或几个人物。风格恢复了李准惯有的幽默感,只是显得比先前更深刻,机智的笑声里带着沉郁的、悲愤的音调。李准在《黄河东流去》中也尝试着创造一种"议论风格",试图以此加强"哲理性",但并不成功。作品中的许多论说未完全与作品中的血肉形成割不断的联系,因而不能很得体地透视深邃的灵魂,或者不是表现灵魂,而是讲解灵魂,显示出一种说教味,降低了作品的艺术品位和欣赏价值。河南作家乔典运写中原文化的负面影响,对河南侉子文化心理的根性进行哲理性的探究,就不是由作家站出来演讲,而是运用抽象、象征、夸张、变形、隐喻等手段,把他对乡土文化心态即中国农民灵魂的拷问所得的结论化为整体的寓言,这样的形象概括和思考深得现代艺术真谛。

原载《西南民族大学学报(人文社科版)》2003年第12期

《黄河东流去》的民族化特色

朱 兵

我国无产阶级文学发展史,有优良的民族化、大众化传统。建国以来,赵树理和老舍同志以他们十分鲜明的民族化、大众化文学创作,赢得了"人民作家"的光荣称号;梁斌同志以他史诗性鸿篇巨制《红旗谱》的强烈的民族化特色,在广大读者中产生了巨大影响;姚雪垠同志的历史小说《李自成》,为民族化的新文艺谱写了新篇章;最近我们又高兴地读到了李准同志的具有鲜明民族色彩的新作《黄河东流去》。

《黄河东流去》是李准同志在电影剧本《大河奔流》的基础上,以同样题材创作的长篇小说,现在已经由北京出版社出版了上册。从电影到小说,李准同志不是简单地改编,从人物到故事情节的创作都是全新。它是一部具有中国作风和中国气派的优秀作品。

鲜明的民族人物性格

"每一个民族,都有自己的生活,自己的精神,自己的性格,自己的对事物的看法,自己的理解方法和行动方法。"(别林斯基)一部具有民族化特色的文学作品,不仅要真实地反映出民族的生活、风俗,具有浓烈的民族色泽,而且还要反映出民族的性格、民族化人物的音容笑貌。在民族化的典型环境中,活跃着民族化的典型人物,这是《黄河东流去》民族化的一个特色。

小说所描写的王跑是中国小农经济的汪洋大海中孕育出来的一个典型。他自私,长着一个"钱串儿"脑袋,蚊子飞过他都想扒层皮,他又会木匠手艺,为赚钱,能钻营,能吃苦,他对赵公元帅礼拜最勤,就在黄水滔滔、无家可归的日子里,他也没有忘记发财的打算。但是,命运并没有安排他发财的前途:用毛驴赶脚,没赚到几个钱,被国民党匪兵连驴骗走;在白马寺,"石头美梦"没做成,反而被抓进监牢,几乎送掉小命。书中所写王跑的活动并不多,但给人的印象却十分鲜明。王跑的性格,是在中国长期封建社会,在根深蒂固的小农经济的土壤上,生长出来的土特产。他无害人之心,只有发家致富的观念,他的发财理想,充其量不过是想自己的生活过得富裕点。中国的农民，几千年来生活境遇实在太苦了，希望稍稍改善一下生活地位的念头，又能算得了什么罪过？可是，在暗无天日的国民党反动统治下，王跑这点小小的愿望也是无法实现的。因此，王跑想发财而不能的悲剧，就不再是王跑一家一户的悲剧，而是历史和时代所铸成的社会悲剧。再一点，就是王跑只想个人发家致富，不关心其他"穷哥儿"的命运如何，这也是造成他的悲剧的一个因素。王跑的性格和命运又证明，在旧社会任何个人奋斗的道路都是行不通的，只有天下受苦人团结携手，一同推翻旧的社会制度，彻底砸碎旧世界，才是求得解放的唯一正确之路。

王跑的性格，虽然具有民族的某些特点，但是他绝不是民族性格的代表。别林斯基说："没有才能而想成为民族性的人，就永远总是俗气的、陈腐的；他也许会把下层老百姓、小酒店、广场、农舍等等的丑恶，总而言之，庶民的全部丑恶正确地摹写下来，可是他决不能察觉人民的生活，理解他们的诗意。"可见真正民族化的作品，关键在于发掘民族生活的诗意、民族性格的美。在《黄河东流去》中，蓝五和徐秋斋的塑造，就标志着李准对民族性格的美的发掘和开采。

蓝五具有一定美学意义的民族性格。唢呐是中国独有的民间乐器，吹唢呐的人叫吹鼓手，这也是中国特有的人物。不过在旧社会，蓝五的唢呐吹得再好，也是永被人看不起的"下九流"。阔人们每遇红白喜事，把他请来，利用他的技艺，为自己摆阔气、讲排场、装潢门面。这种民间艺人，在中国，尤其是在北方农村，几乎县县、乡乡都有。他们的经济地位低下，生活毫无保障，饥一餐，饱一顿，风里来，雨里去，饱尝人间辛酸苦辣。但蓝五为人正派，没有媚骨，没有奴性，有艺有胆。当宋雪梅诚心诚意要嫁给他时，他当机立断，爽快答应和她一块"私奔"。这种民间艺人，虽不同于普通农民，但与农民的命运息息相关，与农民的感情脉脉相通。你看他坐牢出来以后，暂时找不到雪梅，和农民一起躲避黄水之祸的过程中，关系多么和谐、多么融洽。因为他的职业决定，经常出走他县，串游他乡，经历比一般农民多些，见识比一般农民广些，所以他对待生活、解决困难的办法，似乎比一般农民高出一筹。比如，黄水到来之前，他几次劝说赤杨岗的乡亲们"摞筏"，李麦等人接受了他的建议，黄水到来的时候，赤杨岗无论人命和财物就少受损失。在西安，当蓝五到"新声剧团"，生活有着落之后，再遇到徐秋斋和梁晴，还想办法介绍徐去剧团写海报，梁去帮着贴海报，以达到让他们维持生活的目的。可见，他并不是那种一阔脸就变的无耻之徒。这种典型，是李准同志从生活中挖掘出来的一个民族性格。

徐秋斋是既不同于王跑，又不同于蓝五的另一类典型性格。在徐秋斋这个典型上，更能反映李准的美学理想。他鄙视王跑的自私行为，与蓝五的关系很好。徐秋斋虽然穷，但他穷得有骨气。他多年耕种"砚田"，有一定知识，他欣赏伯夷、叔齐的精神,在寻母口规劝落难乡亲不要相信海南亭的许诺,不要听信陆胡理的巧言令色,不要草率地到日本侵略者在东北开办的煤矿上去。后来的事实证明,徐秋斋的看法完全正确,使不少乡亲免于落入虎口。他年龄大,经历多,见识广,有远见,有智谋。他有路见不平、拔刀相助、为穷哥儿们两肋插刀的传统的民族精神,但他又不是李逵、鲁智深式的一勇武夫。他不是采取抡板斧、舞禅杖,企图三下五去二砸碎旧世界的简单办法,而是出主意、用智谋,同吃人民肉喝人民血的豺狼进行巧妙的斗争。他不是单枪匹马地孤军奋战,他始终同农民群众在一起,他需要农民的帮助和支援,他也为农民群众解难分忧,他以农民群众为后盾,又为他们出谋划策,运筹帷幄。他是这批落难农民乡亲的军师、智囊,但他却从来不以农民师长自居,说服大家从事某件事情或采取一个什么行动,不是用下命令或教训人的口气,总是用启发、诱导、引而不发的办法。比如,他赞成"抢船截粮"的革命行动,却意味深长地说:"咳!现在这些年轻人都是胆小鬼。要是我年轻时候,见天吃芦根、煮野菜,我才不受这洋罪哩!他给日本人运粮,这是不义之财!咳!不说了!如今这些年轻人太胆小了。"他的话如同在一堆干柴上加了火星,立刻燃起了向日寇和国民党反动派斗争的熊熊烈火。

徐秋斋是个教书先生、落难穷儒。子曰诗云没有给他多少影响,孔孟之道没有主宰他的灵魂;历史的命运、现实生活的教训,使他接受的是岳飞、戚继光、林则徐等人的爱国思想和李逵、武松、鲁智深等人的反抗斗争精神。他打卦算命,但他从来不相信命运,只不过作为他谋取生路的一种手段。他给人算命,对不同人有不同态度:对富人是有意要赚他的钱,对穷人为的是对他们遭受的不幸和苦难,给予心理上的抚慰和安慰。

由徐秋斋,我们不难联想到《水浒传》中"智多星"吴用;由《黄河东流去》中的"抢船截粮",我们也不难联想到《水浒传》中的"智取生辰纲"。在徐秋斋的血管里含有中华民族传统性格的血色素,在徐秋斋的骨骼里含有某些民族传统性格的钙质。

除王跑、蓝五和徐秋斋的性格之外,其他像李麦、海长松、海老清、天亮、梁晴等老一辈和年轻一代的农民形象,无不具有民族的特点,都可以从中原大地的典型环境中,找出他们性格产生、发展、变化的历史根据和现实因素。海老清、海长松、王跑等都是道地的中原农民的生动形象,王跑对毛驴的器重,毛驴被骗走后火烧火燎的心情,石头美梦的幻境,舍命不舍财的心理;海老清对黄牛的疼爱,牛病死后的痛苦;海长松对土地的眷恋,把烟袋等物埋进地里,以作痛心疾首的纪念,这些性格、心理都反映着中原农民的特点。

中原农民不同于生活在山清水秀自然环境中的南国农民,也不同于"多慷慨悲歌之士"的燕赵农民。这因为我国地域辽阔,北国、南国和中原地区,自然环境、经济条件不同,从而形成各个地区独有的某些特点。清代黄宗羲在《马雪航诗序》中曾概括为:"吴楚之色泽,中原之风骨,燕赵之悲歌慷慨。"他是从诗表现出来的不同风格而言。我们从三个地域的长篇小说所描写的农民性格,也可以看出明显的差异。

高尚的民族道德情操

民族化的典型环境中,生活着的民族化的典型人物,具有民族化的道德情操,这是《黄河东流去》民族化的又一个特色。

道德情操属于上层建筑意识形态的范畴。在阶级社会里,道德情操从来是有阶级性的,不同的阶级具有不同的道德标准和情操观念。在《黄河东流去》中就真实地反映了这种道德情操的分野。"长沙大火"和"黄河大水"是蒋家王朝对人民的特殊"恩典";褚元海部下骗走王跑的毛驴,褚元海却装聋作哑,顾左右而言他;海南亭以假慈善的面孔,企图骗赤杨岗的难民,去东北为日本人卖命;专员刘稻村讹诈王跑私通共产党,把他抓去坐牢,抢走"熹平石经";西安车站的芝麻小差役,可以狗仗人势,任意抽打捡菜叶、拾煤块的小嫦娥……这就是国民党反动派代表的半封建半殖民地的社会里中国大地主、大资产阶级的道德。真正代表中华民族优良道德传统的,是我国劳动人民所具有的高尚的道德情操和纯洁的道德观念。赤杨岗的难民,在逃难的过程中,就表现了中华民族这种高尚的情操和纯洁的道德。在人命关天的情况下,海天亮冒着生命危险,在大水中救出申奶奶、海长松一家和其他乡亲;在西安,流落街头,生活极端困难的情况下,嫦娥主动提出卖掉自己,好让嫂嫂梁晴和徐秋斋继续生活下去;寻母口落难,大家面临绝境,唯有海天亮取得"良民证",可以在寻母口继续待下去,李麦却毅然撕毁了儿子的"良民证",决心"死跟大家一块死,活跟大家一块活";当年的徐秋斋老伴,宁肯自己活活饿死,却给徐秋斋在炕席底下留下一瓦罐小麦……这一切都是中国劳动人民的高尚情操和纯洁道德的最生动的体现。平常日子的互相接济、互相帮助还比较容易做到;关键时刻,尤其在生命攸关的死生关头,一句话、一个行动、一点可维系生命的微薄财物,都是无价之宝。在这种情况下,最容易检验人们情操的高下和道德的纯洁程度,也容易透视人们的内心世界、灵魂深处。李准正是把他的小说人物放在这种典型环境里,展现他们闪光的情操和道德的。

在爱情、婚姻和家庭的问题上,劳动人民的情操和道德观念,与剥削阶级也是大相径庭的。崔副官与他上司的太太在路上明目张胆地乱搞，刘家地主的傻儿子可以娶一个年轻貌美的穷人家姑娘为妻，这种道德的沦丧、婚姻制度的不合理，李准同志在《黄河东流去》中并没有着意去反映，但这些零碎的片断，却鲜明地反映了剥削阶级的婚姻、家庭关系。

与剥削阶级形成鲜明对比的，是劳动人民中存在的纯洁爱情、幸福婚姻和和睦家庭。海天亮与梁晴真挚而纯洁的爱情、春义和凤英的结合、蓝五和雪梅的私奔，谱写了年轻一代美丽、纯洁的爱情和婚姻的新曲。李麦与海青牛的患难之交，海长松与杨杏、王跑与老气的生死相依，徐秋斋与老伴的深情厚谊，都写出了老一辈人婚姻和家庭的面貌。在劳动人民对爱情、婚姻和家庭的描写上，同样反映着中华民族优良的情操观念和道德传统。在西安，梁晴受到崔天成的欺骗之后，徐秋斋曾讲过一段富有哲理的话，他说："什么叫良心？良心就是一个人的德行、一个人的胆气、一个人的脖筋和脊梁骨，人有了良心就活得仗义、活得痛快，什么都不怕，他没有亏心！……"这可以视为对中华民族传统道德观念最朴素、最中肯、最符合实际的概括。赤杨岗的难民，所表现出来的，正是这样的"德行"、"胆气"、"脖筋"和"脊梁骨"。

李准同志在这部小说《开头的话》中曾这样说："多少年来，我在生活中发掘着一种东西，那就是：什么精神支持着我们这个伟大民族的延续和发展？从一九六九年起，我在黄泛区又当了四年农民。通过我听到的一些动人故事、看到的一些人物的悲壮斗争场面，我觉得好像捕捉到了一些东西，那就是历史是人民创造的。这些故事告诉我，我们这个社会的细胞——最基层的劳动人民，他们身上的道德、品质、伦理、爱情、智慧和创造力，是如此光辉灿烂。这是五千年文化的结晶，这是我们古老祖国的生命力，这是我们民族赖以生存和发展的精神支柱。"这正是这部小说思想内容的核心、主题的所在，也是这部小说在思想内容方面民族化特色的最集中、最突出的表现。

真实的民族精神风貌

通过民族化的生活环境、民族化的人物性格、民族化的道德观念，来反映民族化的精神风貌，这是《黄河东流去》民族化的另一个特色。

几千年的封建社会，严重阻碍生产力发展，造成中国长期的贫穷和落后。中国人民的"刻苦耐劳"的优良传统，就是世世代代与贫穷、落后的斗争所形成的。中国的长期贫穷和落后，在世界上是罕见的，因此中国人民刻苦耐劳的精神就著称于世。黄河流域的人民，除了中华民族通有的贫穷和落后之外，还要加上水、旱、蝗、汤几大害,就成为贫穷中最贫穷、落后中最落后、苦难中最苦难的部分,因此他们的刻苦耐劳精神尤为突出。

赤杨岗的农民,在黄水漫漫、房倒屋塌、土地被淹、宿无栖息之所、食无饱肚之粮的极端困难的情况下,他们仇恨日本帝国主义侵吞中国,仇恨国民党反动派的投降主义,他们更仇恨不顾千百万人民死活的所谓"以水代兵"的反动策略。但他们没有绝望,相信中国不会灭亡,国民党反动派横行霸道的日子不会太长,他们从中国共产党领导的新四军那里,看到了中国的希望和光明前程。因此,他们以艰苦卓绝的精神,奔波、劳动、奋斗,求得生的权力,度过艰苦岁月,争取光明、幸福的未来早日实现。

《黄河东流去》重点写了七户难民逃难、流徙的生活,他们是李麦、王跑、蓝五、海长松、海老清、徐秋斋和梁恩(梁晴的父亲)。他们七家不仅是赤杨岗难民的代表,也是中牟县,甚至整个中原黄泛区难民艰苦奋斗的缩影。《大河奔流》电影只着重写了李麦一家,而长篇小说写了七家,内容当然要丰富得多。这七户难民没有统一的组织和领导,共同的命运和愿望把他们团结在一起,形成一个相依为命的集体。无论赤杨岗、寻母口七户在一起的日子,还是后来分散在洛阳、西安、白马寺各地,他们互相牵挂,心始终在一起。大家都盼望着,黄水早日退下去,他们好重返故土,重建家园。

无论在什么时候、什么地方,他们都以刻苦耐劳的精神,为生计劳碌。有事一起做,有饭一起吃,有钱一块花。在寻母口,李麦找到给旅馆拆洗被子的差事,几个妇女一起干,挣来的粮食大家匀着吃;海天亮到黄河帮人撑船,从早累到晚,晚上躺下,连句话都懒得说,就睡着了;梁晴背盐、王跑赶脚、申奶奶教小孩如何要饭……这些都反映着中国劳动人民"刻苦耐劳"的奋斗精神。在洛阳,海长松为一家能喝几碗稀粥,一上午绞四十桶水,累得"头憎眼黑",后来又去拉黄包车;小建和小强两个十来岁的孩子,先是捡菜叶、毛白菜、红萝卜,后来找到帮人"推坡"的"美差",用汗珠子换取生活费;爱爱和雁雁学会了卖茶、卖丸子汤……无论老人和小孩,都有这种艰苦奋斗的精神。流落到西安的几个人,嫦娥在车站捡煤块,惨遭毒打,后到宝鸡当了工人(请不要以今天的眼光看解放前的工人);梁晴去打包厂上班,下班还要照顾身患重病的徐秋斋;徐秋斋不甘心自己成为孩子们的拖累,他拖着病体也坚持去乞食、摆卦摊,或帮人写书信,以减轻梁晴、嫦娥的负担。无论在哪儿,人不分老幼,家不分你我,有什么办法用什么办法,有多大能力用多大能力,为求得生存而苦斗,为盼望运转而忍耐,这就是中华民族传统的"刻苦耐劳"精神。

徐秋斋用智谋,使海骡子放弃砍村头大槐树的念头,他出主意,让海福元不得不出钱买棺材殡埋李甲子,他带梁晴闹盐行,为王跑追回驴价,李麦撕毁"良民证",蓝五和雪梅大胆"私奔",这些都是赤杨岗人民反抗斗争的记录。但是,这时候还处于无组织、无领导、无目标、无纲领的自发斗争阶段,是为了解决某一个具体问题而奋起抗争。

葫芦湾"抢粮截船"事件,起初也带有自发的性质,李麦说得好:"饿死也是死,还不如豁出来算了。"这是在与其束手待毙,不如铤而走险的情况下发生的。后来,由于得到新四军豫东抗日支队的有力援助,才使斗争由"自发"转为"自觉"。李麦已经和新四军豫东抗日支队挂上了钩,他又把海天亮送进了新四军,豫东平原上掀起强大革命风暴的日子,不会太远了!

生动的民族生活画面

《黄河东流去》的再一个民族化的特色,在于它真实地反映了二十世纪三十年代末四十年代初黄河流域的社会生活,展示了我国中原大地人民生活、斗争的生动的画面。共同的地域、共同的经济生活、共同的自然环境,就形成一个民族在生活习俗、思想意识、道德情操等方面,不同于其他民族的特点。文学艺术的民族性,就是"民族特性的烙印,民族精神和民族生活的标记"(别林斯基)。《黄河东流去》正是通过黄河中游黄泛区这个"共同地域"农民生活的描写,反映中华民族的"个性"和"特征"的。

《黄河东流去》选取中国反动统治最黑暗的年代、中华民族灾难最深重的岁月作时代背景。日本帝国主义侵略的魔爪已经深入中国的腹地,国民党反动派积极反共消极抗日的政策,使中华民族濒临灭亡的威胁;中国共产党领导的八路军、新四军已开赴抗日前线,肩负起挽救民族危亡的历史使命,但还仅仅是开始。《黄河东流去》上卷所反映的,就是在这样的背景下,嗜血成性的国民党反动派,采用"以水代兵"的荒唐策略,掩盖其假抗日、真投降的面目,不顾中原人民的死活,在花园口扒开黄河,造成了黄河中游人民千家万户的大悲剧。《黄河东流去》上卷写的是中原大地人民的苦难史、血泪史;自然也有反抗和斗争,不过只是大规模可歌可泣革命斗争大剧的序幕。

从《黄河东流去》上卷涉及的地域看,东起河南省的白马寺,西至陕西省的西安城,沿着黄河,绵延几百里,有非常广阔的背景。小说中,既有农村生活的描写,又有像洛阳、西安那样古老都城生活的反映,其生活内容是丰富多彩的,给我们展示了一幅幅中原大地上人民生活和斗争的画面。无论是哪幅画面,都具有鲜明的地方色彩,都有"民族特性的烙印"和"民族生活的标记"。

梁斌同志在谈《红旗谱》的创作经验时曾说:"要想完成一部有民族气魄的

小说,我首先想到的是要做到深入地反映一个地区的人民生活。地方色彩浓厚,就会透露民族气魄。为了加强地方色彩,我曾特别注意一个地区的民俗。我认为民俗是最能透露广大人民的历史生活的。"李准同志在《黄河东流去》中突出描写中原地区的风俗人情,也就在小说中透露了民族特色,透露了中华民族社会生活的特点。

赤杨岗是中国中原大地的农村面貌的真实写照。村头的老槐树,海老清的黄牛,王跑的小毛驴,"小满会"上的桑杈、扫帚、绳索、镰刀、熟食摊、杂货棚、烟叶、石磨,悠扬悦耳的唢呐,《百鸟朝凤》、《秦香莲》、《对花枪》、《穆桂英挂帅》的戏曲,男女老少的服饰、语言、生活习俗,甚至李麦招待宋敏的菜——一个香椿炒鸡蛋、一个韭菜炒豆芽,还有一碟新腌的蒜薹……这一切都是有声有色的中原大地农村的风景画和风俗画。但是最能突出反映中原大地农村风俗人情的是"水上婚礼":马鸣寺的老人马槐亲自把女儿送到姑爷家来,亲自看到举办婚礼才离开;李麦、徐秋斋的热心操持,茶水、饭食、席面都安排得周到妥帖;新郎新娘在沙岗地上磕头,拜天地、拜伯母、拜爹娘;席面上"摆着一碗鸡、一盆鱼,还有一碗炒干豆角、一盘拌粉条。另外还有天亮从水里捞来的两个大甜田,也摆在上面";窝棚作洞房,芦席、花格土布被子、包袱、铁锅、碗筷、木勺;唢呐吹出欢快的《上轿调》,看热闹的姑娘、小孩……这一切不是一幅内容丰富、色彩斑斓的图画吗!此外,如寻母口街头、洛阳车站及西安"夜市"等精彩画面的设计,也都体现着作家探索民族化的匠心。同时我们还看到,作家精心绘制的这些民俗民情的画面,不仅是民族生活的标志,也烙印着时代历史的胎记。婚礼上磕头拜天地等活动,拿到解放后的新社会来写,就失真了,一间破窝棚作洞房,也只有在黄水泛滥期间才符合生活实际。这就是特定时代、特定地区所形成的典型环境。

多彩的民族艺术形式

民族化的思想内容,需要用民族化的艺术形式来表现。李准在民族化的艺术形式的探索上,也很值得重视。他的著名短篇小说《李双双小传》等,都散发着中国农村泥土的芳香,都活画出了中国农民的思想性格,也都烙印着他探索民族化艺术形式的足迹。李准经常提到前辈作家赵树理对他的深刻影响。从他二十多年来的创作也可以看出,李准始终以赵树理为老师,在文艺民族化、大众化的方向上,努力开辟自己的道路,形成自己的艺术风格。《黄河东流去》标志着李准同志探索民族化艺术形式的新里程。《黄河东流去》的谋篇布局、艺术结构显示着民族化的特点。它采用的是中国古典小说《水浒传》的"链条式"艺术结构,在一章或数章中集中刻画一个或几个人物,然后再引出别的人物和下面的章节,如此类推,一直到结束。全书是庞大而互相勾连的整体,其中某些故事又有相对的独立性。这种结构有个好处,在一章或数章内基本完成一个或几个人物的性格发展,比较集中,给人的印象比较完整。为了避免情节结构上的死板和单调,有时也出现众多人物同时出场的大场面,有分有合,生动活泼。我国当代许多小说创作都是采用这种结构方式,短篇小说,如赵树理的《小二黑结婚》、刘白羽的《无敌三勇士》;长篇小说,如赵树理的《三里湾》、周立波的《暴风骤雨》、《山乡巨变》和陈残云的《山谷风烟》。可见,这种结构方式,对长篇和短篇都是适用的。《黄河东流去》,基本上也是采用这种传统的艺术结构方式。

　　为了避免故事情节的平铺直叙而造成呆滞、缺少波澜的毛病,李准还进一步采用了设置"悬念"的办法。李准在《观察生活和塑造人物》一文中说:"一篇小说要有点大的悬念,才能引人入胜,戏里叫'反动作'。没有'反动作'你就写不下去。有一个大的'反动作'很重要。"蓝五入狱后,雪梅下落不明,这对"私奔"夫妻,以后还能不能团圆?这是一个"悬念"。海老清出差车后,家乡遭黄水,老婆带着孩子逃出去了,老清在外边会不会遇到什么凶险?能不能安全归来?归来还能不能找到家里人?这又是"悬念"。王跑一家,从洛阳扒火车,本想往西,结果上了东边,将来命运如何?还能不能回到故土?这仍然是"悬念"。葫芦湾李麦一家失散,赤杨岗难民也东一家、西两家,分散各地,他们各自如何谋生,以后再如何向赤杨岗聚拢?这更是大的"悬念"。李准正是通过这一系列大大小小的"悬念",紧紧抓住读者,使你不忍中途释手,非一气读完不可。这就增加了小说引人入胜的艺术魅力。这种留"悬念"的艺术手法,是从中国话本小说那里继承来的。赵树理仍然沿用评书的术语,叫作"扣子"。李准运用这种手法,不是在每章的末尾用"欲知后事如何,且听下回分解"的套语来表现,而是自然而然地安插在故事情节中,所以并不感到生硬和落窠臼,而是感到情节波澜起伏,跌宕多姿。

　　赵树理同志在《也算经验》中说:"至于故事的结构,我也是尽量照顾群众的习惯:群众爱听故事,咱就增强故事性;爱听连贯的,咱就不要因为讲求剪裁而常把故事割断了。"李准把赵树理这种宝贵的民族化经验,也运用在创作《黄河东流去》中了。一个又一个生动、有趣、完整的小故事,不断在《黄河东流去》中出现,如王跑赶脚做石头梦,海老清出差车、死牛,海长松买地上当,徐秋斋智赚褚之海,李麦教育四圈与母亲见面等,有的是喜剧,有的是悲剧,也有的悲中带喜或喜中带悲。这一个又一个故事成为情节发展中的一个链条,也是展现人物性格的细节。

在塑造人物的艺术手法上，更能体现《黄河东流去》的民族化特色。外国小说喜欢用大段大段的风景描写烘托人物性格，或用细腻入微的心理刻画揭示人物的内心世界。中华民族的艺术传统，习惯于用语言和行动塑造人物，喜欢"白描"。"白描"并没有什么秘诀。"如果说有，也不过是和障眼法反一调：有真意，去粉饰，少做作，勿卖弄而已。"鲁迅用自己多年的丰富创作经验解释说，"我力避行文的唠叨，只要觉得够将意思传给别人了，就宁可什么陪衬拖带也没有。中国旧戏上，没有背景，新年卖给孩子看的花纸上，只有主要的几个人，我深信对于我的目的，这方法是适宜的，所以我不去描写风月，对话也决不说到一大篇。"这是对中国传统艺术手法最精练、最准确的概括。

在《黄河东流去》中，我们看不到描风弄月的大段文字，我们也看不到冗长的静止的人物心理刻画，但我们处处可以看到，用比较朴素和简练的文字，所描写的人物的行动和语言。李准曾说："作者在一边老说下去他怎样怎样，是最烦人的，读一会儿就不那么生动活泼了，就疲倦了。人物有对话、有动作就生动。"海四维在《黄河东流去》上卷，还是个未出场的人物，但从他在黄河扒口前一两天，得到了将要扒口的消息，而廉价卖给海长松七亩地，让海长松用一百五十多元银洋"换来"半篮麦粒的行动，就把一个阴险奸诈、以邻为壑、落井下石的地主形象，如特写镜头一样突现在读者面前。徐秋斋说话不多，行动感人。用鸡血抹在树上，阻止了海南亭砍掉村头的大槐树；替小李麦出主意，海福元只得乖乖给李甲子买口棺材；带梁晴闹盐行，梁晴就捞回了盐口袋和一袋盐钱；略施小计，为王跑"赚"回三十元驴价。小说通过这些具体而生动的行动，把一个急公好义、专打抱不平而又足智多谋的可敬可爱的人物形象，活灵活现地塑造出来了。

通过凝练而富有个性的对话塑造人物，可以以蓝五和雪梅"私奔"前的对话为例：

"你怎么来到这儿了？"蓝五问。

"不知道！"雪梅擦着眼泪答。

"你从哪儿来？"

"我从俺娘家来，我跟你半个月了。大辛庄、黄集我都跟着看了，你没有看见我。"

一阵热血涌向蓝五心头，他的眼睛潮湿了。

"蓝五哥，咱跑吧！"雪梅恳求地说。

"上哪儿跑？"

"往新疆跑，那里没人认识咱。"

"可我是个下九流，你……"蓝五痛苦地说不出话来。

"蓝五哥,我不嫌弃你。我也是穷人家闺女。蓝五哥,你放心,我要日后变心,你杀了我,你宰了我。我嫁的那个女婿是傻子。你就从火坑里把我拉出来吧!……"雪梅像疯了一样倾吐着自己的苦衷。蓝五为这个少妇的可怜遭遇激动了。他问着:"你叫啥?"

雪梅说:"我姓宋,我叫宋雪梅。蓝五哥,咱俩跑出去吧!就是跟你要饭我也情愿!"

这段对话,仅有一二百字,蓝五与宋雪梅的性格跃然纸上,宋雪梅的性格比蓝五显得更突出、更鲜明。全书中宋雪梅出场不多,所占篇幅极少,但给人的印象却十分深刻。就从这简短的对话中,她那种被旧社会不合理婚姻制度长期压抑的青春生命的火焰,那种大胆挣脱阶级压迫和婚姻苦海的泼辣性格,那种少有的沉着、刚毅、果断的行为,那种铿锵有力、斩钉截铁的话语,有谁能不为之拍案叫绝!在"抢粮截船"事件发生之后,李麦对新四军豫东抗日支队队长秦云飞讲的一段话,徐秋斋在西安乞食街头时写在毛头纸上的寥寥数语,都鲜明地体现着李麦、徐秋斋的身世、经历和性格特征。其他人物像王跑、海长松、海老清、海天亮和梁晴等,无一不是用独特的行动和语言表现他们各自不同的性格的。

在《黄河东流去》中,李准正是用这种传统的艺术手法来塑造人物的。在《水浒传》中,只要听到一声"黑爷爷",就知道李逵出场了;只要听到"酒家如何如何",就可以断定鲁智深在说话;一见板斧抡动、禅杖挥舞,不用问,也知道谁在动作。当然,李准同志运用这种塑造人物的传统艺术手法,还没有达到从一句话、一个动作就能判断是哪个人的那种臻于至善、炉火纯青的地步。不过,在《黄河东流去》中,确实不乏用言语和行动刻画人物的精彩段落。

《黄河东流去》民族化的艺术特色,在语言方面的表现,也是十分明显的。它通篇都是用民族化的、大众化的语言写成的,通俗、流畅、生动、活泼。有文化的人读得懂,没文化的人听得懂。一般人读起来,感到新鲜,生活气息浓;农民自己读起来,仿佛看到自己的面影,如同听到自己的心声。

《黄河东流去》中大量精彩闪光的语言,来自民间,来自农民群众之中。如"箩面雨"、"一火车话"、"远怕鬼,近怕水"、"吃饭不知饥饱,睡觉不知颠倒"、"过了九月九,大夫高操手;米汤萝卜丝,吃了去病根"、"天河吊角,南瓜豆角;天河西北,西瓜凉水;天河东西,收拾棉衣"、"穷在大街没人问,富在深山有远亲"等等。李准同志长期深入农村,不仅积累、储存了大量的极其宝贵的生活素材,而且搜集了极其丰富的语言原料。群众中的语言是丰富的,也是粗糙的,还需要作家加工提炼。读《黄河东流去》,不仅感到它的语言丰富、生动,而且精练、妥帖,这自然凝聚着作家开采、提炼、加工的心血。李准既有丰富的语言积累,又有咀嚼、消化的过程。在运用时,他不是过多地借助方言,也不是生吞活剥乡间俚俗语言的杂陈,而是先把丰富的语言素材加以吸收,化成自己的血肉,然后像吃草挤奶、食桑吐丝一样,自然而然地流泻出来。从《黄河东流去》中章头诗的运用和对黄河"铜头铁尾豆腐腰"的概括和解释,即可管窥李准同志运用民间语言独具的匠心。

中华民族是古老的民族,它不仅有极其丰富的优秀文学艺术传统,也有极其丰富的语言艺术财富。唐诗、宋词、元曲、明清小说,都是有名的语言艺术宝库。要提高今天的文学语言水平,就要学习古人,批判地继承一切有生命力的语言遗产。李准熟悉古诗词,熟悉传统戏,能把古诗词、传统戏和古典小说中有生命力的语言,恰如其分地运用在自己的作品中,妥帖,自然,不露斧凿痕。徐秋斋这位多年耕种"砚田"的老知识分子,在春义和凤英的婚礼上,他一本正经地念着:"关关雎鸠,在河之洲。窈窕淑女,君子好逑。上有皇天,下有后土。新郎新娘拜天地!"半新半旧的婚礼,古诗新词的杂糅,生动地描绘了中原大地的风俗。"鬼斧神工,峭壁雄流"的隶体大字、"黄河西来决昆仑,咆哮万里触龙门"的古诗句,李准都巧妙地运用在自己的小说里,写出了祖国山河的壮美。更值得注意的是,李准同志还把诸如"鸡声茅店月,人迹板桥霜"、"月垂平野阔,月涌大江流"的意境,溶化在小说中,创作出具有新时代特色的意境美。

李准说他的作品,基本上属于"茶叶"、"丝绸"这样一类的中国风格的产品。构成他的艺术风格的因素,据他自己讲有三种:第一种,是民歌、民间故事、中国戏曲、乐府诗、古文及古典诗词;第二种,是鲁迅、茅盾和其他一些老作家的作品;第三种,是中国音乐和绘画,特别是石刻、写意画、唢呐、筝等等的格调和旋律以及民间的排鼓、铙钹等乐器的明快节奏。《黄河东流去》就是李准这种艺术风格的集中体现。通俗、流畅、清新、明快是这部小说的基调,"朴中巧"和"淡中浓"是他的艺术风格的特色。古人写诗,讲究"宜朴不宜巧,宜淡不宜浓",这并不是只要朴、淡,不要巧、浓,而是要把巧藏在朴中,把浓含在淡中,那种朴是"大巧之朴",那种淡是"浓后之淡"。如同吃橄榄,越吃越有味。看如平淡最奇崛,却似容易实艰辛,这的确是《黄河东流去》艺术风格的特色。

原载《文学评论》1980 年第 5 期

"集体"场域中的"个体"与性别

——以《李双双小传》为个案

郭丽君

从 1953 年发表《不能走那条路》开始,对于农村问题的思索,一直是李准文学创作的基本出发点之一。在新的政权组织形式下,农村的社会分层、农村的基本经济单位(家庭)发生了怎样的变化……1959 年 3 月发表的《李双双小传》不仅呼应了当时的"人民公社化运动",延续了他对农村社会分层、家庭变化的思考,而且引入了"妇女"的维度,着重考察了农村妇女在新的社会背景下的变化。在今天"集体"越来越丧失其在规训"个体"与"性别"上影响力的语境下,如何来看待 50 年代"集体"场域中的"个体"和性别,显然是具有当下针对性的。

一、"个体"的新向度与乡村伦理的重构

《李双双小传》讲述了这样一个故事:李双双 17 岁就嫁给了孙喜旺,丈夫比她年长 8 岁,经常打她,遇事从不与她商量。但双双学文化后,在家庭中的地位渐渐上升,她贴大字报号召妇女参加集体劳动,号召办食堂。食堂成立后,喜旺被选为炊事员,但喜旺管不好。双双接手村里食堂,搞得有声有色,成了模范炊事员。最后,在双双的影响下,喜旺改掉了自私自利的作风,也敢于同自私现象作斗争了。

小说彰显了李双双大公无私、热爱集体的精神。但在表述中,李准显然更看重其他的东西。他说:"研究双双和喜旺这两种性格冲突的本质,我发现了使我自己吃惊的东西,这个主题上还蕴蓄着更加重大的东西,那就是这一对普通农民夫妻中的关系变化,反映了我们这个社会的变化。他们两个之间的斗争,反映了两种思想、两条道路的斗争,而且又是这么深刻。"很显然李准在这里无意过于彰显李双双这个人物形象,而是想通过这个人物所在的小家庭中夫妻关系的变化来反映背后的大时代背景的变化,李双双和喜旺这两个人物形象身上带有浓重的政治符号意味。

如果我们将李双双与喜旺之间的冲突放入李准对农村走"两条道路"问题

的思考中进行考察,会发现,李准在这里构建了一系列对"集体"与"个体"关系的讨论空间。农业社会主义改造的基本治理逻辑是不仅要消灭私有财产的制度形态,而且要改造与之相关的观念、心理乃至情感。《不能走那条路》中,故事背景是合作化初期,农村大部分地区实行的是农民土地私有制,因此李准在小说中更多是从否定私有制度入手。李双双故事的背景是在"大跃进"、人民公社的时代,资本主义私有制度已经消灭,李准在小说中通过李双双和喜旺夫妻关系矛盾,着意要改造千百年来中国农民和农村长期"小农经济"遗留下来的风俗习惯。

很大程度上,喜旺这个人物形象集中表现了与集体主义相对的旧乡村熟人社会里的"私"的观念。费孝通在《乡土中国》中说道,中国乡土社会的基层结构是一种"差序格局",在这种差序格局中,社会关系是逐渐从一个一个人推出去的,是私人联系的增加,社会范围是一根私人联系所构成的网络。因之,我们传统社会里所有的社会道德也只有在私人联系中才能产生意义。同时,乡土社会中,除了亲属关系,还有地缘关系,每一家以自己的地位作中心,周围画出一个圈子,这个圈子是"街坊"。有喜事要请酒,生了孩子要送红蛋,有丧事要出来助殓、抬棺材,这是生活上的互助机构。喜旺为孙有家做供菜,孙有只拿来一只鸡,喜旺不仅贴上食堂的油盐酱醋、青菜粉条,自己还饿着肚子,原因就在于在喜旺看来,孙有是乡里乡亲,帮助他是应该的,这是乡村互助风俗对村民的道德规训。这种道德规训,不仅表现在互助,而且很多时候还会根据差序的人伦来代对象讳隐。水车事件上,喜旺也表现出了"乡土人情味",在他看来,不应该跟孙有走歪路,但也应该替孙有保守秘密,这是遵守乡村礼俗的"私德"体现。这也是李准创作谈中的"老好人"的内蕴。熟人社会中人与人之间是一种私人关系,在这样的关系下,办事大多凭人与人之间关系的生熟程度、感情深浅程度,关系越亲密就越有可能被个人用来实现其私利目标。在这里责、权、利的界线是比较模糊的,他人的权利容易被侵犯,在公共事务中则容易发生论资排辈、任人唯亲、徇私舞弊等。孙有就是借助与喜旺的私人关系,侵占集体的利益。这是李准在小说中极力否定的一种旧式人际关系。

而作为喜旺对立面的"农村新人"李双双则表现出了对"政治挂帅"的自觉追求。"政治挂帅",在李双双的解释中有这样的含义:不光要听党的话,听毛主席的话,还得热爱党,保护党提出来办的一切事情,谁破坏,就和他斗争!在这里,党是超越个体的"实在",不是有形的东西,它更多指向了对人与人之间新型关系的重塑,组织着个体,也为个体所依赖。在这种象征着新的政治团体的观念面前,有两个相互依存的重要观念:一是党对每个个体是公道的,二是每个个体通过党组成了新的不同于熟人社会的乡村共同体。在农村土地实行公有制后,农业劳动不再具有"私人"性质,所有人劳动为所有人,在新建立起来的社会共同体中,人与人之间没有了亲、疏、远、近的差别,由此,传统乡土社会的"差序格局"被新生的"团体格局"所替代。在 1950 年代,维系新社会共同体的,就是在这一新格局下产生的集体主义思想,也即"公"。

集体主义思想的最终目的,指向"共同富裕",而以"独富"为其目标的小农经济思想便失去了生存的合法性。如何改造这种旧的乡村伦理观念,李准用了"破"和"立"两种方式。首先,作者用民间伦理标杆剔除掉追求"个体"利益的合法性。孙有请喜旺帮做供菜,一只小鸡,换得五碗大菜。食堂为其搭上油盐酱醋、青菜粉丝。喜旺为他忙了大半夜,没有吃一点东西,最后只剩下半碗菜汤,孙有才撑掇他端回家。从这件事之中,不难发现新的压迫关系的出现。这与传统的"人人平等"、"邻里互爱"等民间道德伦理背道而驰。在这样的逻辑下,"个体"指向的是封建剥削,勾起的是被压榨、被欺凌的痛苦记忆,这种直观体验上的感觉,自然而然地将"个体"利益的合法性剔除在外。在《不能走那条路》中,李准对宋老定的改变更多是从这一点上入手的。其次,在对"集体"的论述中,作者征用了"乌托邦"的美好远景复活了民间道德伦理中的"善"。乌托邦的建构,始于"教育"。《李双双小传》中,以李双双为代表的社会主义力量,无疑为喜旺的转变树立了很好的榜样。榜样的力量在于潜移默化地改造。李准曾在《我怎样写〈不能走那条路〉》一文中,谈道:"同时我也想到赵树理同志曾经说过,有些事情不是单凭政策,而是凭教育。"蔡翔在《革命/叙述:中国社会主义文学—文化想象(1949—1966)》一文中,谈道:"动员"这一概念频频出现于中国当代文学当中,在某种意义上构成了"动员—改造"的小说叙事结构。所谓"动员",并不仅仅只是寻求一种人力和物力的支持,在中国革命而言,更重要的,则是如何让人民"当家做主",这一设想,在 1950 年代成为一种主要的想象乡村的方式。人们接受"动员"的内在动因在于,"动员"暗含一种面向未来的态度,具体表现在 1950 年代,是人们对建立一个社会主义民族/国家的期许。李准在创作中对"教育"抱的期许,内含于这一"动员—改造"叙事中。比如,双双劝喜旺的话:"如今这食堂虽是家常饭,可都是为咱自己劳动人民干的。你也不要吹你那个,我想着咱要能这样跃进,将来粮食大丰收了,猪喂得多了,鱼养得多了,总有一天,非超过你们那馆子饭不行。"东山对宋老定、张栓讲的道理(动员):"现在共产党领导就是这样,只要你正干、下力,遇着事政府和大家都能帮助,是叫大家慢慢都提高,不能看着叫哪一家破产。"正是这一共同富裕的"大同"理想(从互助组到人民公社),完成了新的社会共同体(集体)的"善"的构建,从而完成了对"人"(落后者)的召唤。通过运用"动员—改造"的方式,李准将"个体"纳入了"集体"的麾下。

小说在这里似乎可以以"大团圆"来结束故事了,李准也确实这么做的。但将《不能走那条路》与《李双双小传》放在同一个系列中来考察,我们会发现,李准在对待"个体"的态度上有所变化。在《不能走那条路》中,李准通过对宋老定放弃买地,借钱给张栓,而张栓在互助组的帮助下,有望改善困境的描写,毫不犹豫地将"个体"纳入了"集体"的队伍。而在《李双双小传》中,集体的号召力开始大打折扣。尽管小说中对喜旺的处理沿用了"教育"引导的方式,但我们不能忽略的是对孙有、金樵的处理,作者在小说中语焉不详,很匆忙,只一笔带过,而且显得不够"宽容":取缔了金樵食堂管理员的职务,而且要将孙有藏水车的事作为反面教材,让群众来讨论,看看富裕中农存的是什么心。

如果我们将"十七年文学",乃至解放区文学纳入考察范围,会发现这样一个现象:道德层面上的问题上升到了叙事层面。而决定道德好坏的标准,又来自"阶级"。1942年5月,毛泽东在《延安文艺座谈会上的讲话》中说道:"拿未曾改造的知识分子和工人农民比较,就觉得知识分子不干净了,最干净的还是工人农民,尽管他们手是黑的,脚上有牛屎,还是比资产阶级和小资产阶级知识分子都干净。"而1957年3月12日在中国共产党全国宣传工作会议上,毛泽东对知识分子阶级属性作出定论:"我们现在的大多数的知识分子,是从旧社会过来的,是从非劳动人民家庭出身的。有些人即使是出身于工人农民的家庭,但是在解放以前受的是资产阶级教育,世界观基本上是资产阶级的,他们还是属于资产阶级的知识分子。"问题不在于知识分子的阶级属性,而是,通过这样的转换,阶级出身决定了人性的善、恶。作为底层阶级的工人农民,天然地具有善的属性,而资产阶级则是恶的典范。作为农民出身,又紧随时代政治的作家来说,李准在小说中的道德叙事是很明显的。《不能走那条路》中,宋老定的被改造,作者花了不少笔墨写到他在旧社会遭受的苦难。《李双双小传》中,双双也一再提到:"你怎么老摆你那个'山北白木店',我就不爱听。那是旧社会。那时候你在那里是挨打受气。你做的东西再好吃,是给那些地主恶霸坏蛋们做的。咱自己家里吃什么!端起碗来照得见人影,糠窝窝捏都捏不起来,过个年夜没见过一个白馍。"阶级苦难具有的革命正当性被放大,因此宋老定、喜旺甚至张栓的被改造就具有了潜在的合理性。而金樵、孙有这样的走资本主义道路的富农则被打入另册,剥夺了"被改造"的命运。

二、家务劳动社会化与妇女地位的变化

在政治强力介入乡村社会,传统"熟人社会"解体,新的社会共同体(集体)

建立的情况下,作为社会最小结构单位的家庭,会有怎样的变化?有学者经过广泛研究后指出:"在集体化的建构过程中,女性的集体认同较之男性更为突出。"是什么原因导致女性更亲近集体?

《李双双小传》中,尽管小说的政治意味指向喜旺的转变,但实际上,李双双的变化才是大的。首先是对双双的称呼,作者花了不少篇幅来呈现。在人民公社化和"大跃进"之前,村里很少有人知道"李双双"这个名字,村里的街坊邻居、老一辈人提起她,都管她叫"喜旺家"或者"喜旺媳妇";年轻人只管她叫"喜旺嫂子"。至于喜旺本人,在人前提起她,就只说"俺那个屋里人"、"俺做饭的",到有了孩子后,喜旺便叫她"俺小菊她妈"。沃森在《有名和无名的人:性别与中国社会》一文中探讨过中国妇女无名化的问题。名字在某种程度上,代表着"人格",从社会发展的角度来说,整个标准掌握在男性的手里,男性命名着这个世界。从既有的标准来看女性,女性是不完整和不成熟的人,也即"无名"。《李双双小传》中,李双双名字的多样化,其实是"无名"的体现,因为从命名者的角度来看,外人对李双双的称呼,命名的标准是喜旺。喜旺对双双的称呼,其定位标准是妇女在传统家庭中的作用(做家务和繁衍后代)。女性作为独立个体,在传统家庭中,无法完全依靠自己的"人格"被定位。

要刻画妇女的转变,"命名"妇女是首要而且必需的过程。那如何来表现这种命名的过程?李准主要从环境进入思考:把她们放在一个什么环境里?作者颇费周折。李准说:"在创造李双双和喜旺这两个人物时,我是把他们放在'大跃进'、人民公社的时代背景中来描写的。李双双不同于土改中的积极分子,也不同于互助组、合作化时的家庭妇女,她是在我国新的政治形势下产生的新人。"李准一再强调,放在什么时代背景中来描写这两个人物,其分寸感和时代特点很难掌握,既要反映出"劳动妇女的精神面貌",又要反映当时社会的变化。李准选取了"人民食堂"来承载自己的思考。一方面,"人民食堂"紧密联系"人民公社化运动",食堂是"集体"生活最集中的体现区域;另外一方面,在传统中国文化中,食堂一直都是专属于女性的区域。

中国自古就有"君子远庖厨"的传统,做饭是女人的天职。尽管由于社会分工的发展,餐饮成为专门的职业,很多男性成为馆子伙计或者厨师,但回到家庭中,做饭的职责往往还是落在妻子的肩上。喜旺从前在馆子里学的就是菜案,蒸馍、做面条样样拿手,蒸鸡子、烧鱼也不外行,但在家,尽管孩子哭着、双双也累得浑身没一点劲儿,喜旺却躺在床上吸烟,并且理直气壮地认为"做饭就是屋里人的事"。在生产力极其低下的原始共产制家庭中,妇女在家庭中的劳动与男子在外获取食物的劳动一样,都是一种公共的、为社会必需的劳动。但是在家长制的家庭中,家务劳动失去了自己的"公共性质",变成了纯粹的"私人事务",妻子被排除在社会生产之外,自身成为丈夫的私有财产,成为主要的家庭奴仆。

恩格斯说:"妇女解放的第一个先决条件就是一切女性重新回到公共的劳动中去,而要达到这一点,又要求个体家庭不再成为社会的经济单位。"以此来看"大办食堂"对妇女解放的意义,我们或许更容易理解"双双们"在家庭中地位的变化。"大办食堂"的背后是整个"人民公社运动",人民公社运动将一户户小农生产组织起来,形成一个大的集体组织,人们在一起工作、一起吃饭。这一新的社会共同体承担了部分家庭的职能,使传统的"男主外、女主内"的劳动/生活模式失去了意义。

而更重要的意义恐怕在于,在这种新的社会共同体中,"食堂"的工作由于成为整个农业生产必不可少的重要环节,从而具有了重新价值化的可能性。李准在小说中没有谈到"食堂"工作价值化的问题,但在谈跟"食堂"工作具有相同地位和渊源的"托儿所"工作时,很清楚地讲到"托儿所"评定工分的事情。《农忙五月天》里,东英看一天孩子的工分是七分,在地里割一天麦的重活是十分。在这里重要的不是劳动价值量的多少,而是,以往被看作妇女专职的家务活进入了"公共劳动"行列,由此带来的一系列劳动观念、劳动者主体地位的改变。

随着家务劳动的社会化,凝聚在"做饭"这一家务劳动上的性别歧视,也随着家务劳动的价值化而消解。喜旺反对双双去参加修渠劳动,他的理由是:"那是你自找,我可养活不起你啦!谁叫你去劳动?"在小家庭中,妇女干家务劳动,其价值是附着在丈夫的劳动价值上的,从表面上看来,妇女的劳动是没有价值的。在这样的错误认识下,妇女在家庭中的地位跌落,丈夫成为妻子生活的依靠。在这样的连环困境之下,妇女被认为是"无能"、"没有见识"的人。喜旺去"食堂"当炊事员,打破了"做饭"这一事务的妇女专属性,双双如今也能吃上喜旺做的饭了,其意义不仅仅是从业人员的职业交换,深层含义恐怕还在于家务劳动上性别歧视被打破带来的妇女地位的上升。

与西方女性主义站在边缘文化立场,反抗父权制主流文化的现实处境不一样的是,中国妇女解放的命题植根于民族、国家和阶级这样的大语境中,所以我们不能用西方女性主义的单一"人"的立场去思考中国的性别问题。毛泽东曾说:"夫权这种东西,自来在贫农中就比较地弱一点,因为经济上贫农妇女不能不较富有阶级的女子多参加劳动,所以她们取得对于家事的发言权以至决定权的是比较多些。"尽管如此,但这样的参加劳动并不能改变妇女的生存环境,更遑论"妇女解放"了。而在人民公社化时期,家务劳动社会化,妇女借助"集体"的力量从实践中先验地获得了处境的改善。她们学习了文化,也敢于与家庭封建夫权抗争,部分地提高了在家庭中的地位,集体生活带给了她们精神上解放和愉悦的感觉,她们确实在集体中找到了自身的价值。这也难怪她们对集体劳动的热情高于男性,比男性更容易找到集体认同感。

另外一方面,相比"喜旺们"所受的压迫,"李双双们"受的压迫更重,她们不但跟男性们一样背负着三座大山,她们还受到来自夫权的压迫。"革命"在手段上是运用武力的方式,但在道德伦理上表现为颠覆性,这种颠覆性是通过对既有的低等/高等的价值评判的翻转来实现的。毛泽东的著名言论——"高贵者最愚蠢,卑贱者最聪明"就体现了这种精神上"革命"的思想。因此"在一切阶级里,妇女们的革命性是最高的",这样的思想也就有了来自政治权利意识上的理论支持。这也是文学叙事里,女性总比男性走得更远、更彻底的原因。同时,毛泽东认为,妇女受压迫的根源,是生产资料私有制和剥削阶级的压迫。因此如果不推翻三座大山,不消灭一切剥削阶级、铲除私有制,劳动妇女就不能彻底解放。在《李双双小传》中,双双对于"集体"观念的认同,甚至有成为"集体"代言人的趋势,跟毛泽东的这种理论认识有莫大关系。双双比喜旺更早参加集体食堂,也就顺理成章了。

不管是对"个体"处境的讨论,还是对"性别"的关注,李准都将其置放在人民公社化的大背景中。"个人主义"走向"集体主义",妇女的"无名"走向"命名",都在很大程度上依赖于集体的壮大。1955年7月,毛泽东作了《关于农业合作化问题》的报告,报告中说:"至于新中农中间的上中农和老中农中间的上中农,即一切经济地位较为富裕的中农,除开若干已经有了走社会主义道路的觉悟、真正自愿加入合作社的,可以吸收他们入社以外,其余暂时都不要吸收,更不要勉强地把他们拉进来。这是因为他们现在还没有走社会主义道路的觉悟,只有等到农村中大多数人都加入合作社了,或者合作社的单位面积产量提高到同这些富裕中农的单位面积产量相等甚至更高了,他们感到再单干下去在各方面都对他们不利,而唯有加入合作社才是较为有利的时候,他们才会下决心加入合作社。"从这儿不难看出,农业合作化不仅仅是一种"集体化"的诉求,同时显然也包含了"现代化"的追求。这是互为支撑的两个理念:一方面,要将农民从"小农经济"里"解放"出来,须有"现代经济"分工合作的社会化大生产的支持;另外一方面,这种"现代经济"必须从属于"集体经济"的平等和公正范畴。在这个意义上,获得"现代性"便成为社会主义"集体经济"能否壮大的关键。

很显然,李准在这个问题上陷入了僵局,他用美好憧憬匆匆结束了小说,宋老定迎着太阳走去的背影和李双双展望中的丰产田——"就在这时候,她忽然感到他们在食堂里滴下的汗珠,好像也随着清清的泉水,流到这茁壮茂盛的丰产田里,变成了米粮。"这种"乌托邦"式的文学想象不能解决现实的问题。公共食堂的"粗粮细吃"暴露了"集体经济"的某种艰难处境,对这种困境所采取的技术革新手段(社会财富的总量不变)、分配方式的变更,能否带来人民生活水平的提高,值得怀疑。怎样在农业大国的基础上建设社会主义,"集体化"和"现代化"之间的矛盾需要构想另外的方式。对这个问题的思考,直接接驳20世纪80年代社会主义实践层面上的变化。当下的问题是,社会财富总量增加了,贫富差距却扩大了;男女平等的呼声高了,但具体体会到的平等感觉却少了,历史似乎滑向了另一个极端。如何处理国家/民族、现代、性别之间的关系,回溯20世纪五六十年代,或许能给我们些许启示。

原载《文艺争鸣》2014年第6期

《李双双》的创作、改编与当时文艺界的问题

刘卫东

电影《李双双》根据李准的小说《李双双小传》改编,产生于国民经济相当困难的"三年自然灾害"时期,却以"喜剧"的方式反映了当时的现实面貌。作者是在怎样的情况下选择喜剧方式的,背后又受到怎样的制约,是本文试图讨论的问题。

一、"新人"生存的空间

《李双双小传》发表于 1960 年第 3 期的《人民文学》。在当时,《人民文学》是全国最有影响的文学杂志。李准写《李双双小传》时,有着明确的目的,就是宣传党的农村政策。对于李准来说,这并不是一项陌生的任务。他的成名作《不能走那条路》(1953 年 11 月 20 日《河南日报》)就是因为敏锐反映了"土改"后农村出现的问题,被《人民日报》转载,他从而一举成为具有全国影响的作家。接着,他又发表了《孟广泰老头》、《农忙五月天》、《冰化雪消》等一系列反映初级合作化的作品。就李准的写作题材来看,他一直关注着农村问题。1958 年,他按照党的安排,到农村去体验生活,成果就是宣传大跃进的作品《李双双小传》。按照李准的讲法,他写《李双双小传》的目的是塑造"新人形象"。他在关于《李双双小传》的创作谈《我喜爱农村新人》中开篇就说:"近几年来,我在写作上有个愿望,想写一些农村新人物,想在农村新人的精神面貌上、新的性格形成上,进行一些探索。"李准的想法同意识形态在文艺界的要求是契合的。周扬 1953 年就指出"当前文艺创作的最重要、最中心的任务"是"表现新的人物和新的思想"。许多作家响应号召,投入到了塑造"新人"的工作中,李准只是其中之一。

如何写"新人"? 这才是最棘手的问题。周扬对"新人"的看法是:"新时代人物的内心生活,正是最丰富而又最健康的。他们知道应当如何对待劳动,对待友谊,对待爱情,对待家庭生活;他们当然也有苦恼和内心矛盾,也会有这样或那样的缺点,犯这样或那样的错失,但是他们总是努力把共产主义的思想和道德作为他们一切行动的最高准则。"在周扬看来,"新人"就是具有共产主义思

想和道德的人（可以有些小缺点）。在此思路下，文艺作品中出现了许多"新人"形象。但是，由于"新人"形象过于理想化，脱离了生活，所以并不可信。柳青在《创业史》（第一部）中塑造了"新人"梁生宝的形象，但是遭到了评论界质疑。邵荃麟最早从理论上考虑这个问题，在谈《创业史》时指出："梁生宝这个人物不是最成功的，作为典型人物，在很多作品中都能找到……梁三老汉是很高的典型人物。"此前，严家炎在评论《创业史》人物时提出过类似观点，同时，柳青也提出过批评。"新人"问题成为当时理论界辩论的热点，并不奇怪。整个文艺界都在思考如何在既定的方针下发挥个人独创性的问题。

李准也不例外。他是按照典型化的方法来塑造"新人"形象的。他在创作谈中，写自己如何在农村受到不同妇女的启发，最后写出了李双双这个人物。不容忽视的细节是，李准说他是住在一个妇女队长家中，以她为原型写李双双的，然而由于对方到外县参观，他始终未能见到这位主人公。似乎不可信。这个原型是谁，是否根本就是李准的虚构，不得而知。可以肯定，李双双有一定现实基础，但是在很大程度上是李准头脑中想象的产物。其实，许多"新人"就是这样被塑造出来的。不知道新人是什么样子，还是要去写，赵树理谈到过其中的尴尬。他在1955年的一篇文章中说："在转业之前我接触的社会面多，接触的时间也长，而在转业之后恰好正和这相反，因而对旧人旧事了解得深，对新人新事了解得浅，所以写旧人旧事容易生活化，而写新人新事有些免不了概念化——现在较以前好一些，但还是努力不够。"说自己为什么写不好"新人"，原因很简单：不了解。这是一种隐晦的说法，其实是对什么人是"新人"没有信心。而他说到其他人则很明确："再如富农在农村中的坏作用，因为我自己见到的不具体就根本没有提。"对于写"新人"，李准可能遇到的问题与赵树理一样，也是"不具体"。即使"不具体"，也要按照无产阶级的榜样来塑造"新人"。在回应"梁生宝的气质不完全是属于农民的东西"这个质疑时，柳青说：（梁生宝）"难道就不应该有些是属于无产阶级先锋队战士的东西吗？我的描写是有些气质不属于农民的东西，而属于无产阶级先锋队战士的东西。这是因为在我看来，梁生宝这类人物在农民生活中长大并继续生活在他们中间，但是思想意识却有别于一般农民群众了。"接下来他质问："文学创作是不是改编生活？批评者这里所要的又是一种什么艺术方法？"柳青是主张对生活按照自己的需要进行加工的。既要加工现实，又要面对不时抛来的"歪曲现实"的帽子，这就是作家的生存境遇。

在50年代，作家创作的目的是被规定好的——宣传党的政策，创作的方法是被规定好的——用典型化方法塑造"新人"，留给作家的空间已经相当狭小。在此夹缝中生存的作家，少之又少；能够在其中脱颖而出者，必有绝活。《李双双小传》1960年发表后,1962年又被上海电影制片厂搬上银幕,并且一举获得了当年《大众电影》百花奖的最佳电影、最佳编剧、最佳女主角、最佳男配角四个奖项,可谓叫好又叫座。这样的成绩,是许多作家不能相比的。那么,李准是如何在这样的空间内写出令大多数人都满意的李双双呢?

二、用喜剧形式消解现实矛盾

50年代后期的中国女性,已经走上了历史的舞台。1957年,农村适龄妇女70%参加到了农田劳动中,这个比例是以前从未有过的。人民公社运动中,以生产队为基础的行政组织系统通过"工分"等经济和舆论影响,形成了鼓励妇女参加社会劳动的风尚。"1958年的人民公社化运动写下了妇女解放运动史上独特的一页。""政府鼓励和培养了一批女劳动模范和积极分子,其中一些人被提拔到各级管理部门,成为妇女地位变迁的表率,在农村发挥着示范作用。"李双双作为"新人",就是这一历史阶段的"新生事物"。李准以敏锐的目光捕捉到了农村中这一巨大的变化,看到了李双双这位女性"新人"。在50年代的农村题材小说中,还很少出现"女性"、"新人"形象,即使《三里湾》、《山乡巨变》中少许几个,也不是主角。这些作品中的女干部,基本是泯灭了性别的概念化人物。在当时作品中出现的女性,倒是有很多需要被教育的落后分子,如赵树理《锻炼锻炼》中的"吃不饱"和"小腿疼"、西戎的《赖大嫂》中的赖大嫂等。以女性为主人公,而且是一位爱说、爱笑的女性,无疑稀释了尖锐"斗争"中令人窒息的紧张气氛,把矛盾化解在说笑中,这是许多作品不能做到的。

找到了李双双这一切入点,还不是问题的终结。如何表现李双双?李准也进行过思考:"如果把李双双的故事,只写和敌人的斗争,我觉得还不能充分表现这个人。如果只写李双双和队里一些落后思想作斗争,我觉得很难表现出斗争的深刻性。把这一场斗争安排在对待公和私的态度上,安排在两个人的性格冲突上,就比较有力地揭示了人民内部矛盾,也有力地揭示了性格。"把阶级斗争的场景转化到普通家庭之间,将敌我性质的冲突转化为夫妻间性格的冲突,李准通过这个转换,为作品找到了新的阐释空间。回溯一下李准的成名作,就不难发现李准这个转化的意义。李准的《不能走那条路》也是宣传党的政策的作品,其中的矛盾也是发生在家庭内部,是宋老定和儿子宋东山之间的冲突。通过宋东山对父亲一番推心置腹的谈话,冲突得到了解决。整部作品概念化严重,完全是对意识形态的图解,在当时就有批评者指出这一点。在《不能走那条路》中,也有了一些滑稽幽默的因素,比如宋老定买地被批评时生气地说:"我要到集上吃肉哩!""我给谁省哩,我把八股绳套都拉断了,还落不下好!"但他到集上只吃了一碗豆腐汤煮馍。这个喜剧细节生动形象地展现出老一代农民的悭吝心理,还被柳青在《创业史》中借用。可能是短篇小说的篇幅所限,《不能走那条路》中,李准的幽默才华并未得到释放。如果写李双双时依然沿袭当年思路,李准拿出的也是平庸之作,而他这次决定将冲突放在"先结婚后恋爱"的夫妻之间,就避开了政治说教的写作模式。这样,《李双双小传》既能为意识形态所接受,也因为喜剧元素的介入而被大众喜欢。这是当时《李双双小传》两面讨好的主要原因。当然,在环境更为严峻的"文革"期间,《李双双》也因为"斗争性不强"被批判。

小说《李双双小传》基本是一个正剧模式,以塑造大公无私的"新人"为主,宣传"大跃进"时期的大办食堂,喜旺不过是她斗争的对象之一。这部小说发表后被导演鲁韧看中,请李准改编为电影剧本。但是准备投拍时,大办食堂已经不合形势,电影就变成了如何正确评记工分。在小说《李双双小传》中,双双和喜旺的冲突是几类冲突中之一,喜剧性也不强,而到了电影《李双双》中,这一冲突成为主要冲突,而且被赋予了喜剧色彩。有论者在谈电影《李双双》中喜剧性时,认为人物设置运用了民间形式"东北二人转":"不管作家主观上有没有自觉到,这个人物性格及其冲突,体现了民间对美好理想的追求,它所表现出来的形式,也是民间传统艺术中的'二人'对戏的模式,即一个心直口快、泼辣大胆、纯洁乐观的旦角和一个自私胆小、好心善良、趣味横生的丑角展开性格冲突的轻喜剧。"从形式上看,这样分析并无不可。但是,作者显然忽略了《李双双》被处理为喜剧背后的难言之隐。《李双双》中确实有"二人转"的影子,不过作品并不像"二人转"一样以逗笑为目的,而是将喜剧因素限制在一定区域内,严格把握分寸。

从小说到电影,一个重要的变化就是将冲突激烈的斗争转化为对落后人物的善意嘲笑。小说叙述的是大办食堂的过程,在此期间不断克服困难是小说的主要线索。也就是说,李双双这个人物是为论证大办食堂的正确性而服务的。改编为电影后,增添了许多生活化的内容,将双双与喜旺的冲突作为电影首要任务。这时,既不能使冲突升级,无法笑着收场;也不能一味搞笑,因为会有"丑化农民"的嫌疑。两个主人公的冲突的分寸的拿捏,是关键。喜旺在电影中,是一个具有大男子主义缺点的"落后分子",在一系列事件的教育下,不得不承认了双双的地位的提高。在这里,他只能有些性格上的小缺点,但是又不至于成为坏人。据演员仲星火回忆,导演要求他演喜旺的标准是"既不能令人同情他,也不能令人讨厌他"。李双双的状况更为复杂。李准和扮演李双双的演员张瑞芳都反复强调,双双的性格很泼辣,爱笑爱吵,是个"人来疯"。如果双双不是这种性格,那么喜剧感很难出来,但是如果过火,又会影响"新人"的形象。张瑞芳说:"双双性格色彩中还有另一面,她有那么一股'疯劲',这'疯'劲从何而来?因为她对今天的幸福生活,感到由衷喜悦,对公社大家庭感到温暖信赖,她不能不处处流露出自己的激情。"这是演员在一定环境下说的套话,不能当真。实际上,在现实里,恐怕除了有些"疯劲"的双双,很难找到具有如此强烈的"革命性"与"斗争性"的人物。

三、叙事无法掩盖的真相

关于《李双双》与当时社会情况的关系,当时的表述就比较暧昧。马铁丁在《大公无私见义勇为——从电影〈李双双〉谈起》中说:"它忠实反映了我们的农村生活——活泼、紧张、热气腾腾……那水库工地上的欢乐的劳动节奏,那一片嫩绿的棉田,那棵棵肥壮长得像竹子似的玉米,真可算人杰地灵,一片好风光。"接着作者颇有意味地自问自答:"也许有人会提出疑问:我们的农村生活是这样的美吗?是的,是这样的美。"如果确实如此,又何必这样强调?这还不算,下面又用论战式的笔法写道:"一九五八年,我国粮食作物空前丰收,产量超过一九五七年。只是从一九五九年和一九六一年的三年内,由于连续的严重的自然灾害,我国的农作物才造成歉收。但是,全国坚决地执行了党中央正确的方针与政策,调动了广大农民的生产积极性,农村形势因而日趋好转。"作者的意思是,农村确实这样美过,不过对"歉收"后的状况,就视而不见了。其实当时农村的状况,有目共睹。在拍摄《李双双》的过程中,摄制组就需要克服来自物质方面的重重困难。"当时河南连续 7 个月干旱,摄制组用水都要从二三十里地外用小毛驴驮回来。剧组每人每天只有一茶缸水,早晨洗脸、刷牙,到晚上洗手都靠它了。每天吃的也只是一些榨油的豆饼,掺着南瓜的面疙瘩,里面只有一点点粮食。"现在说《李双双》反映的现实与当时状况不符,粉饰太平,不是本文的目的,其实真实的现实内容是叙事无法掩盖的。

先说《李双双小传》。小说后半部分的主要事件是如何吃红薯。在食堂里,三分之一的粮食要用红薯取代,结果社员们不愿意吃,浪费现象严重。公社号召大家"粗粮细吃"。喜旺试验出了用红薯面做煎饼和面条的方法,受到了大家的欢迎,还成为公社学习、推广的典型。为什么粮食如此短缺?小说中并没有作出交代,而对于大吃红薯,却说是因为"丰收"。作家在这里显然无视当时农村基本情况。不过,文学作品是一个自足的整体,它能够倔强地"反抗"作者,发出自己的声音。在小说为办食堂唱颂歌的同时,竟同时包含着办食堂过程中存在的问题。改编为《李双双》后,办食堂情节被删除了,代之以记工分。工分制度究竟是否能够促进当时农村生产力的发展?工分决定了社员的收入,谁来记工分?这些问题都没有得到讨论。最重要的是,作家并没有展示出农民在这一阶段的真正的思想,只是一味否定农民的个体经济意识。实际上,将《李双双》定位为喜剧,本身也就拒绝了严肃地讨论问题。虽然找不到李准的记载,不知作何感想,但是,当他将《李双双小传》改为《李双双》,删去"大跃进"背景时,心里想必不是滋味。或许,他在多次创作谈中对此只字未提,本身就说明这不是一个有趣的话题吧。

如果把赵树理发表在1958年的同样写大跃进《锻炼锻炼》与《李双双》作个比较,将发现一些令人惊讶的异同。赵树理是一位对农村生活相当熟悉的作家,而且把反映农村中的问题作为己任。正如评论者已经指出的,他的《锻炼锻炼》本意是抨击"大跃进"中的落后人物,但是却反映了农村中的其他问题。赵树理也不主张在农村进行你死我活的阶级斗争。他不同意用"整人"的方式对待落后分子:"王聚海式的、小腿疼式的人,狠狠整他们一顿,犯不着,他们没有犯了什么法。"他采取的"斗争"方法其实也颇有喜剧色彩,就是杨小四设圈套将小腿疼陷害为偷花分子。但是《锻炼锻炼》却全然没有喜剧效果,因为赵树理心中确实装着沉甸甸的思考。他无法将现实喜剧化。《李双双》中也有"整人"的意思,喜旺就是不断挨整,电影却将这个过程喜剧化了。如果按照文艺界流行的做法,赵树理应该对现实中的真正"问题"(吃不上饭,乡村中的官僚主义)忽略,去写大公无私的社员教育小生产者这类"问题"。赵树理的《锻炼锻炼》后来遭到批判,其中的核心问题就是"作家的立场"问题。令人啼笑皆非的是,批评者认为赵树理"歪曲了农村现实",落后妇女"不占多数,是极其个别的"。虽然王西彦著文为赵树理辩护,但无济于事。现在看来,赵树理作为"农民作家",确实写出了农村当时的真实状况。

四、小结

《李双双小传》是一部并没有多少出色之处的应景之作,而电影《李双双》开辟了反映当时社会"矛盾"的新的空间。面对农村现实,《李双双》别出心裁,借用夫妻性格冲突,选取了喜剧化的形式来缓和矛盾。作品回避了对现实的真实反映和严肃思考。这不过是作者在夹缝间生存的一种策略。这部作品具有不可复制性,"文革"前很少出现过类似的作品。

原载《扬子江评论》2007年第6期

身份符号：修辞元素及其文本建构功能
——李准《李双双小传》叙述结构和修辞策略

谭学纯

本文以人民文学出版社 1977 年版《李双双小传》为版本依据，对小说女主人公 21 个身份符号的语用频率作穷尽统计。在量化分析的基础上，阐释这些身份符号作为修辞元素在文本中的分布及承担的文本建构功能，解析与李双双身份符号相关联的身份认证、话语权力、作品的文化主题，以及相应的修辞策略，由此延伸出对文学修辞研究方法的探讨，提出从语言学/文学的文学修辞研究，走向兼容语言学—文学理论资源和研究方法的文学修辞研究。

一、引言：作为修辞元素的身份符号

本文分析的身份符号，指不同语境中，同一行为主体具有相同修辞功能的不同身份代码。这些身份代码在文本中形成一个修辞聚合体，是同一叙述结构中可供选择的修辞元素。作为修辞元素的身份符号在文本中承担的功能，可以是结构性的，也可以是非结构性的。结构性身份符号参与文本生成，是承担文本结构框架支持功能的修辞元素。王蒙小说《蝴蝶》中的张思远、张部长、老张头，指向作品中同一行为主体的不同角色身份。小说中同一行为主体不同角色身份的意识流，建构了属于这个文本的规定历史时空，控制着文本叙述路向，影响文本整体结构，使之定型为特定样态。非结构性身份符号是参与话语生成的修辞元素，不承担文本结构框架支持功能。鲁迅小说《阿Q正传》中的阿Q、Q哥、老Q，指向作品中同一行为主体与周围人的不同角色关系。它们进入文本叙述，产生局部的修辞调节，不控制叙述路向，不影响文本结构样态。

李准《李双双小传》女主人公李双双的身份符号属于结构性的，她丈夫孙喜旺的身份符号属于非结构性的。本文以后者作为前者的对比观察对象。

根据身份符号的命名参照视点，可以把同属《李双双小传》女主人公的 21 个身份代码归入自主性、非自主性两类，前者是自我化的命名，后者是他者化的命名。以人民文学出版社 1977 年版《李双双小传》为版本依据，上述两类身份符号在文本中的语用频率统计如下：

自主性身份符号及其语用频率:李双双11、双双嫂子3、双双201。

非自主性身份符号及其语用频率:孙喜旺的爱人1、喜旺家3、喜旺嫂子2、喜旺媳妇3、那个小媳妇1、那个媳妇1、人家5、女人家1、这女人1、小菊他妈4、小笛他妈1、俺小菊他妈3、您小菊他妈1、俺做饭的5、我那个做饭的1、俺那个屋里人1、屋里人1。

结合语用统计继续观察:作为修辞元素的身份符号,在《李双双小传》的叙述结构中,呈现什么样的修辞布局？为此,本文将不涉及叙事中的李双双形象塑造和政治主题论争,而专注于从技术层面探讨:李双双身份符号在文本结构中"是什么"的语言事实,以及"为什么"的修辞策略。

二、承担文本建构功能的李双双身份符号和身份认证

以《李双双小传》女主人公身份符号为观察点,分析文本叙述结构和修辞策略,可以提取四条规则。

规则1:小说女主人公身份符号的修辞分布,规约了文本的叙述路线和结构定型。记作：

李双双 —→ 非李双双 —→ 李双双

（初始叙述）　（叙述展开）　（叙述收束）

规则2:由角色的自主性身份符号引出她的一系列非自主性身份。身份认证的预设是"李双双=李双双",身份认证的结果是"李双双≠李双双"。

规则3:将生活场景中由"是"或"不"就可以完成的身份认证程序,修辞化地改造为身份符号接连转换的叙述过程。

规则4:将生活场景中十分简单的身份认证程序,转化为叙述场景中增加与身份认证目的不相容性和消除不相容性的张力。

其中,规则1统辖全文,规则2—4是规则1的艺术化展开。

"李双双"的身份认证是从"非李双双"开始的。规则1表明:《李双双小传》女主人公的身份符号,是21个语言单位为1个行为主体不同身份的命名,在文本中有序分布。"李双双"是小说标题关键词,也是全篇焦点人物,这隐含了一个强制性的要求:小说正文必须在尽可能早的叙述阶段,对标题中的李双双做出符合"小传"写作模式的修辞处理。"小传"主人公不需要交给悬念,不能等到叙述终端还不知道"李双双是谁",甚至根本不存在"李双双"——那是荒诞小说

或某些技巧派侦破小说的写法。

根据"小传"的文体要求,小说初始叙述以"李双双是谁"的追问,认证主人公身份,但在身份认证的过程中,"非李双双"接连出场。于是,我们看到:

(一)李双双=孙喜旺的爱人/喜旺媳妇/那个小媳妇/喜旺家/那个媳妇——作为"人妻"的身份认证

小说起始句及后续话语,导向李双双角色身份的模糊认证。

(1)李双双是我们人民公社孙庄大队孙喜旺的爱人,今年有二十七岁年纪。在人民公社化和"大跃进"以前,村里很少有人知道她叫"双双",因为她年纪轻轻的就拉巴了两三个孩子。出现在叙述起点的"李双双",几乎是一个空洞的所指,"孙喜旺的爱人"才是"李双双"的所指。"小传"的女主角,从十七岁嫁到孙庄,到成为三个孩子的母亲,孙庄人还不太清楚她是谁。

从人们不知道"李双双是谁",到李双双成为公众人物,这一过程,语符化为文本的全部叙述长度。介于叙述起点和终端之间的叙述空间,有规则地选择李双双的自主性身份符号和非自主性身份符号。处于小说起始句句首主语位置的"李双双",是人物角色的自主性身份符号。按常规逻辑,后续话语应证明角色的自主性身份。然而,作家采取了反向的修辞策略,由此进入规则2—3:模糊"李双双"的角色身份,以"非李双双"推动叙述。

李双双在文本中初次自我亮相,是她的大字报署名。这张建议村办食堂的大字报,引起人们对署名人的关注。乡党委书记向大队党支部书记打听贴大字报的"李双双是谁家的",得到的是一系列模糊认证:

(2)老进叔说:"这么说来,兴许是喜旺媳妇。"罗书记说:"怎见得是她?"老进叔说:"那个小媳妇可能拿得出来了!去年大辩论的时候,上到台子上发言的就是她。就是平常开会少一点。前两天我见她跟喜旺还干仗哩!"

两个人正谈论着,树影儿已经正了,地里的人也都回来了,围着过来看大字报。老支书就问他们:"这个李双双是不是喜旺媳妇?"有人说"是",也有人说"不是"。

有人说:"这就是喜旺家写的,去年冬天扫盲上民校时候,她报的名字就叫李双双。"

还有人说:"那个媳妇利利索索的,读书心眼可灵了,她能写出这几个字。"

这个语段包含了确认大字报署名人身份的两道程序,分别为两重认证和三重认证——

提问:李双双是谁家的?→认证:兴许是喜旺媳妇/那个小媳妇。两重认证均为失去自我的身份认证,它使得"李双双"作为"人"的身份,确定为"人妻"的身份。究竟是谁之妻,在可能与一个男人有关的猜测中锁定。由此决定了接下来的三重认证。

提问:李双双是不是喜旺媳妇?→认证:喜旺家/李双双/那个媳妇。三重认证,失去自我→回到自我→再失去自我→最终回到"人妻"的身份。

小说中的最高权力代表罗书林不知道李双双是谁,农村基层组织"管人"的最高权力代表、李双双所在孙庄党支部书记老进叔也不知道李双双是谁,他只能猜想"兴许是喜旺媳妇"。当他求证"这个李双双是不是喜旺媳妇"时,村民们的回答在"是"与"不是"之间。

"兴许是喜旺媳妇"的猜测,在文本叙述结构中有一种引导功能:引出一个能够帮助认证李双双身份的重要人物——孙喜旺。作者让这个人物在大家议论"李双双是谁"的语境中出场。但是,喜旺出场没有明确李双双的身份认证,反而引出了李双双更为复杂的身份。由此,叙述空间进一步打开。

(二)李双双=您小菊他妈/俺做饭的/俺小菊他妈/女人家/我那个做饭的——作为"人妻"+"人母"+"女人"泛指的身份认证

(3)大伙看见喜旺,就叫着他问:"喜旺,你看这是谁写的,是不是您小菊他妈?"

喜旺听说双双贴了大字报,先吓了一跳。他忖着:"这个'出马一条线'的货,该不是把前天和我吵嘴的事儿掀出来了吧!"他又见乡里罗书记和老支书都在这里看着那张大字报,更是不能承应。他哼着哈着走到那张大字报跟前先念了念,心里一块石头才算落了地,又听见罗书记说:"写得好!这张大字报写得真好!"他才慢慢吞吞地说:"是俺做饭的写的。"

喜旺话音一落地,大家轰的一声笑起来。喜旺听着别人笑,还只当是别人笑他吹牛,急忙证实说:"你们不信哪!真是俺小菊他妈写的。她就叫李双双,她会写字啊……"

喜旺红着脸说:"女人家,她懂得什么……反正我那个做饭的,是个有嘴没心'没星秤'的人,你们不用和她一般见识。"体现被命名者社会角色的身份符号,是命名符号,也是个人介入社会的一种修辞代码。这种修辞代码在语例(3)中的设计耐人寻味。沿用上文"提问→认证"的模式提炼语例(3)。

提问:这是谁写的/是不是您小菊他妈?→认证:是俺做饭的/俺小菊他妈/李双双/女人家/我那个做饭的。

如果身份认证程序修改为"这是谁写的/是不是你爱人李双双",那么,喜旺的认证只需要在"是"或"不"之间选择:选择"是",将加快叙述进程;选择"不",将改变叙述方向。

文本显示:作者没有按"是"或"不"的叙述路线设计主人公身份认证程序,而是充分利用身份符号作为修辞元素的功能,从规则2到规则3,使"李双双"的身份认证不断受到"非李双双"的干扰。

身份符号"您小菊他妈"的情感倾向,具有"＋礼貌＋亲情"的语义特征,其中,"礼貌"指向喜旺,"亲近"以小菊为身份认证的确定中心。"是不是您小菊他妈"的疑问,借助五个身份符号的转换,在"李双双"和"非李双双"之间游移。身份符号的每一次转换,同时也是角色身份的转换,标示角色身份的重新定位。

出自孙喜旺之口的李双双五个身份符号的转换,始于"俺做饭的",终于"我那个做饭的",隐藏了孙喜旺和李双双的婚姻伙伴关系,显示了李双双和孙喜旺的劳动服务关系。当李双双在家庭的角色分工绑定在"做饭"上时,一般意义上的身份领属范畴,转化为文本语境中代指李双双的身份符号。孙喜旺用"俺小菊他妈",回应"是不是您小菊他妈",以肯定的形式,确认李双双的"人母"身份。"她就叫李双双",表面上认证了李双双的身份,但是下文的"女人家"解构了李双双的身份认证,使"李双双"作为定指的"人"的身份符号,回复泛指的"女人家"的身份符号。汉语名词后缀"家"表示后缀前的名词属于某一类人。

按常规逻辑,由李双双的丈夫孙喜旺认证李双双的身份,最可信,也最简单,但是,作者又一次进行修辞化改造,将常规逻辑置换为叙述逻辑:从规则2、3延伸出规则4,增加与身份认证目的不相容性的力量和消除不相容性的干预力量,由此引导后续叙述。

(三)你爱人李双双≠俺做饭的:身份认证的权力干预

小说中,与李双双身份认证最不相容的身份符号是"俺做饭的",消除不相容性的干预力量也指向"俺做饭的"。

如果说,李双双前几次身份认证,导向了李双双失去自我的"他者化",那么,李双双这一次身份认证,则以否定李双双的"他者化"为目的。比较:

李双双≠李双双——导向李双双失去自我的"他者化";

你爱人李双双≠俺做饭的——否定李双双的"他者化"。

从李双双≠李双双,到你爱人李双双≠俺做饭的,叙事焦点围绕一张大字报。孙喜旺认为,李双双贴大字报是"女人家"瞎折腾,于是撕掉墙上的大字报。他的行为招致了批评。

(4)罗书记打量着他笑着说:"喜旺啊!你爱人李双双这张大字报写得好得很,这个建议对咱们全乡大跃进要起很大作用。人家不是不懂什么,是懂得很多。你给我吧,我要把这张大字报拿走了,乡党委要专门开个会研究这个建议。"接着他又拍着他的肩膀说:"哎,以后要改改旧习惯了,怎么老叫'俺做饭的,俺做饭的',人家大字报都贴到你床头了,还不民主点。"这段批评,如果出自《李双双小传》中的其他人,干预力量会弱化。读者可以回忆一下:前序话语(二)中"俺做饭的"、"我那个做饭的"在小说第一章出现时,这个身份符号的情感语义已经定性,它不具有家庭幽默意义上的调侃意味,而是李双双的他者化身份代码。小说第二章,李双双本人有过拒绝"做饭"的强硬姿态,但没有拒绝"俺做饭的"这类身份符号的内在要求。小说中有干预意识和干预力量的批评,出自乡党委书记罗书林,这表明了干预的性质:权力干预。《李双双小传》的叙事空间属于中国乡土社会。"乡"作为中国社会组织结构中一个基层行政区划,是乡民进入社会秩序的一个基本平台。建国后的乡治,在中国共产党领导下进行。小说中的最高话语权威乡党委书记一句不温不火的批评,传递了他干预李双双"他者化"身份认证的权威指令。干预以温和的方式进行,以强势的权威收效,产生了语用学意义上的言后效应。

引例(4)罗书记的干预,见于第一章的叙述终端。经过第二、三两章的叙述转换,至第四章完成叙述衔接:村办食堂,村民选喜旺做炊事员。喜旺推托说不合适,李双双说他很合适,村支书不指名地希望喜旺不要推辞。喜旺红着脸说:

(5)"要是这样,那我刚才说的不算,俺做饭的说那个算就是了。"他这一句话刚出口,大家又轰的一声笑了,连老支书也笑了。喜旺这时脸涨得通红,他搔着头皮想着,忽然感到这个称呼就是背时。

这是小说第四章的叙述中,"俺做饭的"最后一次进入小说对话的场面。联系前序话语(3)、(4),可以观察到:

1. 前序话语(3)隐含了叙述蓄势:喜旺指认大字报"是俺做饭的写的",曾引起大家轰笑。前序话语(4)转为权力干预:罗书记拍着喜旺的肩膀——无声的动作语言之后,紧接着有声的权威指令,要他"改改旧习惯",不能老叫"俺做饭的"。

2. 引例(5)大家再次轰笑又因"俺做饭的"而起,文本认知语境中的短时记忆被激活,喜旺对"俺做饭的"在公众心理上的敏感产生现场反应。喜旺脸红,传递了视觉信息,表明他意识到时代语境抵触以"俺做饭的"指代"李双双"。

3. 引例(5)是权力干预的有效性在文本中的证明。这不是来自家庭伦理的压力,而是家庭之外的权力介入了原属伦理范畴的家庭成员的身份命名。喜旺感觉到"这个称呼就是背时",从叙述上说,是一个信号:意味着"俺做饭的"将成为喜旺的语言记忆。此后,这个以家庭分工指代婚姻伴侣的修辞代码将退出喜旺的话语。

小说第一至四章,"俺做饭的"从进入叙述话语,到进入角色话语,再到退出角色话语,整个流程可以表述为:叙述交代→叙述蓄势→权力干预→产生现场反应→干预成功。

三、从"非李双双"到"李双双":身份符号修辞布局和作品文化主题

"李双双"的身份认证从小说第一章开始就不断受到"非李双双"的干扰,直到第八章,"李双双"才脱离了附属于他人的身份。当我们将李双双的身份符号作为规约文本结构的修辞元素来考察的时候,也许需要特别注意女主人公身份符号中的几个代码及其修辞处理。

(一)"喜旺嫂子/双双嫂子":真实主体和隐含角色

两个身份符号都体现第三者言说李双双时行使的话语权力,共同指向亲属关系语义场的同辈亲属关系,结构类型都是同位短语,其中"喜旺嫂子"的同位并列项不可以易位,"双双嫂子"的同位并列项可以易位,易位后同指一人。这是能够观察到的语言学区别。但更深层的区别是隐藏着的。

1."喜旺嫂子"屏蔽了身份符号指向的真实主体,李双双以"喜旺嫂子"的身份在场。李双双丈夫"喜旺"成为"双双"之名的领属性流通符号。

2."双双嫂子"的隐含角色是喜旺,"嫂子"弱化了"双双"的存在。对称呼"双双嫂子"的话语主体来说,"双双"的所指与"双双"所嫁的一个男人产生认知关联。但"双双嫂子"的符号构成,毕竟显示了"双双"不再"匿名"。这也是我们把"喜旺嫂子"和"双双嫂子"分别归入非自主性身份符号和自主性身份符号的原因。

3.更重要的是,从身份符号的修辞分布来说,"喜旺嫂子"两次出现,叙述位置分别在第一、三两章。"双双嫂子"三次出现,叙述位置都在第八章,且在全篇收束处。

(二)"双双+动词":语言格式及其变式

观察文本中出现201次的"双双",对其中的一个语言格式应作超语言学的分析。

双双+动词:双双说/双双上民校了/双双在一边哭着。语言格式表明"双双"用于叙述话语,出自文本叙述者之口。另有一些变化形式:

双双+主谓短语:双双人长得漂亮。

名词+动词+双双:喜旺也确实喜欢双双。

名词+介词+双双+动词:("大跃进")把双双给"跃"出来了。

随着上述语言格式在叙述链中消失,"双双"不再是叙述的对象,而成为丈

夫喜旺的称呼对象。

（6）喜旺由衷地说："我说你变了，双双，变得聪明了，变得能干了，也变得通达道理了，你那个思想比我高。"

（7）喜旺这时又兴奋地说："……双双，我孙喜旺今后一定要赶赶你。"

从叙述对象到称呼对象，"双双"由体现叙述者话语权力的身份符号转为体现婚姻伴侣话语权力的身份符号。当"双双"由叙述人使用的他称转为喜旺使用的面称的时候，李双双的自主性角色在家庭温情与社会激情的双重情感空间重新定位。

"双双"作为呼语进入夫妻对话，是"双双"第一次作为独立的"人"进入丈夫的话语，这对整篇小说的结构来说，绝不是可有可无的。因为：当"双双"作为叙述对象，在主语、宾语、介词宾语等语法位置进入叙述链的时候，"双双"在她周围的角色关系中是缺席的；当"双双"作为称呼对象，在呼语的语法位置进入叙述链时，才意味着"双双"从曾经湮没了自身的众多可替换符号中浮出水面。

（三）"李双双"：叙述位置与缺位

小说共八章，"李双双"语用频率11次，其中8次用于第一章，3次用于第八章。第二至七章的叙述空间，这个身份符号呈零使用状态。

观察"李双双"在文本中的分布，比较"李双双"在不同叙述位置的隐现，可以发现：身份符号的变化与行为角色社会地位的变化同步。对李双双来说，从非自主性身份进入自主性身份，是不同的生存状态和生命感觉；对李双双的丈夫孙喜旺来说，丢弃李双双的非自主性身份符号，呼唤李双双的自主性命名，是他从脆弱的大男子主义向男女平等的立场转变的过程。这一过程在小说的叙述结构中体现为相应的修辞布局。

因此，不能忽略小说开头和结尾的两处修辞对照。

（8）李双双是我们人民公社孙庄大队孙喜旺的爱人，今年有二十六七岁年纪。

（9）喜旺说："进叔，你去报喜时再捎上一条，就说李双双那个爱人，如今也有点变化了！"

（8）、（9）分别见于小说初始叙述和终端叙述，从李双双是孙喜旺的爱人，到孙喜旺是李双双的爱人，角色关系的领属位置反转。而且，语例（9）出自孙喜旺之口。

在这之前，文本提供的夫妻对话之外的语境中，孙喜旺向第三者言说妻子李双双时行使话语权力的身份符号，是一系列隐藏婚姻角色的身份代码："俺小菊他妈/俺做饭的/我那个做饭的/俺那个屋里人/女人家/这女人"。通过这些身份符号，孙喜旺为李双双分配了婚姻伴侣之外的社会角色，喜旺自己也选择了相应的话语角色。同类修辞对照另有：

（10）李双双这个名字被人响亮亮地叫起来了。

（11）（在全公社的广播大会上）表扬了李双双和四婶。

（12）吃李双双做这个饭，别的不说，真干净，挤着眼吃都不要紧。

语例（10）见于小说开头，文本语境是"大跃进"年代让一个无人知晓的农村妇女成了全县知名的公众人物。但小说第二至七章的叙述，"李双双"缺位。她的名字真正被叫响，是小说进入尾声的时候。见于小说结尾语例（11）、（12），从叙述终端呼应初始叙述，彰显女性角色的自我在场感："李双双这个名字被人响亮亮地叫起来"的社会化认同，是广播表扬李双双、村里老汉直呼李双双其名。在这之前，李双双由丈夫之外的其他人体现话语权力的身份符号，是一系列隐藏李双双自主性身份的代码："喜旺家/喜旺媳妇/喜旺嫂子/那个小媳妇/那媳妇/您小菊他妈"。通过这些身份符号，李双双周围的角色关系为李双双分配了附属于丈夫和子女的角色身份，他们自己也选择了相应的话语角色。也许需要特别注意小说最后一章出现的女主人公身份符号。

全篇11次使用的李双双中3次所指不再模糊的李双双，全篇201次使用的双双中2次由喜旺面称的双双，3次使用的双双嫂子（区别于喜旺嫂子）均指向主人公的自主性身份。这些身份符号作为修辞元素在篇末集结，共同支持小说叙述的强势收束。

由此反观《李双双小传》的修辞策略，可以认为，作为修辞元素的女主人公身份符号的修辞处理，是支持整个文本结构的优化设计。

1. 小说第一、八两章，始于并终于李双双的自主性身份符号，出于文本的结构考虑。始于第一章的李双双身份认证和指向"非李双双"的角色认同，是小说叙述展开的一个看点。"非李双双"对李双双身份认证的干扰，避免了过早地终结叙述，不断给后续注入叙述能量。

2. 作为修辞聚合的李双双身份符号，进入文本的可选择区间，主要限于第二至七章的叙述长度，且限于非自主性身份符号。让"李双双"拥有大量"非李双双"的命名，是作家的修辞安排。"非李双双"在情感语义上低于"李双双"，投射出被指称者受压抑、被贬低的角色身份。李双双的非自主性身份符号显示她作为"人妻"和"人母"的存在，屏蔽她作为"人"的存在。作家先通过非自主性身份符号让李双双一步步地偏离自己，在一系列替代符号的包围中，走向"非李双双"。然后再一步步地靠近自己，直到第八章回复李双双的自主性名称。

3. 从叙述起始"李双双"的模糊所指，到文化主题完成时"李双双"的确定所指，李双双的名字终于被人叫响，而且有了重量。一个"人"的尊严的缺失与找回，在叙述层面交给自主性身份符号的缺位与还原，借此修辞化地证明：李双双是她所处时代所需要的大写的"人",而不是"人妻/人母",也不是泛指意义上的"女人家"。

(四)比较参照:李双双丈夫的身份符号

考察李双双身份符号的文本建构功能,不能不同时观察她丈夫的身份符号。

阅读全文,男性文化、乡村文化对劳动妇女的生存压力从身份符号对应和不对应中见出:

语用场地	孙喜旺身份符号	李双双身份符号
叙述话语/喜旺自称	孙喜旺	李双双
叙述话语/人物对话	喜旺	双双
李双双夫妻之外的人物对话	喜旺哥	双双嫂子
李双双夫妻向他人言说自己配偶	俺那个主	俺做饭的/俺小菊他妈

1. 孙喜旺的自主性身份符号,在文本结构中自由分布;李双双的自主性身份符号,在文本结构中按修辞策略分布。

2. 李双双所说"俺那个主"与孙喜旺所说"俺做饭的/俺小菊他妈",互为修辞镜像。李双双从"俺做饭的/俺小菊他妈"回复"李双双"的过程,同时也是一个女人从男权秩序突围的过程。

四、结论和余论

首先,文学文本是一个整体结构。这个结构中,一个元素的变化,可能引起其他元素的相应变化,从而导致结构整体的变化。这是一条结构主义原理。用这一原理分析《李双双小传》的身份符号,可以观察到:作为修辞元素的李双双自主性身份符号和非自主性身份符号的分布,参与小说的文本建构,对应于小说的文化主题,李双双身份符号参照系的修辞安排也对应于小说的文化主题,这些不能随意改变。

其次,阅读现有文学修辞研究成果,可以欣赏到不同学科背景的同类研究的学术智慧,也可以感觉出一个共同的倾向:学科之墙阻隔了学科交叉之境的学术开发。语言学背景的研究通过文学修辞研究解决语言学问题,文学背景的研究通过文学修辞研究解决文学问题,二者各自为政,无法合成。然而,文学修辞研究的学术目标,并不是单纯地解决语言学问题,也不是单纯地解决文学问题。基于语言学和文学交叉学科的文学修辞研究,最小的研究区域在语言学和文学的结合部。文学修辞研究的阐释起点在语言学,落点在语言学和文学的交叉地带。它需要分析词、句、段层面的修辞信息,更需要解释这些修辞信息对文本整体结构的影响和制约。这在一定程度上要求处于学科交叉地带的文学修辞研究的学术队伍具有源自语言学又超越语言学的知识结构。这种知识结构不能满足于个人化,而应该追求团队化。否则,文学修辞研究的学术开发可能因为缺少团队跟进而限于个人行为。

再次,改变文学修辞研究的现有格局,需要语言学背景的研究和文学背景的研究互相吸纳对方的学术智慧,同时展示本学科同类研究的学术看点,在学科碰撞中产生新的思想能量,提升技术含量。从语言学/文学的文学修辞研究,走向兼容语言学—文学理论资源和研究方法的文学修辞研究。

原载《文艺研究》2008 年第 5 期

重读"李双双"
——历史语境中的"农村新女性"及其主体叙述

陈欣瑶

1949—1979 年,随着社会主义体制下的"制度解放"与"文化大革命",中国妇女具有了另一种"性别体验",有关"女劳模"与"铁姑娘"的叙事构成了时代女性的新"镜像"。李准笔下的"李双双"较之徐改霞、张腊月等五六十年代农村新女性形象尤为不同,接连转战小说、电影、话剧、豫剧等领域,引发文艺评论界的持续关注,各式各样名为"李双双在××"的媒体栏目次第推出,"李双双"在很大程度上成为新农村妇女的代表、新农民的典型乃至劳动大众的写照。

进入新时期,在一系列经典"重读/写"的浪潮中,"李双双"这一形象却由新转旧,因不合潮流逐渐湮没无闻了。不过,这一将"李双双"无名化的历史进程,与其说起步于"新时期",不如说启动于"文革"结束——1977 年,李准本人喜获平反,《李双双小传》小说集迅速出版,电影《李双双》重获公映。在这个沉冤昭雪、"重回其位"的流程中,作为另类女性主体叙事的"李双双"的意义则被搁置、无视乃至取消了。在这个意义上,确定为"平反"与"复映"所追认的历史位置,正是重读"李双双"的恰切起点。

一、话语流中的"李双双"

在黄子平的《论中国当代短篇小说的艺术发展》一文中,出身河南的蒙古族人李准被视为继赵树理之后能将"犹如泥土的故事"讲得"那么好"的第二人。不过,在晋、陕两个农村题材作家群之外,李准虽然同样关注中国农民(尤其是女性农民)的翻身过程,却在一定程度上试图消除赵树理对"农民改造的长期性与艰巨性"的忧虑。

初版《李双双小传》(1960 年)以 1958 年"大跃进"高潮阶段为背景,表现农村已婚青年妇女"李双双"在家门内外的生活故事。一方面,作为已婚妇女个体,李双双走出家门介入公共生活;另一方面,作为喜旺之妻,李双双在家门之内着手打造新的夫妇关系。随着由"荐夫"转向"自荐",李双双活动的空间由灶前屋后拓展至"万头猪场"乃至"公社食堂",以罕见的通透与从容,呈现出新中国农村新女性的主体形象。拍摄于困难年代、公映于调整时期的电影《李双双》则删除原作中大办食堂等"大跃进"运动的标志性事件,改以"工分制度"的贯彻为中心,在荐夫劝夫、棉田劳作、邻里矛盾、婚丧嫁娶等妇女传统生活领域体现"公社社员李双双"的意义。从小说到电影的再生产中,"夫妇故事"始终被延续:当孙喜旺对李双双的态度从压制转向追随、从押谴转为敬爱,夫妇关系也由强制性的"夫唱妇随"演变为或"你追我赶,争当模范"(小说)或"先结婚,后恋爱"(电影)的模式。

在八九十年代的"重写文学史"中,"李双双"及其同时代的"农村新女性"形象主要被表述为两种形态:其一以《浮出历史地表》及《中国当代文学的叙事与性别》为滥筋,其二则以《中国当代文学史教程》为代表。在《浮出历史地表》中,始自延安的"解放区女性"形象对立于"五四"新文学以来女性作家"女人写女人"的边缘传统,以喜儿为代表的"党的女儿"则取代了"五四"以来强调自我价值、惯以爱情作为反抗武器的女性形象序列。类似于上述创见的具体化或刻板化,《中国当代文学的叙事与性别》试图将叙事学与性别研究相结合,展示50—70年代主流文学如何为性别暴力所宰治,使社会主义"新女性"沦为雄化策略的牺牲品进而无法"别离故乡"。相对于上述西方女性主义式的研究视角,《中国当代文学史教程》则试图用"民间隐形结构"阐明"民间性"如何使"李双双"摆脱图解政治的必败之局。

与以上路径不同,贺桂梅的《青春之歌》新解提示了重读"李双双"的入口——罹患无名痛的杨沫在写作《青春之歌》的过程中无药自愈,征候性地揭示了小说中"女性叙述"的玄机所在。具体来说,以皈依革命叙述为掩护,《青春之歌》式的"女性叙述"完成了对妇女经验的隐形书写,在为文本争得政治合法性的同时,也使女作者本身获得了对主体位置的"崇高体验"。在此,"女性叙述"与"阶级/政治叙述"的协商关系,激发本文将目光转向沃尔拜等围绕"民族计划"提出的"第三世界女性主义"。

在《女人与民族》中,"民族计划"被表述为"满足一个国家在自我认定的需求的一系列集体性的战略规划","第三世界女性主义"的核心议题则在于发掘"民族计划"与"性别计划"发生互动的可能性。戴维斯与沃尔拜分别从妇女对民族计划的参与方式与参与程度两个方面展开攻势,使核心议题的具体化成为可能——在国家主导的妇女形象建构进程中,现实中的妇女如何通过对"民族计划"的选择与转译实现介入与获益。具体到后冷战之后的第三世界社会主义中国,妇女问题的最新态势在陈顺馨处被描述为都市知识女性问题重受瞩目以及"城市下层的劳动妇女和乡村妇女的议题"而石沉大海。有趣的是,五六十年代之交的农村新女性故事群所针对的正是彼时未艾的"乡村妇女议题"。

就"李双双"形象系列而言,所谓的协商场域首先表现为政策文件、党报宣传与文艺书写构成的话语生产机制。其中,1939年创刊于延安的半月刊杂志《中国妇女》,从1949年复刊到1967年再次停刊之间,完整呈现了新中国主流话语中"社会主义妇女"形象的建构过程。在政策文件、妇女自述、文艺作品选载等诸多板块中,新中国妇女在公共生活与个人家庭中遇到的各色问题形成互文之网——"托儿所"、"大食堂"、"人民公社"等新兴集体空间被指认为培育"新人情、新道德"的苗圃,各个阶层与职业的新中国妇女则再次被结构在人口再生产、知识传习、劳动建设等"民族计划"范畴之内。

面对"怎样做一个新社会的新妇女"的时代问题,1949年第1期《中国妇女》转载1949年中国妇女第一次全国代表大会通过的文件《中国妇女运动当前任务的决议》。及至1958年第10期,"本刊编辑部"通过《新形势下妇女工作的新任务》亲自发声,勾勒"大跃进"时期(亦即建国十周年以来)劳动妇女的理想形态——在各行各业变身丰产能手的劳动女性,不仅为国家/家庭增加物质财富,而且实现了自身精神境界的进化。

作为"理想妇女"的现实依据(与寻找"李双双"的现实冲动相协调),有关妇女改进生产工具、妇女创作文艺作品、妇女涉足科学研究的特写简讯相继刊出。其中,妇女故事的可写题材被一举例说明,妇女故事的主题范式亦获树榜样。不过,为党报宣传所阐释的政策文件一方面要求文艺叙事对其展开更进一步的图解,另一方面则正如《青春之歌》所揭示的那样,始终面临着在文本之内遭到抵抗/消解的风险。

在上述张力关系中,一方面,相较于王汉石的《黑风》、段荃法的《雪英学炊》等典型主流作品,《李双双小传》首先做出两个结构性的调整:其一,相对于雄化策略、去家庭策略,小说将核心矛盾的暴露与解决结构在夫妇关系的调整重建过程之内;其二,相对于"女性英雄伴随男性出场",小说瞩目于李双双主动"跃出"、识别自我的过程。与文本的结构性调整相匹配,"李双双"放弃"救自己先要救大家"、"毫不利己一心为公"等延宕/召唤式的话语策略,在家门之内、夫妇之间寻求新中国农村革命的突围之道。另一方面,相对于同期一系列关注女性日常情态的"边缘作品",《李双双小传》首次贯通家内与家外、日常与革命,呈现出完整畅达的农村女性主体方案。在这一点上。茹志鹃的《三走严庄》(1961年《上海文学》第1期)尤可与之相参照。

作为对主流范式的一次靠拢或挑战,《三走严庄》"在艺术水平上"的半途跌落在60年代已为侯金镜所关注——勾连日常生活"插曲"与社会主义革命/建设"主调"的作者野心,瓦解于"屋里人"收黎子与民兵队长严正英之间的内在断裂。在侯金镜那里，茹志鹃的天才在于罕见地写出了可感可解的农村女性人物，而"严正英"的苍白干瘪一方面关乎个人天赋，一方面则受制于浪花题材与宏大主调之间的内在矛盾。作为某种发展，新时期研究以"农村新女性"及其背后"新人"概念的虚构性/空洞性为前提，判定了50—70年代农村新女性叙述的必然失败。在两类解释中，文本分裂的另一种可能性被搁置——走出家门的农村新女性在叙述人眼中仿佛具有实质上的不可解性；社群/阶级差异则兀自冲破无差别的姐妹情谊，表现为失败的代言。不过，随着新时期研究进一步确认小浪花叙事的合理性，女性生态与宏大叙事的根本相斥被追溯为由来已久的天然共识，"农村女性"或"女性"本身则被迫隔离于介入性的国家主体位置。在上述演变之外，《李双双小传》的差异性或者在于：在获得政治叙述合法性的同时，文本尝试开辟女性经验的溢出通路；在与俯瞰农民主体的"知识分子"趣味保持距离的同时，文本呈现出另一类可感可解的农村已婚青年女性形象。

二、两个故事

置身于三层框架之中，"李双双"在两个层面上构成桥梁——就文艺叙事的历史脉络而言，五六十年代之交的"李双双"内在结构于"左翼—延安—五十年代"的谱系之内；就主流话语与女性剩余经验的互动关系而言，参照李准之妻董冰的自述，"李双双"凸显出"农村新女性"故事与"准新女性"经验的首次对话。

从差异而非断裂的角度进入左翼文学、延安文艺以及50—70年代的叙事实践，可以见出"农村新女性"突出重围的实验过程。在"左联"的纲领文件中，无产阶级文学的最终目标被表述为"新社会的理想的宣传及促进新社会的产生"。然而，正如曹清华指出的那样，左联/左翼作家口中的"无产阶级"实为一类"双重所指"——同时指向概念上完美无缺的革命主力，以及现实中为知识分子所代言的沉默劳动者。在分裂摇摆的困局之下，仿佛分享"姐妹之邦"（sisterhood）的各阶层妇女成为迎取新世界的突破口，受到多重压迫继而加倍沉默的农村女性则步至风口浪尖。随着各支话语力量通过文艺实践为"农村新女性"穿上形色各异的"花衣裳"，第一个故事从"妇女翻身"故事、"公家人"故事之中脱颖而出，即"妻子的革命"。在左翼文学实践里，恰是身披商业化、政治化标签的蒋光慈，在其晚期作品中呈现了"革命＋恋爱"模式之外的"妻子革命"——农村已婚青年妇女荷姐的故事。

作为众多次要人物中的一个，尚未获得名字的荷姐与新民主主义式的革命相遇于家庭暴力场景——将妻子视为唯一所有物的贫苦农民吴长兴通过毒打荷姐完成自我疗救。此外，荷姐与革命的根本关联在于她对工人干部张进德的提问——"妻子可以革丈夫的命吗？"在《咆哮》中，"妻对夫的革命"与"子对父的革命"并行发展，勾勒出妇女运动的宏阔草图——挣脱"私产"身份、从家庭内部"翻身"之后，农村女性方有可能晋升为"人"的一部分、"我们"的一部分、"受剥削大众"的一部分、"革命力量"的一部分乃至"革命受益人"的一部分。

依托组织基础（妇女部）以及制度基础（谁都可以革命/不许打老婆），荷姐走出家门投身农运。家门内部来自丈夫的阻碍，引发了现代妇女观念与乡土家庭伦理的正面对决——在妇女的申冤处（妇女部），为革命所涉及的各种力量（农村已婚妇女荷姐、妇女干部王毛姑、农民丈夫吴长兴与工农干部张进德）皆"说出"了自己的立场。其中，顺利接受革命启蒙的农民丈夫暂且屈服于革命领袖的个人威望，两性之间反抗权的对等性则被视为男性农民接受妇女运动的权宜接口。不过，荷姐对其"胜利"的反应尤其引人注目——在几次望向丈夫的过程中，她脸上"得意的胜利的神情"迅速转变为"好像期待着吴长兴和她同阵回家似的"。相应地，吴长兴虽然低头垂目拒绝了妻子的目光，仍在"两分钟光景"之后拔腿跟上了荷姐的脚步。在此，"斗争"之后的夫妇默契透露出旧式农村夫妇关系孕育新变的可能，冲突各方对革命性别计划的反馈则凸显出"家庭革命"的势在必行。

从某种程度上来说，后期延安文艺关注的妇女翻身故事、"公家人"故事、妇女抗日故事等，正是"妻子革命"的繁衍，而这一时期革命计划对妻子革命的调整/干扰则典型地体现在两个文本中——《论"贤妻良母"与母职》（周恩来，1942年9月25日）以及《中共中央关于各抗日根据地目前妇女工作方针的决定》（简称《四三决定》，1943年2月26日）。前者将封建性别权力关系揭露为异化妇女自然身份（母/妻）的根源所在，在戳破新旧"贤妻良母主义"之"骗局"的同时将母妻身份还原为妇女的"权利"；后者则正如贺桂梅撰文指出的那样，为"革命大局"而与乡土传统相妥协。由激进转向保守的妇女政策着手将妇女日常困境的解决方案归纳为二：成为妇女干部，投身生产实践。套用沃尔拜的互动框架，在这一轮协商中，革命的民族计划部分地吸纳了妇女要求；而相应的，为了换取/保卫得之不易的"胜利果实"，妇女不得不/有必要在投身生产的同时，变身为战场后方永远的"母亲"。

在后期延安文艺中，随着翻身故事被讲成"翻身翻成公家人"，为"公家人"身份洗刷污名随即迫在眉睫。作为对"污名"的发现与解剖，丁玲的《夜》（1941年）完整再现了农民干部何明华的卧榻狂想，将性别权力所拱卫的男性意淫凸显为污名的深层来源。而对"污名"的完整指认，则由柳青的《喜事》（1942年）所完成——作为潜在的"皮伴妇女"、"公家人"被传统乡土社会视为家庭形式的必然破坏者。由此，在古今的《新规矩》（1947年）中，一系列"新规矩"在召唤新型夫妻关系的同时，勾勒出"公家人"的新标准，令解放区的新一代女青年九儿成为有花之果——"皮伴前史"终获解毒，"公家人"亦为革命话语所"夺回"。

作为翻身故事的典范之一，1941年捧得大奖的《磨麦女》将新旧农村女性之间的关系构造为妇女干部与其工作对象之间启蒙/被启蒙的关系。地主家的儿媳桂英每日听着"同志们"的"讲书"以及"前院姐妹们朗朗的读书声"，将妇女干部的飒爽身影看在眼里，在视/听层面上实现了与革命进程及其性别计划的相遇相知。不过，服从于争取士绅的首要任务，桂英打破旧家庭、获取新身份的实质性"斗争"被谨慎细腻地悬挂起来。

更有趣的是，"五四"知识女性式的人性呼号（"我……我也要自由"）被设计为桂英出走的根本动力。而恰恰是在"出走"之后，桂英才在革命政权（县政府）的支持下，成为既定妇女政策下的一则特例。通过偶然性的"出走"与新生活的"留白"，进退两难的妇女翻身故事得到了想象式的解决。

类似的缝合叙事在50—70年代摒弃了"出走"策略，隆重推出黑凤式的分裂女性。家内的娇俏女儿与家外的雄化英雄不畏与家庭断裂、毅然合体，将第二个故事唤出水面，即"准新女性"的故事。与五六十年代之交"李双双"新人化的成功案例相对，半途而废的"准新女性"故事不仅构成了党报宣传、文艺叙述的潜文本，也在李准夫人自述公开出版的时刻（2005年），被证实为真实存在的困境。

在序言的作者舒乙看来，在家务工作之余"偷偷写出来的"《老家旧事》写出了"没有一点政治框架"的"中国妇女命运的大典型"。不过，在"女性写作"表征之下，故事的关键其实在于，董冰在新人化过程中从未真正走出家门，也无从展开对"农村新女性"位置的"崇高体验"。正如一系列"索隐"所指向的那样，"董冰"的意义被归结为李准之妻、"李双双"之本、"先结婚后恋爱"逻辑的创造性源头，而她本人则配合《李双双小传》的诞生失去了"双双"之名。

《老家旧事》首次以自述形式追溯了劳动女性滞留"准新女性"阶段的历史过程，自述主体"董冰"则为完整再现"李准"其人其事的内在冲动所打散。其中，担负后备劳动力、母亲、妻子三位一体身份职能的董冰对丈夫李准的解放许诺备受感召，而解放许诺的后续实践仅散见于李准生活简史的边边角角。其中，学习新文化被设定为妇女获得"解放感"的首选方案，在某种程度上复沓了左翼——延安叙述的设想之一，即知识拯救妇女（参见《磨麦女》与1941年庄启东的《夫妇》等）。由此，国民党妇女教材、新中国小学课本、传统故事书/外国小说三类文本在农闲时节、家务间隙逐渐变成了现代历史与启蒙文化的夹生饭，由丈夫所赋予的"学习"任务则与母妻身份一样，被接受为不可延宕的天然使命。由此,被李准简史反客为主的董冰自述凸显了准新女性的自我认知——作为"李双双"唯一可考的"原型",董冰以做好贤内助为己任,在坚持"学习"的同时从未将自己与"农村新女性"以任何方式关联在一起。

含混而坚挺的准新女性意识更具寓言性地体现在董冰与集体劳动的相遇中。1958年冬,响应组织号召的董冰在水坝工地体验了浑然忘我的"一日劳动",直到第二天才发觉自己浑身疼痛。随后,对"一日劳动"的补充评论带来拆解劳动神话的意外效果——上工途中毅然与幼子诀别的董冰,回想起劳动时的莫名狂热,发出时过境迁的自我解嘲:"后来想想我那时也不知是怎么想的。"于是,"为国家出力"的宏愿一方面招致"母子分离"的惨剧,一方面被译为不可解的时代迷思。

针对准新女性身份意识的生成机制,自述同样提供了征候性的表述——在全面支援李准的婚姻生活中,董冰逐步焕发出贞烈决绝的学习觉悟。作为践行"贤内助"理想的方式之一,她沉陷于知识的海洋的同时意味着对夫权规划的接受与自我驯化的展开。在此,"董冰"之名所包裹的破碎主体构成了"雄化女英雄"的对照物——与男性话语生搬硬套的"理想女性"不同,"董冰"实证着普通农村妇女为实现传统意义上的终极女性价值(贤妻)所进行的持之以恒的自我改造。在这个意义上,董冰克服困境的方式(学习)与杨沫抒导"无名痛"的途径(写作)形成对照,以"自由解放"为名的现代召唤结构则与传统女性规划达成精巧有力的合谋。

有趣的是,正当董冰在新旧女性观念的夹缝中挣扎求存时,居于夫权逻辑核心地位的李准却把目光从"落后农民"转向了"农村新女性"。在新一轮注视中,"妻子革命"与"准新女性"故事的解围,则在一定程度上由"李双双"的叙事实验所实现。

三、"李双双"的主体方案

面临社会主义建设的高潮阶段以及新中国的十周年纪念,以1959年为界,《中国妇女》由劳模自述/翻身故事转而关注妇女背后的家庭/夫妻生活,"换妻"故事随即上升为新一轮的"治愈"对象。在召唤"家庭新气象"的板块之内,多数"回头丈夫"在"党的挽救"下醒悟到妻子身为"新人"的意义而对伊重拾敬爱之情。"回心转意"的关键首次被整合为二:其一在于"劳动光荣"新世界观,其二则是延安文艺式的"文化挽救婚姻"。由此,从厌恶老妻的农民干部到抛弃发妻的高级军官,诸多革命的"遗留问题"皆获矫正——丈夫们由"我有什么理由不爱她"升华/妥协至"我应该爱她"。对应于党刊层面"驯妻"主题对"换妻"主题的置换,同时期的文学叙述则显示出从"驯妻"故事到"驯夫"故事的转移。这一转移也许早已在赵树理50年代初的文学创作中初步登场——在反映合作化运动的《三里湾》里,旧式媳妇袁小俊在母亲的教导下对丈夫展开一系列"整治",最终演绎了一场"古典式驯夫法"的惨败。不过,在随后的文学实践中,为"古典式驯夫法"的失败所呼唤的"现代驯夫法"的成功,却经历了一番叙述的困难——现代驯夫法的成果先于过程出现在主流文本内,表现为传统夫妇权力关系的简单反转,令柔顺乖巧的张腊月之夫沦为一类奇观奇景。不过,1960年,《李双双小传》以某种轻喜剧的形式,将"现代驯夫故事"统合在农村新女性的主体方案中。

在小说的起首部分,"释名环节"宣告了劳动新女性主体的出世与主体叙事的展开。从"小字条"到"大字报",从被人转述到主动发声,李双双完成了对妇女经验的私人记录与公共表达。其中,热情拥抱现代知识/劳动社会的李双双自觉意识到"家务"的泥沼效应,提出令妇女脱离家务劳动的提案("只要能把食堂办"),表明与男性"挑战"的信心。大字报上的"署名",一方面使李双双现身于公共话语场域,一方面则为其打开了新实践空间的大门(水利建设)。相对的,与荷姐夫妇的冲突类似,丈夫喜旺的反扑继续凸显出农村妇女"走出家门"仍是一则未解难题。由此,新一轮的"妻子革命"以旧有夫妻格局的改变为前提,一方面展示孙喜旺的回炉重造,另一方面则勾勒出李双双由"贤妻"转向"新女性"的关键线索。两者互为表里,回应着"准新女性"的具体困境。

作为"吴长兴"的某种延续,孙喜旺对闯出家门插手男人活计的李双双发起"惩罚",将新旧性别计划的对决拉入日常场景——意在驯服悍妻的孙喜旺收工之后躺卧在炕,等着对打破传统的妻子施以训诫;李双双则在无尽无助的炊事面前经历了忍、怨、怒、悲四个阶段。在此,喜旺对惩罚手段(时间、地点、方式)的选择印证了日常家务对农村女性的泥潭意义,而"有能力但拒绝分担家务的丈夫"构成了"妇女走出家门"的具象障碍,掩护着旧式性别逻辑的窥伺与蠢动。然而,当"扭过身来正要还手"的孙喜旺被李双双推倒在地且讪讪溜走,旧时代的真理被揭破为失去语境支持的"纸老虎",李双双遂能在破涕为笑的环节中"反败为胜"。与五六十年代主流故事不同的是,"家庭"不仅为革命伦理所纠正,更为夫妻情谊所搭救——眼见双双破涕为笑,喜旺维持着口舌层面的均势夺门而"溜",令夫权在决战中的失败与失势转化为喜剧化的夫妇情谊。在这个层面上,孙喜旺的"溜走"与吴长兴的"跟上"构成跨时代的"呼应";李双双故事也在填补"现代驯夫法"过程空白的同时,为定位"准新女性"与"新女性"之间"丢失的一环"作好了准备。

"准新女性"身份的解谜与"新女性"主体想象的完成,集中完成于李双双与老支书的面谈场景。而李双双泣诉衷肠的起因,正是喜旺周顾妻子的殷殷期待及谆谆教诲,不仅给富农家庭私开小灶,且在事发之际托病辞活儿。在揭露真相的匿名大字报面前,遭遇当头棒喝的李双双接续着漫长的"贤妻"传统。

与董冰践行"贤内助"的理想类似,在"大跃进"到来之际,李双双不断试图将孙喜旺拱上某一人尽其才的革命位置。由此,婚后初次见识到喜旺何等"受欢迎"的李双双,不顾喜旺的眼色执意将他推举为食堂炊事员。而在喜旺掌勺的第一顿饭中,双双看着白衣白帽、前呼后拥的喜旺,更觉他"会说了,会笑了,猛的年轻了十几岁"。

锻造丈夫的目标一度被概括为"不偷不摸,公公道道当个正派人",而孙喜旺的有负众望则使李双双从自豪爱宠跌落至悲愤无助。在这个关键时刻,"好像看透了她的心事"的老支书以革命新世界的话语逻辑拆解了传统妇人职能中的伦理死角:"双双,这也不奇怪。这就是人的旧习惯哪!……要是认不清有些人的资本主义思想,他何止光想沾食堂光呢!……所以现在不管干什么活,非得政治挂帅不行。"

对话中,贤妻的绝境被揭穿为旧中国老传统的内在弊端,而新中国的新思路则成为"辟邪"的护身符——

老支书说:"政治挂帅就是要听党的话。不管干什么活儿,都要想到这是革命工作,都是为咱们'大跃进'干,为咱们人民公社大办农业大办粮食干,也是为咱们群众能早日过幸福日子干。思想能通到这个线上,就避邪了,就不会推推动动,也不会上那些落后人的当了。"

在这段话中,为历代读者所熟悉的政治关键词得到重排及新解——

政治挂帅＝听党的话;

听党的话＝不管干什么活儿,都要想到这是革命工作;

活儿＝革命工作＝大办粮食、大办农业、"大跃进"、群众的幸福日子。

对李双双而言,为大办粮食、大办农业、"大跃进"出力,本以"不偷不摸"、"公公道道"的"正派人"传统为依据。而在老支书话中,个人的日常生活与集体利益、革命事业患难与共,旧世界的"正派人"逻辑则为革命新世界的新主体位置所吸收与超越。与"推推动动"、"上那些落后人的当"相对,"强实人"则与李双双的本性"不谋而合"。

在"晌午收工闹矛盾,双双贴出大字报"的情节中,面对欲以食堂自救的"准新女性"李双双,进大娘提示了"大字报"这一合法合理的"鸣放"途径。而在"喜旺装病辞炊事,双双亲见大字报"的环节,悲愤的贤妻李双双因进大叔的新世界逻辑重燃希望之火。党的基层干部进大叔夫妇一前一后点醒了同一个"梦中人"——进大娘向李双双指明了显影自身的方法,而老进叔则令她在革命事业的日常图景中,首次发现了可堪胜任强实人/领头人的自己。

主体空位的日常召唤恰在某种程度上染指董冰口中不可解的劳动迷思,而当时一类更常见的话语体式,堪以 1955 年第 3 期《中国妇女》的劳模自述《我当了生产队长》(李德江)为代表。而对联合农场波光粼粼的黄金麦海,具象化的国家、集体乃至"社会主义大生产"以空前深刻的震惊体验加诸"我"身——被延宕的工业化之梦一夜成真,被教授的主人翁理想则使李德江将"女拖拉机手"设定为自己在新世界中的恰切位置。与以上凤愿得偿的震惊叙述不同,老支书的阐释逻辑使"李双双"与和平年代革命建设所特需的主体计划"不谋而合",且比男性的、做丈夫的、有才有干的孙喜旺更为恰切。

借助这一层不谋而合,与政治话语相协商的妇女经验讲出了自己的故事:以"贤妻传统"的失效为契机,"李双双"式的异质特征获名为"新中国主人翁的泼辣劲"。同时,同样得益于老支书的短句箴言,喜旺由反革命的"促退分子"变身为受"旧习惯"拖累的老中国儿女。身份标签的替换,一方面形成对"落后人物"系列的解毒尝试,一方面则使"五四"新文学以来乡土中国的"暴虐丈夫"首次被解释与驯服。

四、方案的消退

参考莫里斯·迈斯纳的观点,面对 50 年代初以城市为核心空间展开的资本主义工商业改造,毛泽东再次萌生借由农业社会主义改造而"包围城市"的设想,其关键则在于再次赋予广大农民以独一无二的革命进步性,即使其首先成为社会主义新人。由此,1953—1956 年的合作化运动,1958—1960 年的"大跃进"运动乃至"人民公社化"运动,被视为"帮助"农民新人化的阶段措施。而从"三层框架"来看,"农村女性"作为"妇女"与"农民"的重叠部分,作为毛式革命逻辑(一穷二白、落后的有利性等)中隐身的一极,成为解决新人难题的关键——"社会主义农村新女性"成为解决劳动力匮乏困境的良药,而且被视为 1958"大梦想"的内在保障。

在李准讲述"李双双"故事的 1960 年,"大梦想"面临惊醒的危险——城市公社化名存实亡,"大跃进"运动终止,三年困难时期充分展开。正在此刻,毛式中国想象对新女性主体叙事的"邀请"达到顶峰,"农村新女性"则应运成为黑屋之中的一缕阳光。正如 1963 年《三走严庄》中坐光源之下的"收黎子"那样,文学、电影、通俗文艺等领域所唤回的"大跃进中的农村新女性",构成"1958 大梦想/大失败"的转移与治疗,同时也是"劳动保值"、"打造新人主体"等社会理想的返场演出。

由此,"大跃进"中的"李双双"在后大跃进时代应邀成为读者、观众、演员亦即人民"共同体"发生内投与共鸣的对象。作为对"邀请"的超越,初版小说则首次声明,驯夫故事、劳动故事、新人故事得以成立的基础,在于"准新女性"困境的解决与完整自我意识的获得。而这一叙述的实验性抑或冒犯性,则由小说文本的改写与改编所凸显。

1961年,改写后的《李双双小传》在最大限度消除"大跃进"痕迹并保留小说原貌的原则之下,删除了李双双大放异彩的猪场线索,并将"快速煎饼灶"的发明权转移到喜旺名下。而在1962年的电影《李双双》中,"食堂"亦被移除,"李双双"撤回传统农村妇女的古老空间之内(棉田邻里、婚丧嫁娶)。其中,喜旺三回合的"出走"与"归来"进一步将小说中的"新女性小传"转换为夫妻闹架的情节剧。

就小说改写而言,进入工具改革与文化生产领域的妇女潜力被压缩。而在电影中,"我是社员"认同逻辑的加入、双双大字报内容的置换以及老支书话语策略的改变,使得"李双双"的形象内涵发生显著偏移。

在电影中的"大字报"一场戏里,家务泥沼笼罩下的妇女生态被反转为"家里妇女真清闲",妇女劳动力未被充分动员的原因被归结为工分制度不健全,妇女解放在乡土伦理传统层面的困难则被概括/遮蔽为"干部怕麻烦"。换句话说,伴随"家务劳动在等级关系上低于公共建设"的设定,"大字报"的内在动力由小说中的"妇女需求"退回动员妇女劳力的国家性别计划,而小说中"小字条——大字报"与"伦理困难——实践困难"的双重构造则被"动员妇女劳动力"的老调重弹所冲散。而正是在重弹老调的支持下,电影开端"我是社员"的身份自白与尾声处的老支书的鞭策形成话语层面的呼应与循环。面对孙有婆偷窃公产的行为,李双双在电影开端先声夺人,将其身份自觉表述为"公社社员"。在这一刻,倒叙的小说故事转为顺叙的电影故事,妇女新人传略转为模范社员截面,已经炼成的社员李双双则在老支书的辅正下几次经受住了"喜旺出走"的考验。其中,在喜旺第三次出走、李双双倚树而泣的时刻,老支书仿佛再次看穿了她的心事:

"自己的事儿再伤心也不过掉两点眼泪,可是队里的工作,一耽误就是几百口子人的生活。还是要积极工作,公事为重啊!"

与小说不同,低位阶的"自己的事儿"对"队里的公事"造成威胁与干扰,"公职召唤"的主流策略经过"我是社员"的铺垫而直接登场。在这一层上,电影"当正剧来看太疯,当喜剧来看又疯得不够"的窘境,同时源自故事内核的偷换。在

"置换"过程中,编剧李准与主流范式达成和解,以"消除'大跃进'痕迹"为掩护,完成了对异质性小说的"治愈"。作为某种耦合,回归主流的位移响应着 1962 年"不能忘记阶级斗争"口号的提出。在口号背后,"革命接班人"成为新一轮群众运动召唤的对象,"青年"代替"妇女"成为革命规划的内在保障,而"农村新女性"受邀获得的话语空间则再次被收紧。

  正如本文起首所指出的那样,随着《李双双小传》与《李双双》同年被认定为蒙受冤屈的文艺作品,小说与电影间的差异性被进一步抹除;出版/放映资格的失而复得,同时意味着新时期语境下农村新女性主体问题的得而复失。80 年代以来,作为文学创作/批评"向内转"、文学史被"重写"、"革命"被告别等关键事件的副产品,"(农村)女性"被宣布解脱了"(农村)社会主义新女性"的镜像标签,"纯化"为"人"。与此同时,在备受肯定的"个人层面",以"去政治"为名的女性个人奋斗史,呈现出一场面向传统伦理/市场经济的孤军奋战。"她们"遭遇的双重挫折与困苦,则被解释为个体撞向时代所产生的"浪花"与"插曲"。当别离中国的女性作家严歌苓化用前婆母童冰的性格与记忆时,被搁置的同时也是特定时代脉络中女性经验与政治叙事相协商的系列尝试。在这个意义上,"告别革命"之后的当代文学书写借助市场/读者的掩护,紧锣密鼓地实践着与"政治叙述"的新一轮合谋。

原载《中国现代文学研究丛刊》2014 年第 1 期

评《耕云记》
——一九六〇年短篇小说漫评（摘录）

茅 盾

  李准的《耕云记》(《人民文学》一九六〇年九月号)、茹志鹃的《静静的产院里》(同上，六月号)，这两篇发表后，曾经获得普遍的好评。有些评论家认为这两篇的水平都超过了两位作者过去的作品。的确，这两篇都有新的东西；这些新的东西，在两位作者的过去作品中如果不是完全没有，至少也不是很显明而突出的。

  《耕云记》把第三人称的写法(这是作者的叙述和描写部分)和第一人称的写法(这是作品主角的自述部分)结合得相当巧妙，而且着意地描写了环境，渲染了气氛，其效果遂使读者如身入其境。经历了主角的奋斗过程，挫折时和她一同担忧，胜利时和她一同高兴。这篇作品不太长，两万两千字左右，可是，在人民公社胜利迈进的灿烂背景前，作者从公社建立自己的气象站、培养自己的气象员这一个角度，反映了一系列人物(从县级干部直到群众)对新事物的不同的态度，表现了敢想、敢说、敢干的革命作风对保守思想、一般化工作方法开展的斗争。这篇作品还令人信服地写到了土洋结合、群众路线的方针永远会带来工作上的胜利。正确的主题思想，现实性强而又波澜迭起的故事，鲜艳灵活的笔墨，三者齐全，构成了人物形象的多姿多彩。如果说《李双双小传》还有些多余的句子，那么，《耕云记》就锤炼得相当精醇了；如果说《李双双小传》描写环境气氛还不够，那么，《耕云记》已经没有这个缺陷了。不过，肖淑英(主角)和关书记这样的青年干部、领导人，我们不是在《耕云记》中第一次遇到，在作者过去的好些作品中也是常常遇到的。

选自《一九六〇年短篇小说欣赏》，中国青年出版社，1961年

喜读《耕云记》

冰　心

　　读到《人民文学》9月号上，李准同志的两万多字的小说《耕云记》，我感到像从前坐在海边的崖石上，看大海涨潮一样的惊奇与喜悦。这篇小说描写一个年轻的女气象员，在党的培养与领导下，怎样地成长、坚强，又是怎样地在党的支持下和她周围的广大农民在一起，抗过了"百年一遇"的大旱，夺到了大丰收。小说的结尾，这个新生的人物，快乐而自豪地说："老天爷他本来要向我们人民公社来挑战，可是结果呢，他输了！"

　　这篇小说从平平淡淡的人们在路旁避雨开端，引出一个认真、负责、踏踏实实地工作、在群众里威信很高的气象员肖淑英，随着故事的发展，又引出一批新社会里的新人物，如人民公社的坚强的党领导关书记、张社长、姑娘的父亲——仓库主任肖宽，还有姑娘的哥哥——青年生产队长肖铜锤，那个急躁憨直的青年，他对坚持正确的气象报告的妹妹，啧有烦言，也还为的是人民公社的生产，为的是社会主义建设。县委林书记是最后出场的，他是那么一个当机立断、信任人、走群众路线的领导。当他信任了负责的小气象员，信任了大多数老农的判断，认为暴雨不会来，决定了水库暂不放水，问"大家还有什么意见"的时候，"没意见"，大家喊那一声把外边雷声都盖住了！有这样英明正确的党领导，有这样依靠党、敢想敢说敢做的人民群众，老天爷怎敢不低下头来呢？

　　我说读这篇小说，像海边观潮，因为故事的发展，像从遥远的天边，卷来一阵雪白的浪花，推涌进迫，浪头愈卷愈高，潮声也愈来愈大，等到它涌到你面前脚下的时候，气势之雄豪奇险，如同千百头白毛狮子，怒吼着奔腾围逼了过来，使你几乎悚起侧立。从前，当我读马烽的《我的第一个上级》的时候，我也有这种惊悬而痛快的感觉。

　　《我的第一个上级》是防洪的故事，《耕云记》是抗旱的故事，在他们描写山洪暴发和山雨欲来的紧张场面里，风声、雨声、人声……有声有色，万象轰鸣，但是在间不容发之顷，最后仍是英明正确的党和它领导下的人民，战胜了一切！

　　这一篇，和李准的其他作品一样——如《李双双小传》，艺术技巧是很高的，语言生动，人物性格都很鲜明。比如对于肖淑英第一次不太正确的关于霜冻的报告，关书记、她的父亲肖宽、她的哥哥肖铜锤，还有富裕中农范富兴等人的反应,都不相同,都恰如其分。在关书记和她的党员父亲的勉励支持之下,姑娘坚强起来了,她充满了感激和信心地说:"天塌下来,也要为党工作。"

　　我记得柳青同志在今年文代会的发言中说过:"接受什么政治思想的指导和接受什么阶级意识的影响,永远是每个作家最根本的一面。如果不是首先从这一面看,而是首先从艺术技巧的一面看,那对无论什么时代的作品,都不能正确对待。"《耕云记》的艺术方面的成就,是作者遵循毛主席的文艺为工农兵服务的指示,长期投入人民生活斗争和一面自己刻苦钻研的结果。到农村"走马看花"的人,是很难写出这样深刻的作品的。

原载《北京晚报》1960年10月8日

作品年表

李准作品年表

1953 年

《婆婆和媳妇》(生活小故事),《河南日报》1953 年 7 月 10 日。
《卖西瓜的故事》(生活小故事),《河南日报》1953 年 7 月 21 日。
《我没有耽误选举》(生活小故事),《河南日报》1953 年 10 月 13 日。
《不能走那条路》(小说),《河南日报》1953 年 11 月 20 日。

1954 年

《"送穷"的故事》(短篇小说),《河南文艺》1954 年第 4 期。
《白杨树》(短篇小说),《长江文艺》1954 年第 5 期。
《雨》(短篇小说),《长江文艺》1954 年第 6 期。
《林业委员》(短篇小说),《中国青年报》1954 年 8 月 3 日。
《孟广泰老头》(短篇小说),《长江文艺》1954 年第 10 期。
《在庄严的日子里》(散文),《长江文艺》1954 年第 10 期。
《拥护我们的宪法草案》(杂文),《河南文艺》1954 年第 13 期。
《立志为毛主席指出的总任务而奋斗》(杂文),《河南文艺》1954 年第 13 期。
《不能走那条路》(话剧),《河南文艺》1954 年第 22 期。
《说一些家常话》(论文),《河南文艺》1954 年第 8 期。
《为什么反映不出新东西》(论文),《浙江日报》1954 年 4 月 1 日。
《散会路上》(短篇小说),《〈河南文艺〉通讯员》1954 年 11 月号。
《卖马》(短篇小说集),河南人民出版社,1954 年。

1955 年

《在大风雪里》(短篇小说),《长江文艺》1955 年第 4 期。
《一头小猪》(短篇小说),《新观察》1955 年第 4 期。
《农忙五月天》(短篇小说),《中国青年报》1955 年 6 月 21 日。
《他爱桥》(短篇小说),《河南文艺》1955 年第 16、17 期。
《冰化雪消》(中篇小说),《长江文艺》1955 年第 6 期。
《不能走那条路》(短篇小说集),《长江文艺》1955 年第 7、8 期。
《飞跃吧,年青的祖国!》(散文),《河南文艺》1955 年第 19 期。

《从两件小事说起》(散文),《长江文艺》1955年第6期。

《小黑》(散文),《人民文学》1955年第6期。

《要时刻注意敌人》(散文),《人民日报》1955年6月22日。

《保证每年写两篇儿童作品》(论文),《中国青年报》1955年10月25日。

《我怎样学习创作》(论文),《文艺报》1955年第23期。

《关于对生活的敏感——学习创作的一点体会》,《文艺报》1955年第23期。

《××及其反党集团是青年们最恶毒的敌人》,《河南文艺》1955年第12期。

1956年

《野姑娘》(短篇小说),《中国青年》1956年第1期。

《妻子》(短篇小说),《长江文艺》1956年第12期。

《一头小猪》(短篇小说,儿童读物),河南人民出版社,1956年。

《在大风雪里》(短篇小说,文化补充读物),河南人民出版社,1956年。

《野姑娘》(短篇小说集),中国青年出版社,1956年。

《冰化雪消》(中篇小说),通俗读物出版社,1956年。

《在沸腾的生活里》(散文),《长江文艺》1956年第1期。

《半夜来客》(散文),《河南文艺》1956年第1期。

《欢腾的乡村》(散文),《人民文学》1956年第3期。

《农民心爱的朋友——有线广播》(散文),《人民日报》1956年3月15日。

《青年轧钢工长李元辉》(特写),《人民日报》1956年4月30日。

《我们知道的张希之》(特写),《中国青年报》1956年2月27日。

《森林夜话》(散记),《河南文艺》1956年第9、10期。

《垦荒者的故事》(特写),《中国青年》1956年第17期。

《不平常的早晨》(特写),《河南日报》1956年1月23日。

《正义的檄书在到处飞传》(诗),《河南文艺》1956年第13期。

《我对文艺界的殷切希望》(论文),《中国青年报》1956年3月10日。

《培养文学战线上的接班人》(论文),《长江文艺》1956年第4期。

《我是怎样学习创作的》(论文),《长江文艺》1956年第7期。

《细致的刻划准确的描写——读于秀峰同志的两篇小说》(评论),《河南文艺》1956年第16期。

《"百花齐放"与艺术的特色》(论文),《河南文艺》1956年第13期。

1957年

《芦花放白的时候》(短篇小说),《奔流》1957年第1期。

《灰色的帆蓬》(短篇小说),《奔流》1957年第1期,《人民文学》1957年第1期。

《李四先生》(短篇小说),《人民文学》1957年第3期。

《都都》(短篇小说),《文艺月报》1957年第11期。

《贫农吕富光》(短篇小说),《河南日报》1957年7月27日。

《没有拉满的弓》(短篇小说),《长江文艺》1957年第5期。

《"三眼铳"掉口记》(短篇小说),《奔流》1957年第10期。

《在欢腾的日子里》(短篇小说),河南人民出版社,1957年。

《芦花放白的时候》(短篇小说集),作家出版社,1957年。

《孟广泰老头》(短篇小说),通俗读物出版社,1957年。

《森林夜话》(单行本),少年儿童出版社,1957年。

《春到三门》(散文),《中国青年报》1957年3月4日。

《斩断这只魔手》(散文),《长江文艺》1957年第10期。

《到农村去》(散文),《长江文艺》1957年第11期。

《感受与希望》(论文),《长江文艺》1957年第12期。

《深入生活,加强修养》(论文),《萌芽》1957年第12期。

《大胆的放大胆的鸣》(论文),《河南日报》1957年4月27日。

《剥去右派分子××的外衣》(论文),《奔流》1957年第8期。

《清除人性论在文学创作上的流毒》,《河南日报》1957年10月13日。

《斥"写东西才是自己的"》,《奔流》1957年第10期。

1958年

《夜走骆驼岭》(短篇小说),《人民文学》1958年第9期。

《参观》(短篇小说),《长江文艺》1958年第9期。

《贵宾来了》(短篇小说),《奔流》1958年第7期。

《不能走那条路》(短篇小说集),人民文学出版社,1958年。

《老兵新传》(电影文学剧本),《收获》1958年第1期。

《小康人家》(电影文学剧本),中国电影出版社,1958年。

《走在时间前边的人》(散文),《文汇报》1958年1月5日。

《争取又红又专》(杂文),《奔流》1958年第4期。

《悼徐玉诺先生》(散文),《奔流》1958年第5期。

《遍插红旗遍地开花》(特写),《长江文艺》1958年第7期。

《文村散记》(特写),《旅行家》1958年第9期。

《大好事情大好景象》(特写),《人民日报》1958年10月4日。

《党的女儿马小翠》(特写),《人民文学》1958年第1期。

《登封见闻》(通讯),《人民日报》1958年5月16日。

《铁流》(散文),《中国青年报》1958年12月12日。

《光辉的一年》(杂文),《河南日报》1958年10月1日。

《树立共产主义劳动态度》(杂文),《河南日报》1958年11月14日。

《走在时间前边的人》(散文诗写集),上海文化出版社,1958年。

《六神不安》(唱词),《奔流》1958年第8期。

《不准干涉中东》(诗歌),《奔流》1958年第8期。

《战龙王》(唱词),《河南日报》1958年3月31日。

《卖国小朝廷》(街头剧),《河南日报》1958年7月27日。

《为了铁水满山流》(豫剧),《群众艺术》1958年11月号。

《夫妻上山》(曲剧),《河南日报》1958年10月11日。

《六神不安》(河南坠子),河南人民出版社,1958年。

《战龙王》(唱词),河南人民出版社,1958年。

《土壤、落户、体力劳动》(论文),《萌芽》1958年第1期。

《拔掉海盗的白旗》(政论),《河南日报》1958年7月24日。

1959年

《一串钥匙》(短篇小说),《奔流》1959年第1期。

《三月里的春风》(短篇小说),《奔流》1959年第5期。

《人比山更高》(短篇小说),《奔流》1959年第10期

《两代人》(短篇小说),《人民文学》1959年第10期。

《马小翠的故事》(特写),《人民文学》1959年第1期。

《车轮的辙印》(短篇小说集),人民文学出版社,1959年。

《夜走骆驼岭》(小说散文集),作家出版社,1959年。

《新村老人》(短篇小说集),作家出版社,1959年。

《冰化雪消》(电影文学剧本),中国电影出版社,1959年。

《南阳黄牛》(散文),《人民日报》1959年10月20日。

《朝露满天——访河南遂平县嵖岈人民公社》(特写),《人民日报》1959年10月20日。

《石榴花开的季节》(散文),《光明日报》1959年6月16日。

《在麦收的季节里》(散文),《新观察》1959年第13期。

《人民公社之源》(散文),《收获》1959年第5期。

《且看今日之中原》(散文),《奔流》1959年第11期。

《马小理的故事》(特写集),文字改革出版社,1959年。
《夺取小麦丰收年》(唱词),《河南日报》1959年2月23—26日。
《为了铁水满山流》(改唱剧本),河南人民出版社,1959年。
《一串钥匙》(豫剧),河南人民出版社,1959年。
《过去一年来的情况和今后的安排》(论文),《作家通讯》1959年第3期。
《〈小康人家〉的题材处理》(论文),《河南日报》1959昨6月21日。
《真人真事与艺术加工》(论文),《文学知识》1959年第4期。
《写〈小康人家〉的几点体会》(论文),《大众电影》1959年第7期。
《一项繁荣创作的倡议》(论文),《奔流》1959年第11期。
《答〈文学知识〉编辑部问》(谈话),《文学知识》1959年第12期。
《题材、提炼和技巧——在郑州第三次文代会上的讲话》(发言),《百花园》1959年第7期。
《为文化新军欢呼》(论文),《奔流》1959年第12期。

1960年

《李双双小传》(短篇小说),《人民文学》1960年第3期。
《耕云记》(短篇小说),《人民文学》1960年第9期,《光明日报》1960年10月29日。
《两代人》(短篇小说,注音扫盲补充读物),文字改革出版社,1960年。
《两匹瘦马》(短篇小说集),湖北人民出版社,1960年。
《一串钥匙》(小说),上海文艺出版社,1960年。
《耕云播雨》(电影文学剧本),中国电影出版社,1960年。
《大别山里的红旗手》(特写),《河南日报》1960年9月23日。
《苦干十年——记新县老红军郭继保同志》(特写),《解放军文艺》1960年第11期。
《风起云涌的十年》(杂文),《河南日报》1960年6月25日。
《诗四首》(《访黄河人民公社》、《咏开封铁塔》、《游禹王台》、《题嵖岈山石壁》),《奔流》1960年第4期。
《歌声预报着丰收——谈彩色故事片〈绿洲凯歌〉》,《文艺报》1960年第9期。
《认真学习毛泽东思想,坚持毛泽东文艺路线》(论文),《奔流》1960年第3期。
《我的创作体会》(习作者之友),《奔流》1960年第2期。
《努力学习毛泽东思想》(论文),《河南日报》1960年3月13日。

《群众是最好的老师》(论文),《光明日报》1960年8月24日。

《沿着毛主席指引的文艺道路前进——在中国作协第三次理事会(扩大)上的发言》,《文艺报》1960年第13、14期。

1961年

《春笋》(小说),《人民文学》1961年第5期。

《李双双小传》(短篇小说集),作家出版社,1961年。

《喜旺嫂子》(电影文学剧本),《奔流》1961年第7—9期。

《李双双》(电影文学剧本),上海文艺出版社,1961年。

《金桥春早》(散文),《光明日报》1961年3月23日。

1962年

《李双双》(电影文学剧本),《电影文学》1962年第12期。

《更深刻地熟悉生活——纪念毛主席〈在延安文艺座谈会上的讲话〉》(论文),《文艺报》1962年第5、6期。

《我爱农村新人——关于写〈李双双〉的几点感受》(论文),《电影艺术》1962年第6期。

《向新人物精神世界学习探索——〈李双双〉创作上的一些感想》(论文),《人民日报》1962年12月16日。

1963年

《进村》(短篇小说),《人民文学》1963年第9期。

《麦仁粥》(短篇小说),《奔流》1963年第8期。

《槽头兴旺》(农村速写),《人民文学》1963年第10期。

《耕云记》(短篇小说,维吾尔文版),新疆人民出版社,1963年。

《不能走那条路》(小说),上海文艺出版社,1963年。

《龙马精神》(电影文学剧本),《电影创作》1963年第6期。

《走乡集》(电影文学剧本集),中国电影出版社,1963年。

《你挥洒出了李双双的忘我劲——致张瑞芳同志》(通信),《光明日报》1963年6月4日。

《情节、性格和语言——在旅大市业余作者座谈会上的讲话》(论文),《鸭绿江》1963年第1期。

《关于"涌泉"的体会》(论文),《文艺报》1963年第1期。

《永远做一个革命文艺工作者》(论文),《大众电影》1963年第5、6期。

1964 年

《龙马精神》(电影文学剧本),《电影文学》1964 年第 11 期。

《清明雨》(小说),《人民文学》1964 年第 7 期。

《李双双小传》(小说,维吾尔文版),新疆人民出版社,1964 年。

《十八亩地》(家史),《人民日报》1964 年 1 月 15 日。

《拉差车记》,《收获》1964 年第 2 期。

《观察、理解、感受、表现》(论文),《奔流》1964 年第 1 期。

1965 年

《龙马精神》(电影文学剧本),上海文化出版社,1965 年。

《李双双》(电影文学剧本),上海文化出版社,1965 年。

《怎样才能成为一个革命的文学创作者》(论文),《羊城晚报》1965 年 12 月 23 日。

《学好毛主席著作是文艺工作者"三过硬"的第一要素——在全国青年业余文学创作积极分子大会上的发言》(论文),《文艺报》1965 年第 12 期。

1967 年

《红日永照七里营》(散文),《人民文学》1976 年第 7 期。

1977 年

《大河奔流》(电影文学剧本),《人民电影》1977 年第 5—7 期。

《人物塑造及其他》(论文),《光明日报》1977 年 11 月 12 日。

《李双双小传》(短篇小说集),人民文学出版社,1977 年。

《大河奔流》(电影新作),人民文学出版社,1977 年。

1978 年

《壮歌行》(小说),《十月》1978 年第 1 期。

《不能走那条路》(短篇小说集),人民文学出版社,1978 年。

《扁担春秋》(特写),人民文学出版社,1978 年。

《号角》(散文),《人民日报》1978 年 3 月 22 日。

《投向江河的书简——向周总理报告》(散文),《战地增刊》1978 年第 1 期。

《悼郭老》(七律),《湘江文艺》1978 年第 7 期。

1979 年

《从生活中找电影》（论文），《电影新作》1979 年第 1 期。

《荆轲传》（电影文学剧本），《电影新作》1979 年第 4 期。

《文风杂谈》（杂文），《河南日报》1979 年 1 月 28 日。

《电影创作座谈》（发言），《电影创作》1979 年第 8 期。

1980 年

《芒果》（短篇小说），《人民文学》1980 年第 10 期，《小说月报》1981 年第 1 期。

《初春农活》（短篇小说），《人民日报》1980 年 4 月 22 日。

《领导要改善，体制要改革》（论文），《人民日报》1980 年 10 月 29 日。

《看范仲淹墓随感》（散文），《散文》1980 年第 12 期。

《诗两首》，《河南日报》1980 年 6 月 25 日。

《创作漫谈》（论文），《牡丹》1980 年第 4、5 期。

《"文艺社会功能"五人谈》（发言），《文艺报》1980 年第 1 期。

1981 年

《飘来的生命》（短篇小说），《十月》1981 年第 1 期。

《一个纯真见性的人——悼赵丹同志》（散文），《电影创作》1981 年第 1 期。

《王结实》（短篇小说），《莽原》1981 年第 1 期。

《牧马人——根据张贤亮短篇小说〈灵与肉〉改编》（电影文学剧本），《电影新作》1981 年第 5 期。

《农村题材电影创作座谈》，《电影艺术》1981 年第 7 期。

《能这样描写新中国的历史吗——评中篇小说〈月光皎皎〉》，《作品与争鸣》1981 年第 10 期。

1982 年

《谈谈塑造人物》，《民族文学》1982 年第 1 期。

《南原大战》（电影剧本），《电影剧本园地》1982 年第 3 期。

《探索者的甘苦》（论文），《首都师范大学学报（社会科学版）》1982 年第 3 期。

《大有可取，大有可为——谈谈电视剧民族化问题》，《文艺研究》（论文）1982 年第 4 期。

《双雄会》(电影剧本),《电影创作》1982 年第 31 期。

1983 年

《红枫如醉送嫩寒——访美散记》(散文),《北京文学》1983 年第 2 期。

《爱阿华——农户》(散文),《散文》1983 年第 4 期。

《华盛顿漫步》,《长江文艺》1983 年第 4 期。

1984 年

《电影编剧的视野和历史感》(论文),《电影创作》1984 第 4 期。

《关于"诗意"的回信——电影〈高山下的花环〉改编体会》(杂谈),《解放军文艺》1984 年第 4 期。

《农村的今天和明天——河南临汝见闻》(散文),《人民日报》1984 年 8 月 3 日。

1985 年

《瓜棚风月》(中篇小说),《人民文学》1985 第 2 期。

《谈电影的创作自由》,《上影画报》1985 年第 7 期。

《抒写民族之魂》,《文艺报》1985 年 12 月 21 日。

1989 年

《高山流水》(散文),《人民文学》1989 第 9 期。

研究资料索引

李准研究资料索引

报纸期刊文章

1953 年

王五魁:《评〈不能定那条路〉》,《河南日报》1953 年 11 月 20 日。
读者来信:《〈不能走那条路〉发表以后》,《河南日报》1953 年 12 月 14 日。
苏金伞:《读〈不能走那条路〉》,《河南日报》1953 年 12 月 25 日。

1954 年

于由:《抓住当前的主要现实,创造真实动人的人物形象——关于〈不能走那路〉》,《新疆日报》1954 年 2 月 28 日。
朝华:《向〈不能走那条路〉学习什么》,《江苏文艺》1954 年第 4 期。
王大海:《正确认识和表现"宋老定"——各地改编上演〈不能走那条路〉中的问题》,《光明日报》1954 年 4 月 5 日。
《〈不能定那条路〉——初中三年级语文补充教材(附注释提示)》,《文汇报》1954 年 4 月 29 日。
陆鉴三:《我对〈不能走那条路〉一课的体会》,《文汇报》1954 年 5 月 10 日。
康濯:《评〈不能走那条路〉及其批评》,《文艺报》1954 年第 7 期。
张乡林:《我怎样把小说〈不能定那条路〉改编成独幕话剧》,《河南文艺》1954 年第 23 期。

1955 年

宋凝:《读〈雨〉》,《长江文艺》1955 年第 1 期。
丁力:《李准〈不能走那条路〉》,《语文学习》1955 年第 2 期。
柳溪:《看影片〈不能走那条路〉》,《大众电影》1955 年第 13 期。
于晴:《农村社会主义高潮到来的景象——谈中篇小说〈冰化雪消〉》,《文艺报》1955 年第 21 期。
郝振华:《读〈不能走那条路〉》,《北京日报》1955 年 11 月 14 日。
俞林:《谈谈李准的创作》,《文艺报》1955 年第 14 期。

1956 年

振甫:《李准〈不能走那条路〉》,《语文学习》1956 年第 3 期。

李培坤:《试论李准的创作》,《长江文艺》1956 年第 3 期。

意舟:《富有生活气息的文艺创造——谈〈不能走那条路〉的演出》,《光明日报》1956 年 3 月 24 日。

左莱:《谈〈不能走那条路〉的艺术创作》,《戏剧报》1956 年第 4 期。

金刀:《谈评弹短剧〈孟广泰〉》,《杭州日报》1956 年 5 月 6 日。

夏昊:《朴素真实的演出——谈河南话剧团演出的〈不能走那条路〉》,《河北日报》1956 年 5 月 29 日。

钱谷融:《不能走那条路》,《语文教学》1956 年第 6 期。

奇施柯夫(杨华译):《李准和韦其麟》,《长江文艺》1956 年第 5 期。

1957 年

谢云:《一个激动人心的短篇——读李准的〈妻子〉》,《文艺报》1957 第 1 期。

王亚平:《〈小康人家〉的人物形象》,《大众电影》1957 年第 7 期。

1958 年

罗苏:《她是"咱们社里的人"——读李准的〈走在时间前边的人〉》,《文汇报》1958 年 1 月 13 日。

鄞瑞昌:《不同意罗苏对〈走在时间前边的人〉的批评》,《文汇报》1958 年 1 月 31 日。

希昭:《一朵苍白的花——文艺特写〈走在时间前边的人〉的讨论》,《文汇报》1958 年 2 月 25 日。

张宜伦:《基本上是一篇好作品——〈走在时间前边的人〉的讨论》,《文汇报》1958 年 2 月 27 日。

宋子江:《向赵容学习 走赵容的道路》,《文汇报》1958 年 2 月 6 日。

尤瀚青:《读〈灰色的帆篷〉——李准的短篇小说之一》,《奔流》1958 年第 3 期。

卢弓:《谈电影文学剧本〈老兵新传〉》,《文汇报》1958 年 3 月 27 日。

唐健:《同时代的英雄形象——读〈老兵新传〉》,《中国电影》1958 年第 4 期。

木之:《雪海中的"轻骑兵"——〈老兵新传〉在北大荒》,《大众电影》1958 年第 9 期。

1959 年

陈默:《红色少年英姿的赞歌——读〈党的女儿马小翠〉》,《文艺报》1959 年第 1 期。

曹维焜:《读李准〈夜走骆驼岭〉》,《语文教学》1959 年第 1 期。

徐迟:《缺乏共产主义风格——评李准的〈夜走骆驼岭〉》,《羊城晚报》1959 年 2 月 19 日。

吴总:《谈〈夜走骆驼岭〉的杨杜》,《语文教学》1959 年第 2 期。

王道乾:《谈〈夜走骆驼岭〉》,《语文教学》1959 年第 3 期。

白海宾:《对〈夜走骆驼岭〉的一点意见》,《语文教学》1599 年第 4 期。

吴敏之:《谈〈夜走骆驼岭〉》,《语文教学》1959 年第 4 期。

毛刚:《〈小康人家〉的细节描写一例》,《天津日报》1959 年 4 月 21 日。

庞世辉:《谈〈小康人家〉的两个特色》,《北京晚报》1959 年 6 月 12 日。

刘崇新:《"烧饼油条"出好戏——谈〈小康人家〉的细节描写》,《大众电影》1959 年第 12 期。

上官新中:《我终于也不走那条路》,《文学知识》1959 年第 9 期。

阎钢:《谈几篇反映人民公社的短篇小说》,《文艺报》1959 年第 4 期。

张兴元:《一个社会主义新家庭的诞生——读李准的小说〈一串钥匙〉》,《奔流》1959 年第 4 期。

莹莹:《喜看〈老兵新传〉》,《浙江日报》1959 年 10 月 4 日。

黄伟忠:《新的形象 新的花朵——评宽银幕故事片〈老兵新传〉》,《羊城晚报》1959 年 10 月 5 日。

高鸣鹄:《生机勃勃的老战士——〈老兵新传〉观后》,《长春日报》1959 年 10 月 7 日。

肖萌:《火热的斗争生活——〈老兵新传〉观后》,《吉林日报》1959 年 10 月 9 日。

伍伦:《老兵、闯将、人民的勤务员——观影片〈老兵新传〉》,《解放日报》1959 年 10 月 9 日。

于群:《冲天的干劲 英雄的业绩——谈国产故事片〈老兵新传〉》,《广州日报》1959 年 10 月 9 日。

李允交:《拨动心弦的艺术形象——〈老兵新传〉观后》,《大众日报》1959 年 9 月 27 日。

腾佩:《亲切动人的新英雄形象——〈老兵新传〉观后》,《南京日报》1959 年 9 月 27 日。

崔山：《波浪起伏的性格冲突——谈〈老兵新传〉中老战和赵松筠》，《南方日报》1959年10月11日。

黄悌：《为革命创家业的老兵》，《西安日报》1959年10月14日。

王耕：《革命战士的本色——影片〈老兵新传〉观后》，《旅大日报》1959年10月15日。

晴天：《忠心耿耿为人民——优秀影片〈老兵新传〉观后》，《哈尔滨日报》1959年10月15日。

任丽璋：《一个活生生的老红军形象——评〈老兵新传〉》，《青海日报》1959年10月15日。

石峰：《向老战同志学习——影片〈老兵新传〉观后》，《太原日报》1959年10月20日。

王志彬：《雄鹰般的英雄形象——影片〈老兵新传〉观后》，《内蒙古日报》1959年10月22日。

小夏：《建设社会主义的"闯将"——彩色剧〈老兵新传〉观后》，《福州日报》1959年9月23日。

舟山：《鼓人民志气——谈小说〈两匹瘦马〉笔记》，《奔流》1959年第9期。

史明：《党的忠实女儿——谈〈马小理的故事〉》，《语文教学》1959年第7期。

晓鹰：《为老人们祝福——读李准的〈三月里的春风〉》，《文汇报》1959年8月21日。

余波：《谈〈并肩前进〉》（根据李准中篇小说《冰化雪消》改编的影片），《大众电影》1959年第4期。

荒煤：《一员亲切可爱的闯将——〈老兵新传〉观后杂感》，《大众电影》1959年第13期。

白范：《喜看〈老兵新传〉》，《文汇报》1959年9月25日。

潘光荪：《漫谈〈老兵新传〉的艺术特色》，《解放日报》1959年9月25日。

包时：《漫谈〈老兵新传〉的人物塑造》，《光明日报》1959年9月29日。

崔嵬：《我喜欢老战——创作笔记的一个片断》，《大众电影》1959年第8期。

王云漫：《一位可敬可爱的老兵——老战——看影片〈老兵新传〉》，《百花》1959年第19期。

郭小川：《艺术家们走向成熟——〈老兵新传〉观后杂记》，《文艺报》1959年第21期。

钟纪明：《光辉的艺术形象和战斗性格——新片展览影片〈老兵新传〉观后》，《陕西日报》1959年9月2日。

李萍：《英雄闯将处处有——从影片〈老兵新传〉联想到的》，《郑州日报》

1959年9月23日。

金冶：《革命的风格　动人的形象——推荐彩色片〈老兵新传〉》，《成都日报》1959年9月25日。

白危：《喜看〈老兵新传〉》，《文汇报》1959年9月25日。

周世民：《北大荒上一团火——〈老兵新传〉观后》，《安徽日报》1959年9月25日。

李先猷：《赤胆忠心的人——影片〈老兵新传〉观后》，《四川日报》1959年9月27日。

刘正荣：《一个勇猛的革命"闯将"——〈老兵新传〉观后》，《江西日报》1959年9月28日。

林云志：《我爱老兵——看影片〈老兵新传〉有感》，《杭州日报》1959年9月28日。

司徒慧敏：《光辉的时代　伟大的题材——评我国第一部宽银幕彩色故事片〈老兵新传〉》，《人民日报》1959年10月14日。

蓝蓝：《我们时代的芳香》，《新观察》1959年第24期。

林尧：《老战的风格——〈老兵新传〉观后》，《重庆日报》1959年10月3日。

吕怀忠：《向老战学习——〈老兵新传〉观后》，《宁夏日报》1959年10月4日。

黄伟宗：《新的形象　新的花朵——评宽银幕故事剧〈老兵新传〉》，《羊城晚报》1959年10月6日。

李侃：《青年们热爱"老战"》，《人民日报》1959年11月15日。

杜希唐：《读李准的短篇小说》，《奔流》1959年第10期。

杜希唐：《李准短篇小说的特色和作家的道路》，《读书》1959年第20期。

1960年

王积贤：《推荐几篇反映人民公社的短篇》，《文学知识》1960年第2期。

任文：《〈耕云记〉的成就》，《人民文学》1960年第2期。

郑宗显：《〈老兵新传〉笔谈》，《上海电影》1960年第1期。

谢逢松：《也谈〈老兵新传〉中的老战》，《中国青年》1960年第3期。

金梅：《红日东升——评康濯、李准的电影剧本〈东方红〉》，《文艺哨兵》1960年第6、7期。

张长波：《对剧本〈东方红〉的讨论》，《电影创作》1960年第11期。

何晓：《应该走这条路——访作家李准》，《文汇报》1960年7月29日。

魏荣：《耕云播雨》(电影分镜头剧本)，《电影创作》1960年第9期。

黄沫:《〈耕云记〉的思想意义》,《光明日报》1960年10月30日。

华公:《驱云耕龙的公社气象员——读李准的小说〈耕云记〉》,《解放日报》1960年10月23日。

张学式:《时代新人的动人形象——读〈耕云记〉》,《浙江日报》1960年12月23日。

新华社:《农村新型知识分子的形象——关于〈耕云记〉》,《文汇报》1960年11月6日。

冯牧:《新的性格在蓬勃成长——谈〈李双双小传〉》,《文艺报》1960年第10期。

周明:《生根才能开花》,《光明日报》1960年12月14日。

黄沫:《初升的太阳照耀着我们——谈几篇反映人民公社的短篇小说》,《文艺报》1960年第12期。

1961年

陈朝红:《大自然主人的颂歌——读李准〈耕云记〉》,《成都日报》1961年1月5日。

王克华:《一幅生动丰富的剪纸——谈小说〈耕云记〉的细节》,《成都晚报》1961年4月19日。

王兵翔:《评〈春笋〉》,《河南日报》1961年5月25日。

同庚:《雨后春笋》,《哈尔滨日报》1961年6月16日。

陈传才:《学习耿良的办事作风——简评短篇小说〈春笋〉》,《中国青年报》1961年6月21日。

茅盾:《评〈李双双小传〉——一九六〇年短篇小说漫评》,《文艺报》1961年第3—5期。

陈坚:《李双双——劳动妇女的光辉形象》,《东海》1961年第3期。

唐朗:《"你调查了设有?"——读〈耕云记〉体会点滴》,《成都晚报》1961年7月14日。

蒋守谦:《从李双双夫妻打架说起》,《北京文艺》1961年第5期。

伯青:《做人民出色的勤务员——读〈春笋〉有感》,《浙江日报》1961年7月12日。

王小石:《冰雪里的一团火——想起〈老兵新传〉赞老战》,《中国青年报》1961年12月27日。

郑宗显:《用双手闯出千万个米粮库》,《上海电影》1961年第1期。

顾乐和:《人民军队的革命传统》,《上海电影》1961年第1期。

苏其耕:《"丰衣足食"必须"自己动手"》,《上海电影》1961年第1期。

瑶和章:《知识青年的革命熔炉》,《上海电影》1961年第1期。

雄伟:《把美好的理想变为现实》,《上海电影》1961年第1期。

《谈〈春笋〉中的耿良》,《哈尔滨晚报》1961年7月8日。

1962年

于今:《京郊农民谈影剧〈耕云播雨〉》,《大众电影》1962年第2期。

田瑜:《求实精神的光彩——〈耕云播雨〉的一场戏》,《北京日报》1962年5月6日。

车国成:《言尽意未尽——谈影片〈耕云播雨〉的对话》,《北京晚报》1962年5月6日。

鹏震:《要勇于坚持真理——谈影片〈耕云播雨〉》,《成都晚报》1962年7月16日。

牧惠:《重复、对比——读〈李双双小传〉札记一则》,《奔流》1962年第10期。

荣光:《漫谈〈李双双小传〉中的两个形象》,《大众电影》1962年第10期。

俞元桂:《谈李准和马烽短篇小说的风格》,《文汇报》1962年2月25日。

苏琴:《一个动人的公社社员形象——看影片〈李双双〉》,《文艺报》1962年第12期。

黄宗英:《喜看〈李双双〉》,《文艺报》1962年第11期。

钟秀:《〈李双双〉首次下乡记》,《北京晚报》1962年11月14日。

王秀荣:《我喜欢李双双》,《北京晚报》1962年11月16日。

黄沫:《一部反映农村生活的优秀影片——〈李双双〉观后》,《光明日报》1962年11月27日。

吴辉:《爱管情理不顺的李双双》,《中国青年报》1962年11月17日。

贾霁:《新题材　新人物　新成就》,《人民日报》1962年11月18日。

袁文殊:《值得一看的〈李双双〉》,《大公报》1962年11月18日。

张关鸿:《农村中的新人物——作家李准谈影片〈李双双〉的创作》,《文汇报》1962年11月20日。

鲁韧:《创作的过程,学习的过程——电影〈李双双〉导演札记》,《北京日报》1962年11月22日。

梁土宝:《看了〈李双双〉你想到些什么?》,《北京晚报》1962年11月22日。

叶慧:《赞李双双,学李双双——宝山农村干部、社员座谈记录摘要》,《解放日报》1962年11月29日。

包时:《〈李双双〉是一部好影片》,《解放日报》1962年11月29日。

马铁丁:《大公无私见义勇为——从电影〈李双双〉谈起》,《中国青年》1962年第23期。

于今:《反映农村生活影片的新收获——记影片〈李双双〉座谈会》,《大众电影》1962年第11期。

魏淑英:《社员眼中的李双双》,《中国青年报》1962年12月1日。

鲁韧:《我们的收获——影片〈李双双〉导演札记》,《文汇报》1962年12月1日。

戴中孚:《访〈李双双〉中的喜旺》,《解放日报》1962年12月2日。

李伟梁:《李双双的嘴》,《文汇报》1962年12月4日。

石方禹:《〈李双双〉的文学构思》,《文汇报》1962年12月5日。

高汾:《张瑞芳谈李双双》,《大公报》1962年12月5日。

罗纳:《李准和李双双》,《羊城晚报》1962年12月10日。

姜大生:《李双双是社员的好榜样——黄陂县大墩人民公社社员谈影片〈李双双〉》,《湖北日报》1962年12月12日。

鲁韧:《面向生活——影片〈李双双〉上演前的感想》,《河南日报》1962年12月13日。

于蓝:《我爱李双双——学习札记》,《电影艺术》1962年第6期。

李孟尧、张亮:《琐谈"喜旺"》,《电影艺术》1962年第6期。

崔井凉等整理:《社员齐夸双双好,热爱集体品德高——孝义县农民座谈影片〈李双双〉》,《山西日报》1962年12月15日。

王世桢:《富有性格魅力的新人物形象——影片〈李双双〉观后杂感》,《上海电影》1962年第7期。

仲星火:《我演喜旺》,《北京晚报》1962年12月15日。

王云缦:《新的人物 新的光彩——评影片〈李双双〉的思想艺术特色》,《电影艺术》1962年第6期。

倪平:《看戏要看孙喜旺》,《文汇报》1962年12月6日。

黄式宽:《朗朗笑语赞新人——看电影〈李双双〉》,《北京日报》1962年12月6日。

方荧:《电影画廊又一篇——影片〈李双双〉观后》,《光明日报》1962年12月16日。

元三:《勇气哪里来?》,《新民晚报》1962年12月16日。

仲星火:《在喜旺的家乡》,《文汇报》1962年12月6日。

辅之:《社会主义的热心肠——看电影〈李双双〉》,《四川日报》1962年12月10日。

闻亦步:《从〈李双双〉谈到农村》,《文汇报》1962年12月21日。

孙沙:《难忘的李双双——看张瑞芳同志表演有感》,《辽宁日报》1962年12月28日。

白林:《从"李双双同志"说起》,《大众电影》1962年第12期。

方浦:《一代新人——看电影〈李双双〉》,《黑龙江日报》1962年12月26日。

孙竞男:《演戏要像"李双双"——电影、话剧演员座谈〈李双双〉表演艺术》,《大众电影》1962年第12期。

闻亦步:《作家李准的经验》,《文汇报》1962年12月11日。

培之:《也谈李准的经验》,《羊城晚报》1962年12月27日。

1963年

杨天喜:《根深叶茂——读李准的剧作手记杂感》,《电影文学》1963年第1、2期。

博泉、竞量:《访农村片作家李准同志》,《大众电影》1963年第1期。

唐漠:《谈李准的电影剧作》,《电影文学》1963年第3期。

张卉中:《荣誉归于集体 功劳归于党——访最佳男演员奖获得者》,《光明日报》1963年5月29日。

江岁寒:《"活"喜旺赞》,《人民日报》1963年6月9日。

许南明:《谈仲星火扮孙喜旺》,《光明日报》1963年5月29日。

鲁韧、吴贻弓:《在拍摄〈李双双〉的过程中》,《奔流》1963年1月。

仲星火:《努力塑造了工农兵形象》,《解放日报》1963年5月25日。

宝鸡专区人民剧团:《编演〈李双双〉的体会》,《陕西日报》1963年4月1日。

张卉中:《艺无止境探求不息——访李双双扮演者张瑞芳》,《光明日报》1963年1月1日。

马其:《新时代新制度下的新人物——电影〈李双双〉观后》,《东海》1963年第12期。

郭景星、孙克辛:《〈李双双〉从银幕到舞台——略说豫剧〈李双双〉的再创造》,《河南日报》1963年7月14日。

叶克:《简谈喜旺这号人——影片〈李双双〉观后》,《东海》1963年第1期。

俞中武:《好榜样——评〈李双双〉》,《东海》1963年第1期。

毛英:《李双双对我的教育》,《东海》1963年第1期。

商景才:《电影〈李双双〉给我们的启示》,《浙江日报》1963年1月9日。

林实:《看不出痕迹的技巧》,《北京晚报》1963年1月18日。

谢昌余:《生活、思想与艺术构思——影片〈李双双〉从生活到艺术所引起的一点思索》,《甘肃文艺》1963年1月18日。

振海:《一个崭新的公社社员形象——看影片〈李双双〉》,《成都晚报》1963年2月20日。

张起旺:《莫大的教益》,《广西日报》1963年5月26日。

陈朝红:《集体事业的有心人——影剧〈李双双〉漫谈》,《成都晚报》1963年2月13日。

西高:《张瑞芳与李双双》,《成都晚报》1963年2月22日。

基于:《略谈〈李双双〉剧作》,《大众电影》1963年第2期。

张瑞芳:《扮演李双双的几点体会》,《电影艺术》1963年第2期。

胡锡涛:《深入生活,辨析生活——从〈李双双〉谈现代剧创作反映人民内部矛盾问题》,《文汇报》1963年4月22日。

许南明:《谈〈李双双〉剧作的语言》,《光明日报》1963年4月23日。

赵韫玉:《火辣辣的性格——看张瑞芳同志创作的李双双随想》,《大众电影》1963年第4期。

贾霁:《要不负千百万观众的鼓励——从影片〈李双双〉得奖谈起》,《文汇报》1963年6月4日。

仲星火:《我怎样演孙喜旺》,《电影艺术》1963年第3期。

王云缦:《仲星火塑造的农民形象》,《大公报》1963年6月4日。

张关鸿:《努力塑造先进人物形象——访最佳电影女演员奖获得者张瑞芳》,《大众电影》1963年第5、6期。

史律:《漫谈四个〈李双双〉》,《浙江日报》1963年9月15日。

司徒慧敏:《百花争艳——祝第二届电影"百花奖"优秀影片与电影工作者获奖》,《光明日报》1963年5月30日。

司徒慧敏:《艺术属于人民——欣闻电影"百花奖"揭晓有感》,《大公报》1963年5月31日。

王虹:《正气之歌》,《文汇报》1963年9月30日。

星人:《麦仁粥里的情谊——读李准新作〈麦仁粥〉》,《光明日报》1963年10月31日。

1964年

许南明:《李准剧作的若干特色》,《电影文学》1964年第2期。

曾末之:《为豫剧〈李双双〉喝彩》,《河南日报》1964年1月30日。

陈新理:《正确体现人物性格——演孙喜旺的一点体会》,《河南日报》1964年7月12日。

春枫:《"依靠谁?"——读〈龙马精神〉有感》,《电影剧作》1964年第1期。
路坎:《谈话剧〈李双双〉》,《文学评论》1964年第2期。
李蕤:《喜读〈进村〉》,《奔流》1964年第5期。
潘旭澜:《谈李准的小说》,《文学评论》1964年第5期。
贾文昭:《李准塑造人物形象的若干特色》,《奔流》1964年第11期。

1965年

蒲文:《英雄面前没有困难——看豫剧〈杏花营〉后》,《羊城晚报》1965年8月20日。

1966年

王玉堂:《"咱是贫农,集体就是咱的命根子"——剧本〈龙马精神〉读后》,《电影文学》1966年第2、3期。

沈鸿鑫:《努力表现时代精神,热情塑造英雄形象——评电影文学剧本〈龙马精神〉》,《电影文学》1966年2、3期。

周鸿俊:《韩芒种形象的塑造及其社会意义——电影〈龙马精神〉观后》,《电影文学》1966年第2、3期。

兰光:《贫下中农的光辉形象——看电影〈龙马精神〉有感》,《大众电影》1966年第2期。

马丁:《关于〈白杨树〉》,《长江文艺》1966年第10期。

1969年

齐卫东:《人民革命战争不容诋毁》,《河南日报》1969年9月22日。
于学清:《〈龙马精神〉到底鼓吹什么精神》,《河南日报》1969年8月26日。
赵国安:《剥开韩芒种"贫农代表"的外衣》,《河南日报》1969年8月27日。
于军:《"公私溶化论"的吹鼓手》,《河南日报》1969年8月27日。
孙卫东:《病树前头万木害——赞革命样板戏〈红灯记〉,斥毒草影片〈龙马精神〉》,《河南日报》1969年9月4日。
郭五:《不准李准攻击社会主义》,《河南日报》1969年9月4日。
徐广信:《革命战争是拯救人类的旗帜》,《河南日报》1969年10月11日。
张存英:《不许歪曲和丑化革命人民》,《河南日报》1969年10月11日。
政文:《人民战争胜利万岁——赞革命样板戏,斥毒草小说〈信〉》,《河南日报》1969年10月11日。

1977 年

方晓:《〈李自成〉准备搬上银幕》,《人民电影》1977 年第 12 期。

艾克思:《为大干社会主义鼓劲——重读短篇小说〈两匹瘦马〉》,《人民文学》1977 年第 11 期。

1978 年

陶玲芬、潘祖奇:《李双双为什么叫人难忘》,《文汇报》1978 年 4 月 19 日。

于根元:《合乎规范,生动易懂——从电影〈李双双〉语言谈起》,《语言学习》1978 年第 5 期。

李翔之:《多一字则长,少一字则短——读〈李双双小传〉人物语言》,《黑龙江日报》1978 年 9 月 3 日。

1979 年

夏康达:《写"中间人物"辩——读〈李双双小传·后记〉所想起的》,《光明日报》1979 年 3 月 6 日。

罗君、徐春发:《和人民血肉相连》,《人民日报》1979 年 1 月 3 日。

郭志刚:《读李准小说集〈李双双小传〉》,《文学评论》1979 年第 2 期。

刘景清:《李准电影剧作的语言特色》,《电影新作》1979 年第 3 期。

牛青坡:《一往深情——〈大河奔流〉拍摄散记》,《北京日报》1979 年 1 月 7 日。

翁睦瑞:《满腔热情颂总理——赞彩色故事影片〈大河奔流〉中的周总理形象》,《人民日报》1979 年 1 月 31 日。

陈望衡:《倒倾黄河话沧桑——赞彩色故事片〈大河奔流〉》,《湖南日报》1979 年 2 月 28 日。

佳殷:《黄河滚滚颂英雄——评影片〈大河奔流〉中的李麦的形象》,《工人日报》1979 年 2 月 2 日。

徐庄:《情思酣畅 大气磅礴——从〈大河奔流〉艺术特色谈开去》,《电影创作》1979 年第 1 期。

谢铁骊、陈怀皑:《〈大河奔流〉导演的几点体会》,《电影艺术》1979 年第 2 期。

胡友如、邓志阳:《也谈文艺批评要实事求是》,《长江日报》1979 年 4 月 2 日。

都郁:《奔腾吧,黄河!——看电影〈大河奔流〉札记》,《光明日报》1979 年 2

月9日。

任华:《一曲黄河儿女的赞歌——赞影片〈大河奔流〉》,《大众电影》1979年第1期。

朱行:《李麦和梁晴》,《大众电影》1979年第3期。

童心:《动情才能动人——看影片〈大河奔流〉有感》,《文艺报》1979年第3期。

张瑞芳:《演员与剧本——参加影片〈大河奔流〉创作的体会》,《电影新作》1979年第2期。

艺军:《影片〈大河奔流〉的成就与不足》,《电影新作》1979年第2期。

贺民:《影片〈大河奔流〉观后》,《大众电影》1979年第4期。

方建、光宇:《波澜壮阔的历史画卷——评彩色宽银幕故事影片〈大河奔流〉》,《河南日报》1979年2月14日。

均地:《谈毛主席与周总理形象的塑造——〈大河奔流〉观后琐记》,《河南日报》1979年2月14日。

艺军:《〈大河奔流〉与〈三笑〉》,《大众电影》1979年第5期。

秦裕权:《要恢复革命现实主义传统——从〈大河奔流〉的某些得失谈起》,《电影艺术》1979年第3期。

刘景清:《从小说到电影——李准同志的电影改编漫评》,《电影文学》1979年第4期。

卜仲康:《李准的戏剧创作》,《教学与研究》1979年第4期。

1980年

吴光华:《简说〈黄河东流去〉的思想和艺术特色》,《人民日报》1980年4月5日。

金国:《电影剧本〈大河奔流〉的构思问题》,《电影文化》1980年第1期。

叶然:《真实的艺术 朴素的美感——〈黄河东流去〉插图构思的追求》,《读书》1980年第7期。

刘景清:《"喜"从何来?——电影喜剧随想兼评李准剧作》,《电影艺术》1980年第3期。

1981年

圳朵:《美的探索者——访李准》,《书林》1981年第3期。

刘思谦:《谈李准新作〈王结实〉》,《河南日报》1981年7月23日。

肖德:《读短篇小说〈王结实〉》,《文艺报》1981年第15期。

周健平、牛青坡:《应当怎样认识文艺作品的生命力——与李准同志商榷》,《郑州大学学报(哲学社会科学版)》1981 年第 4 期。

王琰:《上影彩色宽银幕故事片〈牧马人〉开拍》,《电影评介》1981 年第 9 期。

1982 年

黄铁苗:《从农业生产责任制看生产关系必须适应生产力的发展》,《湖南财经学院学报》1982 年第 1 期。

王凤举:《豫剧青年演员赵小毛》,《人民戏剧》1982 年第 7 期。

1984 年

李国珍:《文学作品中的细节描写》,《吉首大学学报(社会科学版)》1984 年第 2 期。

1985 年

冯牧:《我们相聚在金色的秋天——在两次"中美作家会议"上的对话摘录》,《中国作家》1985 年第 1 期。

文朵:《李准年表》,《河南大学学报(哲学社会科学版)》1985 年第 2 期。

1986 年

孙荪:《从〈大河奔流〉到〈黄河东流去〉——论转折时期李准的创作》,《文学评论》1986 年第 2 期。

梦非:《根深叶茂 硕果累累——记电影、小说双栖作家李准》,《电影评介》1986 年第 3 期。

孙荪、余非:《〈黄河东流去〉与中国当代文学》,《中州学刊》1986 年第 6 期。

黄济华:《〈黄河东流去〉主题和人物略谈》,《语文教学与研究》1986 年第 6 期。

1987 年

王振铎:《李准小说五题》,《殷都学刊》1987 年第 1 期。

何恩玉:《一部过渡性的作品——〈黄河东流去〉得失管见》,《文学自由谈》1987 年第 6 期。

钟雅:《难得的创作伙伴——谢晋和李准的创作友谊及其它》,《电影评介》1987 年第 6 期。

杨长春：《新时期李准创作的新"辙印"》，《辽宁师范大学学报》1987年第6期。

1988年

谢永旺：《〈李準新论〉序》，《小说评论》1988年第1期。

王开阳：《创作反思之后——〈黄河东流去〉与李准十七年时期小说创作比较》，《杭州师范学院学报(社会科学版)》1988年第1期。

陈有才：《试谈李准作品中的幽默特色》，《信阳师范学院学报(哲学社会科学版)》1988年第1期。

李兰、杜敏：《一个失落在中原的蒙古王公后裔——李准生活创作散记》，《民族文学》1988年第2期。

赛熙亚：《〈李準中短篇小说选〉译成蒙文出版》，《民族文学》1988年第6期。

1989年

孔繁洪：《作协发现一批著名作家手稿》，《档案工作》1989年第1期。

曲六乙、李春熹：《生命意识的深刻开掘——评电视连续剧〈黄河东流去〉》，《当代电视》1989年第4期。

1991年

凤翔：《访李準》，《新闻与写作》1991年第1期。

张德祥：《〈黄河东流去〉重读札记》，《小说评论》1991年第6期。

邢振龄、陶震、吴宗鲁：《董冰、李准的家常饭》，《中国食品》1991年第9期。

1994年

向戈：《同名之趣——推荐关于"李準"的两篇杂文》，《新闻爱好者》1994年第11期。

郑加真：《说说李準》，《北大荒》1994年第12期。

1995年

莎莎：《特殊环境的特殊心态——谈〈逃兵的妻子〉》，《阅读与写作》1995年第9期。

1997 年

万国庆:《一道曲折的"辙印"——从李准的创作之路看新中国文学坎坷前行的轨迹(一)》,《喀什师范学院学报》1997 年第 2 期。

阵容:《健笔,濡染时代辉煌——记著名作家李準》,《牡丹》1997 年第 2 期。

叶俊东、周甲禄:《蒋晔:钟情于读"活书"》,《瞭望新闻周刊》1997 年第 17 期。

1998 年

万国庆:《一道曲折的"辙印"——从李准的创作之路看新中国文学坎坷前行的轨迹(二)》,《喀什师范学院学报》1998 年第 2 期。

2000 年

周明:《他从中原大地走来》,《牡丹》2000 年第 3 期。

张文欣:《洛阳才子他乡老》,《牡丹》2000 年第 3 期。

谭杰:《悼李準》,《牡丹》2000 年第 3 期。

《李準同志生平》,《家庭医学》2000 年第 5 期。

2001 年

谭解文:《现实主义道路上的新探索——读李准的〈黄河东流去〉》,《理论与创作》2001 年第 2 期。

石世明:《新中国"十七年"乡土小说论》,《渝州大学学报(社会科学版)》2001 年第 4 期。

2003 年

汤晨光:《乡村精神的颂扬和伤悼——论〈黄河东流去〉》,《中国文学研究》2003 年第 1 期。

2004 年

高兰祥:《淡泊为德 清节自厉——李准同志与书法》,《老人天地》2004 年第 9 期。

吴宗良、石佳丽:《名著重读与历史语境的复活——重读〈锻炼锻炼〉,兼与陈思和先生对话》,《阅读与写作》2004 年第 12 期。

2005 年

马跃敏:《论现代语境中河南乡土文学的流变》,《平顶山学院学报》2005 年第 1 期。

张继利:《李准的家庭教育》,《家长》2005 年第 Z2 期。

2006 年

赵月:《〈李双双小传〉和〈玉米〉中女性命运的比较》,《沈阳师范大学学报(社会科学版)》2006 年第 2 期。

卢金霞:《写出细节的情趣之美》,《语文学习》2006 年第 9 期。

2007 年

苏竹青:《〈黄河东流去〉中爱爱形象分析》,《齐齐哈尔师范高等专科学校学报》2007 年第 2 期。

孟庆德:《李准的乡土情结》,《牡丹》2007 年第 5 期。

2008 年

张志忠:《一个不靠运气前行的作家》,《时代文学》2008 年第 3 期。

张斗和:《于细微处见匠心》,《初中生必读》2008 年第 9 期。

李红梅:《用细节塑造新闻的灵魂》,《新闻三昧》2008 年第 12 期。

2009 年

原小平:《土地·家庭·民族——论中原文化精神与李准小说的关系》,《焦作师范高等专科学校学报》2009 年第 2 期。

吴青松:《析〈台阶〉中的细节描写》,《语文天地》2009 年第 4 期。

2010 年

吕茭晨:《农业合作化小说的序曲——解读李准〈不能走那条路〉》,《大众文艺》2010 年第 2 期。

王纪金:《于细微处见精神——例谈记叙文中的细节描写》,《中学生优秀作文(高中版)》2010 年第 3 期。

常丽平:《论〈黄河东流去〉的民族特色》,《吉林省教育学院学报(学科版)》2010 年第 7 期。

2011 年

常世举:《论李准〈李双双小传〉的话语策略》,《河南师范大学学报(哲学社会科学版)》2011 年第 1 期。

王定萍:《细微之处显真情——谈细节描写在文学作品中的作用》,《中华活页文选(教师版)》2011 年第 5 期。

辛烨:《〈黄河东流去〉的文化内涵探析》,《忻州师范学院学报》2011 年第 6 期。

窦建玲:《观察——要用审美的眼睛》,《黑龙江教育(小学)》2011 年第 Z2 期。

2012 年

李中华:《论中原文化独特性的文学表现》,《电影评介》2012 年第 6 期。

汤吉红:《"侉子"性格与"辣女"形象——地域文化视角下李准小说人物形象的独特景观》,《安康学院学报》2012 年第 6 期。

2013 年

王宇:《乡村现代性叙事与乡村女性的形塑——以 20 世纪 40—50 年代赵树理、李准文本为例》,《厦门大学学报(哲学社会科学版)》2013 年第 1 期。

朱丹:《试析十七年文学中农村现实题材短篇小说的人性书写——以赵树理、李准、周立波等人的短篇作品为例》,《长沙大学学报》2013 年第 3 期。

徐玲:《李准十七年影视文学创作研究概述》,《戏剧之家(上半月)》2013 年第 5 期。

王月:《从李准题词想到的》,《北方文学》2013 年第 9 期。

裴艳艳:《从李准小说看农村女性主体意识的张扬》,《短篇小说(原创版)》2013 年第 27 期。

2014 年

裴艳艳:《简评李准〈牧马人〉中的婚姻关系》,《芒种》2014 年第 6 期。

裴艳艳:《深耕于民俗文化与民族个性的李准小说》,《江西社会科学》2014 年第 8 期。

王红玉:《李准电影文学作品的艺术特征分析》,《情感读本》2014 年第 35 期。

2015 年

裴艳艳:《论李准传统农村家庭关系观》,《内蒙古社会科学(汉文版)》2015 年第 3 期。

相关博士、硕士学位论文

罗执廷:《作家视野和心境的艺术表现——试论十七年中短篇小说的视角与叙述人问题》,华中师范大学硕士学位论文,2001 年。

马跃敏:《现代文化语境中的河南乡土文学》,西南师范大学硕士学位论文,2004 年。

李少咏:《现代性语境中的乡村政治文化言说——新时期河南小说主题研究》,河南大学博士学位论文,2005 年。

吴应党:《〈李双双小传〉的改编研究》,河南大学博士学位论文,2010 年。

张东旭:《河南长篇小说(1949—1999)研究》,河南大学博士学位论文,2014 年。